한국 민중항쟁 답사기

광주·전남 편

한국 민중항쟁 답사기 <small>광주·전남 편</small>

초판 1쇄 인쇄일 2020년 5월 6일
초판 1쇄 발행일 2020년 5월 11일

글	이혜영
펴낸이	김완중
펴낸곳	내일을여는책
편집총괄	이헌건
디자인	윤현정
관리실장	장수댁
인쇄	아주프린텍
제책	바다제책
출판등록	1993년 1월 6일(등록번호 제475-9301)
주소	전라북도 장수군 장수읍 송학로 93-9(19호)
전화	063)353-2289
팩스	063)353-2290

가격	23,000원
ISBN	978-89-7746-936-5 (03910)

나를 만든 현대사,
그날의 함성 속으로

한국
민중항쟁
답사기

광주·전남 편

글 이혜영

내일을여는책

한국
민중항쟁
답사기 광주·전남 편

머리말

『한국 민중항쟁 답사기』 시리즈는 정부 수립 이후 각 지역의 항쟁사를, 그 지역 사람이 탐색하고 들려주는 책이다. 의미 있는 기획이다. 지방자치 시대라고들 하지만 우리는 여전히 서울과 수도권, 소위 중앙 중심 사회를 살고 있다. 얼마 전 SNS에서 유통된 '서울사람이 보는 한국지도'라는 우스개 이미지를 보았다.

서울사람이 보는 한국지도

지방지방지방지방지방
공항서울근교지방지방
위성도시지방지방지방
지방지방지방지방지방지방
지방지방지방지방지방지방
지방지방지방지방지방지방
지방지방지방지방지방지방
지방지방지방지방지방지방
지방지방지방지방해운대
지방지방
감귤

푹, 하고 웃었지만 딱히 현실을 부인하기 어려웠다. 대부분의 서사는 '중앙'을 줄기차게 이야기한 다음 부록처럼 '그 밖의 지역은…'으로 마무리한다. '서울사람이 보는 한국지도'와 똑같은 방식이다. 이 불균형한 구조에서는 역사서술도 가끔 휘청거린다. 1970년대 전남대 운동권 출신인 내 지인은 "한국 학생운동은 서울대 학림사건(1981)에서 시작됐다"라는 어느 책의 시작 부분을 보고 아연실색했다.

『한국 민중항쟁 답사기』는 기울어진 운동장의 수평을 맞추려는 시도다. 그간 '지방'으로 일괄처리된 각 지역의 역사에, 그 지역 사람의 서술로 생기를 불어넣고자 한다. 매혹적인 기획이다. 문제는, 광주·전남 편의 서술자로서 내가 합당한가, 이다. 나는 여러모로 어설픈, 경계인이기 때문이다.

오월광주 1.5세대, 광주시민 0.5

"당신은 그때 무엇을 했나요?" 광주사람들은 종종 이런 질문을 듣는다. '그때'는 1980년 5·18민중항쟁을 말한다. 무자비한 군부가 도시를 참혹하게 유린했다. 광주시민들이 무수히 죽고 다치고 끌려가고 실종됐다. 5·18은 한국 민주화 여정의 이정표가 됐지만, 저항의 당사자인 광주시민에게는 자긍심인 동시에 깊은 상처였다. 사랑하는 사람을 잃어서, 다쳐서, 끔찍한 참극을 목격해서 그리고 도망을 가거나 숨어서…. 그 무엇을 했든 살아남은 이상 상처받지 않기는 어려웠다. '그때 무얼 했느냐'라는 무심한 질문은 칼날이 될 수 있었다. 특히 '도망을 간 사람'이라고 스스로 자책하는 이에게는 더욱.

나는 1980년 봄 광주 한복판에 살았지만 그 문답에서 자유로웠다.

그때 다섯 살배기였기 때문이다. 나는 부채의식을 면제받은 오월광주 1.5세대였다. 짓눌린 것 없이 가볍고 호들갑스러웠다. 한편으로는, 오월광주 시민들이 실현한 눈부신 공동체를 목격하지 못한 갈증이 컸다.

서른에 돌아와 시작한 고향살이도 온놈짜리(완전한 것_전라도 말)는 아니었다. 사회생활의 기반을 모두 새로 일궈야 했다. 익숙한 도시 풍경과 달리 '광주사람들'은 늘 새롭고 낯설었다. 현지인이면서도 여행자처럼 쭈뼛쭈뼛 광주살이를 했다. 나는 광주시민 '쩜오'(0.5)였다.

그런 내가 감히 광주·전남의 가장 치열했던 시대를 이야기할 수 있을까? '당연히 아니지.' 나는 움츠러들었다. 그런데 광주의 벗들이 격려를 해줬다. 상처 입은 사람, 당대의 사람이 아닌 거리를 두고 서 있는 사람, 부채의식에서 자유로운 사람, 그런 내가 오히려 적합할 수 있다고. 그들의 격려 덕분에 자격지심을 이겨냈다.

『한국 민중항쟁 답사기』는 특히 젊은 촛불혁명 세대와 소통을 꿈꾸는 시리즈다. 작고 여린 촛불만으로 최고 권력을 무너뜨린 놀라운 세대, 그들에게 30년 전 화염병과 쇠파이프는 어떻게 보일까. 간극이 아득해 보인다. 자신감을 겨우 회복한 이 경계인이 그들에게 말을 걸어본다.

1980년대는 너무 먼 이야기라고요? 6·25나 6월항쟁이나 똑같이 까마득하다고요? 맞아요, 나도 그랬어요. 동학혁명이나 3·1운동이나

4·19나 한 덩어리로 '먼 시대'였어요. 그런데 조금 살아보니까 10년, 20년이 후딱 흘러가더라고요. 1980년 5·18도, 1987년 6월항쟁도 사실 멀지 않아요. 우리 등 뒤에 있어요. 지금의 우리를 만든 바로 엊그제의 역사였어요. 그런 항쟁이 없었으면 지금 당신과 나의 표정은 훨씬 어두울 거예요. 그때 쇠파이프를 들었기 때문에 2017년에는 촛불만으로도 권력을 끌어내릴 수 있었어요. 나는 그렇게 생각해요. 마침 내게는 1980년대 끝자락을 엿본 기억이 있습니다. 이참에 부지런히 탐색해보고 당신에게 들려줄게요.

무대는 광주, 열정의 뿌리는 전남

표기법을 따르자면 '광주·전남'이라고 써야 한다. 나는 본문에서 가운뎃점을 빼고 '광주전남'이라고 썼다. 두 지역이 한몸임을 강조하고 싶었다. 광주전남을 더 줄여본다면 전남이다. 광주는 전남의 자양분을 먹고 자랐다. 전남 농촌공동체의 자녀들이 공부를 계속하러, 일자리를 구하러 광주로 모여들었다. 광주와 전남은 1986년 말부터 광역 행정구역이 분리됐지만 생활, 역사, 여가 모든 것이 한 덩어리였다. 지금도 마찬가지다. 광주는 전남 사람들이 모이는 '읍내'였고, 저항의 시대에는 투쟁의 최종 무대였다.

해남 사람인 이강과 김남주가 반(反)독재 거사를 벌이고, 장흥 사람 송기숙 교수가 시국선언을 하고, 보성 사람 박기순이 야학을 만들고, 장성 사람 이철규가 투사의 글을 쓰고, 강진 사람 김경주가 저항의 노래를 만들고, 신안 사람 홍성담이 5·18 판화 연작을 새기고…. 모두 광주에서 벌어진 투쟁이었지만 열정의 뿌리는 전남이었다. 이 책에 귀한 그림들을 흔쾌히 제공해준 광주의 화가들도 마찬가지다.

1970~80년대를 주로 다뤘다. 그 이전에 아무 일도 없었다는 뜻이 아니다. 국가권력의 억압과 모순이 차곡차곡 쌓이면서 1970년대부터는 이전의 산발적인 저항이 조직적인 투쟁으로 발전했다. 나는 눌린 힘들이 솟구쳐 '여럿이 함께'를 이루기 시작한 그 시대에 집중했다.

1960년 광주전남의 4·19는 따로 다루지 않았다. 4·19는 대한민국 역사의 첫 전국적 민주혁명이었다. 광주전남도 치열했지만 전국 흐름과 대체로 같았다는 판단에서 과감히 생략했다. 이후 항쟁들은 4·19의 기억으로부터 풍성한 양분을 섭취했다. 그런 전제 위에서 광주전남의 특수성이 두드러지는 사건들을 선택했다.

전라도는 오래도록 우리나라의 곡창이었고, 전라도 사람들의 정체성은 농민이었다. 1970년대 산업화는 경부(서울-부산) 축을 따라 진행됐다. 계층적으로는 농민을 희생시키면서 도시노동자의 규모를 늘렸다. 공간과 계층 양 측면에서 모두 소외된 지역이 전라도였다. 군사독재 시절 전라도 농민들의 투쟁이 선도적이고 활발했던 배경

중 하나다. 그 사례가 함평과 나주의 이야기다.

광주전남의 노동운동은 별도로 다루지 않았다. 1987년 7~9월 전국 노동자 대투쟁 때 광주전남 또한 치열했다. 하지만 전국 차원에서 두드러지지는 않았다. 투쟁이 벌어질 산업현장의 규모가 애초 크지 않았다. 정부의 산업화정책에서 뒤로 밀려난 결과였다.

오히려 광주전남이 주도한 노동운동의 무대는 수도권이었다. 젊은이들은 가난한 고향을 떠나 수도권 노동자가 되었다. 1980년대, 노동자들의 목소리를 대변한 시인 박노해는 전남 함평과 보성 벌교에서 성장했고 16세 때 서울로 가 노동자가 되었다. 1979년 8월 서울 YH무역 농성에서 노동자 김경숙이 사망했다. 전남 광산(지금의 광주 광산구) 사람이었다. 그해 추석 다른 호남 젊은이들처럼 양손에 선물을 들고 귀향하지 못했지만, 그녀의 죽음은 18년 박정희 군사독재의 붕괴를 앞당겼다.

책은, 전체적으로 5·18민중항쟁과 그 계승운동의 비중이 크다. 그럼에도 서술 분량이나 내용은 사건의 실체에 비하면 턱없이 부족하다. 5·18민중항쟁은 광주전남을 넘어 한국 현대사에서 매우 큰 위상을 차지한다. 그 사건을 감히 내가, 전부, 본격적으로 다룬다는 것은 애당초 불가능하다. 이 책을 계기로 삼아 젊은 독자들이 탐색을 이어갔으면 하는 바람이다.

답사의 마무리는 여수·순천 사건이다. 1948년의 일이라 다른 사건들과 시간적으로 가장 멀지만, 한국 사회가 겪은 거의 모든 뒤틀림의 뿌리라고 보았다. 여순사건을 제대로 규명해야 오늘날 우리의 표정이 더욱 밝아질 것이라 생각했다.

참 멋진 전라도 사람들

내 영웅은 1970년대 후반의 들불야학 청춘들이었다. 내가 못으로 흙땅에 그림을 그리고 놀던 코흘리개 시절, 그들은 이웃마을 광천동에 살았다. 파란 '추리닝' 차림에 후줄근했을 그 청년들이 얼마나 멋지게 살다가 떠났는지를 알고 난 후, 나는 좌절했다. 일찍이 지상 최고의 그림을 목격해버려서 '내가 아무리 공들여 그린다 해도 모두 시원찮을 거야' 하고 주눅이 든 화가의 심정이었다.

책 작업을 위해 여러 사람을 만나고 무수한 흔적을 더듬었다. 작업을 마치고 다시 들불야학 사람들을 떠올렸다. 그들의 위상은 똑같지만 변화가 하나 생겼다. 내 시선의 해상도가 좋아졌다. 들불청춘들 뒤로 거미줄처럼 연결된 사람들이 보이기 시작했다. 들불청춘들은 홀로 선 영웅이 아니었다. 수많은 광주전남 사람들이 그들에게 선한 영향을 주고, 받았다. 우리는 모두 연결되어 있었다. 나약한 나도 '오월시민'이 되어 누군가에게 괜찮은 영향을 줄 수 있겠구나, 아, 이제 잘 살아야겠다, 고 생각했다.

전라도는 참으로 선명하고 아름다운 땅이다. 그 터전의 사람들은 부당한 권력에 맞서 어느 곳보다 분명하게 싸웠다. 치열한 고민과 과감한 실천이 있었고, 크고 작은 조직들이 생물처럼 움직였다. 성공과 실패가 교차했지만 결국 전라도는 우리나라가 민주국가로 발돋움하는 데 큰 헌신을 했다. 전라도인들의 헌신은 오늘을 거쳐 미래로까지 이어지고 있다. 이 책은 유장하고 정의로운 그 물결의 일부를 채집했을 뿐이다.

무심한 듯 따뜻하고, 어려워(부끄러워)하면서 당당하고, 진지하면서 풍류가 넘치는 사람들. 치열하게 투쟁하면서도 "갑오징어 철이네, 우리 모태야 쓰겠네(모여야겠네)" 하면서 시절마다 삶의 멋을 챙기고 나누는 아름다운 사람들. 그런 전라도 사람들에게 이 책이 누가 되지 않기를 간절히 바란다.

책 작업에 도움을 주신 수많은 광주전남 분들과 벗들에게 진심으로 감사드린다.

2020년 4월

이혜영

산, 들, 강, 바다가
저마다 풍요롭고 당당한 땅
전라남도

면적
12,846.39㎢ (전남+광주, 서울시 면적의 약 20배)

인구
3,314,995명 (광주 1,455,705명+ 전남 1,859,290명. 2020년 3월 현재)

행정구역
1개 광역시, 5개 시, 17개 군

길의 시작
국도 1호선(목포-신의주) 기점_
목포시 목포대교 남쪽 고하도 (세월호 거치소 인근)

국도 2호선(신안-부산) 기점_
신안군 압해읍 천사대교 서쪽 끝 (장산도까지 연결 예정)

호남선(목포-대전) 기점_
목포역

홍도

흑산도

우이도

상·하태도

만재도

맹

가거도

위도

전라북도

정읍

내장산

장수

고창

방장산

순창

임실

함양

추월산

강천산

남원

올림픽고속도로

경상
남도

영광

장성

담양

지리산

구례

불갑산

동악산

곡성

함평

광주

백아산

섬진강

백운산

무안광주고속도로

광주공항

무등산

송이도

임자도

중도

매화도

무안

나주

영산강

화순

모후산

순천

광양

무안국제공항

압해도

영암

화학산

조계산

여수공항

천사대교

전남도청

월출산

존제산

남해고속도로

목포

유달산

장흥

보성

여수

신안

강진

탐진강

제암산

돌산도

팔금도

안좌도

국도2호선

해남

고흥

팔영산

금오열도

장산도

의도

신의도

두륜산

주작산

천관산

거금도

사도

진도

첨찰산

고금도

매도

완도

평일도

생일도

손죽도

광도

외모군도

초도

보길도

청산도

거문도

여서도

추자도

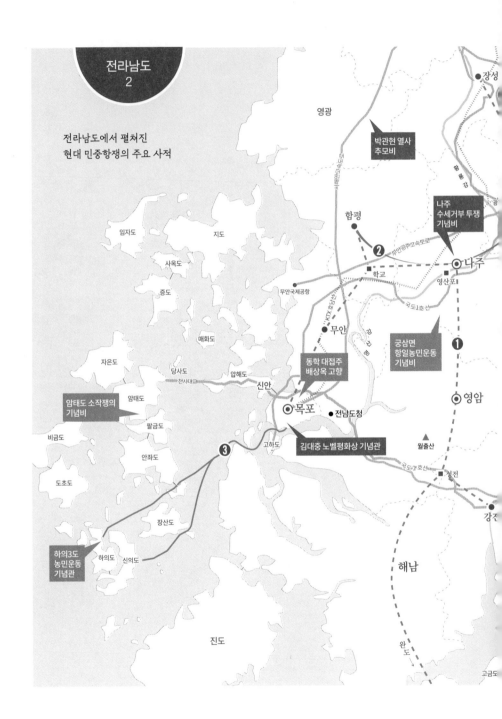

전라남도
2

전라남도에서 펼쳐진
현대 민중항쟁의 주요 사적

영광

박관현 열사
추모비

장성

함평

나주
수세거부 투쟁
기념비

나주

영산포

학교

무안국제공항

무안

동학 대접주
배상옥 고향

궁삼면
항일농민운동
기념비

❶

영암

임자도

지도

사옥도

증도

매화도

자은도

당사도

압해도

신안

전사대교

암태도 소작쟁의
기념비

암태도

팔금도

목포

전남도청

월출산

❷

비금도

안좌도

고하도

김대중 노벨평화상 기념관

성전

도초도

❸

강진

하의3도
농민운동
기념관

하의도

신의도

장산도

해남

완도

진도

고금도

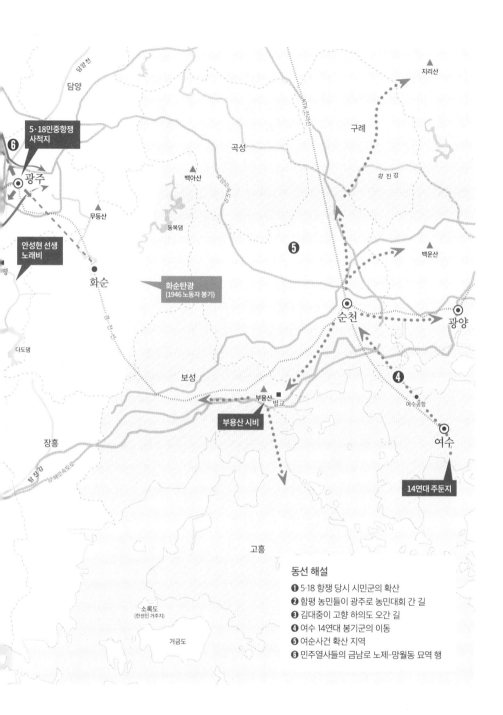

동선 해설

❶ 5·18 항쟁 당시 시민군의 확산
❷ 함평 농민들이 광주로 농민대회 간 길
❸ 김대중이 고향 하의도 오간 길
❹ 여수 14연대 봉기군의 이동
❺ 여순사건 확산 지역
❻ 민주열사들의 금남로 노제-망월동 묘역 행

광주
1980 & 2020

5·18민중항쟁이 일어난 1980년 광주,
규모와 인구가 두 배가 된 2020년 광주

서울

서울·전주

장성

판사등산

월봉서원

함평

용진산

윤상원 생가

하남
산단

수완
지구

운남
지구

황룡강

영광 →

빛그린산단

어등산

평림천

송산유원지

호남대학교

선운지구

복룡산

광주송정역

광주공항

평동산단

병풍산

무안국제공항·목포 →

나주

영산강

목포

◎ 5·18 사적지
　* 각 사적지 소개는 5·18민주화운동기록관
　　홈페이지 참조

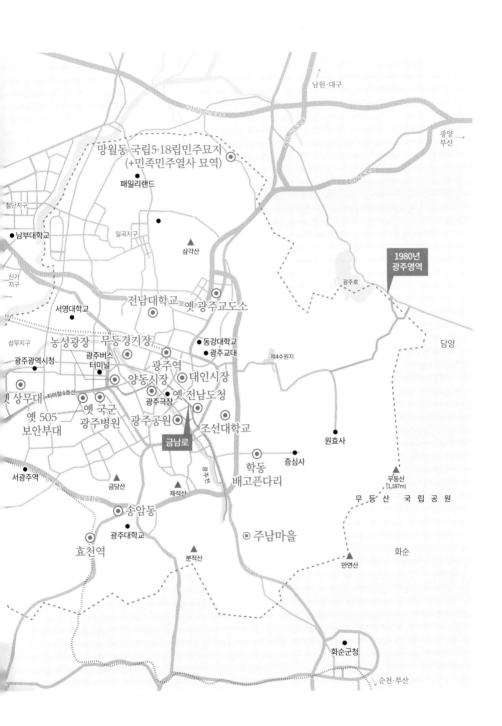

망월동 국립5·18립민주묘지
(+민족민주열사 묘역)

패밀리랜드

첨단지구

남부대학교

일곡지구

신가지구

삼각산

전남대학교   옛 광주교도소

1980년
광주영역

광주호

담양

제4수원지

서영대학교

상무지구

농성광장   무등경기장

광주광역시청

광주버스
터미널

동강대학교
광주교대

광주역

양동시장   대인시장

광주극장

옛 전남도청

옛 상무대   지하철1호선

옛 국군
광주병원

옛 505
보안부대

광주공원

조선대학교

원효사

금남로

서광주역

금당산

광주천

제석산

학동
배고픈다리

증심사

무등산
(1,187m)

무 등 산 국 립 공 원

송암동

광주대학교

효천역

분적산

주남마을

화순

만연산

화순군청

순천·부산

남원·대구

광양
부산

광주 1980
금남로

1980년 5·18민중항쟁의
광주 시내권 주요 사적지

무등경기장 →

수창초등학교

금남로5가역

양동시장

제일고등학교
(광주학생독립운동기념공원)

광주공원

광주향교

서현교회

월 산 동

대성초등학교

● 광주고등학교

계엄군 최초 발포지

◉ 공용터미널
(현 롯데백화점)

◉ 대인시장

금남로

전남여자
고등학교

● 원각사

홍남순 변호사 가옥
◉

금남로4가역

옛 MBC

광주극장

옛 녹두서점
◉

동 명 동

금남로공원

◉ 옛 가톨릭센터
(5·18민주화운동기록관)

옛 YWCA
◉

장동로터리

충장치안센터

전일빌딩
◉

상무관
◉

YMCA

황금동
◉

콜박스사거리

5·18민주광장
◉

문화전당역

옛 전남도청
◉
(국립아시아문화전당)

● 동구청

조선대학교
→

◉ 옛 적십자병원

남동성당
◉

양 림 동

● 사직공원
(사직전망타워)

전남대학교병원
◉

● 사직도서관

◉ 기독병원

모두를 지켜본 산

들어가는 글_ 무등산

●●●

조금 과장하면, 광주 어디서든 볼 수 있다. 길을 걷거나 차를 타고 달리다가, 광주천이나 극락강을 지나다가, 심지어 도심 속 건물 사이에서도 마주할 수 있다. 관심이 아예 없는 사람이라면 몰라도, 보고자 하는 이에게는 어디서든 모습을 내어준다. 덩치가 크고 넉넉하며 산세가 온순하다. 어미가 새끼를 품은 것처럼 큰 봉우리 아래 야트막한 산들이 웅크리고 있다. 자연스레 '품'이라는 단어가 떠오른다. 그 품에 안기고 싶다는 생각도 든다. 광주 무등산(無等山)이다.

무등산의 특징을 여럿 꼽는데 그중 하나가 '인구 100만 명 넘는 대도시가 해발 1,000m 넘는 큰 산을 그렇게 가까이 두고 있는 경우는 흔치 않다'라는 말이다. 그 문장을 살짝 바꿔본다. '무등산처럼 큰 산이 인구 100만 명 넘는 도시를 품고 있는 경우는 흔치 않다.' 도시가 아니라 산이 먼저다. 무등산이 광주를 곁에 두었다.

무등산 꼭대기부터 광주 시내 한복판에 있는 옛 전남도청 광장까지 직선거리는 겨우 8.5km이다. 옛날 광주사람들은 무등산 돌로 읍성을 쌓았다. 무등산 바위는 직선으로 딱딱 쪼개져 성을 쌓기 좋았다. 이 돌로 공동체의 울타리를 만들었다. 오래도록 광주사람들은 무등산에서 내려온 물을 먹고 살았다. 지금도 마찬가지다. 광주의 주요 식수원인 화순 동복호도 무등산 동쪽 계곡들의 물을 모은 호수다. 시민들은 주말마다 무등산을 오르내린다. 능선에 올라서면 광주 시가지가 발아래 쫙 펼쳐진다. 우리 동네가 어디인지, 저 큰 건물은 무엇인지 대부분 꼽을 수 있다.

광주 어디서든 '무등'이라는 이름을 접할 수 있다. 가게, 기업, 신문, 학교, 모임, 공공시설, 도로 등등 광주 곳곳에 무등이 새겨져 있다. 무등산의 대표 절경인 '서석대'의 앞글자 '서석'도 흔히 쓰이는 이름이다. 산중도로를 따라 무등산 중턱까지 올라가는 시내버스는 1187번과 1187-1번이다. 무등산 해발고도(1,187m)에 맞춘 번호다. 시민들이 친숙하게 이용하는 대중교통 속에도 무등이 깃들어 있다.

광주사람들에게 무등과 광주는 한 몸이 가진 두 개의 이름처럼 여겨진다. 사람은 역사를 만든다. 무등산에 사람살이의 희로애락이 유독 많이 새겨진 이유이리라. 나는 무등산에 깃든 현대사를 특히 주목한다.

돌바다와 돌기둥, 너덜겅과 주상절리

무등산은 우리나라에서는 비교적 높은 산에 속한다. 2013년에는 국립공원으로 지정됐다. '산악형 국립공원'이라면 왠지 마음 단단히 먹고 올라야 할 것 같지만 무등산은 친근하고 만만하다. 산세가 온순해 등산로도 대체로 가파르지 않다. 집에서 빈둥거리다가 오후에 '무등산에나 가볼까' 하고 불쑥 다녀와도 될 만큼 수월한 코스가 많다.

어느 날 나는 무등산 바람재에서 중머리재 가는 길을 걷는다. 산허리를 따라가는 코스라 거의 평지 같다. 짙고 푸른 숲을 지나 갑자기 광활한 암석 무더기를 만난다. 집채같이 큰 암갈색 바위들이 우수수 쏟아져 있는 지대다. 이 돌들의 바다는 광주 시내에서도 바라다보이고 지도 앱 위성사진에도 잘 드러난다. 이런 돌바다를 순우리말로 너덜겅, 지질학 용어로는 '애추'(talus)라 부르는데 내가 마주한 곳이 덕산너덜이다. 무등산 너덜겅은 국내에서 규모가 가장 크다.

덕산너덜을 지나며 산 아래 증심사에서 올라오는 범종 소리를 듣는다. 댕- 댕- 댕- 평화로운 종소리를 음미하며 걸을 때 가끔 나는 1977년 봄 이 골짜기에 깃든 '무등산 타잔' 이야기를 떠올린다. 그 타잔이 매일 들었을 소리다.

무등산에서 가장 높은 고개인 장불재에 이른다. 산꼭대기의 서석대와 입석대가 바라다보인다. 자를 대고 수직으로 자른 듯 반듯하고 길쭉하고 거대한 바위들이 우르르 모여 서 있는 암석지대다. 지질학 용어로는 주상절리(columnar joint)다. 이 풍경 역시 다른 산에는 흔치 않다. 서석대와 입석대는 너덜겅과 함께 무등산이 가진 독특한 절경이다.

무등산 너덜겅과 주상절리를 처음 본 사람들은 눈이 휘둥그레진다. 그런 다음 '도대체 어떻게 생겨났을까?' 하고 궁금해한다. 지구가 지금보다 많이 추웠을 때, 한반도는 주빙하 지대에 속했다. 북극처럼 늘 얼어 있는 빙하가 아니라 땅이 얼었다 녹았다를 반복하는 빙하의 주변부였다. 화산활동으로 생겨난 무등산 몸덩이는 오랜 세월 얼고 녹기를 반복하면서 독특한 모양으로 갈라지고 부서졌다. 때로는 우수수 쏟아진 돌무더기로, 때로는 우뚝 선 주상절리로. 무등산이 오랜 시련 속에 자신을 단련시켜 만든 예술품 같다.

입석대 아래서 꼭대기를 올려다보면 입이 딱 벌어진다. 돌기둥마다 웅장하고 당당하고 기품이 있다. 서석대 바위 군락이 저녁 햇살을 받으면 더 신비롭다. 서석대는 광주 시내를 굽어보고 있다. 산꼭대기에 올라와 누리는 입석대와 서석대의 모습은, 영화 마지막에 나올 법한 극적인 승리의 장면처럼 여겨진다.

나는 광주사람이다. 무등산을 찾는 횟수에 비례해 내가 알아가는 광주의 역사도 두툼해졌다. 무등산 절경을 마주할 때 간혹 광주의 역사를 포개어 보기도 했다. 현대의 광주가 겪은 숱한 좌절은 바위들이 무너진 너덜겅처럼 보이고, 광주가 만들어낸 불굴의 성취는 우뚝 선 주상절리처럼 보였다.

1977년 봄 덕산골의 '무등산 타잔'은 앳된 청년 박흥숙을 가리킨다. 2020년 지금 65세쯤 됐을 것이다. 머리가 비상했던 그는 어릴 적 꿈대로 법조인이 되었을까. 판사가 되었든 변호사가 되었든 그는 누구보다 인간의 아픔을 잘 이해하는 사람이 되었을 것이다. 그 자신이 바로 덕산골에서 흙과 판자로 움막을 짓고 가족들과 힘겹게 살았던 빈민이었고, 무등산에 요양 왔다가 홀로 죽은 이름 모를 사람까지도 직접 장례를 치러준 젊은이였다. 당장은 하루하루 연명했지만, 그는 미래를 위해 움막 한 구석에서 고시공부에 몰두했다.

그러나 청년 박흥숙은 엽기적인 살인자로 현대사에 기록되고 말았다. 1977년 4월 20일 덕산골에서 성인 남자 네 명을 망치로 때려죽여 1980년 12월 24일 사형됐다. 시청에서 나온 철거반원들이 박흥숙 가족의 움막을 강제철거했다. 그 과정에서 비극이 벌어졌다. 철거반

보라
산은 무등산 그대가 앉으면 만산이 따라 앉고
보라
산은 무등산 그대가 일어서면 만파가 일어선다

- 김남주 '무등산을 위하여' 중에서

맨 앞 입석대와 왼쪽 끝 서석대
©화순군청 윤광영

원들은 봄에 뿌릴 씨앗과 새 집을 얻을 돈을 꺼낼 틈도 주지 않고 집에 불을 질러버렸다. 몸을 제대로 가누지 못하는 이웃 할아버지의 움막도 부수기 시작했다. 이들을 말리던 박흥숙은 결국 이성을 잃어버렸다. 언론은 박흥숙이 원래 불온하고 폭력적인 사람이었다며 '무등산 타잔'이라는 별명을 붙이고 사건을 대서특필했다. 광주시민들이 구명운동을 벌였으나, 불운한 청년은 결국 형장의 이슬로 사라졌다.

농촌이 급격히 몰락하던 산업화시대였다. 먹고살 길이 없어 광주로 왔다가 시내에 집 한 채 얻지 못하고 결국 산속까지 밀려 올라온 무일푼 농민 가족이 많았다. 생존의 벼랑으로 내몰린 도시빈민과, 마찬가지로 먹고살기 위해 상부의 명령을 따랐다가 죽임을 당한 철거반원들의 비극. 1970년대 산업화시대의 짙은 어둠이 무등산 골짜기에 드리워졌다. 사건의 자초지종은 흐릿해졌지만 '무등산 타잔'이라는 괴이한 조합의 이름은 선명하게 남아서 아프리카 밀림이 아닌 무등산 골짜기를 떠돌고 있다.

쓰러진 사람들과 일어선 사람들

덕산골 비극 3년 후 무등산은 상상 너머의 참사를 목격했다. 광주 한복판에서 벌어진 5·18민중항쟁이다. 정부가 전국 방방곡곡 돈 없는 사람들의 터전을 강제로 부수기는 했지만, 그것은 대체로 음지에서의 일이었다. 그런데 이제는 군인들을 시켜 산기슭이 아닌 도로 한복판에서, 집이 아닌 사람들을, 그것도 셀 수 없이 많은 사람을 잔혹하게 죽였다. 무등산은 모든 것을 지켜보았다. 1980년 6월 1일, '난리'가 도시를 휩쓴 직후 발행된 광주 한 신문의 1면 기사 제목은 '무등산은 알고 있다'였다. 늘 익숙했던 푸근한 무등산의 사진도 실려 있었다. 입도 뻥긋하지 못하게 만든 무시무시한 군사독재 시기, 언론인들은 무등산이 대신 통곡해주기를 바랐다.

1989년 봄 무등산 제4수원지 호수에 대학생 시신이 떠올랐다. 조선대의 '운동권 학생'이자 교지 편집장을 맡고 있던 청년은 수배 중이었다. 시신은 참혹하게 훼손돼 있었다. 경찰은 서둘러 '검문을 피해 도망가다 발을 헛디뎌 물에 빠진 것'이라고 발표했다. 누구도 믿기 어려웠다. 군사정권 시절 많은 젊은이가 경찰에 잡혀가고 고문을 당했다. 젊은이들의 바른말과 요구는 정부의 심기를 거슬렀다. 25세 청년 이철규의 사인은 결국 의문사로 남았지만, 무등산은 알고 있다.

무등산이 광주를 응시하기 가장 좋은 자리는 어디쯤일까. 서석대 아래 장불재가 어울릴 것 같다. 나는 그곳에 서서 마치 내가 무등인 것처럼 광주를 내려다본다. 광주는 1980년대 이후 지속적으로 확장돼 덩치가 부쩍 커졌다. 넓어진 시가지를 무수한 아파트와 건물들이 채우고 있다. 꼭 그만큼 무수한 사람들의 이야기로 가득하다. 그간 목격한 고난들을 생각하면 무등산은 온통 무너진 돌바다일 것만 같다. 그렇지만 꼭대기에 이를수록 주상절리들은 웅장하다. 당대에는 좌절로 보였지만 역사 속에서 승리와 환희로 승화시킨 경험들처럼 당당하다. 이 역경과 반전은 광주라는 도시의 뿌리, 즉 전라도의 공통경험에서 비롯된다.

무등산은 광주의 산이자 전남의 산이다. 산덩이가 광주, 전남 화순, 전남 담양에 걸쳐 있기 때문만은 아니다. 전라도는 오래도록 우리나라의 곡창이었다. 일제강점기 침략자들은 이 풍요로운 농촌지대에서 가장 많은 쌀을 수탈해갔다. 대한민국 정부가 농촌을 희생시켜 산업화에 집중할 때 전라도는 최대의 피해 지역이 됐다. 숱한 핍박을 받았지만 전라도 들판의 사람들은 의로운 역사를 써 내려갔다.

전남 각지의 부모들이 교육을 위해 자식들을 보내는 곳, 젊은이들이 일자리를 찾아 모이는 곳, 의로운 일을 크게 도모하기 위해 집결하는 도시가 광주였다. 광주는 전남이라는 큰 농촌공동체의 '읍내'와 같았다. 광주의 젊은이들은 전남 농촌의 자녀들이었다. 1986년 광주가 직할시(지금의 광역시)가 되면서 전남으로부터 분리된 행정구역이 됐지만, 오래도록 광주와 전남은 한 몸이었다. 광주에서 '사건'이 일어날 때 전남의 부모들은 아스라한 무등산을 헤아리며 밤을 지새웠다. 분노, 저항, 좌절, 환희와 같은 감정을 공유했다.

장불재에서 광주 시내를 바라보다가 반대쪽 규봉암으로 간다. 입석대, 서석대와 함께 무등산 3대 주상절리인 광석대가 규봉암을 둘러싸고 있다. 암자 마당에서 광석대의 위용에 감탄하다가 문득 뒤돌아 서 본다. 산 아래 논밭이 손에 잡힐 듯 펼쳐진다. 벼가 노랗게 익어 보기만 해도 넉넉한 풍경, 그곳은 전남 화순군 이서면이다. 이 산길을 걸으며 좌절의 기억들을 꼽았지만 결국 웅장한 승리의 상징들을 만났다. 그 상징들의 생생한 무늬를 찾아, 무등산을 내려간다. 광주전남 속으로 들어간다.

무등산(해발 1,187m)으로 가는 1187번 시내버스

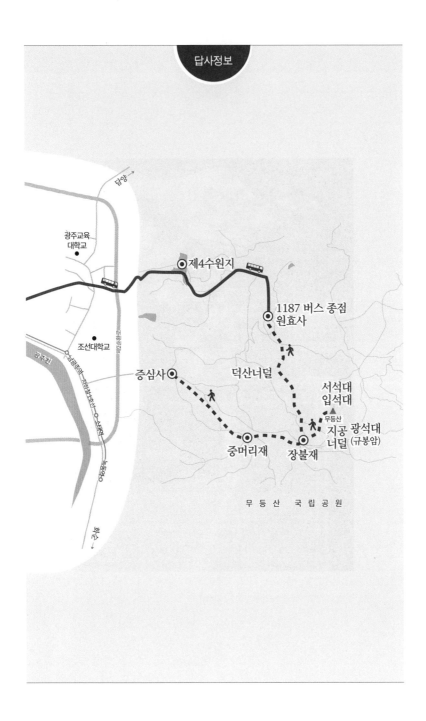

제4수원지

광주교육
대학교

담양 →

1187 버스 종점
원효사

조선대학교

덕산너덜

증심사

서석대
입석대

지공
너덜

무등산

광석대
(규봉암)

중머리재

장불재

무 등 산 국 립 공 원

◎ 무등산

광주, 화순, 담양에 걸친 전남의 진산. 해발 1,187m의 부드러운 흙산이면서 정상부에 수직 바위 절경인 주상절리대를 여럿 품고 있다. 무등산의 3대 주상절리는 서석대, 입석대, 광석대다. 주상절리는 지질학적으로 중요성이 크다. 무등(無等)은 등급이 없이 평등하다, 등급을 매길 수 없을 만큼 고귀하다 등의 뜻으로 전해진다. 2013년 국립공원으로 지정됐다.

◎ 입석대 & 서석대

무등산 주요 등산로 입구인 증심사나 원효사에서 산행을 시작해 장불재까지 올라간다. 장불재에서 입석대와 서석대를 조망할 수 있다. 거기서 20~30분 더 올라가면 입석대, 서석대를 차례로 만난다. 증심사-중머리재-장불재는 약 2시간 코스. 원효사-동화사 터-중봉-장불재 코스는 약 2시간 반. 무등산 원효사까지 가는 시내버스는 1187번, 1187-1번이다. 무등산의 해발고도(1,187m)에 맞춘 번호다.

◎ 덕산너덜 & 지공너덜

무등산 너덜은 약 11만 년 전 빙하기에 암석이 얼고 녹기를 반복하면서 풍화되어 산사면에 쏟아진 돌무더기 지대다. '너덜(경)'은 돌이 많이 깔린 비탈을 가리키는 순우리말. 덕산너덜은 중봉-동화사 터를 잇는 능선 서쪽 사면에 발달해 있다. 지공너덜은 장불재에서 규봉암 가는 길로 1시간 남짓 더 가면 만날 수 있다.

◎ 제4수원지

1967년에 무등산 계곡을 메워 만든 저수지다. 광주시의 네 번째 식수원이었으나, 1971년 전남 화순에 동복호가 완공돼 광주시의 주요 식수원이 되면서 역할이 줄었다. 근처에 청풍쉼터가 조성돼 제4수원지는 이제 나들이 공간으로 인식되고 있다. 1989년 5월 10일 조선대학교 교지 『민주조선』 편집장인 이철규 학생이 이곳에서 변사체로 발견됐다.

◎ 무등산 역사길 & (사)광주학교

충장사에서 시작해 취가정에서 끝나는 총 6km 구간의 옛길이다. 의병장 김덕령의 자취 등 무등산에 깃든 전라도 선비들의 정신을 더듬어 걷는 길이다. 광주 사회운동가 송갑석 씨가 2011년 (사)광주학교를 만들고 무등산 역사길 탐방프로그램을 진행했다. 송갑석 씨는 1990년 전남대 총학생회장이자 전국대학생대표자협의회 의장을 역임했다. 『무등산 역사길이 내게로 왔다』(심미안, 2016)를 썼다.

고구마, 첫 승리를 외치다

함평 고구마 피해보상 투쟁

●●●

　1976년 늦가을부터 1978년 봄까지 햇수로 3년을 싸웠다. 정확히 18개월이었다. 협박을 이기고 끝까지 버틴 농민 179명, 마지막 단식투쟁 8일. 대장정 끝에 받아낸 고구마 피해보상금은 총 309만 원. 그중 한 농민이 손에 쥔 실제 금액은 겨우 23원이었다. 그때와 지금의 물가가 다르다고 해도 목숨을 건 투쟁의 결실치고 초라해 보인다. 농민들은 턱없이 적은 금액일 줄을 알고도 싸웠고, 세상은 이들을 승리자로 부르며 환호했다. 도대체 '고구마'가 무엇이길래.

　단식투쟁 중에 협상의 기회가 있었다. '상대 측'은 "요구하는 309만 원을 모두 주겠다, 대신 이름을 '생산장려금'으로 하자"라고 제안했다. 며칠째 굶어서 지칠 대로 지친 농민들이었지만 단호히 거부했다. "반드시 '고구마 피해보상금'으로 불러야 한다"라고 주장했다. 1978년 함평의 고구마는 달고 맛난 작물이 아니라 자존감의 다른 이름이었다. 함평 고구마는 문이기도 했다. 농민들이 주인 되는 세상으로 가는 문.

1970년대 농민, 농협이라는 이름의 괴물

함평군은 전남 서쪽의 농촌이다. 야트막한 황토밭이 파도처럼 물결치고 들판이 드넓다. 어느 여름날 찾아간 함평에는 언덕밭마다 갓 수확한 양파가 가득했다. 고구마는 이제 함평의 주요 작물이 아니다. 세월이 40년 넘게 흘렀다. 논밭 풍경도 바뀌었지만 사람살이는 훨씬 더 변했다. 21세기 우리에게 농촌은 어르신들만 살고 있는 곳, 아이들이 없어 학교도 문을 닫는 곳, 농사지을 농민이 없어 묵은 논밭이 많은 곳, 이러다 마을 자체가 사라질까 봐 걱정되는 곳, 그래서 확연히 '쇠락'해가는 지역이다. 언덕밭에서 양파를 수확하고 있는 사람들은 대부분 외국인 노동자다. 한때 한국 사회를 흔들었던 함평 농민운동가들의 기개를 상상하기는 쉽지 않다.

우리나라는 오래도록 농업국가였고 농민의 나라였다. 왕조시대는 말할 것도 없고 1948년 대한민국이 수립된 후에도 농업은 첫 번째 산업이었다. 1970년대부터 박정희 정부는 한국을 본격 공업국가로 만들어 나갔다. 먹고살 거리의 1순위가 점차 논밭이 아니라 공장에서 나오게 됐다. 사람들은 농촌을 떠나 공장이 있는 도시로 갔다. 공업화와 이촌향도(離村向都)가 대세였다. 그래도 아직 농촌에는 인구가 많았다. 20~30대 젊은 농민도 흔했고 마을마다 아이들 웃음소리가 넘쳤다. 1980년대 대표 인기 드라마이자 장수 연속극이었던 '전원일기'는 농민들이 주인공인 농촌 드라마였다. 그만큼 농촌의 존재감이 살아 있었다.

드라마 속 농촌살이는 훈훈했지만 현실 속 농촌은 나날이 팍팍해졌다. 1970년대 공업화 중심 정책은 뒤집어보면 농촌의 소외였다.

농민은 벼농사를 열심히 지으면 지을수록 빚을 떠안았다. 정부가 쌀값을 매우 낮게 책정했기 때문이다. 봄부터 가을까지 벼농사를 짓는 데 들인 비용보다 더 낮은 값을 받고 가을에 쌀을 팔아야 하니 빚이 늘 수밖에 없었다. 정부는 아랑곳없이 저곡가정책을 밀고 나갔다. 주식인 쌀을 저렴하게 공급해야 도시노동자들이 살 수 있었다. 저곡가정책은 아무리 박봉이어도 삼시세끼 '밥은 먹을 수 있다'는 안전선을 만들었다. 그대신 삼시세끼 밥은 먹을 수 있으니 임금 인상 요구도 하기 힘들게 만들었다. 농업을 희생시켜 도시노동자의 낮은 임금을 유지시킨 시대였다.

농촌사회는 농업의 푸대접 말고 또 다른 복병을 만났다. 박정희 대통령이 집권 초기 도입한 '어떤 법'이었다. 군인 박정희는 1961년 쿠데타를 일으켜 폭력으로 정권을 빼앗았다. 그는 사회 각 분야에 임시조치법을 선포했다. '사회가 비상시국이니 일단 정부 시키는 대로 하라'는 엄포였다. 1962년 농촌에 선포한 법 중 하나가 '농협임원 임명에 관한 임시조치법'이었다. 농업협동조합의 주요 임원들을 농민 선거로 뽑지 말고 당분간 정부가 임명하겠다는 것이었다. 비상시국이니까 정부 지시대로 따르는 것이 일사불란하고 효율적이라는 논리였다. 이름과 달리 '임시조치'는 계속 이어졌다. 애초 비상시국이긴 했을까.

'임시조치'가 '영구조치'로 굳어버린 시간 동안, 군사독재가 통제하는 농협은 정부의 하수인처럼 변질됐다. 농민들에게는 사실상 정부 산하기구나 공기관으로 비치게 되었다. 정부 산하기구는 그 자체로 선도 악도 아니다. 정부가 민주적이냐 독재냐에 따라 기구 성격도 확연히 달라진다. 농협은 1962년부터 군사독재정부의 지침대로

남녘의 황토밭, 전라도 농민의 오랜 터전이자 뿌리

송필용, 땅의 역사-붉은 황토, 1993, 60x120 캔버스에 유채

운영되어왔다. 1980년대 농민들이 농협을 묘사한 표현들을 옮겨본다. "정부의 말단기구, 정부의 시녀, 농협 임직원들을 위한 조직" "돈 빌려주고 이자 받는 고리대금업자" "독점대기업의 상품판매 대리점" "농민 착취기구" … 원성이 자자했다. 욕을 먹어도 딱히 할 말이 없었다. 농협은 '농민들의, 농민들에 의한, 농민들을 위한' 조직이어야 했기 때문이다.

원래 농업협동조합은 농민들의 경제활동과 복지 향상을 돕는 농민들의 사업체다. 협동조합이 뭔가. 뜻을 함께하는 조합원들이 모여 자신들의 사업과 복리를 추진하는 조직체다. 그러니 농협은 농민들이 조합원으로 참여해 출자금을 내고 그 돈으로 설립한 조합이고, 농산물의 공동생산과 공동판매, 홍보 등을 추진한다. 농산물은 특성상 공동판매가 유리하다. 일찌감치 해방과 함께 우리나라에서도 농업조합이 곳곳에 설립됐다. 새 나라를 만든다는 희망에 부푼 농민들은 민주적인 조합 운영에도 팔을 걷어붙였다. 비록 현대적인 경제원리를 몰라 미숙하고 더디긴 했어도 경제 자치는 바른 방향을 잡아 나가고 있었다. 그 초보 단계의 농협을 박정희 군사독재정부가 변질시켜버렸다.

정부에서 임명한 조합 임원은 농민을 위한 정책에 관심이 적기 마련이었다. 농협은 점점 농민 위에 군림하게 됐다. 어느덧 농민은 자기가 그 조직의 주인임을 인식하지 못할 정도에 이르렀다. 함평 고구마 투쟁을 이끌었던 노금노는 젊은 날을 회상하며 "농협에서 사는 비료 한 포대 값 4,007원 중에 1,000원이 세금인 줄 알았는데 강제 출자금이었다. 그때까지도 난 농협이 정부기관인 줄 알았다"라고 했다. 뒤늦게 깨닫긴 했지만 피할 방법은 없었다. 농협이 비료를 독점

공급했기 때문에 울며 겨자 먹기로 사야 했다.

다른 지역도 사정은 비슷했다. 면소재지마다 단위농협이 있고, 군 단위의 상위 농협이 있고 농협도지부가 있고 서울에 농협중앙회가 있었다. 박정희 군사정권은 전국의 농협을 거대한 위계의 관료조직으로 키웠다. 관에 반대하거나 불만을 얘기하는 건 위험한 일로 여겨지던 군사독재 시절, 농민들에게는 군청도 농협도 똑같이 고압적인 존재였다. 어쩌면 괴물이었다. 바로 그런 시절의 한복판인 1976년 가을, 전남 함평이었다.

썩어가는 고구마, 대답 없는 농협

길가에 쌓인 고구마 포대들이 하염없이 농협 트럭을 기다렸다. 감감무소식이었다. 농민들은 처음엔 의아했다가 이내 발을 동동 굴렀다. 고구마 썩는 냄새가 들녘을 적시기 시작했다. 한숨이 탄식이 됐다. 예정대로라면 고구마는 이미 농협에서 제분회사로 싣고 가 주정이 되어야 했다. 주정은 술의 원료다. 갈 길 먼 고구마가 도로변에서 발효되고 있으니, 그 취기 섞인 썩은 냄새에 속이 탈 수밖에. 3월에 어린 모종을 가꿔 6월에 고구마 순을 밭에 옮겨 심고 한여름 더위 속에 잡초 뽑아주고 10~11월에 수확했다. 세 계절을 함께 부대낀 고구마는 농민의 피땀이고 육신이었다. 고구마를 썩게 놔두는 것은 자신의 육신을 썩게 하는 일이었다.

농산물은 수확 후 판로 확보가 가장 중요하다. 때를 놓치면 시들어 버린다. 그러니 제때 팔지 못하면 초조해질 수밖에 없다. 다급해진 농민들이 저마다 자기 농산물을 팔려고 내놓으면 '홍수 출하'가 되어 값이 떨어진다. 중간상인들은 생산지를 돌며 농산물을 헐값에 매입하기도 했다. 농민들은 속상해도 별 도리가 없었다. 썩는 걸 보느니 밑지고라도 넘겨야 했다.

1976년 봄 농협 전남도지부는 "올해 고구마를 전량 수매할 테니 다른 중간상인에게 팔지 말고 대기하라"라고 공언했다. 농협 전용 포대까지 미리 나눠줬다. 농협 전남도지부장이 마을을 돌며 독려하고 TV에 출연해 전량수매를 떠들썩하게 약속했다. 농민들은 기뻐했다.

정작 가을이 돼 수확한 고구마를 포대에 담아 내놓자 농협이 조용해졌다. 농민들이 문의하면 "곧 실어갈 테니 기다리라"를 반복할 뿐이었다. 포대 속 고구마가 비와 서리를 맞기 전 농협이 "고구마를 못 가져가게 됐으니 중간상인들에게라도 어서 팔아라"라며 대처할 기회를 주었다면? 결국 고구마가 썩어갈 때 "정말 죄송하다"라고 사과라도 했다면? 그럼 이해할 구석이 조금은 있을지 모른다. 당시 농협은 고구마 수매 업무를 시작한 지 2년밖에 안 됐다. 사람이 하는 일이니 미숙함을 인정하고 대안을 찾아볼 수도 있었을 것이다.

농협의 행보는 정반대였다. 함평군농협과 전남도지부는 처음엔 농민들의 호소를 무시했고, 농민들이 결국 집단행동에 나서자 협박과 회유를 반복했다. '관제기구'답게 군청, 경찰 심지어 중앙정보부(지금의 국가정보원) 직원들까지 동원해 으름장을 놓았다. 함평 농민들은 더이상 '지금까지처럼' 순응하지 않기로 했다.

1976년 11월 농민 17명이 읍내 청하식당에 모여 대책을 논의한 것이 시작이었다. 함평 고구마 피해보상 대책위원회를 만들고 전체 고구마 농가의 피해 상황을 조사했다. 쉽지 않았다. 피해 당사자임에도 꺼리는 농민들이 많았다. 함평뿐 아니라 무안, 해남 등 여러 고구마 주산지가 피해를 입었지만 거의 모두 나설 용기를 내지 못했다. 그도 그럴 것이, 농민이든 도시민이든 정부에 '찍힐 행동'을 하면 큰일이 난다고 믿었다. 근거 없는 두려움이 아니었다. 군사독재 정부는 마음에 안 드는 국민을 잡아다 간첩 누명을 씌워버리기도 했다. 아닌 걸 아니라고 말하는 데 크나큰 용기가 필요한 시대였다.

예상대로 '농협과 그의 친구 기관들'은 농민들더러 "지금이 어느 때인데 반(反)정부 활동을 하느냐"라고 협박했고 "대책위 농민들은 모두 불순분자"라며 농민 사이를 이간질했다. 그런 분위기 속에서 대책위는 피해조사 결과를 뽑아냈다. 160곳의 농가에 총 309만 원이었다. 이를 토대로 전남북 피해농가 전체 피해를 추정하면 24억 원, 오늘날 물가로 치면 2,000억 원가량이었다. 함평 전체 7,300여 농가 중 일부만 참여했지만 값진 조사였다.

피해조사 결과를 갖고 농협을 상대하는 일은 훨씬 가시밭길이었다. 1977년이 밝자 대책위는 함평성당에서 회의를 열었다. 점차 전남 다른 지역의 농민운동가들도 함께했다. 힘을 얻은 대책위는 당차게 나아갔다. 봄날 광주 계림동성당에 집결해 제1차 농민기도회를 열었다. 경찰이 폭력진압에 나섰다. 갈등이 마침내 사건으로 터지기 시작했다. 전국 잡지에 사건이 소개되고 농민들은 곳곳을 찾아다니며 진상을 알렸다. 덕분에 '함평 고구마'는 전국 이슈가 됐다. 대책위는 서울의 농협중앙회장에게 공개서한을 보냈다. 대답이 없었다. 광주 북동성당에서 제2차 농민기도회를 열려고 했지만 경찰이 무산시켰다. 그러는 사이 1년이 저물었다. 해결은 못 보았지만 그 사이 다른 지역 농민운동가들에게까지 투쟁이 확대됐고, 전국의 많은 민주화운동가들이 이들을 지지했다.

사태가 이렇게 커진 것은 농협이 농민들의 요구를 철저히 무시했기 때문이었다. 심지어 그해 겨울 군과 읍 공무원들이 대책위 농민들의 집에 갑자기 들이닥쳐 초가지붕을 걷어내 버리기도 했다. 지붕개량사업에 협조하지 않는다는 이유였으나 누가 봐도 보복이었다. 농민들에게 전방위의 위협이 날아든 한 해였다.

– 고구마가 뭣이라고 권력이 따라붙어 그렇게 협박을 했는지. 고구마를 고구마로 안 보니까, 고구마가 저항세력이 되어버렸어요.

당시 대책위 활동을 이끌었던 서경원의 회고다. 1976년 가을의 고구마는 이미 썩고 헐값에 처분돼 사라졌지만, 1977년이 가고 1978년이 와도 투쟁의 불길은 오히려 더욱 타올랐다. 농민은 제아무리 다른 일을 하다가도 농번기가 되면 논밭으로 돌아가는 존재다. 농민의 본능이자 땅에 대한 책임감이었다. 그런 농민들이 논밭일을 병행하며 고구마 투쟁을 전국 이슈로 만들었다. 게다가 온 나라를 말 잘 듣는 군대처럼 만든 군부독재 시절이 아니던가. 독재 중에서도 가장 암흑기라는 유신독재 시대였다. '긴급조치는 나쁜 조치'라고 비판해도 잡혀갔고, 술집에서 막걸리 한 잔에 대통령 욕을 해도 끌려갔다.

뭉치면 살고 흩어지면 죽는다고 했다. 농민들이 이렇게 뭉쳐서 사건을 키워버리니, 결국 군부독재도 어쩌지 못했다.

벼랑 끝의 단식투쟁, 연대의 넝쿨

요지부동의 벽 앞에서 농민들은 결단을 했다. 1978년 4월 28일 광주 북동성당에서 제2차 기도회를 연 후 단식투쟁에 돌입했다. 농협 전남도지부가 있는 금남로로 가두행진을 하려다 경찰에 막혀 실패하자 성당 마당으로 돌아와 곡기를 끊었다. '고구마 피해액 즉각 보상, 함평군농협 조합장 즉각 사퇴, 농협 전남도지부장 농민들 앞에 나와 답변, 감사원 함평농협 조사 결과 즉각 공개, 조합장 임명 임시조치법 폐지, 보상운동 탄압 중지!' 농민들은 이 6개의 결의항을 내걸었다.

당시 투쟁의 맥락은 땅속의 고구마 줄기처럼 많은 일이 얽혀 복잡했다. 함평 고구마 사건은 박정희 대통령의 임시조치법 시행 이후 15년 동안 농협이 관제기구로 변질되면서 낳은 부정부패의 산물이었다. 비료 도입 부정사건, 출자금 강제, 보유 양곡 방출로 농산물값 폭락시키기, 농약 강매, 농민 위에 군림하는 행정…. 강산이 두 번도 바뀌기 전에 농협은 농민을 위한 조직에서 농민을 이용하는 조직이 되어버렸다.

함평 고구마 투쟁은 지역 차원의 피해보상 요구를 넘어 한국 농촌의 거대공룡 농협의 민주화를 촉구하는 보편운동이었다. 1970년대, 국민 대다수가 농민이고 농민의 가족이자 친족이었다. 많은 이들이 함평 고구마의 외침에 몸으로 화답했다. 전남과 전국 가톨릭농민회 활동가들, 광주지역 대학생들이 집회장을 찾았다. 이들을 포함해 모두 73명이 단식투쟁을 이어갔다.

연대의 끈은 두툼해졌지만 상황은 심각했다. 농민대회 일정을 논의하러 농민활동가 두 명이 성당 밖을 나섰다가 경찰에 잡혀갔다.

경찰은 북동성당을 고립시키고 일반 신자들의 출입도 막았다. 1m 간격으로 경찰이 성당 전체를 둘러쌌다. 날은 점점 더워지고 농민들은 지쳐갔다. 4월 말은 본격 농사철의 시작이었다. 논밭과 가족을 고향에 두고 광주의 고립된 성당에서 몸을 굶기고 있는 신세. 경찰이 들이닥쳐 강제해산을 할지 모른다는 소문까지 돌았다. 벼랑 끝에 떠밀린 듯했으나 농성자들은 서로를 북돋우며 버텼다.

재야인사들도 농성장을 찾아 격려했다. 제일 먼저 찾아온 조아라(당시 66세) 전 광주YWCA 회장은 일제강점기 때 아이를 들쳐 업고 항일투쟁을 하며 겪은 고초를 들려줬다. 농성장의 사람들은 감동해 눈물을 흘렸다. 윤한봉, 김상윤 등 1974년 민청학련 사건으로 급성장한 대학생 운동가들이 외부와의 연대를 맡았고, 이강·조계선 등 젊은 농민운동가들이 농성장 실무를 담당했다. 행동파 윤한봉은 시내 지인들에게서 이불과 생필품 등을 몽땅 모아왔다. 경찰의 탄압에 막혀 무작정 단식농성에 돌입한 터라 공수품은 단비와 같았다. 1978년 봄 북동성당 마당에서 이뤄진 첫 학생-농민 연대는 이후 광주전남 운동사에 큰 영향을 줬다.

연대의 끈은 성당 밖에서도 이어졌다. 근처 남동성당에서도, 양림교회에서도 농민들을 위해 기도회를 열었다. 거리에서도 지지 시위가 연이어 벌어졌다. 함평 농민들은 광주 젊은이들의 부모와 같았다. 지지 시위대가 고립된 북동성당을 향해 다가왔다. 구호 소리가 점점 크게 들려오자 농성장의 농민들도 큰 힘을 얻었다.

마침내 농협 도지도부가 협상을 시도했다. 윤공희 천주교 광주교구 대주교가 마련한 자리에 농민대책위 대표와 농협 측을 비롯해 전남도지사, 경찰서장, 중앙정보부 전남지부장까지 동석했다. 사태를

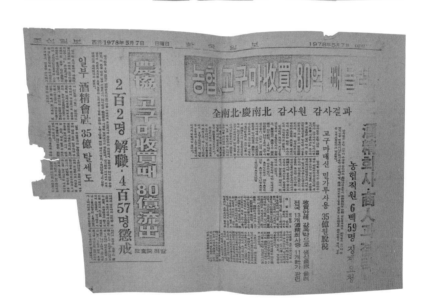

농협의 전량수매 홍보문, 함평 농민대책위의 결의문, 농협중앙회장에게 보낸 공개서한,
승리 끝에 밝혀낸 농협의 부정부패 보도기사까지. 지난한 투쟁의 증거들

잘 풀어가자는 의미였으나 결렬됐다. 대신 '농민들이 3년 동안 보상금을 받아놓고 계속 보상을 요구하고 있다'던 농협 측의 일방적인 거짓말이 들통났다. 농민대책위 대표 서경원이 일목요연하게 사건 개요를 정리했다. 결렬 이후 농협이 다시 단식 지도부를 찾아왔다. "요구하는 309만 원을 모두 주겠다, 대신 명목은 생산장려금으로 하자"라고 했다. 대책위는 단호히 거절했다. "생산장려금이라니! 반드시 고구마 피해보상금이어야 한다." 이들은 농민으로서의 자존감과 권리를 지키기 위해 싸우고 있었다.

단식 5일 만에 농협이 마침내 손을 들었다. 대책위는 경찰에 연행된 두 명의 농민이 풀려날 때까지 단식을 계속했다. 5월 초 두 농민이 석방되자 드디어 북동성당 마당의 사람들도 단식을 풀었다. 18개월의 싸움 끝에 마침내 승리했다. 8일간의 단식 동안 6명이 실신했다. '피해보상금'을 받았어도 투쟁에 쓰인 경비를 제외하면 어떤 사람은 단돈 23원밖에 쥐지 못했다. 그럼에도, 이 귀한 승리는 가격으로 매길 수 없었다.

역사 속에서 농민이 조직적으로 저항해 권력을 이긴 사건은 흔치 않다. 일제강점기인 1930년대 전남 신안 암태도 농민들의 소작쟁의 승리 이후 처음이었다. 함평 고구마는 관제농협의 실상을 만천하에 폭로했다. 사건이 워낙 커져서 제아무리 무소불위 정부라도 덮어둘 수만은 없었다. 감사원은 농협 4개 도지부를 조사한 후 80억 원 규모의 자금을 유용한 부정사건이라는 결과를 발표했다. 오늘날 물가로 8천억 원 이상이었다. 도지부에서 2명, 군농협에서 7명, 임직원 650명 등 모두 659명이 징계를 받았다. 당시 신문들은 '단군 이래 최대 부정사건'이라 불렀다. 1978년 5월 6일자 동아일보 기사를 옮겨본다.

"농가로부터 제때 고구마를 직접 수매해 주정회사에 공급해야 할 일부 단위농협이 주정회사나 중간상인과 결탁해 중간상인으로부터 산 것을 농민으로부터 산 것처럼 꾸몄고, 현물을 수매하거나 인도한 사실이 없는데도 고구마를 수매해 주정회사에 공급한 것처럼 관계 서류를 허위로 꾸며, 농수산물 가격안정기금의 일부가 들어있는 거액의 농협자금을 회사 측에 준 것으로 돼 있다."

고구마를 끝까지 잡아끌었더니 거대한 부정의 뿌리가 줄줄이 따라 나왔다. 함평 농민들이 기어이 싸우지 않았다면, 18개월 동안 벌어진 정부기관들의 무수한 협박에 굴복했다면, 어떻게 됐을까.

농민운동의 진화_ 성당에서 장터로

함평에 갔다. 곳곳에 나비 문양이었다. 요즘 지방자치단체들은 자기 지역을 빛내줄 관광자원을 찾느라 안간힘을 쓰고 있다. 그중 함평나비축제는 상당히 성공했다는 평을 듣는다. 덕분에 함평읍내 곳곳의 공공디자인에도 나비들이 팔랑팔랑 앉아 있다. 함평이 실제 나비가 살기에 좋은 곳인지는 모르지만 나비가 고장의 상징이 된 건 확실하다. 이제 함평 하면 나비다. 권력의 치부를 처절하게 폭로했던 고구마의 상징을 찾기는 어렵다. 언젠가 자줏빛 고구마도 함평의 상징이 되기를 기대해본다.

1976년 가을 농민들이 처음 모여 대책을 의논했던 청하식당은 없어졌다. 신한제분도 사라졌다. 신한제분은 고구마를 수매해 주정을 만들던 대기업 계열사였는데, 농협과 결탁해 비난을 받은 이후 문을 닫았다. 물론 고구마 농사가 감소한 여파도 있다. 문 닫은 자리에 옮겨온 시설이 함평공용버스터미널이다.

농촌의 중심가인 읍소재지에는 늘 주요 길목에 군청과 농협이 있다. 면소재지에 가면 역시 면사무소와 단위농협이 있다. 군청(또는 읍·면사무소)과 농협은 시각적으로 가장 두드러지는 건물이다. 내용적으로는 그 지역 행정과 경제의 중심기관이다. 도시민들에게는 '농협'이 여러 은행 중 하나로만 보일지 몰라도 금융 업무는 농협의 여러 사업 중 일부다.

함평읍 풍경도 마찬가지다. 지난한 투쟁사를 떠올리니 함평농협이 사뭇 달라 보이지만 그 사이 시대의 결이 180도 달라졌다. 한국의 농협은 애초의 설립 원리대로 농민의 조직으로 자리매김했다. 농민들은 이제 농협의 주인답게 직접선거로 조합장을 뽑고 있다. 농촌마다 조합장 선거는 매우 중요한 행사다. 선거가 과열로 치달아 사회문제가 되기도 한다. 달리 보면 그런 문제는 민주주의 시대이기 때문에 생겨날 수 있는 잡음이기도 하다. 오늘날 농협의 변화에 '아직도 흡족하지 않다'는 사람들도 많지만 시대는 1976년으로부터 성큼성큼 나아졌다.

물론 저절로 개선되지는 않았다. 함평 고구마처럼 농민의 권리 찾기 투쟁이 없었다면, 과연 거대조직이 기득권을 스스로 내려놓고 자정 노력을 했을까. 1978년 5월의 승리 이후 함평은 한국 농민운동의 큰 이정표가 되었고 희망의 예시로 떠올랐다. 단식투쟁에 동참한 학생운동가들은 농민들에게 깊이 감화됐다. 부모와 자식 사이처럼 전남 농민과 광주 학생운동가의 연대가 끈끈해졌다. 전국 민주인사들은 이 사건을 계기로 '전국 농민인권위원회'를 만들었다. 단식투쟁을 지원했던 천주교 광주대교구는 이후 민주화운동의 더욱 든든한 지원군으로 나섰다.

군사독재에 저항하는 양심세력들은 함평 고구마에서 '농민도 싸운다'라는, 지극히 당연한 사실을 처음 실감했다. 들이 넓은 전라도, 오래전부터 이 나라의 곡창지대였던 전라도는 농민의 정체성이 강한 땅이었다. 구한말 동학농민운동이 찬란히 불타오르고 들불처럼 번졌다. 국권을 빼앗긴 후에도 일제에 저항한 토지탈환 투쟁이 가장 치열한 지역이었다. 해방, 한국전쟁, 군사 쿠데타 같은 격동의 정치사가 흘러가는 동안 한국농업은 나날이 홀대받고 온 나라 농민의 처지가 나락으로 치달았다. 바로 그때, 농업의 본향 전라도에서 고구마 농민들이 통쾌한 첫 승전보를 전했다.

함평 고구마 투쟁의 주역은 가톨릭농민회 회원들이었다. 1970년대 유신독재 시기 국민들이 지금처럼 광화문광장, 금남로 같은 곳에서 큰 대중집회를 여는 것은 위험했다. 용감한 대학생들도 시위에 참여할 때는 마음을 굳게 먹어야 했다. 그런 시절, 종교기관은 든든한 우산이 돼 주었다. 아무리 폭력적인 정부라도 종교시설을 침입하거나 짓밟기는 부담스럽다. 특히 천주교처럼 국제적으로 촘촘하게 연결되어 있는 종교라면 더욱 그렇다. 1987년 6월항쟁 때 경찰에 쫓기던 서울의 시위군중이 광장을 떠나 농성을 이어간 곳도 명동성당이었다.

한국농민운동사에서 종교는 든든한 지원군이자 비빌 언덕이었다. 1970년대 농민운동은 천주교 산하의 가톨릭농민회가 주축이었고, 그 뒤를 이어 기독교 산하의 기독교농민회가 창립돼 활동했다. 줄여서 '가농' '기농'으로 불렸다. 함평 고구마 투쟁 대책위원회 대표였던 농민 서경원(1978년 당시 41세)은 함평가톨릭농민회장이었고, 농민교육을 담당했던 노금노(1978년 당시 29세)는 함평가톨릭농민회 분회장이었다. 젊은 농민들은 가농과 기농의 교육에 참여하면서 한국의 현실에 눈을 뜨고 농민운동가로 성장했다.

성당은 대중집회 장소로도 안전했다. 공간에 맞게 집회도 기도회 형식을 빌렸다. 1부는 주교가 미사를 집전했다. 신부들이 물러나면 농민들이 2부 성토대회를 주도했다. 3부에선 성당 밖으로 나가 가두 행진을 시도했으나 성당 밖에 진을 친 경찰들에게 폭력진압을 당하곤 했다. 농민들은 더 많은 사람들에게 사안을 알리기 위해 도시의 성당으로 옮겼다. 고구마 투쟁의 첫 집회는 함평성당이었다. 해결될 기미가 보이지 않자 농민들은 천주교 광주대교구가 있는 광주로 가서 계림동성당을 빌렸다. 마지막 단식투쟁 무대는 광주 북동성당 마당이었다. 농민들답게 볏짚으로 만든 쌀가마니 수십 장을 깔고 그 위에 드러누웠다. 누구도 잡아가지 못하게 서로 인간띠를 이어 한 목숨을 만들었다.

운동가들은 종교에서 독립해 점차 일반 농민회를 만들어갔다. 함평의 농민들도 일반 농민회를 만들었다. 이 전환과 확대 과정에서 가톨릭농민회 농민교육이 마중물이 됐다. 함평 고구마의 승리 이후 농민교육 요청이 물밀 듯이 들어왔다. 작은 산골 마을에서 큰 읍내 마을까지, 전남에서 타 지역까지. 강사들은 눈코 뜰 새 없이 교육을 다녔다. 함평 투쟁의 주역 서경원, 노금노를 비롯해 김동혁, 이강, 조계선, 박형선, 정광훈, 최성호, 김인식 등 10여 명의 농민운동가들이었다. 이렇게 농촌 전역에서 농민회들이 성장하고 1980년대에는 기

함평 고구마투쟁을 주도한
농민활동가 노금노(위),
서경원

1977년 4월 22일
광주 계림동성당에서 벌인
함평 고구마 사건 규탄 기도회와 시위

존 가농, 기농을 '자주농'으로 통합하고 덩치도 키웠다.

집회 장소도 성당을 벗어났다. 사람들이 북적이는 읍내 장터에서 열기 시작했다. 경찰이 막으면 물러서지 않고 더 힘차게 밀어붙였다. 승리의 경험은 두고두고 큰 에너지가 됐다. 1984년 함평·무안 농민대회, 1985년 함평 소몰이투쟁은 한국농민운동사에 굵직한 사건으로 기록된다. 모두 함평 장터에서 열렸다.

함평읍내를 거닐다가 오일시장으로 옮겨갔다. 한우비빔밥 맛집으로 소문난 식당을 찾았더니 평일인데도 줄을 서서 기다려야 했다. 함평의 시각적인 상징이 나비라면 미식가들에게는 한우다.

1980년대 전국의 소값 피해보상 투쟁은 정부의 '뒤통수 농정'이 원인이었다. 전두환 정권은 농민들에게 소를 키우라고 떠들썩하게 장려했다. 정부 시책을 믿고 농민들은 송아지를 사다가 정성껏 길러 우시장에 팔 만한 소로 키워냈다. 그런데 정부는 값이 훨씬 싼 수입 소들을 대량으로 들여와 시장에 풀어 버렸다. 소값이 폭락하고 농민들은 그간 들인 비용마저 건질 수 없는 상황이 되풀이됐다. 작물이며 가축이며 정부의 뒤통수에 많은 농민들이 빚더미에 앉았다.

1985년 함평 농민들은 소를 몰고 나와 항의시위를 벌였다. 시위 도중 농민 한 명이 울분에 차서 결국 자신이 애지중지 길렀던 소를 죽여버렸다. 날마다 눈을 마주하고 머리를 쓰다듬고 여물을 먹였던 소의 정수리를 망치로 내리쳤다. 망치를 높이 든 그의 심정을 감히 상상할 수가 없다.

한우비빔밥은 그간 먹었던 것 중에서 가장 맛있었다. 줄을 서서 기다릴 만했다. 역사 속에서 농민의 승리는 흔치 않았다. 짧은 승리와 긴 좌절이 수차례 반복되다 한국농촌은 이제 농촌 자체가 사라질

위기를 맞고 있다. 1978년 함평 고구마투쟁 승리 직후 광주의 연극 단체는 그 투쟁을 소재로 마당극 '함평 고구마'를 만들었다. 농민들이 고구마를 그린 포대를 뒤집어쓰고 직접 무대에 올랐다. 아쉽게도 영상자료가 없어서 찾아볼 수가 없다. 깜찍한 소가 활짝 웃고 있는 식당 간판의 초현실적인 느낌처럼, 문득 고구마 농민들의 승리도 사실은 상상 속 이야기가 아니었을까 싶을 만큼 아득하게 느껴진다.

대동면사무소

함평군
농민회

함평공공
도서관

함평군청

함평경찰서

함평읍사무소

함평오일시장

함평우체국

함평농협

함평성당

하나로마트

함평군
보건소

함평공영
터미널
(옛 신한제분)

함평학다리
고등학교

◎ 함평읍내

군청, 읍사무소, 농협은 군소재지 중심지에 가면 가장 두드러지는 기관으로, 대부분 찾기 쉬운 길목에 있다. 함평도 마찬가지. 근거리에 모인 함평농협, 함평천주교회, 함평장터 등을 차례로 돌아보자. 터미널 근처 함평천변에 오일시장이 있다. 예전에는 우시장도 함께 섰다. 1984년 함평·무안 농민대회, 1985년 소몰이투쟁이 모두 이 시장에서 열렸다. 오늘날 함평은 한우를 '함평천지한우'라는 브랜드로 만들어 고급화했다.

◎ 농민대회를 위해 함평에서 광주로 갔던 농민들의 길 :
함평버스터미널-1번 국도-나주-광주 북동성당

함평터미널에서 완행버스를 타고 1번 국도를 따라 나주를 거쳐 광주에 도착했다. 비포장 자갈길이었다. 버스는 대인동 버스터미널에 멈췄다. 농민들은 터미널 건너 북동성당에서 2차 농민대회와 단식투쟁을 벌였다. 대인동 터미널 자리에는 현재 롯데백화점이 서 있다. 광주 집회에 가려면 경찰 감시 때문에 다 함께 이동할 수 없었다. 몇몇씩 조심스럽게 완행버스를 타고 광주로 갔다.

ㅅ 농민활동가 서경원(1937~)

1960년대부터 농민운동에 헌신했다. 1970년대 함평에서 가톨릭농민회 활동을 하던 중, 함평 고구마 피해보상 투쟁을 벌여 승리로 이끌었다. 5·18항쟁 직후 5·18관련자로 조작돼 옥고를 치렀다. 가톨릭농민회 전국회장을 역임하고 1987년 6월항쟁 때 민주헌법쟁취국민운동본부 공동대표를 맡는 등 한국 민주화운동의 산 증인이다. 1988년 김대중의 평화민주당에 입당하고, 13대 국회의원에 당선됐다. 1988년 방북해 김일성 주석을 면담하고 왔다가 국가보안법 위반으로 의원직을 상실했다. 그는 통일이 한국사회 문제 해결에 가장 중요한 열쇠라고 믿는다. 현재 함평 대동면에 살고 있다.

ㅅ 농민활동가 노금노(1949~2012)

함평읍 내교리 외대화마을 출신. 선배 서경원과 함께 고구마 피해보상 투쟁을 이끈 주역이다. 일찍부터 가톨릭농민회 교육, 크리스찬아카데미 교육 등을 받고 농민 문제를 사회구조적인 문제로 인식하며 농민운동가로 활동했다. 1995년 함평군의원에 당선됐다. 2012년 63세로 타계했고, 이듬해 매헌농민상을 수상했다. 수십 년 간의 활동 기록과 글을 모은 저서 『땅의 아들-어느 농민운동가의 수기』(돌베개) 1~3권이 있다. 상세하고 방대한 이 기록은 한국농업의 문제와 농민운동의 역사를 생생히 보여준다.

유신의 칼에 맞선 글

전남대 '함성'에서 '우리의 교육지표'까지

●●●

　한국현대사에 '유신'이라 불리는 시대가 있었다. 중국 고사에 간혹 나온 유신(維新)은 새롭다는 뜻이다. 학자들은 일본이 1868년 '메이지 유신'을 선포할 때 고사 속 단어를 가져다 쓰고, 박정희 대통령이 이를 다시 본떠 쓴 것으로 여긴다. 박 대통령은 1972년 10월에 선포했다고 '10월유신'이라 명명했다. 유신이 갑작스레 막을 내린 때도 우연찮게 10월이었다. 1979년 10월 26일 박 대통령이 부하의 총격에 사망한 날이다. 한국의 유신은 딱 7년이었다. 가을에 열리고 닫힌 그 짧고도 독특한 시대, 이름 그대로 정말 새로운 시간이었을까.

가을이 왔고 빙하기를 맞았다_ 유신시대

　새로웠는지 어땠는지는 몰라도 그 7년이 한국 사회에 드리운 그림자는 짙고 길었다. 어떤 사람들은 유신 잔재가 40여 년이 지난 지금도 건재하다고 말할 정도다. 어쨌든 유신정권은 내 어릴 적 끝났으므로 나는 유신시대를 책과 사료로 배웠다. 공부할 때마다 선명히 포개어지던 장면이 하나 있다.

중학교 때 과학 선생님은 얼굴이 까무잡잡하고 깡마른 남자 선생님이었다. 수업 분위기가 독보적으로 특이했다. 말투와 표정과 문장이 흡사 군인 같았다. 우리는 열중쉬어 자세로 의자 뒤쪽을 잡고 있어야 했다. 고개를 돌리거나 갸웃해서도 안 되고 오로지 칠판과 선생님만 봐야 했다. 목이 뻐근해 잠시 고개를 밑으로 내린 친구는 불려 나갔고, 곧바로 매를 맞았다. "왜 고개를 숙였냐"라고 노려보는 선생님에게 주눅이 들어 우리는 한마디도 하지 못했다.

간혹 선생님은 수업을 하다 말을 끊고 우리를 만족스러운 얼굴로 둘러보곤 했다. 그리고는 혼자 씩 웃었다. 우리는 당혹스러웠다. '왜 웃으시냐'라고 물어도 맞고, 따라 웃어도 맞을 것 같았다. 그는 학생 전원이 눈 깜빡하지 않고 부동자세로 자기 말을 듣는 모습을 가장 흡족해했다. 선생님의 자연스러움과 우리들의 자연스러움은 하늘과 땅 차이만큼 달랐다. '유신시대'의 느낌이 내겐 꼭 그 군사수업, 아니 과학수업 시간이었다. 공교롭게도 그 선생님은 유신을 선포한 대통령과 외모까지도 꼭 닮았다.

군인 박정희는 1961년 군사 쿠데타를 일으켜 권력을 장악한 후 모두 18년 동안 한국을 통치했다. 유신시대는 박정희 군사정권의 후반기다. 1972년 10월 17일 박 대통령은 갑자기 특별선언을 했다. 비상시국이라며 국회를 해산하고 정당과 정치활동을 중지시켰다. 모든 정치집회를 금지하고, 대학을 휴교시키고, 언론·출판·방송을 사전 검열했다. 이어 헌법을 뜯어고쳐 대통령 임기 제한 규정을 없애버렸다. 선거 절차도 자신이 영원히 대통령을 할 수 있게 고쳤다.

유신 조치의 일부만 열거하는 데도 숨이 막힐 것 같다. '한국적 민주주의'를 펼치겠다고 취지를 밝혔지만 돌아가는 상황은 딴판이었다. 학자들 표현을 빌면, 10월유신 선포는 '현직 대통령이 일으킨 쿠데타'였고 유신체제는 '오직 한 사람만을 위한 시대'였다. 목이 뻐근해도 움직이지 못하고 열중쉬어 자세로 칠판만 주시해야 했던 수업 시간처럼, 박 대통령은 온 나라를 병영처럼 만들어갔다. 고개를 갸웃했다가 불려나가 매를 맞은 것처럼, 정부에 이의를 제기하거나 비판을 하면 온갖 이유로 끌려갔다.

박 대통령은 이전부터 사회를 군대처럼 재편하고 국민들을 통제해왔다. 왜 굳이 유신체제라는 극단적인 수단까지 썼을까. 1970년대를 맞으면서 박정희 정권은 위기에 몰렸다. 1960년대 중반부터 국민들의 저항이 곳곳에서 터져 나왔다. 1970년 서울 평화시장 청년노동자 전태일이 "근로기준법을 준수하라"라고 외치며 스스로를 불태웠다. 그는 죽음으로써 열악한 노동현실을 전국에 고발했다. 노동운동이 들불처럼 전국으로 번졌다. 전태일이 죽은 다음 해인 1971년에는 노동쟁의가 10배 규모가 됐다. 정부는 '집을 주겠다'며 서울빈민들을 경기도 광주로 강제로 이주시켰다. 아무것도 없는 허허벌판이었다. 죽을 지경에 이른 빈민들은 마침내 봉기를 일으켰다. 대학생들도 더 이상 학교에서 군사훈련을 시키지 말라며 자치를 선언했다. 언론인들도 언론자유 수호운동을 벌였다.

국민들은 1960년 4·19혁명을 성취했지만 이듬해 박정희 군사쿠데타를 맞았다. 민주국가의 꿈이 좌절된 채 10년 독재의 폐해에 지친 국민들이 온몸으로 절규하고 있었다. 1971년 대통령 선거에서는

40대 젊은 야당 정치인 김대중 후보가 돌풍을 일으켜 박정희의 재집권을 위협했다. 미국과 소련 사이 냉전이 점점 풀리고 있는 국제정세도 박 대통령에게 불리했다.

이런 상황에서 간신히 당선된 대통령이라면 어떻게 해야 했을까. 민심을 얻기 위해 여러 가지 민주화 조치와 복지정책을 시도할 수도 있다. 진심이든 가식이든 최소한 국민의 마음을 얻으려 할 것이다. 1972년의 독재자는 정반대였다. 국민들의 성난 목소리를 듣는 게 아니라 목소리를 아예 낼 수 없는 '조용한 나라'를 기획했다. 단풍이 아름다운 1972년 10월, 한국 사회는 춥디추운 빙하기에 갇혔다.

얼음장을 깬 전남대의 함성

동토의 땅 어디선가 얼음장 깨는 소리가 들렸다. 유신에 저항하는 첫 함성이 광주에서 들려왔다. 유신 선포 뒤 두 달도 안 된 1972년 12월 9일 밤이었다. 전남대 캠퍼스를 비롯해 광주고·전남여고·광주여고·광주공고 등 시내 고등학교에 유인물이 뿌려졌다. 전국 최초의 반(反)유신 선언문 '함성'이었다. 8절지 앞뒤로 빼곡한 글들이 유신대통령 박정희를 저격했다. 유신 비상조치로 강제로 문을 닫았던 학교의 휴교령이 그날 끝났다. 학생들이 다시 등교하는 12월 10일에 맞춰 누군가 유인물을 뿌린 것이다.

공안당국이 발칵 뒤집혔다. 추적이 시작됐으나 잡히지 않았다. 1973년 3월 두 번째 선언문 '고발'이 제작됐다. 이번에는 인쇄물 배송 중 발각되고 말았다. 그간 혈안이 된 공안당국은 광주에 흘러다니는 모든 것을 훑고 감시했다. 서울로 보낸 화물 전표에 붙은 메시지 하나가 이들의 눈에 딱 걸렸다. '이불 말고도 모든 것이 들어 있음.' 새로 만든 '고발' 500장, 배포하고 남은 '함성' 100장이 이불과 옷가지 틈에 들어 있었다.

사건의 '범인'이자 주역은 전남대 복학생 이강(법학 69학번)과 김남주(영문학 69학번)였다. 둘은 전남 해남에서 나고 자란 죽마고우였다. 두 사람은 '함성'을 만들어 광주 학교들에 뿌렸다. 변장을 한 채 시내버스를 타고 학교들을 순회했는데 자정 통행금지 시각이 다 되는 바람에 목표했던 광주제일고까지 마치지는 못했다. ('74세 청년' 이강은 아직도 그 점을 아쉬워한다.)

이듬해 김남주가 잠시 서울에 머무는 사이 이강은 '고발'을 만들었다. 김남주에게 보내 광주 경찰의 추적을 따돌리고 판을 크게 벌이려고 했다. 이불더미가 무사히 배송됐다면 '고발'은 서울의 대학 캠퍼스 곳곳에 뿌려졌을 터였다. 두 청년은 박정희의 위세를 10년 넘게 봐왔다. 어쩌자고 위태로운 거사를 벌였을까.

– 10월유신 선포를 보고 있자니 답답하고 말문이 막혔습니다. 이틀 후에 남주와 전북으로 동학혁명 사적지 답사를 갔어요. 94세 할머니로부터 전봉준 장군에게 밥해준 기억도 듣고, 사적지도 두루 돌아보고 왔습니다. 마음이 시원해졌습니다. 유신 반대 유인물을 만들어 뿌리기로 했어요. 둘이서 들키지 않고 오래 싸울 수 있는 방법을 찾은 거지요. (이강)

공안당국은 저항세력의 싹을 초장부터 뽑아버리기로 했다. 사건의 내용과 규모가 훨씬 부풀려지고 조작된 이유다. 난데없이 중학교

교사 박석무가 끌려가 '조직사건'의 '수괴'로 조작됐다. 그는 이들의 학교 선배였다. 이강의 동생 이황도 끌려갔다. 글씨를 잘 쓰는 이황은 형들이 쓴 내용을 받아 적은 '필경사'였다. 당시 인쇄물 원본은 모두 손으로 써서 만들었다. 초기 '함성' 수사 때 이강과 김남주가 대학생 필적감정 대상에 오르지 않은 것도, 고등학생 이황이 글씨를 대신 쓴 덕분이었다.

 '범인'의 지인들도 줄줄이 잡혀갔다. 분식집에서 라면을 먹으며 범인이 한 말을 듣거나, 건네받은 유인물을 쓱 훑어본 학교 동기들, "함성이라는 사건이 있었다더라"라고 그 단어를 입에 올린 주범의 선배도 연행됐다. 오빠 이강과 이황에게 밥을 해준 여동생 이정도 잡혀갔다. 모두 15명이 연행됐고 이중 10명이 국가보안법과 반공법을 위반한 '반국가단체 구성 음모자'가 되어 재판을 받았다. 두 주범은 연행 직후부터 광주경찰서 공안과로 끌려가 죽도록 맞고 기절하기를 반복했다.

 재판은 해괴했다. 항소심 끝에 그해 가을 '반란수괴' 박석무는 무죄 판결을 받았고, 수괴의 지시를 받았다는 이강과 김남주는 징역 2년의 유죄 판결을 받았다. 우두머리는 무죄, 끄나풀은 유죄라는 황당한 결론이었다. 그 시절 조작사건들은 해괴하지 않은 것이 드물었다. 항소심 재판을 앞두고 광주의 인권변호사 홍남순, 이기홍이 무료 변론에 나섰다. 다른 지역 대학생들이 줄줄이 법정을 찾았다.

 법정은 토론장이 됐다. 삼엄한 시절, 법정은 유신체제에 대해 공개적으로 갑론을박할 수 있는 유일한 장소가 됐다. 매주 토요일 오전 10시에 시작한 재판은 오후 6~7시에 끝났다. 두 청년은 최종 선고를 받기도 전에 탈진할 지경이었다. 뻥튀기된 시국사건에 대한 관심이 그만큼 뜨거웠다. 공안검사들은 기세에 눌렸고, 재판장은 연륜 넘치는 홍남순 변호사로부터 꾸짖음을 들었다. 재판을 참관하며 대학생들은 비판적인 의식을 길렀고, 민주세력들은 적들의 머릿속을 살피며 유신전쟁의 칼을 벼렸다. 두 청년의 함성이 반(反)유신 전사들을 일깨우고 있었다. '함성'은 얼마나 무시무시한 문건이었을까. 내용 일부를 읽어보자.

> 대한민국 대통령 박정희와 그 주구들은 권력에 굶주린 나머지 종신집권 야망에 국민의 귀와 눈에 총부리를 겨누었으며, 한국적 민주주의란 가면을 쓰고 국민의 고혈을 강취하고 있다. 세상은 관절이 빠져가고 있는데 우리가 아픈 조국을 고치기 위하여 태어났다. 권력층의 학대와 농민수탈에 시달려 도끼와 죽창으로 봉기했던 1894년의 동학혁명, 사이비 애국자, 중상모리배, 매판자본가, 민족사라는 심판대의 피고석에 앉히노라. 자학과 어두움 속에 허탈을 일삼고 있는 언론, 문화인, 청년학생, 시민이여! 우리의 함성이 들리지 않는가. 역사의 장전을 소각시키고 한국적 민주주의를 날조한 반민족, 반민주 세력의 무서운 음모가 그칠 사이 없는 독재자의 복마전을 향하여 4·19 정신으로 총궐기하자!

반국가단체 음모가 이것이라고? 젊음의 패기와 치기가 요동치는 선동글 정도가 아닌가. 한구석 낭만적이기까지 하다. 2019년 현재, 이런 류의 글은 온라인 각종 댓글 창에 넘쳐난다. 캠퍼스에 뿌린 유인물의 파급력도 지금 눈으로 보면 무색하다. 오늘날 온라인 댓글은 실시간으로 지구 반대편까지 도착한다. 1973년 유신시대 경찰은 이 한 장의 비판에도 부르르 떨었다.

이강과 김남주는 전남대에서 제적되고 8개월의 옥살이를 했다. 유신시대의 전남대 학생운동을 개척한 이강은 이듬해 민청학련 사건에 연루돼 또 고초를 겪었다. 이후 고향 해남으로 돌아가 아버지의 농사를 도우며 농민운동에 투신했다. 1978년 함평 고구마 피해보상 투쟁 때는 가톨릭농민회 교육부장으로 현장 지원에 나섰다. 투쟁 승리 후에는 농민교육을 맡아 전남 농촌을 종횡무진했다. 그는 학생-농민 연대의 연결고리가 됐다.

김남주도 해남으로 돌아가 농사를 짓다가 곧 시를 무기로 유신전쟁에 나섰다. 1974년 『창작과 비평』에 시를 발표하며 시인으로 등단한 그는 1970~80년대 한국을 대표하는 '저항시인 김남주'가 됐다. 두 해남 친구 이강과 김남주는 1979년 가을 남민전(남조선민족해방전선준비위원회) 사건에 연루돼 또다시 연행됐다. 민청학련과 남민전은 훗날 반유신 민주화운동으로 규명됐다. 두 사람은 투옥 중에 광주 5·18 소식을 들었다. 김남주가 감옥에서 쓴 오월시들은 반독재 전사들의 함성을 끌어냈다.

전남대 역사관에 가면 전시실 초입에 김남주 시인의 '자유'가 적혀 있다. 1994년 타계한 그는 평생 시인이기보다 전사이길 바랐다.

만인을 위해 내가 일할 때 나는 자유
땀 흘려 함께 일하지 않고서야
어찌 나는 자유이다 라고 말할 수 있으랴

만인을 위해 내가 싸울 때 나는 자유
피 흘려 함께 싸우지 않고서야
어찌 나는 자유이다 라고 말할 수 있으랴

유신독재에 첫 저항의 함성을 날린 두 친구, 이강(왼쪽)과 김남주 /
시인 김남주의 기념홀이 조성된 전남대 인문대 건물

만인을 위해 내가 몸부림칠 때 나는 자유
피와 땀과 눈물을 나눠 흘리지 않고서야
어찌 나는 자유이다 라고 말할 수 있으랴

사람들은 맨날
겉으로는 자유여, 형제여, 동포여! 외쳐대면서도
안으로는 제 잇속만 차리고들 있으니

도대체 무엇을 할 수 있단 말인가
도대체 무엇이 될 수 있단 말인가
제 자신을 속이고서.

'함성'에 뒤이은 민청학련 1974

　광주의 '함성'과 '고발' 이후, 전남대를 비롯해 서울의 대학들에서도 반유신 시위가 벌어졌다. 저항의 몸짓이 수면을 뚫고 조직적으로 솟구치기 시작했다. 재야 민주인사들도 시국선언을 하고 유신헌법을 개정하자는 100만인 서명운동을 벌였다.

　박정희 정권의 대응은 한층 더 폭압적이었다. 1974년이 밝자마자 '긴급조치' 1호와 2호를 선포하고 서명운동을 주도한 민주인사 백기완과 장준하를 구속했다. '헌법의 부정·반대·왜곡 행위나 폐지·개정 주장 금지, 본 조치의 비방금지'가 구속 사유였다. 반대도, 다른 주장도, 한 줌의 비판도 허용하지 않겠다는 의지였다. 마침내 모든 입에 재갈을 물리는 긴급조치의 시대가 열렸다.

긴급조치는 상황에 따라 죄목을 긴급히 신설하고, 긴급히 잡아들여 최대 15년까지 징역을 선고했다. 민주국가라면 법안을 만들어 국회에서 통과시켜야만 법의 자격을 얻는다. 법을 어겼는지 여부는 해당 법이 먼저 존재해야 가릴 수 있다. 위반자를 구속할 때도 구속영장을 발부받아야 한다.

긴급조치는 무소불위였다. 똑같은 행위가 어제까지는 아무 문제가 없었는데, 밤새 긴급조치가 발표되면 갑자기 범법자가 되어 연행될 수 있었다. 무엇이 죄가 되는지는 긴급조치를 선포하는 박정희 대통령의 마음이었다. 귀에 걸면 귀걸이, 코에 걸면 코걸이였다. "헌법 상의 국민의 자유와 권리를 잠정적으로 정지"할 수 있는 긴급조치의 근거는 바로 유신헌법 53조였다. 긴급조치는 유신 시기 악법의 대명사였다.

철통 유신에 맞서는 일은 최대한 조직적이어야 했다. 대학생들이 나섰다. 이들은 서울, 대구, 광주권으로 나눠 조직을 꾸리고 동시다발적인 시위를 벌이기로 했다. 1974년 1월 서울대의 이철(사회학 69학번)이 전남대의 이강과 김정길(경영학 71학번)을 찾아왔다. '함성'지 사건으로 고초를 겪은 두 사람은 전남대 운동권들로부터 존경을 받고 있었다. 이철은 호남권 조직 책임자 추천을 부탁했다. 활동력, 조직력, 지도력, 비밀유지 능력을 모두 갖춰야 했다. 이들이 추천한 이가 바로 윤한봉(축산학 71학번)이었다. 그는 흔쾌히 수락했다. 비밀스럽게 사람들을 만나며 시위조직을 꾸려갔다. 윤한봉은 전남북 총책을 맡고 김상윤(국문학 68학번)은 광주지역 책임을 맡았다. 이렇게 서울-경북-광주를 잇는 반유신 조직이 조용히 결성되었다.

마침내 시위에 착수했다. 1974년 3월 20일 대구 경북대를 시작으로 봉홧불처럼 이어지고 들불처럼 번질 것이었다. 안타깝게도 경북대는 실패했다. 시위를 열기도 전에 경찰이 관련 학생들을 모두 검거해버렸다. 신호탄이 불발됐지만 강행하기로 했다. 나머지 대학들은 4월 3일, 전남대는 4월 9일로 결정했다. 4월 3일의 시위도 실패했다. 7개 도시 25개 대학의 준비가 수포로 돌아갔다. 정부는 그날 저녁 '긴급조치 4호'를 공포했다. '전국민주청년학생총연맹, 약칭 민청학련 관련자는 최고 사형에 처한다'라는 것이었다. '집회와 시위를 모두 금지하고, 4월 8일까지 자수하는 관련자는 선처한다'라고 덧붙였다. 전남대의 시위 예정일이 4월 9일이었다.

유신경찰의 정보력은 치밀했다. 관련자들을 가차 없이 벼랑 끝까지 몰아세웠다. '사형'이라는 엄포까지 나온 통에 살이 떨렸다. 전남대 학생들은 그대로 밀고나가기로 했다. 구속을 감수하는 것은 당연했고, 유서를 쓰려다 눈물을 훔치는 이도 있었다. 이들은 결연했다. 시위에 참여할 학생들을 모으고 설득했다. 시국이 워낙 살벌해 모집이 쉽지 않았다. 그 과정에서 문덕희와 이학영이 체포됐다.

4월 9일 아침, 감시를 뚫고 학교에 들어간 윤한봉, 김상윤, 박형선, 윤강옥, 이훈우, 정환춘, 하태수, 유선규도 모두 체포됐다. 유인물을 제대로 뿌려보지도 못했다. 결국 서울-대구-광주 모두 실패했다. 이 사건으로 1,024명이 연행되었다. 전남대에서는 18명이 중형을 선고받고, 15명이 구속자 석방 요구 시위로 구속되거나 징계를 받았다. '함성' 사건의 이강도 구속됐다.

유신정부는 이를 '민청학련 사건'으로 불렀다. 전국의 지도부들이 모여 공동선언문을 작성한 후 급조해 써넣은 이름 '전국민주청년학생총연맹'의 약칭이다. 자수 권고라는 '자비'를 어긴 셈이니 처벌도 더욱 수위를 높였다. 군법회의는 구속자들에게 최대 무기징역과 사형을 선고했다. 검찰 구형대로 형량을 선고한 기가 막히는 판결이었다.

재판 때는 제대로 항변도 못하게 하고 '예' '아니오'로만 대답하게 했다. 답답했던 한 피고인은 최후진술 때 "나, 말 좀 합시다!" 하더니 30분 동안 사자후를 토했다. 감동적인 연설에 나머지 피고인들과 방청객들도 눈물을 흘렸다. 그는 1970년에 담시 '오적(五賊)'을 발표하며 저항시인으로 이름난 전남 목포 사람, 김지하였다.

자유를 열망하는 이들의 땅은 발 딛고 설 구석도 없이 좁아졌다. 나는 잠시 1975년의 어느 날 대학교 캠퍼스에 앉은 학생이 되어본다. 사방에 전투경찰, 경찰기동대, 사복형사, 중앙정보부 요원들이 진을 치고 있다. 그들은 벤치에 앉아 있는 학생들의 머릿수까지 세어서 상부에 보고한다. 멀리 학도호국단이 열 맞춰 행진하며 지나간다. 자유로운 학생회가 폐지된 자리에 이승만 시대의 반공 학도호국단이 부활했다. 민청학련 사건 이후 정부는 모든 대학에 학생상담지도관실을 설치해 학생들을 감시했다. 건물 안이든 밖이든 감시의 세상이다. 전공과 상관없는 군사수업 교련을 받아야 한다. 학교는 걸핏하면 휴교령이다. 친구와 술집에서 막걸리 한 잔에 성토도 해보지만 서둘러 일어나야 한다. 곧 통행금지 사이렌이 울린다. 자정 이후 밖을 돌아다니다 걸리면 경찰서 유치장에 끌려간다. TV에서는 '10월 유신, 100억불 수출, 1000불 소득' 슬로건이 쾅쾅 울려 퍼지고, 경부고속도로가 뚫리고, 공장은 시끄럽게 돌아가고, 농촌에는 새마을운동 노래가 요란한데 나는 우울하다, 나만 우울한 건가….

1974년 4월 민청학련의 시도는 실패했다. 14년 전 4·19혁명과 같은 전국 시위를 기대했지만 박정희와 이승만의 대처는 달랐다. 군사 정부와 민간정부의 차이였다. 유신시대 최초의 조직운동인 민청학련은 '군사독재'의 속성을 만천하에 똑똑히 되새겨 주었다. 후폭풍이 몰아친 대학사회도 더욱 황폐해졌다. 하지만 사형의 위협까지 버텨본 이들의 경험은 허망하게 사라지지 않았다. 전남대 민청학련 주역들은 복역 후 더욱 강건하고 치밀해졌다. 학교를 넘어 광주전남의 주요 운동가들로 성장했다.

이듬해인 1975년 정부는 민청학련 사건에 배후가 있다며 2차 인민혁명당 사건을 발표하고 8명의 지식인을 구속했다. 속전속결로 사형선고를 내리더니 다음 날 새벽 사형을 집행해버렸다. 정부가 국민의 목숨을 순식간에 앗아가 버리자 해외 법조계까지도 깜짝 놀라 '사법사상 암흑의 날'이라며 박정희 정부를 비난했다. 2007년 이 사건은 재심을 통해 무죄판결을 받았다. 당시에도 알 만한 사람들은 다 알았지만, 정부의 조작사건이었음이 늦게나마 판명됐다. 2009년 민청학련 사건도 무죄판결을 받았다. 유신정권은 민주세력에 점점 여봐란 듯이 극단적인 폭력을 자행했다.

마침내 '우리의 교육지표' 선언 1978

당대에는 몰라도 멀찍이 떨어져서 보면 눈에 잘 들어오는 것이 있다. 1978년의 한국인들에게 유신은 끝나지 않는 터널처럼 여겨졌겠지만 이미 몰락의 조짐을 보이고 있었다.

유신독재의 폭주에 저항하는 몸짓이 활발해지기 시작했다. 초봄, 재야인사들이 '3·1민주구국선언'을 발표했다. 얼어붙은 시국에 조금씩 균열이 났다. 완연한 봄, 전국의 대학들이 시위를 시도했다. 그리고 여름, 전남대가 뜻밖의 방식으로 유신의 허점을 공격했다. 이 파장은 엄청나서 허점을 찌른 게 아니라 유신의 심장을 두들긴 셈이 됐다. 유신이 선포된 1972년 '함성' 사건의 무기는 전남대 학생들의 글이었고, 유신이 삐걱대기 시작한 1978년 여름의 무기는 전남대 교수들의 글이었다. 전남대의 반유신 투쟁은 교수와 학생의 협업이었다.

대학 캠퍼스의 어두운 그림자는 학생들에게만 드리워진 게 아니었다. 교수들도 고역이었다. 정부는 1975년 교수재임용제를 도입했다. 정권에 비판적인 교수들이 재임용 심사에서 줄줄이 탈락했다. 그해 말 전국에서 316명의 교수들이 해직됐다. 살아남은 교수들도 편하지 못했다. 운동권 학생들을 틈틈이 감시해야 했다. 집회 전날에는 학생을 불러다 자기 집에 재우며 집회 참여를 막아야 했다. 학생들은 정권의 시책을 잘 따르는 교수들을 '어용교수'라 부르며 비난했다. '어용'은 자기 이익을 지키려 권력에 영합하고 줏대 없이 행동한다는 뜻이다. 이래저래 교수들의 자괴감이 말이 아니었다.

그런 와중에 일이 벌어졌다. 1978년 6월 27일 전남대 교수 11명이 서명한 선언문이 미국 『AP통신사』와 일본 『아사히신문』에 보도됐다. 제목은 '우리의 교육지표' 선언문이었다. 보도를 접한 박정희 대통령이 너무 화가 나서, 장관들이 한동안 결재를 받으러 가지 못할 정도였다고 한다. 선언문은 바로 박 대통령이 애지중지한 '국민교육헌장'을 조목조목 비판하고 있었다. 사건 주도자 송기숙(전남대 국문과) 교수는 2005년 언론 인터뷰에서 이렇게 회고했다.

"박정희는 누구보다 교육의 중요함을 잘 알고 있었어요. 그 자신이 사범학교 출신 선생이었으니까요. 그의 일제 강압식 교육지향이 그대로 드러난 게 '국민교육헌장'이었어요. 학생은 물론 공무원들까지 그걸 달달 외우도록 닦달했으니까. 그런데 애들 가르친다는 교수들이 나서서 그걸 비판했으니, 노발대발한 건 당연한 일 아니겠어요?"

박 대통령에게 괘씸죄도 그런 괘씸죄가 없었던 셈이다. 국민교육헌장은 유신을 떠받치는 정신적 요체였다. 서명 교수들은 즉시 중앙정보부 광주지부로 연행됐다. 3년 전 인혁당 사건을 조작해 지식인들의 목숨을 앗아가버린 박정희 공포정치의 핵심인 중앙정보부로 연행될 때 그들의 마음은 어땠을까. 잡혀가면 몸 성히 나오기 어렵다는 곳이었다. 1973년 서울법대 최종길 교수가 중앙정보부에서 고문을 받다 사망한 것으로 알려지기도 했다. 전남대 교수들은 불행 중 다행이었을까, 국내외 이목이 집중된 때문인지 중앙정보부는 '해오던 대로' 마구 다룰 수 없었다. 대신 서명 교수들은 모두 해직됐고, 주도자인 송기숙 교수는 징역 4년을 선고받았다. 박정희가 노발대발했다는 '국민교육헌장'이 무엇인지 한번 읽어보자.

> 우리는 민족중흥의 역사적 사명을 띠고 이 땅에 태어났다. 조상의 빛난 얼을 오늘에 되살려, 안으로 자주독립의 자세를 확립하고, 밖으로 인류 공영에 이바지할 때다. 이에, 우리의 나아갈 바를 밝혀 교육의 지표로 삼는다.
> 성실한 마음과 튼튼한 몸으로, 학문과 기술을 배우고 익히며, 타고난 저마다의 소질을 개발하고, 우리의 처지를 약진의 발판으로 삼

아, 창조의 힘과 개척의 정신을 기른다.

공익과 질서를 앞세우며 능률과 실질을 숭상하고, 경애와 신의에 뿌리박은 상부상조의 전통을 이어받아, 명랑하고 따뜻한 협동 정신을 북돋운다.

우리의 창의와 협력을 바탕으로 나라가 발전하며, **나라의 융성이 나의 발전의 근본임을 깨달아**, 자유와 권리에 따르는 책임과 의무를 다하며, **스스로 국가 건설에 참여하고 봉사하는 국민정신을 드높인다. 반공 민주 정신에 투철한 애국 애족이 우리의 삶의 길이며,** 자유세계의 이상을 실현하는 기반이다.

길이 후손에 물려줄 영광된 통일 조국의 앞날을 내다보며, 신념과 긍지를 지닌 근면한 국민으로서, 민족의 슬기를 모아 줄기찬 노력으로, 새 역사를 창조하자.

1968. 12. 5 대통령 박정희

누구나 알 만한 근대 국민국가의 '덕목'들이 나열돼 있다. 어르신의 고루한 잔소리 같기도 하다. 너무도 바람직해서 도리어 감흥이 없는 문장들 가운데 '나라의 융성이 나의 발전의 근본' '반공 민주 정신에 투철한 애국 애족' 같은 말들이 눈에 띈다. 결국 하고픈 말은 국가주의와 반공이다. '개인은 국가에 충성하라, 공산주의는 우리의 적이다.' 과거 군국주의와 전쟁을 부추겼던 구시대의 이념을 그럴듯한 덕목들 사이에 섞어 '끼워 팔기'를 한 것처럼 여겨진다. 아니 사실은 글 전체가 개인을 내려놓고 국가의 말을 들으라고 세뇌하는 것 같다. 개인의 자유와 권리 보장은 설 자리가 없어 보인다.

국민교육헌장은 유신시대의 풍속을 지배했다. 교실에는 칠판 위쪽에 박정희 사진과 국민교육헌장이 나란히 걸렸다. 모든 교과서의 첫 장은 국민교육헌장이었다. 관련 교과목도 있었다. 학생들은 이 393개의 글자를 술술 외워야 했다. 공무원도 마찬가지였다. 도지사가 공무원의 옆구리를 지휘봉으로 찌르며 국민교육헌장을 외워보라고 했다. 제대로 못 외우면 승진이 위태로웠다. 행사장에서도 국민교육헌장을 낭독해야 했다. 낭독자는 헌장을 두 손에 받쳐 들고 공손하게, 청중은 모두 기립해 경청해야 했다. 당시 출간된 모든 책과 영화, 음반도 국민교육헌장을 첫 부분에 실어야 했다.

국민교육헌장은 매우 공들여 만들어졌다. 1968년, 박정희는 40여 명의 학자들을 동원해 5개월에 걸쳐 문안을 짜고 6차례의 수정을 거쳤다. 심의회의는 청와대에서 열렸다. 그렇게 태어난 국민교육헌장은 1972년 유신 선포와 함께 국가의 말씀으로 격상됐다. 나이 많은 사람들은 국민교육헌장이 일제강점기 일제가 배포한 '교육칙어'와 많이 닮았음을 느꼈다. 박정희는 일제강점기 사범학교 출신 교사였고, 나중에 장교로 일본군에 몸담았다. 10월유신의 '유신'도 일본의 메이지유신에서 가져왔다. 국민교육헌장은 일제의 군국주의가 압축된 교육칙어와 어쩔 수 없이 닮았다.

국민교육헌장을 만든 그해 1968년, 세계는 반전평화운동의 물결로 출렁이고 동서 냉전의 장막도 거둬지기 시작했다. 분단 정부인 한국의 시계는 거꾸로 갔다. 배타적이고 적개심에 찬 깃발을 높이 휘날리며 병영국가 만들기에 열을 올렸다. '국민교육헌장'은 학교뿐 아니라 생활 곳곳에서 온 국민들의 전투 출정식 의례처럼 암송되고 낭독됐다. 11명의 전남대 교수들은 그 꼴을 더 이상 두고 볼 수 없었다.

1978년 6월의 '우리의 교육지표' 선언은 애초 계획과는 다르게 진행됐다. 연초에 송기숙 교수는 유신정권 규탄을 위해 교수 입장에서

할 일을 모색했다. 그는 서울로 가서 성내운(연세대 해직교수), 백낙청(서울대 해직교수) 등을 만나 뜻을 모았다. 자신처럼 울분에 찬 교수들이 전국에 많다는 사실을 알았고, 행동할 뜻도 확인했다. 이들은 국민교육헌장 비판 선언과 연대서명을 하기로 했다.

실행이 쉽지 않았다. 서슬 퍼런 유신정권에 맞서, 감시와 도청을 뚫고 진행해야 했다. 동참하겠다던 여러 대학 교수들도 서명을 보내오는 데는 더뎠다. 선언에 이름을 올리는 순간 해직과 구속을 감수해야 하고 극단적으로는 고문을 받다 불구가 되거나 죽을 수도 있었다. 선언 전에 공안당국에 들키기라도 하면 끝장이었다. 일의 진척을 위해 송기숙 교수가 대표를 맡고, 백낙청 교수가 쓴 원안에 전남대 교수들이 먼저 서명을 마쳤다. 다른 대학들의 서명은 오지 않고 이런저런 지연 이유들만 도착하고 있었다. 초조한 시간이 흘러갔다.

결국 성내운 교수가 6월 27일 전남대 교수들이 서명한 선언문을 외국 언론사에 팩스로 보내버렸다. 곧 정부의 감시망에 걸릴 것 같으니 선수를 쳐서 '안전하게' 국제적 이목을 끌어버리자는 생각이었다. '우리의 교육지표'는 그만큼 어려운 과정을 뚫고 세상에 나왔다. 여러 대학이 함께하고자 했지만 결과적으로는 처음 주도했던 송기숙 교수의 전남대가 시국을 이끌었다.

한 장의 선언문은 태풍을 일으켰다. 무엇보다 제자들의 호응이 열렬했다. "우리에게 이런 스승들이 계셨다니!" 전남대 학생들은 말할 수 없이 감격했다. 선언 다음 날부터 곧바로 도서관 앞 광장에서 지지 집회를 벌였다. 200여 명이 모여들었다. 그 다음 날인 6월 29일에는 700여 명이 몰렸다. 집회는 점점 격렬해졌다. 학생들은 '양심교수 연

전남대 도서관 앞 '우리의 교육지표' 선언 기념비.
5권의 책은 1980년 5월 항쟁을,
11개의 떡잎은 교육지표를 선언한 교수들을 의미한다. /
선언을 주도한 송기숙 교수

행에 대한 민주학생 선언문'을 낭독하고 다섯 가지 사항을 요구했다.

'민주교육 선언 교수를 즉각 석방하라! 교수 재임용제를 폐지하라! 상담지도관실을 폐지하라! 학원사찰 중지하고 교내 상주 정보기관원은 즉각 물러가라! 어용교수들은 즉각 물러가라! 이상의 요구가 관철될 때까지 우리는 수업거부, 시험거부, 단식농성 등의 투쟁을 계속할 것을 민주학생의 긍지를 가지고 결의한다!'

민청학련 사건 이후 질식할 듯 억눌린 캠퍼스였다. 학생들은 오랜만에 큰 숨을 쉬고 함성을 내질렀다. 정권에 굽신대는 어용교수들과 나머지 침묵하는 교수들만 있는 줄 알았다. 흡사 일제강점기 항일 투사들의 승전보를 전해 들은 듯이, 학생들은 11명의 스승이 그렇게 자랑스러울 수가 없었다. 교수들의 헌신을 '암흑 속 횃불 같은 가르침'이라고 표현했다. 이제 누구도 학생들을 막을 수 없었다. 경찰이 폭력진압에 나서고 정부가 7월 5일까지 휴교령을 내렸지만 소용없었다. 전남대 학생들은 광주시내로 진출해 격렬한 시위를 벌였다. 광주고를 지나 충장로를 지나 조선대 앞을 지나 광주공원에 도착해 다시 양림교회를 지나고…. 그 사이 구호는 '민주교육'에서 '유신철폐'로 확대됐다. 7월 1일에도 시내 공용터미널로 진출해 경찰과 싸움을 벌였다. 사흘 동안 500여 명이 연행됐다.

호응은 점점 일파만파가 됐다. 7월 3일에는 조선대학교 학생들이 연대시위를 벌였다. "이 땅에 민주와 인간의 교육이 절멸하지 않았다는 희망이 용솟음친다"라는 한국인권운동협의회의 성명처럼, 반유신 투쟁을 해왔던 전국의 여러 민주단체들도 지지선언에 나섰다. 교수들이 광주 법원에서 재판을 받을 때는 전국의 민주인사들이 몰려들었다. 광주전남 운동가들은 교수 구명을 위해 팔을 걷어붙이고, 변호사들은 무료 변론을 하고, 시민들은 외지 방청객들을 지원하기 위해 모임을 결성하고, 대학생들은 뜨거운 토론장이 된 법정에서 많은 것을 학습해 나갔다.

한 발짝 떨어져서 그때를 본다. 1978년 광주의 여름은 뜨거운 공동체의 실현이었다. 당시 사람들은 전혀 예감하지 못했지만, 결과적으로 이 연대는 2년 뒤 5·18민중항쟁 때 시민들이 만들어낸 광주 공동체의 예행연습이 됐다. '우리의 교육지표' 선언은 유신정권의 쇠락을 촉진하고, 수많은 광주시민들을 민주시민으로 거듭나게 했다. 후대의 역사가들이 경이로워하는 '5·18 광주 공동체'는 어느 날 하늘에서 뚝 떨어진 것이 아니었다.

특히 전남대 운동권 학생들은 교육지표 사건을 거치며 폭발적으로 성장했다. 물론 1972년 유신 선포 직후 살벌한 시국에 과감히 짱돌을 던진 이들도 전남대 학생들이었다. 이들은 2년 뒤 민청학련 사건을 거치고 4년 뒤 교육지표에 이르러 마침내 규모와 역량을 한껏 키웠다. 학교 밖 시민들과도 손을 잡았다. 1978년 스승들의 선언에 화답하며 광장의 주역이 된 전남대 학생들은 1980년 5·18 직전, 역사의 새벽에 큰 역할을 맡는다.

'우리의 교육지표' 사건 며칠 후인 7월 6일은 대통령 선거일이었다. 어차피 체육관에서 거의 100% 찬성으로 치러지는 허울뿐인 간접선거였으니, 그날은 사실상 대통령 취임일이었다. 박정희는 다섯 번째 대통령 즉위식을 앞두고 찬물을 뒤집어썼다. 그는 조금이라도 느꼈을까, 절대왕국 유신이 붕괴되기 시작했음을. 아마 몰랐던 것 같다. 이후 유신 정권은 더욱 폭압적으로 변해갔다.

이쯤에서 '우리의 교육지표'를 읽어보자. 서슬 퍼런 유신 대통령의 복장을 뒤집히게 한 그 글은 대체 어떤 내용이었을까.

정의롭고 평화로운 사회, 한마디로 인간다운 사회는 아직도 우리 현실에서 한갓 꿈에 머물고 있다. 따라서 이러한 현실을 바로 알고 그것을 개선할 힘을 기르는 일이야말로 인간다운 인간을 교육하는 길이다. 그러나 이러한 교육 역시 이 사회에서는 우리 교육자들의 꿈에 머물고 있다. 사람이 사람을 마구 누르고, 자손 대대로 물려줄 강산을 돈을 위해 함부로 오염시키는 풍조가 만연한 가운데, 진실과 인간적 품위를 존중하는 교육은 나날이 찾아보기 어려워 가고 있다. 무상의 의무교육은 빈말에 그치고 중고등학교에 진학한 학생들도 과밀교실과 이기적 경쟁으로 몸과 마음을 동시에 해치고 있으며 재수생 문제와 청소년 범죄는 이미 걷잡을 수 없는 사회문제가 된 지오래다. 그리고 온갖 시련과 경쟁 끝에 들어간 대학에서는 진실이 외면되기 일쑤고 소중한 인재가 빈번히 희생되고 교육적 양심이 위축되는 등 안타까운 수난을 거듭하고 있다.
대학인으로서 우리의 양심과 양식에 비추어볼 때 오늘날 교육의 실패는 교육계 안팎의 모든 국민으로 하여금 자발적 일치를 이룩할 수 있게 하는 민주주의에 우리의 교육이 뿌리박지 못한 데서 온 것이다. **국민교육헌장은 바로 그러한 실패를 집약한 본보기인 바, 행정부의 독단적 추진에 의한 그 제정 경위 및 선포 절차 자체가 민주교육의 근본정신에 어긋나며 일제하의 교육칙어를 연상케 한다.** 뿐만아니라 그 속에 강조되고 있는 형태의 애국애족 교육도 그냥 지나칠 수 없는 문제를 안고 있다. 지난날의 세계역사 속에서 한때 흥하는 듯하다가 망해버린 국가주의 교육사상을 짙게 풍기고 있는 것이다. 부국강병과 낡은 권위주의 문화에서 조상의 빛난 얼을 찾는 것은 잘못이며, 민주주의에 굳건히 바탕을 두지 않은 민족중흥의 구호는 전체주의와 복고주의의 도구로 떨어질 위험이 있다. 또 능률과 실질을 숭상한다는 것이 공리주의와 권력에의 순응을 조장하고 정의로운 인간과 사회를 위한 용기를 소홀히 하는 결과가 되어서는 안 된다.

민주주의 교육이 선행되지 않은 애국애족 교육은 진정한 안보에도 도움이 되지 않는다. 민주주의의 실천이 결핍된 채 민주주의보다 반공을 앞세운 나라는 다 공산주의 앞에 패배한 역사를 우리는 알고 있지 않은가?

이 땅에 인간다운 사회를 실현하고자 하는 우리는 격동하는 국내외의 역사 속에서 그 어느 때보다도 슬기롭게 생각하고 용기 있게 행동할 사명을 띠고 있다. 이에 우리 교육자들은 각자가 현재 처한 위치의 차이나 기타 인생관, 교육관, 사회관의 차이를 초월하여 다음과 같은 우리의 교육지표에 합의하고 그 실천을 다짐한다.

1. 물질보다 사람을 존중하는 교육, 진실을 배우고 가르치는 교육이 제대로 이루어지기 위해 교육의 참 현장인 우리의 일상생활과 학원이 아울러 인간화되고 민주화되어야 한다.

2. 학원의 인간화와 민주화의 첫걸음으로 교육자 자신이 인간적 양심과 민주주의에 대한 현실적 정열로써 학생들을 가르치고 그들과 함께 배워야 한다.

3. 진실을 배우고 가르치는 일에 대한 외부의 간섭을 배제하며, 그러한 간섭에 따른 대학인의 희생에 항의한다. 특히 제적학생의 복교에 힘쓴다.

4. 3·1 정신과 4·19 정신을 충실히 계승하며 겨레의 숙원인 자주 평화 통일을 위한 민족역량을 함양하는 교육을 한다.

1978년 6월 27일

6·27민주교육지표선언 서명 교수 명단

김두진(사범대 국사교육과) 김정수(문리대 영어영문과) 김현곤(사범대 불어교육과) 명노근(문리대 영어영문과) 배영남(문리대 영어영문과) 송기숙(문리대 국어국문과) 안진오(문리대 철학과) 이방기(법대 법학과) 이석연(문리대 사학과) 이홍길(문리대 사학과) 홍승기(사범대 국사교육과)

"기대했던 센 말은 없네. 빨간펜 선생님의 논술지도문 같은데?" "이 당연하고 옳은 이야기를 하는 데 밥줄을, 심지어 목숨까지 걸어야 했다고?" 이런 반문이 들려올 것 같다. 잘 믿기지 않겠지만 정말 그런 시대가 우리에게 있었다.

1980년대 내가 국민학교(지금의 초등학교) 다닐 때도 교과서 첫 부분에 '국민교육헌장'이 실려 있었다. 아주 중요한 내용이라는 듯 두 쪽에 걸쳐 테두리까지 둘렀다. '내가 민족중흥을 위해 태어났다니, 부모님이 민족중흥의 사명을 위해 자식을 낳는다니' 하며 헛웃음이 나왔으나 '교과서는 원래 고루하니까' 하면서 별 관심을 두지 않았다. 우린 그걸 외울 일도 없었다. 국민교육헌장은 1980년대에 종이호랑이로 전락했다가 1990년대에 모든 출판물에서 존재감 없이 사라졌다. 그러나 공식적으로 폐기된 것은 아니라고 한다.

5·18민중항쟁 10주기를 맞아 전남대 학생들이 사범대 벽면에 그린 민중항쟁도.
한국 민주화운동에서 큰 역할을 한 전남대의 상징으로 다가온다.

◉ **전남대학교**

광주에 있는 국립종합대학교. 4개의 대학(도립광주농과대학, 광주의과대학, 목포상과대학, 사립대성대학)을 개편·통합하고 공과대학이 추가 인가를 받아 1952년 6월 개교했다. 주택가에 둘러싸여 있어 다소 독립된 세계 같은 느낌을 준다.

◉ **전남대 역사관**

전남대에서 가장 오래된 건물인 용봉관은 과거 대학본부로 쓰였다. 이곳 1~2층에 역사관이 꾸려져 있다. 1층에는 전남대인들의 민주화운동사가 전시돼 있어 한국민주화운동에서 전남대가 새긴 궤적을 생생하게 확인할 수 있다. 2층에는 전남대의 역사가 전시돼 있고, 3층에는 5·18연구소와 여성연구소가 있다.

◉ **김남주 시인 기념홀**

시인 김남주(1946~1994)는 전남대 영문과에 다니다가 제적됐다. 그는 510편의 시 가운데 360편을 옥중에서 썼다. 2019년 2월, 인문대학 1호관(근대문화유산) 1층에 김남주 기념홀이 조성됐다. 시인의 삶과 시 등을 볼 수 있다. 평일 오전 10시~오후 5시 개관 blog.naver.com/kimnamjuhall

◉ **우리의 교육지표 선언비 & 도서관 앞 광장**

선언비는 도서관과 사범대 사이 길목에 서 있다. 도서관 앞 잔디밭은 학생들의 집회 장소였다. 백도(하얀 건물)와 홍도(붉은 벽돌건물) 등 두 개의 도서관이 둘러싸고 있다. 1980년대에는 중앙도서관(현재의 백도)만 있었고 그 앞이 집회 무대였다. '우리의 교육지표' 선언을 지지하는 학생들의 시위도 도서관 앞에서 시작됐다.

◉ **사범대 민중항쟁도(87쪽 사진)**

5·18민중항쟁 10주년을 맞이해 1990년 전남대 학생들이 사범대 벽면에 그린 대형 벽화다. 1980년대 미술운동의 성과가 오롯이 담겼다. 세월이 흐르면서 칠이 벗겨져 2017년 전남대 민주동우회 주도로 새로 채색했다. 900여 명이 제작비 모금에 참여했다. 민중미술 대형벽화가 남아 있는 대학은 전남대, 경희대, 경북대, 동아대 등이다.

𝗔 **이강(1947~)**

1970년대 이후 광주전남의 반독재 민주화운동을 이끌었다. 전남 해남에서 나고 자랐고 중학교 때 김남주와 친구가 됐다. 1973년 '함성'과 '고발'지 사건으로 투옥되고 전남대에서 제적됐다. 1974년 민청학련 사건으로 징역살이를 했다. 석방 후 전남 가톨릭농민회 교육부장으로 활동하며 함평 고구마 피해보상 투쟁 등을 지원했다. 1979년 남민전 사건에 연루돼 광주교도소에서 복역 중 5·18을 맞았다. 6월항쟁 때 민주헌법쟁취 국민운동본부 광주전남지부 사무처장으로 활동했고, 현재 광주민주화운동동지회 상임고문을 맡고 있다.

𝗔 **송기숙(1935~)**

전남대 국문과 교수이자 소설가. 전국 민주화운동에서 주도적 역할을 했다. 1978년 '우리의 교육지표' 선언을 주도해 긴급조치 9호 위반으로 해직되고 투옥됐다. 1980년 5·18 때 수습위원을 했고, 1987년 6월항쟁 직후 '민주화를 위한 전국 교수협의회'를 창립했다. 1996년 전남대에 5·18연구소를 설립하고 소장을 맡았다. 대표작으로 동학농민운동을 소재로 한 대하소설 『녹두장군』이 있다.

———

* **유튜브 검색어_** 대한뉴스 국민교육헌장

세상을 바꾼 열흘

5·18민중항쟁, 열흘의 기록

●●●

당신의 역사는 언제 시작됐습니까, 라고 질문해본다. 내 삶이라는 개울이 거대한 역사의 바다와 긴밀히 연결돼 있음을 자각한 계기 말이다. 어르신들은 1960년 4·19혁명이나 한국전쟁의 어느 날 혹은 일제가 항복 선언을 하던 날을 꼽을 것이다. 젊은 사람들은 2014년 봄의 세월호를, 또 어떤 사람들은 2018년의 미투 운동을 말할 것이다. 직접 겪은 경험일 수도 있고, 보고 들은 기억일 수도 있다.

내 역사는 1980년 5·18민중항쟁부터 시작됐다. 광주에서 나고 자랐지만 당시엔 어려서 기억이 없다. 동네 친구들도 대부분 그 사건을 모른 채 성장했다. 어릴 적 한 친구는 가슴 오른쪽에 총탄 자국이 있었다. 그 아이는 함께 놀다가도 곧잘 "이봐라! 나 총 맞았다!" 하고 가슴팍을 확 열어젖혔다. 우둘투둘 꿰맨 흔적이 보였다. 우리가 "언제?" 하고 물으면 친구는 잠시 멍하다가 "6·25 때!" 하고 외쳤다. 우리는 고개를 끄덕였다. 그 친구의 할머니는 소문난 욕쟁이였다. 기분이 뒤틀리면 눈앞에 개만 얼씬대도 욕을 내질렀다. 우리는 친구네 할머니가 나타나면 슬금슬금 뒷걸음질쳤다.

아랫동네 사는 '미친년'을 마주칠 때는 반대로 우리가 의기양양했다. 그녀는 20대 초중반쯤 됐을 것이다. 바보처럼 웃는 그 산발머리 여자에게 우리는 대뜸 "미친년아!" 하고 외치고는 냅다 뛰었다. 딱히 악의는 없었던, 도발적인 놀이였다. 그녀는 달리기를 잘하지 못했다. 늘 슬리퍼 한 짝이 벗겨진 채로 이죽이죽 웃으며 우리를 쫓아왔다. 지금 그녀의 얼굴은 흐릿하지만 길에 나뒹굴던 보라색 슬리퍼는 선명하다. 어른들은 그 여자가 '난리 때 미쳤다'고 했다. 달동네 초등학생인 우리가 학교에서 배운 '난리'는 6·25밖에 없었다. 1980년대 초 나는 1950년에 총을 맞거나 정신줄을 놓았다는 이웃들과 함께 살았다. 어른들은 코흘리개들의 인식을 바로잡아주지 않았다.

지금은 알고 있다. 친구는 1980년 5월 아빠를 따라 시내에 나갔다가 총에 맞고 용케 목숨을 건졌다. 젊은 아빠는 죽었다. 욕쟁이 할머니의 화는 비명에 잃은 아들 때문이었다. 아랫동네 '미친년'의 난리도 1950년의 6·25가 아니라 1980년의 5·18이었다. 어른들은 일부러 말해주지 않은 게 아니라 입을 다물어야 했다.

사춘기 때 3·1, 4·19, 5·16 5·18 6·10 10·26 12·12처럼 비밀번호를 닮은 역사적 사건을 무수히 배웠지만 5·18에 특별한 관심을 갖진 않았다. 광주를 떠나 서울의 대학에 입학하면서 5·18은 비로소 '나의 일'로 닥쳐왔다. 신입생 엠티 때 내 소개 순서가 되자 사회를 맡은 선배가 "여러분! 광주의 딸이 왔습니다!"라고 외쳤다. 갑자기 분위기가 바뀌었다. 그전까지 깔깔대던 선배들이 모두 일어나 진지하게 '님을 위한 행진곡'을 부르기 시작했다. 나는 누구인지, 여긴 어디인지 당혹감이 들었다. 알아야 할 것을 모르는 것 같아 부끄럽기도 했다. 뒤늦은 탐색이 시작됐다. 5·18기록집 『죽음을 넘어 시대의 어둠을 넘어』를 사들고 고향집에 내려온 주말, 날을 샜다. 한 장 한 장 넘길 때마다 충격이어서 책을 덮을 수 없었다. 베란다 창문을 열고 동이 트는 광주 시내를 내려다봤다. 먹먹했다. '나의 역사'가 시작되는 새벽이었다. 고향마을 어른들의 태도가 이해되기 시작했다. '세상사'에 대한 관심이 비로소 싹트기 시작한 시점이기도 했다.

색깔이나 음악처럼 타인의 취향을 알 수 있는 항목들이 있다. 역사의식의 출발점도 누군가의 내면을 이해하는 데 무척 유효한 것 같다.

'제 역사의 시작은 5·18입니다, 당신은 어떤가요?'

한국 민주화 여정의 횃불이 된 5·18

20세기 지구상에서 고생을 유독 많이 한 국가를 꼽으라면 우리나라도 앞순위에 들 것이다. 1910년 이 땅의 마지막 왕조국가 대한제국이 제국주의 일본에 국권을 빼앗겼다. 나라 잃은 국민들은 식민지살이 36년을 견뎠다. 1945년 8월 15일 일제가 제2차 세계대전에서 패망하면서 우리는 꿈에 그리던 해방을 맞았다. 하지만 독립은 아니었다. 초강대국 미국과 소련이 남쪽과 북쪽 땅을 각각 위임통치했다. 일제는 물러갔으나 살 만한 날은 오지 않았다. 두 강대국이 대립하는 통에 이 땅은 바람 앞 촛불처럼 위태로웠다.

1948년 한반도는 결국 두 개의 나라로 쪼개졌다. 미국의 후원을 받는 자본주의 국가 남한과, 소련의 후원을 받는 사회주의 국가 북한이었다. 냉전시대 두 체제의 공존은 불행의 씨앗 정도가 아니라 불덩이였다. 1950년 북한과 남한의 전면전쟁이 벌어졌다. 처음엔 내전이었다가 미국, 소련, 중국 같은 강대국들이 본격 개입하면서 세계대전의 축소판이 됐다. 3년의 총소리가 멈추고 남과 북 모두 상처만 입었다. 이후 서로를 적으로 여기고 으르렁대며 각자의 길을 갔다.

대한민국은 '민주주의 국가'였다. 헌법은 국민이 나라의 주인이고, 국민 개인의 권리와 자유도 보장된다고 했다. 현실은 독재국가로 흘러갔다. 밝은 가족 드라마라고 홍보한 시리즈물이 점점 어두운 막장 드라마로 변질되어 간 격이었다. 초대 대통령 이승만은 새 나라의 튼튼한 초석을 만드는 데 별 관심이 없었다. 권력을 놓지 않기 위해 안간힘을 썼다. 부정선거, 국회 질서 파괴, 친일파 옹호, 부정축재 등 갖은 방법을 동원했다. 비판하는 국민은 '남한의 적'인 북한에 동조한다고 몰아세워 잔인하게 처벌했다.

참으로 힘겨운 20세기를 살아간 우리 국민이다. 그럼에도 나라가 일그러지는 꼴을 그냥 놔두지 않았다. 독재와 부정부패가 극에 달하면 들고 일어나 뒤집었다. 초대 대통령 이승만의 12년 독재를 1960년 4·19혁명으로 무너뜨렸다. 억압이 무너진 광장에 자유를 갈구하는 외침들이 울려퍼졌다. 그동안 억눌렸던 요구들이 봇물처럼 터져나왔다. 혼란스러워 보이지만 사회가 민주화되어가는 자연스러운 과정이었다.

1961년 5월 16일, 한 무리 군인들이 '혼란한 정국을 안정시키겠다'라며 정권을 빼앗았다. 총과 탱크를 앞세운 쿠데타였다. 우두머리 박정희는 '나라가 안정을 되찾으면 바로 물러나겠다'라며 최고 권력자 자리에 올라 18년을 지배했다. 그 마지막 7년은 악명 높은 유신독재였다. 박정희는 아예 종신대통령이 되기로 마음먹었다. 견디다 못

한국의 독재자들. 이승만 초대 대통령, 5·16 군사쿠데타를 일으킨 박정희 소장,
12·12 군사쿠데타를 일으킨 후 기념촬영을 한 신군부와 전두환 보안사령관

한 국민이 들고 일어나기 시작할 무렵 박정희는 부하의 총에 맞아 죽었다. 1979년 10월 26일이었다. 끝이 안 보이던 유신독재의 암흑터널이 갑자기 끝났다. 억눌렸던 국민이 전국에서 쏟아져 나와 광장을 채웠다.

19년 전 박정희 군부 쿠데타의 악몽, 그 불안한 기시감이 들 무렵 '사회 안정'을 명분 삼아 한 무리의 군인들이 또 총과 탱크를 앞세우고 등장했다. 전두환 보안사령관을 주축으로 한 이들을 박정희 군부에 이은 '신군부'라 불렀다. 전두환은 박정희의 보호를 받으며 힘을 키운 군인이었다. 1980년이 밝아오고 세계는 냉전을 벗어나고 있었지만 한국 민주주의는 거꾸로 가는 시계였다.

1980년 봄 전국의 민주화시위가 주춤했다. 5월 18일, 신군부는 무장병력을 앞세워 전국을 얼려버렸다. 정권을 가져갈 테니 모두 조용히 있으라는 엄포였다. 굴하지 않은 단 한 곳이 광주였다. 신군부의 가공할 폭력에 맞서 광주는 열흘 동안 싸웠다. 수많은 시민이 죽고, 다치고, 끌려갔다. 신군부는 광주를 봉쇄해 '소식'이 번지는 것을 막으려 했다. 항쟁 당시는 몰라도 영구 비밀은 불가능했다.

광주 5·18항쟁의 진실이 알려지자 국민들이 충격에 빠졌다. 마음속에 광주를 새긴 이들이 전두환의 '제5공화국'에 용감하게 맞서기 시작했다. 이승만, 박정희에 이어 벌써 세 번째였다. 게다가 이 독재자는 노골적으로 광주시민들의 피를 손에 잔뜩 묻힌 채 등장했다. '살인마 전두환'이라는 말이 공공연하게 떠돌았다. 젊은이들은 전면전쟁을 벌였다. 광주 진상 규명과 독재 타도를 외치며 스스로 목숨을 던졌다. 1980년대는 의로운 목숨들이 동백꽃처럼 뚝뚝 떨어지는, 열사의 시대였다.

5·18로 시작된 투쟁의 에너지가 모이고 모여 화산으로 터졌다. 1987년 6월항쟁이었다. 온 나라가 타올랐다. 벼랑에 몰린 전두환 정권은 백기를 들었다. 1987년은 대한민국이 비로소 민주화된 시점이었다. 헌법을 고쳐 국민 손으로 직접, 제대로 대통령을 뽑을 수 있게 하고 사회 각 분야에 민주적인 제도를 도입했다. 더는 군사 쿠데타가 불가능하도록 꽁꽁 틀어막았다. 대한민국 정부 수립 40년 만에 마침내 민주주의 국가의 기본을 쟁취해냈다. 5·18은 마지막 7년 전쟁의 디딤돌이었다.

1950년대 초 어느 외신기자는 이승만 정권의 정치파동을 보고 '한국에서 민주주의가 꽃피기를 기대하는 것은 쓰레기통에서 장미꽃이 피기를 기대하는 것과 같다'라고 비아냥댔다. 오늘날 한국은 단기간에 놀라운 민주주의를 성취한 나라로 손꼽힌다. 소위 유럽 선진국들이 민주주의를 정착시키는 데는 수백 년이 걸렸고, 그 사이 무수한 국민이 죽었다. 한국과 유럽의 민주주의를 시간의 양으로 단순 비교할 순 없지만 한국의 민주화 과정은 세계에 큰 인상을 남겼다. 특히 5·18은 아시아 국가들의 민주화 운동에 큰 영향을 주었다.

2011년 유네스코는 5·18민중항쟁 기록물을 세계기록유산으로 등재했다. 항쟁 당시의 시민 호소문, 선언문, 기사, 일기, 취재수첩, 사진 등 각종 문서에 번호를 매기고 원본을 보존하고 있다. 한국의 5·18민중항쟁은 영국의 대헌장, 프랑스대혁명의 인권선언과 함께 문명의 진보에 기여한 인류 전체의 역사자산이다.

5월 광주, 열흘의 일지

1980년 5월 18일부터 27일까지, 광주에선 도대체 무슨 일이 일어났을까. 그 직전인 1980년 5월 초로 돌아가 본다. 1979년 10월 26일 박정희 대통령이 죽고 유신독재가 무너진 자리, 최규하 국무총리가 대통령 권한을 대행했지만 유명무실했다. 전두환 신군부가 12월 12일 쿠데타를 일으켜 군대를 장악했기 때문이다. 신군부는 'K-공작' 계획의 마지막 고지인 정치권 장악을 남겨놓고 있었다. K-공작의 K는 킹(King)의 앞글자, 전두환을 왕으로 만드는 계획이었다. 치밀한 단계별 쿠데타였다.

박 대통령 사망 이후 전국 주요 도시에는 비상계엄령이 내려졌지만 대학생들과 시민들은 연일 민주화 요구 집회를 열었다. 드넓은 서울시청 광장은 인파로 가득 찼다. 김대중·함석헌·윤보선 등 재야 정치인과 지도자들도 민주화 촉구 국민선언을 하고, 전국 주요 대학들의 총학생회장단도 결의문을 채택했다. 18년 독재가 무너진 자리, 놓칠 수 없는 기회였다. 1980년 5월 초의 이 정국을 '민주화의 봄'이라 부른다. 그러나 5월 15일 무렵부터 시위가 잦아들기 시작했다. 서울의 대학생 행진은 서울역 앞에서 멈췄다. 이른바 '서울역 회군'이었다. 신군부의 분위기가 심상치 않았다. 무력 탄압을 예측하는 논쟁도 운동가들 사이에서 분분했다.

사실이었다. 신군부는 3월부터 '충정훈련'을 벌여 군인들을 살상도구로 준비시켜 놓았다. 전두환은 부총리급인 '중앙정보부장 서리'가 되어 국무회의에도 출석했다. 국가 중요사안을 다루는 장관급 이상 회의에서 의사결정권을 갖게 됐다. 군사권력을 쥔 그가 정치권력까지 장악하기 시작한 셈이었다. 전두환은 기존의 비상계엄을 제주도까지 확대할 기회를 노리고 있었다. 그러면 '비상계엄 전국 확대'가 되어 신군부가 국무회의의 동의 절차를 건너뛰고 대통령과 직접 협상, 군대를 풀어 시위진압을 할 수 있었다.

전국 대학생 대표들은 비상계엄이 확대되면 각 대학별로 행동에 나서기로 결의했다. 신군부의 움직임이 불안했지만 그해 봄은 물러설 수 없는 기회였다. 광주의 시위는 축제였다. 14일부터 16일까지 전남도청 광장에서 대학생들이 민주화행진과 집회를 벌였다. 교수들도 참여했다. 3만여 명이 모인 16일에는 횃불시위도 열었다. 군사독재의 어둠을 기어이 걷어내자는 결의의 표현이었다. 광주지역 대학생들이 주도한 이 3일 간의 '민족민주화성회'는 시민들까지 감동시켰다. 학생, 교수, 시민이 하나가 됐다.

그 모습에 1978년 6월 전남대 '우리의 교육지표' 선언이 포개어진다. 스승과 제자의 합심과 시민들의 호응이 빚어낸 감동의 사건이었다. 그 연대의 물결이 2년 후 다시, 더 크게 굽이치고 있었다. 그 사이 학생들은 적극적인 운동가로 거듭났고 부지런히 시국 학습을 했다. 5·18 초기 일반시민들이 아직 그 이름 석 자마저 생소해할 때 학생들은 벌써 '전두환은 물러가라'라는 구호를 외쳤다.

신군부가 '작전'에 착수했다. 5월 20일로 예정된 임시국회가 계엄령 해제를 논의하기 직전에 선수를 쳤다. 5월 18일 0시, 신군부는 비상계엄을 전국으로 확대했다. 모든 정치활동이 금지되고, 언론·출판·방송은 사전검열을 받아야 하고, 학교에 휴교령이 내려지고, 파업도 금지됐다. 밤사이 전국 곳곳에서 민주인사들, 대학 학생회장을 비롯한 주요 운동권 학생들이 잡혀갔다. 전국 92개 대학에 계엄군이

민족.민주화 뙇흢
전남대학교 훙학생회

1980년 5월 14~16일
전남대 총학생회가 주도해
전남도청 광장에서 열린
민족민주화성회와 교수-학생 행진
ⓒ전남대

배치됐다.

일찍부터 신군부는 폭력을 과시할 기회를 찾고 있었다. 1979년 가을 부산과 마산에서 대규모 민주화 시위가 일어나자 박정희 정권은 경찰도 아닌 군대를 투입해 무자비하게 진압해버렸다. 전두환은 '선배 박정희'의 부마항쟁 진압을 본보기로 삼았다. 초전박살을 내서 국민을 공포에 질리게 하면 됐다. 이제 폭력을 시연할 '무대'가 필요했다. 마침 1980년 4월 강원도 사북에서 노동자들의 파업이 일어났으나 군대 투입 직전에 사태가 해결됐다. 그들로서는 계획이 좌절돼버렸다. 임시국회가 임박하자 비상계엄 확대를 서둘러 추진했으나 5월 17일은 토요일이었고 전국은 고요했다.

광주도 다른 곳과 마찬가지로 평화로웠다. 금요일까지 열렸던 민족민주화성회는 수만 명의 시민이 몰렸지만 질서정연했다. 어른들은 아이들을 무등 태워서 나오기도 했다. 경찰들은 교통정리를 위해 협조했고, 집회를 함께 구경하기도 했다. 그런 광주에 신군부는 비상계엄 확대 전부터 계엄군을 유독 많이 배치했다. 17일 밤에는 광주의 민주인사들이 속속 잡혀갔다. '예비검속'이었다. 마침내 5월 18일의 해가 무등산 위로 떠올랐다.

[1일째] 5월 18일 일요일. 맑음 / 산발적이고 수동적인 저항*

오전 전남대학교 정문으로 대학생들이 모여든다. 며칠 전 민족민주화성회 때의 시위 약속에 맞춰 나온 학생들부터 도서관에 가는 이들, 아침운동 가는 이들까지 다양하다. 정문에 진을 친 계엄군이 출입을 막는다. 항의하는 학생들에게 달려들어 곤봉으로 마구 때린다. 몇 명이 피를 쏟는다. 지나가는 시민들도 구타를 당한다. 이상하다.

보통은 경찰이든 군인이든 시위를 해산시키고 끝내는데 이건 다르다. 계엄군은 2인1조로 끝까지 쫓아가 때리고 밟는다. 학생들이 도망가지 않고 돌을 던지며 격렬히 저항한다. 잠시 후 학생들이 광주역, 버스터미널을 거쳐 시내 중심인 금남로로 진출한다. 시민들에게 계엄군의 잔혹함을 알리러 가는 다급한 발걸음. 5·18 항쟁의 시작이다.

금남로에 도착한 수백 명이 시위를 이어간다. 시내에도 진을 친 계엄군이 학생들과 시민들을 쫓아가 진압봉으로 때리고 군홧발로 짓밟는다. 하늘에서 헬리콥터가 시위대를 추격한다. 분노한 이들이 도시 곳곳으로 퍼져나가 시위를 벌이며 계엄군과 충돌한다. 잡힌 시민을 풀어준 광주의 경찰까지 계엄군에 두들겨 맞는다. 계엄군이 도처에서 나타나 몽둥이를 휘두른다. 휴일 체육대회장은 쑥대밭이 된다. 저녁 광주는 통행금지 구역이 된다. 첫딸의 백일잔치를 치른 청각장애인이 구두닦이 일감을 찾아 시내를 돌다가 계엄군에 구타당한다. 이튿날 새벽 결국 사망한다. 광주 5·18의 첫 사망자다. 신군부는 '조기진압'을 위해 계엄군을 더 투입한다.

자기 나라 국민을 때려잡고 죽이는 이 군인의 정체는 뭔가. 전쟁 때 적진 깊숙이 먼저 투입한다는 공수부대다. 신군부가 시위진압을 위해 살상무기로 미리 훈련시킨 군인들이다. 휴일 광주를 피로 물들인 7공수여단과, 오후 광주에 추가로 도착한 11공수여단이 전남대와 조선대로 이동해 휴식을 취한다. 저녁 뉴스에 광주 소식이 하나도 나오지 않는다. 낮에 겪은 일이 정말 실제였는지 시민들은 잠을 이루지 못한다.

---

*날짜별 소제목은 책 『죽음을 넘어 시대의 어둠을 넘어』에서 쓴 제목을 참고했습니다.

[2일째] 5월 19일 월요일. 오후부터 비 / 적극적 공세로의 전환

　분노와 궁금함에 수천 명의 시민들이 아침부터 금남로로 몰려든다. 새벽부터 움직인 계엄군이 곳곳에서 달려든다. 시민들은 곤봉, 총 개머리판, M16 소총에 꽂은 대검에 맞거나 찔려 쓰러진다. 금남로가 아수라장이 된다. 계엄군은 샛길과 골목, 건물까지 뒤진다. 여관에 투숙한 남녀가 끌려 나와 구타당하고 피를 흘린다. 고시학원에 있던 젊은이들도 두들겨 맞는다. 발가벗겨진 시민들이 손목을 묶인 채 길바닥을 포복한다. 한 신문기자는 '인간사냥'이라며 치를 떤다. 붙잡힌 시민들이 트럭에 실려 계엄군 숙영지인 조선대로 끌려간다.

　오후가 되자 거리의 사람들이 대학생에서 점차 일반시민들 중심으로 바뀐다. 친구의 죽음을 목격한 고등학생들도 학교를 뛰쳐나와 합류하고 시내 고등학교에 휴교령이 내려진다. 사방이 얽어맞고 피 흘리는 사람들 천지다. 금남로에서 드럼통에 불을 붙여 굴리고 바리케이드를 치며 계엄군에 저항한다. 일방적으로 밀리던 시민들이 적극적으로 맞서기 시작한다. 분노를 공유한 시민들이 통일된 시위대를 이루고, 저항의 몸짓은 점점 목숨을 건 전투가 된다. 5·18항쟁이 질적으로 상승한 첫 번째 시점이다.

　금남로를 넘어 공용터미널, 주택가 골목까지 전투가 확산된다. 어디선가는 계엄군이 시위대의 힘에 밀리기도 한다. 광주고등학교 앞에서 계엄군의 첫 총소리가 들리고 조대부고 3학년생이 쓰러진다.

[3일째] 5월 20일 화요일. 오전 살짝 비 / 전면적인 민중항쟁·광주역 집단발포

　신군부는 이 도시에 매일 군 병력을 추가로 투입한다. 3공수여단이 이른 아침 광주역에 도착해 전남대 주둔지로 향한다. 계엄군은

신군부의 계엄군이 광주시내를 장악하고 저지른 일들

©5·18기념재단

비 내리는 오전 시내 도처에서 검문을 벌이고, 금남로에서 남녀들을 발가벗긴 채 기합을 준다. 광주공원 근처에서 얼굴이 짓이겨진 시신이 발견된다. 공포 속에서도 사람들이 시내로 몰려든다. 시내 녹두서점에 젊은 운동가들이 모여들어 대책을 논의한다.

"차라리 우리 모두를 죽여라" "먼저 가신 님들과 함께 죽읍시다" 금남로의 시민들이 죽기를 각오한다. 대형 태극기를 펼쳐 행진하고 피를 토하듯 '아리랑'을 부른다. 스피커를 마련해 가두방송을 하며 투쟁을 독려한다. 저녁 7시, 버스와 택시 수백 대가 경적을 울리며 금남로로 들어선다. 해질 녘 차량 시위대의 등장에 시민들이 감격해 울먹인다. 다시 힘을 낸다. 이름도 모르는 당신의 죽음이 곧 나의 죽음과 같다. 거대한 '한목숨'의 탄생. 5·18항쟁의 두 번째 질적 도약의 순간이다.

차량들이 계엄군의 저지선에 막히고 끔찍한 충돌이 벌어진다. 시민들은 이제 물러서지 않는다. 희생자가 속출한다. 외곽지역 주민들도 곡괭이, 빨랫방망이를 들고 시내로 몰려든다. 도시 전체에서 한밤내내 싸움이 계속된다. 광주역에서 총소리가 들린다. 콩 볶는 듯 요란한 소리가 어둠을 찢는다. 5명 이상이 죽고, 무수히 다치고, 차량에 깔린 계엄군 1명도 사망한다. 맨손의 시민들에 밀린 계엄군 부대가 전남대 주둔지로 퇴각한다. 시민들은 방송국, 세무서 등을 불태운다. 소식을 보도하지 않는 직무유기자들, 우리가 낸 세금으로 훈련받고 되려 우리를 죽이는 군인들을 응징한 것.

오후 독일공영방송 카메라 기자 위르겐 힌츠페터가 광주에 잠입한다. 이틀 동안 담은 광주 동영상을 몰래 독일로 보내는 데 성공한다. 광주 영상은 유럽과 미국 뉴스에 방영돼 충격을 안긴다. 정작 한국 사람들은 그 소식을 알지 못한다. 신군부가 광주를 봉쇄하고 언론을 통제하는 바람에 기자들이 취재를 하고서도 보도를 할 수 없다. 전남매일 기자들은 집단 사직서를 낸다.

'우리는 보았다. 사람이 개 끌리듯 끌려가 죽어가는 것을 두 눈으로 똑똑히 보았다. 그러나 신문에는 단 한 줄도 싣지 못했다. 이에 우리는 부끄러워 붓을 놓는다. 1980.5.20.'

[4일째] 5월 21일 수요일. 맑음 / 금남로 집단발포, 무장투쟁과 승리의 쟁취

세상에 자비가 가득하다는 '부처님 오신 날'이다. 광주는 더욱 피투성이가 된다. 새벽부터 시민들은 광주역 앞에서 통곡한다. 간밤에 집단발포로 죽은 시신 두 구를 리어카에 싣고 행진한다. 광주에서 다른 지역으로 걸고 받는 전화가 완전히 끊기고 고속버스와 열차도 멈춘다. 고립된 광주에 군 헬기 5대가 추가로 내려오고, 송정리역(지금의 광주송정역)에 20사단 군병력이 도착한다.

공포를 견딘 시민들이 서로를 다독인다. 골목에 솥을 걸고 주먹밥을 지어 시위대에 나눠준다. 자가용을 시위대에 내주기도 한다. 당시 자가용은 큰 재산이다. 운동가들이 『투사회보』를 제작해 시내 곳곳에 뿌린다. 한 장짜리 이 소식지는 언론 기능이 마비된 광주의 유일한 신문이 된다. 사흘 동안의 살육을 목격한 시민들이 아침부터 시내로 몰려들어 도청 앞에 진을 친 계엄군과 대치한다.

오후 1시 정각, 도청 앞 계엄군 스피커에서 애국가가 울려 퍼진다. 동시에 시민들을 향해 총이 난사된다. 집단발포다. 쓰러지고 도망치는 사람들로 금남로가 아수라장이 된다. 뒤이어 놀라운 상황이 벌어진다. 분노한 청년이 대형 태극기를 휘두르며 도로 한복판으로 뛰어나갔다가 총에 맞아 고꾸라진다. 근처 사람들이 빗발치는 총탄에 아랑곳없이 시신을 끌어낸다. 또 다른 청년이 태극기를 휘두르며 뛰어나가고, 총에 맞아 쓰러지고, 끌어내고, 다시 누군가 뛰어나가고 쓰러진다. 높은 건물 옥상에서 총알이 콩 볶듯이 날아온다. 조준사격이다. 하늘에서 기관총이 난사된다. 헬기가 떠 있다. 금남로 집단발포는 10분 동안 계속된다. 30명 이상이 숨지고 수백 명이 총상을 입는다.

시내 병원마다 피 흘리는 사람들이 실려온다. 헌혈 행렬도 끝없이 이어진다. 제 피를 나누고 기독병원을 나오던 고3 학생 박금희가 헬기에서 쏜 총탄에 맞아 숨진다. 전남대 근처 골목에서 남편을 기다리던 만삭의 임산부 최미애가 계엄군의 총에 맞아 숨진다. 바깥 총소리에 놀란 사람이 창문을 닫으려다 방으로 날아 들어온 총탄에 맞아 죽고, 집 마당 화장실에서 볼일을 보고 나오던 사람이 공부수대에 끌려가 죽고, 죽고 죽고 죽어가고….

그럼에도 시민들은 온종일 계엄군과 싸워 마침내 시내에서 그들을 몰아내고 저녁 8시 전남도청을 장악한다. "우리도 총이 있어야 한다." "우리가 시민들을 지키자." 젊은이들이 인근 자동차공장에서 차량을 탈취하고 경찰서 무기고를 털어 무장한다. 화순, 나주, 담양 등 광주 외곽 경찰서, 민방위 무기고 등에서 총들을 가져온다. 광주공원에서 청년들이 총을 나누고 사격연습을 한다. 마침내 시민군이 탄생한다.

퇴각하는 계엄군이 기관총을 난사한다. 외곽마을 주민들이 난데없이 날아든 총탄에 맞아 죽고 다친다. 정적이 내려앉은 도심에는 부서진 잔해들과 핏자국이 흥건하다. 소식을 알리려는 젊은이들이 차량에 모여 타고 광주 밖으로 내달린다. 항쟁이 전남 곳곳으로 확산된다. 멀리 땅끝 해남까지 소식이 전해진다. 광주에 자식이 살고 있는 전남의 부모들이 발을 동동 구른다. 무기를 구해 광주로 돌아오는 차량들은 출발 때보다 더 많은 인원이 타고 있다. 전남의 청년들이 함께 싸우려고 동행한다. 외곽에 진을 친 계엄군이 돌아오는 시민군 차량들을 공격한다. 효천역 근처에서 계엄군과 무장시위대 간에 총격이 벌어진다. 광주교도소에 주둔한 계엄군이 교도소 앞 고속도로를 지나는 차량을 집중 사격한다. 사망한 2명을 끌어다 고랑에 암매장한다.

[5일째] 5월 22일 목요일. 맑음 / 해방광주1, 봉쇄작전, 수습대책위원회 구성

해방광주 첫날. 전남도청 광장이 발 디딜 틈 없이 가득 찬다. 계엄군에 죽은 시신들이 광장에 안치된다. 시민들은 각자 겪은 것과 본 것들을 발언하며 울분을 공유한다. 하늘에 군용헬기가 날면서 전단지를 뿌린다. 전단지는 '폭도들에게 알린다'로 시작한다. "우리가 폭도라니!"

도청 안에 시민수습대책위원회가 꾸려진다. 전라남도 부지사와 간부 공무원들, 변호사, 목사, 대주교 등 15명이다. 학생수습위원회도 꾸려져 시민군의 총을 계엄군에 반납하자고 주장한다. 방어를 위해 무장을 했지만 어쨌든 총은 위험하다, 우리가 무장을 하면 계엄군의 공격이 더 심해질 수 있다, 는 목소리들이 힘을 얻어간다.

시민수습위 대표 8명이 상무대(지금의 상무지구 위치)에 있는 전남북계엄분소를 찾아간다. 계엄군 지휘부 측에 항의하고 7개 항의 수습방안을 놓고 협상을 시도한다.

'계엄군의 과잉진압 인정. 구속 학생 및 민주인사 연행자 석방. 시민의 인명과 재산피해 보상. 발포 명령 책임자 처벌과 국가 책임자

고3 학생은 금남로에서
5·18을 겪은 후 화가가 되어
그림으로 증언했다.
하성흡, 1980년 5월 21일 발포,
2017, 176×143 한지에 수묵담채

의 사과. 사망자 장례식을 시민장으로 치를 것. 수습 후 시민과 학생들에게 보복하지 말 것. 이상의 요구가 관철되면 무기 자진 회수 반납 무장해제.'

계엄군 측이 강경진압 입장을 고수해 7개 항은 물거품이 된다. 이 소식을 들은 도청 광장의 시민들이 격분한다. 그들 곁에 시신 56구가 누워 있다.

기존 수습위와 별도로, 재야인사들이 남동성당에 모여 수습대책을 논의한다. 시민군은 부상당한 시민들을 병원으로 실어 나르고, 지역방위대를 조직해 시내 주요 지점들을 지킨다. 전남대 교정, 오치동 야산 등 계엄군이 주둔했던 곳 근처에서 암매장된 시신들이 발견된다. 계엄군은 광주교도소, 소태동 주남마을, 극락교, 백운동, 광주톨게이트, 효천역 등 광주 외곽에 주둔하면서 도시의 동서남북을 모두 봉쇄한다. 전남으로 나간 시민군들이 돌아오다가 봉쇄지점 근처에서 계엄군의 총탄 공격을 받는다. 목포역 광장에서도 궐기대회가 열리기 시작한다.

[6일째] 5월 23일 금요일. 맑고 한때 흐림 / 해방광주2. 민간인 학살, 무기회수, 민주수호 범시민궐기대회

자치의 둘째 날. 학생들과 시민들이 시내를 청소하고 상점들도 문을 연다. 경찰력도 통신도 교통도 마비됐지만 사재기도 폭동도 없다. 시장은 활기차다. 오전부터 시민들이 몰려들어 도청 광장을 메운다. 오후 3시, 15만여 명이 모여 제1차 민주수호 범시민궐기대회를 연다. 청년 운동가들이 결합해 집회의 체계를 갖춰간다. '이 사태의 원흉인 신군부는 사죄하고 물러나라'라고 목청을 높인다. 희생자

들의 장례를 위해 모금을 제안하자 순식간에 돈이 모인다. 시민군 차량이 고장나면 자동차 정비사가 나서서 고치고, 집회를 위한 스피커가 오면 전파사를 운영하는 시민이 나서서 장착한다.

학생수습위원회는 시민군들로부터 총을 회수하기 시작하고, 도청 광장에 총이 수북이 쌓인다. 해방광주 기간 동안 전남도청은 시민군의 본부로, 수습위원회의 회의장으로, 시민들의 자치거점으로 이용된다. 시민수습위원회는 계엄군 측과의 두 번째 협상을 준비하지만 계엄사령부는 '상무충정작전' 계획에 착수한다. 총기 반납을 하든 말든 시내에 재진입해 '광주를 탈환한다'는 군사작전이다.

무기 반납 문제를 놓고 의견들이 크게 대립한다. 계엄군에 공격 빌미를 주지 않고 평화적으로 협상을 풀기 위해 자진반납해야 한다는 주장과, 죽은 시민들의 희생이 헛되게 하지 않고 항쟁의 정당성을 관철시키기 위해서라도 무장을 해야 한다는 주장의 대립이다. 이른바 수습파와 항쟁파의 논쟁은 결론을 내지 못한다. 따뜻한 날씨 탓에 빨리 부패해가는 시신들의 장례도 계속 미룰 수 없다. 점점 시민들은 강력한 지도부가 필요하다고 느낀다.

외곽 소태동 주남마을에 매복한 계엄군이 지나는 승합차에 총격을 가해 11명이 죽는다. 또 다른 미니버스에 총격을 가해 15명이 죽고 2명이 다치고 여고생 1명만 살아남는다. 계엄군이 다친 2명을 끌고 가 사살하고 마을 뒷산에 암매장한다. 그들은 외곽마다 진을 치고 살상을 계속한다.

[7일째] 5월 24일 토요일. 오후에 비 / 해방광주3. 계엄당국과의 협상 교착
계엄사령부는 상무충정작전을 위해 공수부대를 광주비행장 쪽으

로 몰래 집결시키고, 시내에 무기 반납을 종용하는 방송을 한다. 무기 반납 문제를 놓고 도청 안 사람들 간의 대립이 격해진다. 학생수습위는 시내 주요 거점을 지키는 시민군들을 찾아다니며 총을 받아가져온다.

효덕동에서 공수부대가 저수지에서 수영하는 아이들을 총격해 중학생 2명이 죽는다. 서로를 적으로 착각한 계엄군 부대들이 두 차례 오인전투를 벌여 고속도로, 효천역 부근에서 모두 12명이 사망한다. 화풀이로 인근 마을을 총격해 주민 4명이 죽는다.

도청 광장에서 제2차 민주수호 범시민궐기대회가 열리고 10만여 명이 모여든다. 교통, 통신, 언론이 모두 마비된 광주에서 도청 광장은 소식, 울분, 의지, 격려 등이 모이고 공유되는 해방구다. 궐기대회의 시민들은 '우리의 소원은 통일' '애국가'를 부르며 울기도 하고 결의도 다진다. 오늘날 5·18을 상징하는 대표곡이 된 '님을 위한 행진곡'은 태어나지 않았다.

[8일째] 5월 25일 일요일. 비 / 해방광주4, 저녁, 항쟁지도부 등장

항쟁이 일어난 지 1주일, 다시 일요일이다. 고립된 섬 광주에 비가 내린다. 계엄군이 도청에 몰래 첩자를 들여보내 시민군 사이에 교란작전을 시도한다. 신군부는 상무충정작전을 27일 자정 이후 실시하기로 결정한다. 동네마다 음식을 거둬 시민군과 지도부에 보낸다. YWCA에 홍보팀이 꾸려져 정식 『투사회보』를 인쇄해 배포한다. 오후에 도청 광장에서 제3차 민주수호 범시민궐기대회가 열리고 5만여 시민들이 모여든다.

수습위의 논의는 여전히 난항을 겪는다. 결국 공공기관장 등의 인

계엄군에 맞선 시민들, 차량시위대, 마침내 시민군의 탄생까지. 투쟁공동체는 신속히 진화했다.
©5·18기념재단

사들은 빠져나가고, 남동성당에 모였던 재야인사들이 대거 참여해 수습위를 새롭게 꾸린다. 김성용 신부, 이종기 변호사 등 25명이다. 이들은 논의 끝에 수습안 4개항을 채택한다. '이번 사태는 정부의 잘못임을 시인할 것, 사과하고 용서를 청할 것, 모든 피해를 정부가 보상할 것, 어떠한 보복조치도 없을 것.' 도청 안에서는 무기 회수를 거의 완료한 학생수습위가 시민군들을 정리하기에 이른다.

전두환 보안사령관은 최규하 대통령에게 광주 방문을 권한다. 오후 6시, 헬기를 타고 온 허수아비 대통령은 상무대에 들러 계엄군 측의 보고만 받고 돌아간다. 전두환 신군부는 광주 무력 진압을 합리화하기 위한 모양새를 갖춘다.

밤 10시, 결사항전을 주장하는 항쟁파 청년들이 도청을 장악하고 '항쟁지도부'를 결성한다. 이들은 죽음을 각오하고 마지막까지 싸우기로 의기투합한다. 시민군 수백 명도 최후까지 남기로 한다. 이들의 무기는 구식 총인 M1, 계엄군의 무기는 첨단 총인 M16 및 기관총과 탱크, 헬기 등등. 대적이 거의 불가능함을 알고 있다. 그러나 여기서 무기를 내주고 항복하면 지금까지의 모든 희생이 물거품이 되고 신군부가 광주를 완전히 폭도의 도시로 왜곡할 것임을 그들은 알고 있다.

[9일째] 5월 26일 월요일. 아침 한때 비 / 해방광주5, 최후통첩, 상무충정작전 개시

계엄군이 곳곳에서 탱크를 몰고 시내 쪽으로 진출해 압박한다. "이러다 시민들이 다 죽겠습니다. 젊은이들 대신 우리 어른들이 총알받이가 됩시다." 시민수습대책위 인사 17명이 화정동 탱크 앞까지 걸어가 드러눕는다. '죽음의 행진'이다. 시민수습위와 계엄군의 마지

막 협상이 결렬된다. 도청 광장에서는 제4차 민주수호 범시민궐기대회가 열려 3만여 시민들이 '80만 민주시민의 결의문'을 채택한다. '우리는 싸움을 포기할 수 없다' '무기 반납은 절대로 안 된다' '살인마 전두환을 찢어죽이자' 구호를 외치며 시가행진을 벌인다. 항쟁지도부 아래 기동타격대가 꾸려져 70여 시민군이 조를 나눠 광주를 돌며 치안을 맡는다. 오후에도 제5차 궐기대회가 열린다. '우리는 왜 총을 들 수밖에 없었는가'라는 제목으로 성명서가 낭독된다.

항쟁지도부 대변인은 외신기자들을 불러 모아 광주상황을 알리고 투쟁 의지를 전한다. 처음이자 마지막 외신 기자회견이다. 계엄군 진압이 임박해지자 항쟁지도부는 마지막 회의를 마치고 시민군 가운데 중고등학생과 여학생들을 집으로 돌려보낸다. 대변인은 "너희들은 살아서 우리의 항쟁을 증언해 달라"고 부탁한다.

자정, 광주시내 전화가 단절된다. 어둠 속에서 최후의 시민군들이 도청과 광주공원, YWCA 등 주요 지점을 지키고 선다. 마지막 가두방송이 도청 옥상 스피커에서 시내로 울려 퍼진다. "계엄군이 쳐들어옵니다. 시민 여러분, 저희를 잊지 말아주십시오. 우리는 최후까지 싸울 것입니다."

신군부는 '전투'를 앞둔 병사들에게 총 6,300만 원과 식사용 소 7마리를 제공한다.

[10일째] 5월 27일 화요일. 맑음 / 최후 항전

새벽 4시. 총소리가 도청 일대를 뒤흔든다. 1시 반부터 금남로 일대로 몰래 진입한 계엄군이 도청 주변을 포위해 무차별 총격을 벌이며 침투한다. 오전 5시 10분, 총소리가 멈춘다. 건물 계단에 피가 흘러내린다. 도청에서 15명, YWCA에서 1명이 죽었다. 생포된 181명의 시민군이 구타당하며 끌려간다. 도청 광장에 아침이 밝는다. 군용헬기가 상공을 휘돌며 무력시위를 하고, 6시 30분 공수부대는 분수대 앞에 도열해 승전가를 부른다. 허리춤에 손을 얹고 몸에 좌우 반동을 넣어가며 주먹을 불끈 쥔 채 전쟁에서 승리한 전사처럼. 오전 8시 50분 시내전화 통화가 재개되고, 오전 9시 30분 출근 명령에 따라 도청 공무원들이 출근한다. 도청을 방문한 진압책임자들이 서로 악수하며 진압의 '노고'를 치하한다. KBS에서 방송이 흘러나온다. "광주시민 여러분! 이제 안심하십시오. 폭도들은 섬멸되었습니다." 광주시민들이 무거운 침묵으로 하루를 시작한다.

4일간의 항쟁, 5일간의 해방, 마지막 날의 최후 항전. 5·18은 극적인 영화처럼 흘러갔다. 누구도 예측하거나 기획하지 않은 전개였다. 열흘 동안 광주에 두 번 비가 내렸다. 5월 18일에는 가느다란 초승달이 떴다. 시민들은 피로 물든 낮을 보낸 후 칠흑을 맞았다. 마지막 항전이 벌어진 5월 27일 저녁에는 보름달이 떴다. 등나무, 수수꽃다리, 오동나무들이 보라꽃을 피워 바람에 향기를 나부끼고 이팝나무와 찔레가 새하얀 꽃을 한가득 이고 있었다. 1980년 5월, 자연의 시간은 무척 아름다웠지만 인간의 고통에 무덤덤했다.

광주가 외부에 보내는 타전 소리는 막혔고 좌절됐다. 광주 소식을 접한 서울지역 민주인사들의 노력도 좌절됐다. 5월 29일 시신 129구가 시청 청소차에 실려 광주 북쪽 끄트머리 망월동에 묻혔다. 6월 2일 김준태 시인은 『전남매일』 신문에 시 '아아 광주여 우리나라의 십자가여!'를 실었지만 독자들이 읽은 시는 원래보다 훨씬 짧고 두루뭉술

했다. 신군부가 신문 초판을 사전 검열해 구절들을 싹둑싹둑 잘라내 버렸다. 신군부는 망월동 묘지에 사람들이 모이지 못하도록 광주를 감시했다. 광주 이야기는 금기가 되었다. 전두환은 1980년 9월 1일 대한민국 대통령에 정식 취임했다. 광주시민들은 TV로 그 뉴스를 보아야 했다.

전두환 정부는 문화의 옷을 입으려고 애썼다. 1980년 12월 1일부터 텔레비전 컬러 방송이 시작됐고, 1982년 1월 6일부터는 야간통행금지가 해제됐다. 그해 봄 프로야구가 출범했다. 전두환은 개막전에 등장해 사람 좋게 웃으며 시구를 했다. 자유와 재미가 한국의 공기를 채우는 것처럼 보였다.

살아남은 사람들이 목숨을 걸고 광주 이야기를 전했다. 전국 대학생들이 광주 동영상과 기록사진을 구해 숨죽이며 돌려봤다. 청년들이 광주의 진상을 밝히라고 외치며 자기 몸에 불을 붙이고, 건물에서 뛰어내렸다. 여러 문인이 절필을 선언했다. 광주사람들이 목숨 걸고 항쟁의 기록을 모았다. 그 기록이『죽음을 넘어 시대의 어둠을 넘어』라는 책으로 출간됐지만 곧바로 정부에 압수되고 불태워졌다. 그러나 복사본이 끈질기게 퍼지면서 지하의 베스트셀러가 됐다. 점점 더 많은 사람이 거리로 뛰어나왔다. 프로야구 시구를 했던 전두환은 소탈한 '체육대통령'으로 보이기를 무척이나 바랐지만 이미 수많은 국민이 그의 손에 묻은 피를 보고 말았다. 1980년 5월 광주는 잔혹하게 진압돼 당시에는 오로지 비극으로 보였으나 5·18은 길고도 질긴 전국의 항쟁으로 이어졌다. 1980년대가 타올랐다.

숫자로 살핀 5·18

계엄군 **20,317**명

공수부대	20사단	전교사
3,405명 3개 여단 10개 대대	**4,946**명 9개 대대	**11,966**명 28개 대대 (31사단, 보병·포병·기갑·화학)
20,317명(47개 대대 / 장교 4,700여명 사병 1만 5,500여 명)		

*자료 출처: 「죽음을 넘어 시대의 어둠을 넘어」 493쪽

▶ 10일 동안 광주시민 40명당 무장군인 1명을 투입한 셈이다. 일반사병은 명령에 절대복종해야 하는 존재다. 계엄군 중 상당수가 퇴역 후 정신적 외상을 겪었다. 이들은 광주에 투입되기 전 '민주화운동하는 인간들은 북한의 남침을 유도하는 적이자 빨갱이들'이라는 식으로 교육받았다. 신군부의 정권 찬탈 음모에 일반사병들 역시 피해를 입은 측면이 있다. 역사학자 김용옥은 "신군부라 하지 말고 반란군이라고 부르자"라고 제안한다. 신군부 실세의 주류는 정확히 영남 출신 '하나회' 회원들이었다. 하나회는 군사독재 시기 군대 내 고위층 사조직으로, 음성적으로 결탁해 세력화되어 있었다. 1993년 김영삼 대통령은 취임하자마자 하나회를 해체했다. 군부의 쿠데타 가능성을 봉쇄한 것. 하나회 해체는 첫 문민정부 김영삼 대통령의 주요 업적으로 꼽힌다.

민간 인명피해 **6,801**명 + α

(단위: 명)

민간		
	사망자	155
	행방불명 인정자	**84+α**
	부상 후 사망자	113
	부상자	3,504
	연행 구금 부상자	1,217
	연행 구금자	1,610
	재분류 및 기타	118

군·경	사망자	군부대 간 오인사격	13	**23**
		오발사격	1	
		교전사격	9	

*자료 출처: 『5·18민중항쟁 안내해설 가이드북』 31쪽(5·18민중항쟁기념행사위원회 발간)

*'광주민주화운동 관련자 보상 등에 관한 법률'(1990)에 의한 보상 인정자 숫자로 기재. 제7차 보상 포함 2018.10.10. 현재

▶ 사망자 규모에 대한 국가 차원의 공식 조사가 아직도 없는 상태다. 위 수치는 광주시와 민간 분야의 노력으로 정리된 비공식 통계이다. 행방불명자는 2018년 현재 기준이다. DNA 감식 등 과학적인 확인기술이 늘고 있어 신청자 364명 중 추가로 인정될 가능성이 크다. 즉 84+α로 봐야 한다. 계엄당국은 1980년 5월 17일~7월 말 동안 시민 2,699명을 연행했다. 군경 사망자 중 13명은 송암동에서 두 부대가 서로를 적으로 착각해 벌인 사격에서 발생했다.

마지막 시민군 **197**명 + α

(단위: 명)

장소	도청 내부	도청 인근				
		수협도지부	YMCA	전일빌딩	상무관	YWCA
인원	**157** -사망 15	**5**	**2**	**4**	**2**	**27** -사망 1

*자료 출처: 『5·18민중항쟁 안내해설 가이드북』 173쪽

▶ 1980년 5월 27일 새벽을 지킨 시민군 숫자다. 이는 진압 완료 후 연행된 시민군 기준이다. 실제로 27일 새벽, 도청을 비롯해 YMCA, YWCA, 계림초교, 광주공원 등 광주 주요 지점을 사수하던 시민군은 더 많았다.

가해자 **35**명

이름	당시 직책	이름	당시 직책
전두환	보안사령관	임수원	3공수여단 11대대장
노태우	수경사령관	김완배	3공수여단 12대대장
정호용	특전사령관	변길남	3공수여단 13대대장
이희성	계엄사령관	박종규	3공수여단 15대대장
진종채	2군사령관	김길수	3공수여단 16대대장
소준열	전교사사령관	이병우	20사단 60연대 1대대장
박준병	20사단장	윤재만	20사단 60연대 2대대장

신우식	7공수여단장	김영철	20사단 60연대 3대대장
최웅	11공수여단장	지남숙	20사단 60연대 4대대장
최세창	3공수여단장	연진	20사단 61연대 1대대장
정수학	20사단 60연대장	김형곤	20사단 60연대 2대대장
김동진	20사단 61연대장	박재철	20사단 60연대 3대대장
이병년	20사단 62연대장	강영욱	20사단 60연대 4대대장
권승만	7공수여단 33대대장	오성윤	20사단 62연대 1대대장
김일옥	7공수여단 35대대장	이종규	20사단 62연대 2대대장
안부웅	11공수여단 61대대장	유일호	20사단 62연대 3대대장
이재원	11공수여단 62대대장	김인환	20사단 62연대 4대대장
조창구	11공수여단 63대대장		

*자료 출처: 2020년 『5·18사적지 안내해설사 교육자료집』 45쪽

▶ 신군부 실세들과 투입부대 현장 지휘관들이다. 현장 지휘관은 상부 명령에 따른 셈인데 적극적인 가해자로 봐야 하는가, 라는 의문도 있다. 국제사회 기준에서 반인륜 범죄는 군 명령 수행의 기준이 아니다. 부당한 명령은 거부할 의무가 있다는 의미다. 재량권을 가진 지휘관이 현장에서 판단을 달리했다면 피해를 줄일 수도 있었다. 적군이 아닌 자국민을 살인·폭행한 것은 명백한 반인륜 범죄이므로 현장 지휘관들도 처벌 대상으로 본다.

5·18이 아닌 12·12 (피고인별 확정 형량)

이름	직위	확정 형량
전두환	보안사령관	무기징역. 추징금 2,205억 원 (반란 및 내란수괴, 내란 목적 살인 및 상관 살해 미수 등)
노태우	9사단장	징역 17년. 추징금 2,628억 원 (반란 및 내란 중요 임무 종사와 상관 살해 미수 등)
황영시	1군단장	징역 8년
이학봉	보안사수사국장	징역 8년
허화평	보안사비서실장	징역 8년
정호용	특전사령관	징역 7년
주영복	국방부장관	징역 7년
이희성	계엄사령관	징역 7년
허삼수	보안사인사처장	징역 6년
유학성	국방부군수차관보	사망으로 공소 기각
최세창	3공수여단장	징역 7년
차규헌	수도군단장	징역 3년 6월

장세동	30경비단장	징역 3년6월
신윤희	수경사헌병부단장	징역 3년6월
박종규	3공수 15대대장	징역 3년6월
박준병	20사단장	무죄

*자료 출처: 2020년 『5·18 사적지 안내해설사 교육자료집』 46쪽

▶ 신군부 실세들이 받은 확정 형량이다. 전두환은 1심에서 사형을 선고받았으
나 최종 감형됐다. 그러나 이들은 구속 2년여 만에 석방됐다. 대통령 선거 직후인
1997년 12월 22일 김영삼 대통령이 김대중 당선자와 합의해 '국민 대화합'을 명분
으로 전·노를 포함해 관련자 모두를 특별사면한 것. (이후 전두환은 추징금도 다 내지
않았고, 관련자들은 정계로 복귀하거나 각종 공기관장, 단체장까지 역임했다.)

이 판결은 12·12 및 5·18에 대한 심판(1997년 4월 17일 대법원 전원합의체 판결)이다. 신
군부의 정권찬탈 쿠데타, 즉 내란이라는 '반국가 범죄'에 대한 처벌이고 5·18사건도
주로 군병력의 불법사용과 권력남용 건에 집중하고 있다. 결국 광주시민들에게 저
지른 '반인륜 범죄'에 대해서는 전두환부터 현장 지휘자까지 아무도 처벌받지 않았
다(단, 5월 27일 도청 재진입작전에는 내란목적 살인죄를 적용했다). 이 때문에 5·18 관련
자들을 다시 법정에 세워야 한다는 주장이 설득력을 얻는다. 신군부의 혐의가 계속
드러나고 있는 것도 이유다. 비록 가해의 주체와 규모가 특정되진 않았지만, 법원
판결에 따라 광주시민들의 저항은 당대의 '폭도' 누명과 달리 내란을 막으려는 정
당하고 정의로운 주권자 행위였음이 다시 확인됐다.

진상규명 5대 원칙

5·18 직후부터 광주 사회는 문제 해결을 위한 5대 원칙(진상규명, 책임자 처벌, 명예회
복, 피해보상, 기념사업)을 세우고 관철시켜 나갔다. 이에 따라 5·18은 다른 사건들에
비해 5대 원칙이 비교적 잘 실현됐다고 평가받았다. 1990년대 들어 세계 학자들은
'이행기 정의'(transitional justice)라는 개념을 정립했다. '한 사회가 과거에 자행된 광
범위한 학대의 유산에 대한 책임을 따지고 정의를 실천하고 화해를 도모하는 모든
노력'을 말한다. 이를 위해 사법적·역사적·보상적·행정적·헌정적 정의의 5가지 실
천법을 제시했는데 광주가 정립한 5대 원칙과 비슷하다.

5대 원칙 실현은 한계도 적지 않다. 책임자 처벌 등은 미흡한 상태에서 보상이 먼저
이루어져 광주 사회의 분열을 초래했다는 비판이 있다. 진상규명도 더딘 편이다.
특히 '왜' 광주에 공수부대를 증파했는지, '누가' 공수부대를 지휘했는지, '누가' 발포

명령을 내렸는지, 당시 미국은 '어떤 역할'을 했는지, 광주에서 사망한 사람은 '정확히 몇 명'인지 등 중요사항들이 묻혀 있다. 전두환이 5월 27일 재진입작전을 위한 회의를 두 차례나 직접 주도한 사실이 최근 확인되는 등 진상규명 필요성이 더욱 커지고 있다. 2018년 3월 '5·18민주화운동 진상규명을 위한 특별법'이 제정됐으나 후속 실행은 지지부진한 편. 이행기 정의나 진상규명 5대 원칙과 비슷한 말로 '과거청산'이 있다. 그러나 '청산'은 깨끗이 털어버린다는 뜻이라 정의를 세우고 전승하는 개념을 담지 못한다.

사적지 **29**곳

1997년 5·18 신묘역 완공 무렵, 광주시는 5·18 사적지 보존을 위해 전남대 5·18연구소에 조사를 의뢰했다. 그 결과를 토대로 사적지 29곳에 표지석 총 31개를 설치했다. 사적1호는 항쟁이 처음 시작된 전남대 정문, 사적24호는 망월동 구묘역이다. 5·18기념재단, 5·18민주화운동기록관 홈페이지에서 사적지 목록과 상세설명을 볼 수 있다. 사실 광주 거의 전체가 피해지역이라 사적지는 무수히 많다. 29곳은 그중 항쟁이나 피해가 '두드러진 곳'이라 보면 된다. 전남에는 목포와 화순, 나주를 중심으로 8개 시·군에 73곳의 5·18 사적지가 있지만 사적비 설치와 관리에 지원이 필요한 상태다.

문서 **858,900**쪽

유네스코에 등재된 5·18 기록물 원본의 분량이다. 종류는 공공기관이 당시 생산한 관련 자료, '김대중 내란음모사건' 조사와 재판 자료, 시민들이 써낸 성명서·선언문·일기, 기자들의 취재수첩, 사진(필름) 자료, 시민들의 기록과 증언, 피해자들의 병원 치료 기록, 국회의 진상규명 회의록, 국가의 피해자 보상자료, 미국의 5·18 관련 비밀해제 문서 등이다. 이를 다 합치면 4,271권, 85만 8,900여 쪽에 이른다. 주요 등재기록물을 보관하고 전시한 곳이 금남로의 5·18민주화운동기록관이다.

북한군 **600**명

일부 극우인사들이 '5·18 때 북한군 600여 명이 광주에 침투해 사태를 주도했다'라고 주장한다. 대표적인 5·18 왜곡 내용이자 가짜뉴스다. 5·18에 대한 국가적 조사가 그간 6차례(항쟁 직후 계엄사 발표, 1985년 국방부 재조사, 1988년 국회 청문회, 1995년 검찰 및 국방부 조사, 1996~97년 재판, 2007년 국방부 과거사조사위원회 조사) 수행됐는데, 북한군 침투 정황은 한 번도 언급되거나 발표된 적이 없다. 침투설은 상식적으로도 납득하기 어렵다. 600명이 들키지 않고 광주까지 다녀간다는 것이 과연 가능한지, 만약 가능하다면 한 국가의 국방이 그렇게 무능해도 되는지 등 논리적 허점이 수두룩하다. 600명 침투설 외에도 5·18은 극우인사들의 각종 악의적인 왜곡에 시달려왔다. 5·18기념재단은 『왜곡과 진실』이라는 책자를 펴냈다. 다큐멘터리 영화 『김군』(2019)은 북한군 침투설의 허구를 흥미롭게 추적해 보여주는 수작이다.

버스번호 **518**

망월동 5·18묘역으로 가는 시내버스 번호다. 노선의 주요 경유지는 5·18자유공원–광주시청–광주학생독립운동기념탑–국립아시아문화전당(옛 도청)–4·19기념관–전남대 정문–망월동이다. 정의로운 저항의 도시 광주를 최대치로 담은 노선이다. 광주학생운동기념탑(광주제일고)과 4·19혁명기념관이 5·18 이전의 광주라면 국립아시아문화전당과 광주시청은 5·18 이후의 광주다. 2004년 신축된 광주시청사는 5·18을 추모하는 의미로 5층(의회)+18층(시청사) 구조로 지어졌다. 국립아시아문화전당은 아시아로 확장하는 광주정신을 5·18의 핵심공간에 구현한 국립시설이다. 즉 5·18의 시작(전남대)–전개(금남로)–대단원(망월동)의 장소를 모두 확인할 수 있는 버스가 518번이다. 참고로 광주시민의 날은 5월 21일이다. 시민들이 맨손으로 계엄군을 철수시킨 날이다.

이름 모를 당신을 살린
'총과 주먹밥'

1980년 5월의 절대공동체

●●●

　『화려한 휴가』는 2007년에 개봉한 영화다. 광주시민들이 겪은 5·18 이야기를 그렸다. 당시 신군부의 진압 작전명인 '화려한 휴가'를 제목으로 썼다. 2017년에 개봉한 송강호 주연의 영화 『택시운전사』는 무려 1,200만 명이 넘는 관객을 모았다. 한국영화 흥행 역대 6위였다. 두 영화 모두 실제 사건을 실감나게 재현했다. 영화적인 재미도 가득했다. 그럼에도 극장을 나올 때는 마음 한구석이 아쉬웠다. 시민들이 계엄군에게 일방적으로 당하는 비극만 유독 부각된 느낌이랄까. 물론 『화려한 휴가』에서 주인공 안성기와 김상경을 중심으로 시민들이 계엄군에 맞서는 모습이 나오긴 하지만, 실제 수습위원회의 논쟁이나 시민군의 분업, 최후 항전 같은 조직적이고 주체적인 면모는 거의 그려지지 않는다.

　1991년에 개봉한 이정국 감독의 『부활의 노래』가 있다. 감독의 상업영화 데뷔작인데 독립영화 같은 느낌도 든다. 5·18 시민군의 투쟁과 고민을 전면적으로 다룬 영화다. 당시 신인배우 이경영이 항쟁지도부 대변인으로 주연을 맡았다. 적극적인 저항이 중심 줄거리여서 신선하지만 계엄군의 폭행이나 금남로 집단발포 같은 장면은 거의 묘사되지 않는다. 제작비의 한계 때문이 아닐까 추측해본다.

세 영화 모두 5·18의 일부분을 담은 느낌이었다. 각각의 장점을 재구성하면 그날의 영화화가 완전해질까, 하는 생각도 해봤다. 물론 영화는 그 자체로 고유한 예술이라 역사를 실제 그대로 묘사할 의무는 없다. 다만 이 영화들이 5·18을 사실적으로 그린 노력이 아깝기도 하고, 관객으로서 내심 아쉬워서다. 『택시운전사』에서 대학생으로 나오는 류준열은 "몰라요, (계엄군이) 우리들한테 왜 이러는지" 하면서 아이처럼 엉엉 운다. 물론 실제 여리고 순박한 학생도 많았겠지만, 냉철히 시국을 읽고 항쟁을 주도한 학생도 많았다. 애초 5·18은 전남대 정문 앞 학생 시위부터 시작됐다.

1980년 5월 광주는 분명 지옥이었다. 2만여 명의 병력 혹은 2만 마리의 야수가 '화려한 휴가'를 받고 시민들을 처참하게 유린했다. 동시에 광주에는 정의가 용솟음치고 사랑이 넘쳐흘렀다. 시민들은 이웃을 지키기 위해 목숨을 걸었고, 가진 것을 내놓아 서로를 먹여 살렸다. 너와 나의 구별이 사라진 한 덩어리의 목숨이었다. 그 모습은 훗날 '대동세상'으로 불렸다. 화가 홍성담은 광주 대동세상을 판화로 생생히 구현했다. 그의 대표작인 '오월판화' 연작은 5·18의 주요 장면들을 잘 보여준다.

작품 '가자 도청으로'에서는 시민들이 구호를 외치며 진격하고 있다. 우왕좌왕하고 당하기만 하는 모습이 아니다. 몸짓은 적극적이고 대열은 질서가 있다. 당시 시민들이 총을 가졌지만 폭동은커녕 한 건의 치안사고도 일어나지 않았다. 애초 총을 쥔 이유가 이웃을 보호하기 위해서였지 누군가를 공격하려는 의도가 아니었기 때문이다. 작품 '대동세상1'에서는 트럭에 올라탄 시민군과 주먹밥을 올려주는 시민이 어우러진다. 젊은 아빠가 총을 쥔 시민군에게 아이를 번쩍 들어 올려 인사를 시키고 있다. 오월광주에는 당당한 투쟁과 전략과 분업이 있었다. 총은 살상무기가 아니라 '투쟁공동체'의 상징이었다.

홍성담 화가도 80년 5월을 겪었다. 20대였던 그에게 5·18의 상징은 보리밥알이다. 홍성담과 한 시민은 총에 맞아 쓰러진 사람을 금남로 골목으로 조심조심 끌어왔다. 위험천만했지만 이름도 모를 그를 계엄군에 빼앗겨선 안 됐다. 뻘건 핏덩어리가 함께 끌려왔다. 청년의 배에서 피가 콸콸 쏟아지고 있었다. 끌려온 것은 창자였다. 그는 이미 죽은 후였다. 작렬하는 태양빛 속에 뭔가가 반짝였다. 위장 속에서 아직 삭지 않은 보리알이었다.

생의 마지막 밥을 그 청년은 어디서 먹었을까. 누군가 건네준 주먹밥을 먹고 거리에 섰을지 모른다. 그 무렵 시내와 가까운 시장과 골목에서 여자들이 주먹밥을 만들어 젊은이들을 먹이고, 시민군 트럭에 실어 보냈다. 주먹밥은 광주시민들이 실현한 '자치공동체'의 상징이었다.

총과 주먹밥은 1980년 5월 광주를 두 개의 기둥처럼 떠받친다. 사회학자 최정운 교수는 『오월의 사회과학』이라는 책에서 5·18 광주를 '절대공동체'라고 표현했다. '절대적'이라는 말은 비교하거나 상대할 만한 것이 없다는 뜻이니 절대공동체는 무척이나 고귀한 말이다. 인간 이외의 다른 조건이 붙지 않는 공동체였다는 의미다. 그는 5·18 광주가 "너와 나 사이의 모든 차이에도 불구하고 자기 생명을 걸고 타인의 고통에 응답하고 연대하려는 최대의 자발성에 기초한 공동

오월광주 시민들이 실현한 절대공동체를 보여주는 오월판화 연작 중에서
홍성담, (위) 가자 도청으로, 54×40, 1988 목판화 (아래) 대동세상1, 55×42, 1984 목판화

체였기 때문"이라고 풀이했다. 미국의 정치사회학자 조지 카치아피카스는 5·18 때 광주 시민들이 "실현되지 않은 인류의 잠재력을 실현했다"라고 표현했다.

머리는 훈훈한 공동체의 삶을 동경하지만, 사실 내 몸은 뿔뿔이 살아가는 도시살이에 익숙하다. 편리한 익명성 속에서 남들과 얽히지 않고 내 일상에 몰입하며 살 수 있다. 이웃과 알고 지내는 일은 한편으로는 신경 쓰이고 성가신 일이다. 하물며 이름 모를 타인을 위해 내 목숨을 내놓는다니, 그런 공동체가 과연 가능할까. 예전에는 의구심이 들었다. 인간은 이기적 동물이라고 철석같이 믿었다. 그러나 5·18의 경험담과 목격담을 들을 때마다 그 공동체는 신화가 아니라 실현 가능한 '실체'임을 알게 됐다.

5·18 절대공동체의 현장은 광주 전체였다. 그 많은 계엄군이 온 도시를 휘저었고, 시민들이 곳곳에서 저항했기 때문이다. 광주 전체가 투쟁의 거리였고 돌봄의 골목이었다. '도시 전체가 5·18을 겪었다'라고 했지만 현재의 광주 지도를 보며 당시를 상상하면 다소 난감해진다. 1980년과 지금의 광주는 많이 다르다. 73만 명이었던 인구는 145만 명이 됐다. 시가지 규모도 두 배가 됐고, 구조도 재구성됐다. 행정구역은 '전남 광주시'였다가 전남에서 분리돼 '광주광역시'가 됐다. 광주의 KTX 관문인 광주송정역은 1980년엔 농촌에 속했다. 시청이 있는 상무지구도 1990년대 후반에야 만들어진 신시가지다. 5·18 광주를 제대로 만나려면 당대의 공간으로 광주를 재구성하는 작업이 필요하다.

1980년 광주는 금남로와 도청 일대를 가운데 두고 방사형으로 펼쳐진 시가지였다. 광주천과 나란히 흘러가는 충장로와 금남로를 중심가로 삼아 한 마을처럼 일상이 흘러갔다. 광주는 무등산 자락에 펼쳐진 아담한 도시였다. 전두환 신군부는 열흘간 광주에 2만여 명의 병력을 투입했다. 매일 새 부대를 추가 투입하는 방식이었다. 그들은 광주역, 송정리역(지금의 광주송정역), 광주비행장을 통해 들어왔고, 전남대, 조선대 같은 주요 대학을 야영지로 삼았다. '하루분의 살육'을 마친 후 퇴근하듯이 대학 운동장으로 퇴각했다. 시민들은 엎드리면 코 닿을 듯 가까운 거리에서 살육자와 함께 같은 밤공기를 마시며 잠들어야 했다.

아담한 도시의 주민들은 소리도 함께 들었다. 5월 21일 금남로 집단발포의 총소리는 시내 곳곳을 울렸다. 5월 27일 새벽 최후 항전을 앞둔 시민군의 가두방송은 골목골목에 스며들어 잠 못 이루던 시민들의 가슴을 울렸다. "시민 여러분! 우리는 끝까지 싸울 것입니다! 우리를 잊지 말아주세요!"

아프고도 아름다웠던 1980년 '광주마을'의 흔적을 찾아 나선다. 늘 익숙했던, 아니 익숙하다고 생각했던 고향 도시를 새롭게 만나보는 걸음이다.

목격자의 두려움 없는 발걸음_ 5·18민주화운동기록관

금남로 한가운데 5·18민주화운동기록관을 탐험의 시작점으로 삼는다. 당대의 기록을 집대성해놓은 전시관이자 후세대가 5·18에 효과적으로 접속할 수 있는 플랫폼이다. 공간 자체의 의미도 크다. 기록관은 오래도록 '가톨릭센터'로 불렸다. 광주전남 민주화운동사를 살펴보면 가톨릭센터가 무수히 등장한다. 천주교 광주대교구는 역사의 고비마다 민주화운동의 주체로 나섰고 시민들에게 가톨릭센터를 투쟁과 행사 공간으로 제공했다. 가톨릭센터는 5·18의 눈처럼 여겨진다. 도청 광장을 장악한 계엄군과 대치할 때, 그들과 일정 거리를 두고 선두의 시민들이 늘 서 있던 지점이 바로 가톨릭센터 앞이다. 시위의 가장 치열한 앞머리를 생생히 지켜봤다.

5·18 이후 광주는 무거운 침묵에 빠져들었다. 도시를 살육한 군부의 책임자가 대통령이 되었다. 강제된 고요를 깨트리고 천주교 광주대교구가 1987년 5월 가톨릭센터에서 처음으로 5·18사진전을 열었다. 엄청난 용기였다. 핏빛 참상이 크게 인화되어 내걸렸고, 관람객의 줄이 금남로를 따라 길게 이어졌다. 사진전은 공분의 물꼬를 텄다. 시민들도 각자 갖고 있던 사진들을 내놓았다. 천주교 광주대교구 정의평화위원회는 이를 보태서 그해 9월 기록사진집 『오월광주』(1987, 광주빛고을출판사)를 펴냈다. 타지 사람들도 충격을 받았다. 사진전은 그해 여름 6월항쟁의 에너지가 됐다. 천주교 광주대교구와 시민들은 당대의 목격자에서 후대의 계승자를 위해 두려움 없이 길을 냈다.

2011년 5·18이 유네스코 세계기록유산으로 등재된 후 가톨릭센터는 광주시 산하 5·18민주화운동기록관으로 재단장됐다. 1987년 긴장된 사진전 때와 달리, 오월의 기록들은 이제 일련번호를 달고 '공식적으로' 전시돼 있다. 사진과 동영상부터 궐기대회 대자보, 투사회보, 공포에 떨며 쓴 일기, 보도되지 못한 취재수첩, 외신기자가 내보낸 영문기사, 계엄당국이 내용을 몽땅 잘라내 너덜너덜해진 신문 초판 등 당대의 표정들이 살아서 증언을 한다.

6층 윤공희 대주교의 방은 공간 전체가 그대로 울림을 준다. 1980년 당시 광주 대주교였던 그의 집무실이 옛 모습 그대로 보존되어 있다. 집무실 창문은 금남로와 좁은 골목을 내려다본다. 윤공희 대주교는 훗날 회고했다.

"5월 19일, 이곳 집무실에서 내려다보이는 골목에서 계엄군에게 젊은이가 폭행을 당하고 있었다. 피를 흘리는 모습을 보고 응급조치를 취해야할 텐데 생각하면서도 두려워서 실천하지 못했다."

그렇게 고백하지만 윤 대주교는 광주 천주교계의 수장으로서 사태 수습을 위해 최선을 다했다. 대주교 방의 창가는 목격자의 고독을 느끼게 한다. 옛날식 나무 창틀 때문인지 그 너머 금남로도 금세 1980년 5월로 시간이동을 할 것 같다. 저 아래서 누군가 죄 없이 죽도록 맞고 있다면 난 어떻게 할까.

금남로, 역사와 만날 때 광활해지는

아담한 길이다. 광주의 오랜 중심도로인 데다 거리에 깃든 묵직한 역사에 비하면 금남로의 규모는 의외다. 시작점인 수창초교부터 중간의 5·18민주화운동기록관을 거쳐, 끝점인 전남도청까지 겨우 1.5km다. 왕복 5차선 너비라서 건너편에 지인이 걸어가면 서로 알아보고 인사도 나눈다. 그런 금남로는 사람들이 가득 차면 바다처럼 넓어 보이고 사람이 없으면 강줄기처럼 여겨진다. 역사와 만나 호흡할 때 비로소 금남로다워진다. 짧고도 긴 도로, 좁고도 무한히 넓은 도로다.

금남로 바닥과 돌 틈에는 1980년 5월 21일 오후 1시 집단발포의 총소리가 새겨져 있을 것만 같다. 무장한 국군 특수부대가 무장하지 않은 자기 나라 국민에게 칼과 몽둥이를 휘두르고 급기야는 총을 난사했다. 한국전쟁 때도 시가지에서 그처럼 참혹한 살육이 벌어진 적은 없다. 총소리, 비명소리, 발소리들이 뒤엉켜 금남로는 아수라장이 됐다. 거리는 일순간 텅 비었다가 놀랍게도 다시 채워졌다. 골목들로 흩어져 숨을 고른 시민들이 다시 몰려나왔다.

공중의 헬기에서, 건물 옥상 어딘가에서 계엄군의 조준사격이 더해졌다. 아비규환의 지옥인데도 금남로는 텅 비지 않았다. 도망가던 시민들이 뒤돌아섰다. 분노가 마침내 죽음의 공포를 이겨버렸다. 자신이 총을 맞지 않은 것은 거리에 쓰러진 저 사람이, 나의 이웃이 대신 맞았기 때문이라고 생각했다. 계엄군도 충격을 받았다. 한 시민은 "신군부가 (권력 찬탈을 위해) 제물이 필요했다면 아주 잘못된 선택이었다. 저항이 너무 거셌다. 우리는 그런 무도한 군인들을 처음 보았고 계엄군도 그렇게 거센 군중을 처음 보았다"라고 회고했다.

1980년 금남로는 민주국가의 주권 행사를 숭고하게 보여줬다. 금남로는 일제 때 만들어진 대로다. 일제는 원래의 광주 중심가였던 충장로와 나란하게 새 길을 닦았다. 성가신 독립운동이 자주 일어나던 조선의 충장로를 밀어내려 했다. 왕조시대 때도 관청 자리였던 전남도청 자리에는 일제 경무부 같은 행정·치안 기관들이 모여 있었다. 지배 블록에서 쭉 뻗어 새로 낸 금남로는 감시와 통제에 좋은 도시 구조였다. 프랑스 파리의 도시 정비와 같은 맥락이었다. 일제는 이런 구조를 식민지 조선의 도시에 자주 적용했다. 군사독재 시대에도 도청과 경찰청이 있는 지배 블록의 고압적인 위상은 바뀌지 않았다.

1980년 5월, 역전이 일어났다. 금남로의 시민들이 반대로 도청 쪽을 감시하며 광란의 공권력을 몰아냈다. 주권자로서 저들의 적반하장을 가만두지 않았다. 5·18은 신군부와는 다른, 광주시민의 새로운 국가기획이었다. 항쟁 4일째 시민들이 무장 특수부대를 맨손으로 몰아내고 도청을 접수한 것은 찬란한 주권 선언이었다. 당시 대학생이었던 김담연 씨의 회고다.

"(시민들이 총을 든 것에 대해) 계엄사는 총기 탈취라고 했는데 나는 회수라고 생각한다. 그들이 국민으로부터 위임받은 권리를 국민을 죽이는 데 사용하는 순간, 그들이 반란군이었다. 군부가 반란을 일으킨 것이다. 그렇다면 도시의 젊은이들이 총기를 가져온 것은 국민의 재산을 반란군으로부터 회수한 것이다. 우리는 반란군으로부터 도시를 지켜야 했다."

금남로의 자동차 헤드라이트 불빛은 주권 선언의 극적 순간이었다. 5월 20일 오후 6시 무등경기장에서 출발해 달려온 택시 200여 대와 버스들이 모두 전조등을 깜빡이고 경적을 울리며 금남로로 밀고 들어왔다. 빵빵- 빵빵-. 생계수단 전부를 내놓고 거기에 자기 목숨까지 실어 전진하는 기사들이라니. 계엄군에 두들겨 맞고 택시며 버스며 왕창 부서졌지만 이들의 희생은 거리의 시민들을 감동시켰다. 항쟁의 새로운 동력을 제공했다.

다음 날 오후 1시 총알이 빗발치는 금남로를 내달린 청년들도 상상해본다. 태극기를 휘날리다 쓰러진 그들의 얼굴을 그려본다. 누군가는 이전 주말 금남로에서 데이트를 즐기던 청년일지 모른다. 내가 사춘기 때 금남로와 충장로를 쏘다니며 분식집에서 상추튀김을 먹었듯 그들에게도 금남로 곳곳에 일상의 추억이 진하게 배어 있었을 것이다. 그들은 전날 차량시위에 감동해 울었을 것이다. 신군부에 빼앗긴 우리들의 거리를 되찾고자 목숨까지 내놓아야 했던 게 5·18이기도 하다.

금남로의 행인들을 바라본다. 20대 초반의 남녀가 손을 잡고 키득키득 웃으며 스쳐간다. 싱그럽다. 정말이지 화사하다. 김준태 시인의 '금남로 사랑'이 떠오른다.

> 금남로는 사랑이었다
> 내가 노래와 평화에
> 눈을 뜬 봄날의 언덕이었다
> 사람들이 세월에 머리를 적시는 거리
> 내가 사람이라는 사실을
> 처음으로 처음으로 알아낸 거리
> 금남로는 연초록 강 언덕이었다
> 달맞이꽃을 흔들며 날으는 물새들
> 금남로의 사람들은 모두 입술이 젖어 있었다
> 금남로의 사람들은 모두 발바닥에 흙이 묻어 있었다
> 금남로의 사람들은 모두 보리피리를 불고 있었다
> 어린애와 나란히 출렁이는 금남로
> 어머니와 나란히 출렁이는 금남로
> 아버지와 나란히 쟁기질하는 금남로
> 할머니와 나란히 손자들을 등에 업는 금남로

할아버지와 나란히 밤나무를 심는 금남로
누이와 나란히 감꽃을 줍는 금남로
금남로는 민들레와 나비 떼들의 고향이었다
그리움의 억세디억센 끈질김이었다
그래, 좋다! 금남로는 멀리
청산으로 가는 길이었다 그래, 좋다!
금남로는 가까이 마을로 찾아가는 길
금남로는 어머니의 젖가슴이었다
우리가 한때 고개를 파묻고 울던
어머니의 하이얀 가슴이었다

해방과 항전의 심장부_ 도청 광장

광장 한쪽의 시계탑은 우여곡절을 겪었다. '5·18을 지켜봤다'는 이유로 1980년대 중반 전두환 정부가 한밤에 뽑아다가 멀리 농성교차로에 세워놔 버렸다. 전두환 정부는 광주시민들의 울분을 매개할 수 있는 모든 것을 없애려 들었다. 알뜰하게 치사했다. 2015년, 시민들은 유배된 탑을 제자리로 데려왔다. 새로운 풍속도 더해줬다. 매일 오후 5시 18분이 되면 시계탑 스피커에서 음악이 울려 퍼진다. 5·18에 관한 사연으로 만들어져 이제 한국 민주화운동의 상징곡이 된 노래, 바로 '님을 위한 행진곡'이다.

5시 18분, 오르골이 퍼진다. 청아하고 달달한 연주곡 풍으로 '님을 위한 행진곡'을 듣고 있자니 조금 어색하다. 그럼에도 오래된 아날로 그 시계탑과 5·18 노래는 답사자에게 고마운 징검다리가 되어준다. 도청 주변이 많이 바뀐 탓이다.

항쟁 4일째 저녁부터 도청 광장은 되찾은 주권의 상징이었고 광주 공동체의 구심점이었다. 그때의 '도청'은 건물 하나가 아니라 분수대 광장을 둘러싼 동심원의 심장이었다. 전남도청, 전남경찰청, 상무관, YMCA, YWCA 같은 공기관과 시설들이 모여 있었다. 해방광주 5일 동안 시민들은 자연스레 역할을 나누고 이 건물들을 자치장소로 썼다. 장례(상무관), 시민군 교육(YMCA), 홍보(YWCA)가 나뉘고, 이 모든 활동을 지휘하고 조율하는 수습위원회와 시민군이 도청에 머물렀다. 위계질서에 따른 역할 분담이 아니었다. 누구나 원하는 곳에 찾아가 손을 보탰고 모두가 대등했다. 수많은 시민이 매일 도청 광장 분수대 주변으로 모여들어 궐기대회를 열고 계엄군의 만행을 규탄했다. 말 그대로 스스로 다스리는 자치의 공간이었다. 상상 못할 비극을 함께 헤쳐 나왔다는 끈끈한 유대를 공유했다.

상무관은 그 뜨거운 우주의 태양이었다. 시민 모두를 공분시킨 '죽음들'이 그곳에 있었다. 몽둥이에 맞아 죽고 대검에 찔려 죽고 총 맞아 죽은 이웃들이었다. 계엄군을 몰아낸 후 시민들은 도청 한쪽에 방치돼 있던 시신들을 수습해 상무관에 안치했다. 추모 행렬이 광장을 휘감았다. 죽음들이 한꺼번에 쏟아져 광주의 관이 동이 났다. 관들 위로 향을 피워놓았는데 향 받침대도 따로 없어 콜라병, 사이다병까지 동원됐다. 상무관이 꽉 차는 바람에 나중에 수습된 시신들은 도청 안쪽 빈터에 안치했다. 시민들은 "살면서 그렇게 많은 시신은 처음 보았다"라고 분해했다. 어르신들은 "전쟁 통에도 그런 참극은 못 봤다"라고 한탄했다.

옛 전남도청 본관 2층 창가에서 바라본 상무관 /
1980년 5·18 당시 상무관의 시신들

상무(尙武)는 무예를 숭상한다는 뜻이다. 상무관은 경찰들이 평소 체력단련을 하는 아담한 체육관이었다. 기합소리가 울렸던 체육관이 순식간에 통곡소리로 가득한 영안실이 되어버렸다. 해방광주 기간 상무관에 60여 구, 도청 뒤뜰에 14구. 하지만 모두가 알았다. 시민들 손으로 안치한 '운 좋은' 시신들보다 더 많은 희생자들이 사라졌다는 것을, 계엄군들이 어디론가 싣고 가버렸다는 것을.

참혹한 시신들은 정성껏 돌봄을 받았다. 젊은 여인은 양말 수십 켤레를 사다가 시신의 맨발에 하나하나 신기고 물을 떠다가 시신들의 얼굴을 닦았다. 열아홉 청년은 시신 지키는 일을 맡았다. 처음에는 무섭고 섬뜩했으나 나중에는 망자들과 동지가 되어 광주를 지키고 있다고 생각했다. 20세 청년은 도청 빈터에 안치된 시신을 씻기고 염하는 일을 맡았다. 재수생이었던 그는 5월 27일 새벽 도청에서 총격을 받아 세상을 떠났다. 자신이 씻겨주었던 시신들과 함께 망월동 국립5·18묘지에 묻혀 있다.

상무관에 죽어 누운 시민들은 살아 서 있는 시민들을 투사로 만들었다. 계엄군이 다시 쳐들어올 것을 알면서도 시민들은 매일 도청 광장을 지키며 궐기대회에서 목소리를 높였다. 수십만의 울분에 행동으로 화답한 이들이 바로 시민군이었다. 민주인사들, 지역 원로들, 젊은이들로 꾸려진 수습위원회는 도청에 모여 머리를 맞댔다. 최선을 다해 의견을 조율했으나 이 전대미문의 사건을 놓고 결론이 크게 갈렸다. 특히 총기 소지 문제에 대해서 그랬다. 시민들의 무장은 계엄군을 더욱 자극시킬 것이니 총기류를 모두 반납하자고 했다. 이들은 '수습파'라 불렸다. '항쟁파'의 생각은 달랐다. 총기를 반납해봤자 계엄군 지휘부는 조금도 사과할 생각이 없다는 것, 이대로 투항하면 그간 우리들의 저항이 잘못됐다고 인정하는 셈이 되고 죽은 시민들의 희생이 허무해진다는 것이었다. 양쪽 모두 일리가 있었다.

결국 수습파는 도청을 빠져나가고 최후의 항전을 다짐한 200여 시민군이 남았다. 총이라는 것을 쥐긴 쥐었으되 쏠 줄 모르는 사람이 태반이었다. 그마저도 원시적인 구식 총이라서 사실상 무용지물이란 것도, 계엄군이 엄청난 화력을 장착하고 재진입한다는 예고도 익히 알았다. 그럼에도 이 고립된 항쟁에서 누군가는 끝까지 저항했음이 훗날 알려져야 한다고, 그래야 신군부를 끌어내리는 싸움이 계속 이어질 수 있다고 생각했다. 긴박한 순간에 어떻게 그런 역사적 성찰을 할 수 있었을까. 그런 결론에 이르렀다고 해도 감히 자신의 소멸을 자청할 수 있을까.

공동체와 역사를 위해 목숨을 건 이들이 지킨 도청은 뜨거운 상징들로 가득하다. 그중 하나가 정문이다. 공무원들과 민원인들이 무심히 들고났던 일상의 문이었으나 1980년 5월 26일, 마지막 항전을 앞두고 죽음과 삶을 가르는 경계선이 됐다. 제아무리 단단한 마음이라도 정문을 통과하며 흔들렸을 것이다. 이 문 안으로 들어가면 살아서 나갈 수 없을 것임을 알았을 테니까. 문을 바라보며 나가고 싶은 마음을 가라앉히느라 갈등한 이가 있다. 죽음을 각오했지만 살고 싶어져 몰래 나간 이도 있다. '잠시 집에 다녀오겠다'라고 문을 나선 후 마음이 바뀌어 돌아오지 않은 이도 있다. 흔들리고 미안하고 자책하는 마음들이 그 정문에 쌓여있다.

도청 복도 창가에 서면 분수대 광장과 금남로가 바라다보인다. 창가에서 보초를 섰던 시민군들의 마음을 헤아려본다. 화창한 날 분수대의 물보라는 무지갯빛이었고, 건너 금남로와 충장로의 추억은 아름다웠으리라. 나른한 일상은 그날 밤 그들에게 얼마나 멀고 먼 '특권'처럼 여겨졌을까. 정문과 마찬가지로 창가에는 최후 시민군들의 고뇌가 쌓여있다. 무기 회수 문제를 놓고 격론을 벌일 때, 항쟁파 청년들은 복도로 나가 창문 너머를 가리켰다. "보시오! 저 많은 시민이 신군부를 규탄하고 있습니다! 억울하게 죽은 시민들이 저 상무관을 가득 채우고 있습니다! 그런데 도청을 비우고 집에 가자고요?"

인도의 간디처럼 비폭력 저항운동을 했다면 낫지 않았느냐, 희생 규모도 줄이면서 항쟁의 정당성을 효과적으로 알릴 수 있지 않았겠느냐고 말하는 이들도 있다. 최정운 교수는 '관객의 부재' 때문에 광주의 비폭력 저항이 불가능했다고 단언한다. 비폭력 투쟁이 효과를 보려면 야만성이 폭로될 때 이를 지켜봐줄 제3자가 필요하다. '폭력극장'의 불의와 정의를 심판해줄 외부 관객의 눈이 있어야 한다. 신군부가 도시를 봉쇄하고 언론을 통제하고 2만여 명의 무장병력을 풀어놓은 광주는 관객석이 텅 빈 폭력극장이었다. 언론들은 침묵하거나 왜곡했다. 해외언론이 뉴스를 내보냈지만 그 소식은 국내에 늦게 당도하거나 차단됐다. 그래도 그나마 기댈 만한 관객이었다. 시민군이 최후항전을 앞두고 외신 기자회견을 연 것도, 구식 총을 들고 자기희생의 '시연'을 각오한 것도 모두 신군부의 폭력극장에 관객을 모으기 위함이었다.

민주국가의 국민들에겐 '저항권'이 있다. 국가권력이 국민의 기본권을 침해하는 불법을 저지를 때 국민이 복종을 거부하거나 힘으로 저항할 수 있는 권리다. 특히 서구 민주주의 국가들의 역사에서 저

옛 전남도청 본관 2층 창가에서 바라본
도청 정문과 분수대 광장 /
1980년 5·18 당시 민주수호 범시민궐기대회

항권은 적극적으로 수용되고 사용됐다. 프랑스대혁명은 불의한 권력을 깨부수고 심지어 왕을 단두대에 올려 처형하기까지 했다. 광주 시민들은 저항권을 행사했다.

옛 도청 일대는 국립아시아문화전당으로 조성됐다. 도청과 상무관 같은 5·18 사적지들을 보존하고 그 주변을 숲이 어우러진 문화공

2020년, 푸른 숲의 국립아시아문화전당으로 둘러싸인 옛 전남도청 사적
©최성욱

간으로 바꿨다. 전남도청은 전남 무안군으로 옮겨갔다. 이후 도청 건물들도 '아시아평화원' '아시아민주교류원' 등으로 이름표를 바꿔 달았다. 5·18 때의 '도청'은 이제 뜨거운 상징의 이름으로 남아 있다.

국립아시아문화전당 조성사업은 5·18 정신을 현대적으로 계승한 다는 노무현 정부의 공약이자 국책사업이었다. 현실정치와 맞물린 뜨거운 사안이 되어 완성되기까지 곡절을 겪었다. 과정을 지켜본 사람들에게도 아쉬움이 컸다. 그간의 사정은 접어두더라도, 문화전당 건물을 땅속으로 내려 짓고 지상에 숲을 조성한 건축법은 탁월해 보인다. 낮은 숲으로 감싸 5·18 사적을 돋보이게 하려는 취지의 건축이다. 만약 고층의 문화전당이 도청 뒤에 떡 하고 들어섰다면, 그리고 그 건물이 무등산을 가렸다면? 상상만으로도 고개가 저어진다.

상무관을 둘러싼 5월의 숲이 싱그럽다. 4월에는 자줏빛 박태기꽃이 만발하더니 5월에는 새하얀 병아리꽃이 활짝 피었다. 위로의 빛깔처럼 여겨진다. 지금은 '민주평화교류원'으로 불리는 도청 민원실에 들어가 본다. 5월 27일 새벽, 항쟁지도부 대변인이 총에 맞아 죽은 공간이다. 오래된 격자무늬 창가에 서보면 창밖 숲이 바람결에 흔들린다. 그 너머로 무등산이 웅장하다. 그 새벽, 그들은 칠흑 속에서도 무등산을 똑똑히 보았을 것 같다.

항쟁 이후의 항쟁_ 상무대

끝난 게 아니었다. 죽음보다 더한 것이 있을 리 없지만, 차라리 죽고 싶다고 여기는 시간이 다가왔다. 5월 27일 생포된 시민군은 모두 어디론가 끌려갔다. 아니 5월 18일 이전에도, 5월 27일 이후에도 시민들은 그 '어디론가'로 끌려갔다. 광주시 서쪽 외곽에 있는 상무대였다.

한국전쟁 때 육군 장교들을 양성하기 위해 만든 교관학교였다. 1980년 5월 비상계엄이 확대되자 상무대에 전남북 계엄분소가 설치되었고, 계엄사령부가 주둔하며 광주 진압을 지휘했다. 수습위원회 인사들은 협상을 위해 상무대를 수차례 찾았으나, 매번 빈손으로 돌아와야 했다.

신군부의 보복은 매서웠다. 1980년 5월 17일부터 7월 말까지 모두 2,522명이 상무대 영창으로 연행됐다. 이들은 '폭도'로 불렸고 극악한 폭력에 시달렸다. 40여 명 정원인 공간에 200명씩 몰아넣었다. 끔찍한 고문에 세 번이나 자살을 시도한 이도 있다. 계엄사령부는 두 명당 식판 하나를 줬다. 보잘 것 없는 밥이나마 서로 먹으려는 본능이 앞서기 마련이었다. 눈부신 공동체를 이룩했던 시민들의 자존감이 식판 앞에서 무너지려는 순간이었다. 누군가가 외쳤다. "여러분, 우리는 민주시민입니다! 우리 다 같이 단식합시다!" 상무대 영창 식당은 다시 투쟁 공간으로 거듭났다.

'폭도들'을 처벌하기 위한 군사법정이 열렸다. 세간의 이목을 피하기 위해 상무대 안의 군사법정을 서둘러 증축하고 일사천리로 재판을 진행했다. 공정하게 진행될 리 없었다. 판사는 짜인 각본을 그대로 읽었고, 방청석을 메운 시민들은 야유를 보내고 애국가를 불렀다. 무를 숭상한다는 뜻의 '상무'는 도청 앞 상무관에도 있었다. 공교롭게 이름이 같았다. 항쟁 때 죽은 시민들은 상무관에서 투쟁했고, 산 시민들은 상무대에서 고문을 이겨내고 법정투쟁을 벌였다. 기소

된 시민 404명에게 계엄법 위반, 내란주요임무 종사, 살인 등의 죄목이 붙었다. 사형선고를 받은 이들도 있었다. 광주교도소에 수감된 이들은 1981년 12월 31일을 마지막으로 모두 석방됐다. 무슨 뜻일까. 전두환이 이미 대통령이 되었으니 더는 가둬둘 필요가 없어졌다. 사회 안정을 명분으로 삼기 위해 억지로 만들어낸 '폭도들'의 존재가 쓸모없어진 것이다.

전두환은 상무대에 남은 폭력의 기억을 지우고 싶었던 것 같다. 1984년 그는 상무대를 이전하도록 지시했다. 범죄자가 범행 흔적을 지우는 것처럼, 상무대를 옮겨버리면 그 공간에서 겪은 시민들의 수난과 투쟁사도 지워져버리기 쉽다. 5·18 관련단체들은 그곳의 형태를 남기게끔 투쟁을 벌였다. 상무대는 전남 장성군으로 이전했으나 시민들의 노력 덕분에 그때의 모습이 일부 복원됐다. 지금은 '상무대 영창터'라고 불리는 사적지다.

상무대 영창터를 찾는 길은 뽕나무밭이 바다가 됐다는 상전벽해를 확인하는 시간이다. 상무대가 떠난 광활한 터는 1990년대에 광주의 첫 번째 신시가지로 개발됐다. 상무지구다. 광주광역시청과 주요 공기관, 금융기관, 방송국 등이 대거 옮겨오고 아파트단지와 유흥거리가 즐비한 도심이다. 상무지구는 두 배로 커진 도시의 한가운데서 행정과 금융의 중심지로 우뚝 서 있다.

영창터는 상무지구 5·18자유공원 안에 있다. 큰 도로를 내느라 원래의 자리에서 100여m 옮겨서 복원됐다. 영창터에 서면 낮은 군부대 막사 지붕 뒤로 우뚝 솟은 아파트단지, 골프연습장, 특급호텔이 눈에 들어온다. 21세기식의 여유로운 일상이다. 일상을 비극적으로 빼앗긴 이들이 투쟁했던 공간을 파노라마처럼 둘러싸고 있다.

가장 시선을 끄는 것은 영창터 건너 김대중컨벤션센터다. 군사독재 시절 민주화운동의 아이콘이었던 김대중은 5·18 때 신군부의 첫번째 목표물이었다. 당시 김대중은 5·17 비상계엄이 확대되자 영문도 모른 채 곧바로 연행됐고, 5·18의 배후로 조작돼 사형선고를 받았다. '내란음모죄'였다. 광주시민들은 '전두환 물러가라'라는 구호와 함께 '김대중 석방하라'를 목청껏 외쳤다. 세월이 흘러 김대중은 전두환 신군부의 정치 기반이었던 정당을 꺾고 첫 정권교체를 이룩한 대통령이 됐다. 민주화운동과 남북평화 정착에 기여한 공로로 한국인 최초 노벨평화상도 수상했다. 광주시는 국제회의장 시설을 지으면서 김대중의 이름을 붙였다. 상무대 영창과 김대중컨벤션센터는 역사가 낳은 반전의 장면으로 다가온다.

생색 내지 않는 주먹밥, 양동시장

어릴 적 시장 근처에 살던 나 같은 어린이들은 어른들로부터 '너는 양동시장에서 주워왔다.' '양동시장 사과장수한테서 데려왔다'라는 이야기를 자주 듣고 자랐다. 어른들은 아이의 표정이 얼마나 울적해지는지를 살피는 걸 즐겼다. 엄마를 따라 시장에 가서 과일행상 아줌마를 볼 때면 '정말 우리 엄마일까, 나를 잃어서 저렇게 애잔한 표정일까' 하고 울먹한 마음이 되곤 했다.

양동시장은 광주천변에 있다. 양동시장 복개상가는 광주천을 덮고 그 위에 지었는데, 복개상가에 다가갈 무렵이면 상가 아래 큰 입을 벌린 배수로 동굴이 늘 시선을 압도했다. 컴컴한 심연이 무서웠다. 그 아득한 동굴에서 나오는 물 역시 맑지 않았고, 악취도 심했다. 산업화가 한창인 데다 환경오염에 관심이 없던 시대였다. 그러다 상가에만 들어서면 휘황찬란한 물건들에 넋을 잃어 검은 동굴의 공포감은 금세 잊어버렸다. 5·18을 겪고 난 1980년대 초반, 양동시장은 참 알쏭달쏭한 곳이었다.

1970~80년대 양동시장은 호황을 누렸다. 점포가 600개 넘는 호남권 최대 시장이었다. 명절이 다가오면 장 보는 사람들이 가득해 길을 걷기 어려웠고, 상인들이 그날 번 돈을 입금하느라 근처 은행들은 밤까지 문을 열었다. 지금도 최대 규모인 것은 마찬가지지만 시장 자체가 대형마트나 온라인쇼핑몰에 한참 밀려났다.

산업화시대의 그늘 같던 복개상가 배수로 동굴이 변신했다. 광주천 물도 맑아졌고 복개구간은 더욱 개방되고 주차장으로 깔끔하게 단장됐다. 어릴 적 공포의 원천이었던 '검은 동굴' 안에 주차를 하고 지상으로 올라간다. 상가 외벽에 1980년 5월 양동시장이 해낸 일과 100년 넘은 시장의 역사가 적혀 있다. 시장 한가운데에 5·18사적비도 세워져 있다. 이제는 5·18이 금기가 아니라 자랑이 됐다. 검은 동굴 안에 억류되어 있던 사연들이 모두 양지로 나온 것 같다. 상가들도 정비됐고 간판들도 단정하다. 오가는 손님들만 드문드문할 뿐이다.

– 누가 먼저 (주먹밥을 만들자고) 했는지 몰라. 학생들이 두들겨 맞고 굶고 하니까, 너도나도 사람 살리자고 나선 거지.

점포 어르신들은 자신들이 대단한 일을 했다고 생각하지 않는다. 생색이 없다. 처음에는 돈을 갹출해서 빵과 우유 등을 사서 실어 보냈다. 그러다가 방앗간에서 밥을 쪄냈고, 아예 골목에 솥을 놓고 조를 짜서 주먹밥을 지어 날랐다. 하루 쌀 반 가마가 들어갔다. 주먹밥은 시민군들에게 가고 병원으로도 갔다. 밥을 해준 사람은 나중에 계엄군에 보복당한다는 말까지 돌았다. 근거 없는 소문이 아니었다. 한국전쟁이 끝난 지 30년도 안 된 시절이었다. 인민군에 밥 한 그릇 해줬다는 이유로 국군에게 죽임을 당한 불행한 역사가 아직 몸에 각인된 시대였다. 그럼에도 상인들은 굶는 자를 볼 수 없는 마음, 죽어가는 사람을 살려야 하는 측은지심이 컸다. 그 마음은 가끔 계엄군에까지 발휘됐다. "저놈들도 배고플 것인디."

복개상가 2층 식당을 찾았다. 수예, 커튼, 옷감 가게들로 특화된 2층에 유일한 이 식당은 딱 하나의 메뉴, 불고기백반만 내놓는다. 맛있고 푸짐한데 저렴하기까지 해서 살 것이 없어도 일부러 식당 때문에 시장을 찾기도 한다. 그간 걸음의 절반 이상은 허사였다. 자리가 없어서, 재료가 다 떨어져서 발길을 돌려야 했다. 식당 주인은 1980년 양동시장에서 다른 가게를 꾸리던 중에 주먹밥을 만들었다. 그녀의 사촌도 5·18 시위에 참여했다가 목숨을 잃었다. 5·18 직후 그녀는 다른 지역에 살고 있는 언니 부부를 만났다. 형부가 "뉴스를 보니 (5·18이) 빨갱이들의 폭동이었다더라" 하고 말하자, 주인장은 무려 형부에게 "뭣이 어째? 좆만 한 것이 말 같은 소리를 해라. 그때 광주 와 봤어? 당신 자식이나 마누라나 동생이 나가서 죽으면 가만히 방구석에 자빠져 있겠어?"라고 개운하게 욕설을 날렸다. 처제에게 얼얼하게 맞은 그는 얼마 후 자초지종을 알게 되자 정중히 사과했다. 처제가 답했다. "그럼 소주 한잔 사."

주인장은 오늘도 주방 옆에 무심히 서 있다. 손님들로 가득 찬 실

내가 시끌벅적하다. 나도 운 좋게 한 자리를 잡고 불고기백반을 기다린다. 그녀가 어느 테이블로 가더니 말없이 전골냄비를 수평으로 고쳐주고 제자리로 돌아간다. 손님들은 이야기 삼매경에 빠졌는데 전골냄비가 갸우뚱해 국물이 끓다가 넘치기 직전이었다. 보는 듯 안 보는 듯, 생색내지 않고 타인을 돌봤던 사람들이 그 시장에 있다.

서로살림의 최전선, 병원들

병원마다 부상자가 끝없이 실려왔다. 머리가 깨지고 얼굴이 짓이겨지고 복부가 터진 환자투성이였다. 끔찍한 그 모습에 놀라고 있을 틈도 없었다. 보관된 혈액이 금세 동이 났다. 사정이 전해지자 헌혈하려는 시민들의 줄이 병원마다 길게 이어졌다.

전남대병원, 기독병원, 적십자병원, 조선대병원, 요한병원 등 광주 시내 주요 병원에서 치료받은 부상자가 최소 855명 이상이었다. 진료기록이 남은 환자만의 숫자이니 실제로는 훨씬 더 많았다. 개인의원이나 작은 병원에도 부상자들이 밀려들었다. 대략 880여 명 정도로 추산된다. 그 열흘 남짓 시간에 최소 1,735명의 사람들이 중상을 입었다.

광주천변의 적십자병원은 종합병원이었지만 규모는 자그마했다. 그럼에도 250여 명이 치료를 받았다. 도청, 금남로와 가까워 부상자들이 곧바로 실려왔기 때문이다. 규모가 작아서 영안실도 부족했다. 병원 뒤 마당에 시신들이 임시로 안치됐다. 헌혈 행렬도 광주천과 나란히 이어졌다.

전남대병원과 조선대병원은 서로 지척이다. 전남대병원은 광주 최대 병원인 데다 도청과 가까워 가장 많은 인원인 300여 명을 치료했다. 의과대학과 병원이 함께 있어 대학생들을 수색하려는 계엄군이 병원에까지 난입하기도 했다. 나중에는 건물 자체도 계엄군의 총격을 받았다. 총알은 진료실 캐비닛에 걸어둔 진료가운까지 뚫고 지나갔다. 이런 아비규환 속에 의료진은 날을 새며 사상자 곁을 지켰다. 부상자가 사망자로 바뀌면 다 같이 울었다. 특히 5월 21일 집단발포 후 총상 환자들이 집중적으로 밀려들었다. 전남대병원 담장을 끼고 이어진 헌혈 행렬도 끝이 없었다. 피가 남아서 다른 병원에 보내줄 정도였다.

조선대병원은 부상자를 20여 명밖에 받지 못했다. 의료진들이 각오와 준비를 하고 있었지만 그 옆 조선대 운동장에 계엄군 부대가 주둔하고 있어 시민들이 접근하기 어려웠다.

세 병원은 모두 금남로와 가까웠다. 광주의 세 번째 종합병원이었던 기독병원은 광주천 건너 양림동 언덕에 있어 계엄군의 수색이나 난입을 피할 수 있었다. 그러나 어디든 위험했다. 전남여상 3학년 박금희는 기독병원에서 헌혈을 마치고 나온 후 어디선가 날아온 총탄에 맞았다. 그날은 계엄군이 집단발포를 저지른 21일이었다. 박금희는 방금 헌혈을 하고 나왔던 기독병원으로 실려갔고, 죽음을 맞았다.

어쩌면 가장 많은 사상자가 머문 곳은 전남대병원이 아니라 화정동 국군광주병원일지 모른다. 계엄군이 실어간 부상자가 많았다. 신군부는 군병원의 현황을 절대 공개하지 않아 '군기밀'이 되어버렸다. 도대체 그 숫자는 얼마나 될까. 화정동은 시내와 멀었다. 도심과 상무대의 중간지점쯤 1~2층짜리 주택들이 지어지고 있는 신흥택지지구였다. 그 한적한 주택가 사이에 국군광주병원이 있었다. 상무대나 505보안부대로 끌려갔다가 계엄군의 폭행과 고문에 심한 부상을 당한 시민들이 국군광주병원으로 옮겨졌다. 국군 관할의 병원이었으니 치료와 취조가 병행됐다.

그럼에도 시민들에게는 오로지 무자비함밖에 없는 상무대나 505보안부대보다는 병원이 더 나았다. '국군광주병원은 천국, 보안부대는 지옥'이라는 말이 나올 정도였다. 이곳에서도 투쟁들이 조용히 벌어졌다. 의료진이었다. 주로 전남대와 조선대 의대 출신이었던 공보의들은 환자가 아직 낫지 않았다며 치료를 계속하곤 했다. 치료가 완료됐다고 사실대로 계엄군에 보고하면 그 시민은 다시 상무대로 이송돼 조사와 고문을 받아야 했기 때문이다. 1980년 5월 광주 병원들은 서로살림의 최전선이었다.

어디에도 없는, 그러나 생생히 존재했던 여자들

"우리도 헌혈하게 해주세요!" 한 무리 여자들의 항의에 의료진이 멈칫했다. 항의라기보다 애원에 가까웠다. 여자들을 보는 눈에 경계의 눈빛이 스쳤다. 1980년 5월의 차별 없는 공동체 안에도 아직 문턱이 남아 있었나 보다. "우리 피도 깨끗하단 말입니다! 우리도 돕게 해주세요!" 여자들은 다시금 절박하고 단호하게 외쳤다. 의료진은 정신이 퍼뜩 들었다. 잠시나마 주저했던 모습이 미안한 듯 서둘러 그

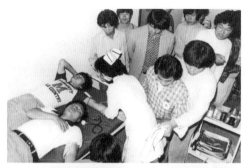

헌혈을 하고, 먹거리를 나누고,
시신들을 돌보고,
주먹밥을 만든
오월 자치공동체의 주역들
ⓒ5·18기념재단

녀들의 팔을 걷어 피를 뽑기 시작했다.

이 젊은 여인들은 '황금동'에서 왔다. 광주의 대표 환락가였다. 몸을 팔며 도시의 그림자 속에 살던 '황금동 여인들'은 5·18 때 궂은일을 도맡아 했다. 광주시민 누구라도 분노와 자책감의 힘으로 거리로 뛰어나왔지만, 황금동 여인들은 편견의 벽까지 넘어야 했다. 그러나 전대미문의 사태에 그녀들도 주저함이 없었다. 아니다. 그녀들이 주저 없이 나왔는지 한참을 망설이다가 나왔는지 알 수 없다. 무수한 5·18 증언 속에 그녀들의 직접 증언은 없기 때문이다. 다만 광장으로 나온 이후 거침없이 활약했음은 확실하다. 헌혈을 하고 주먹밥과 물을 나르고 취사를 도왔다. 상무관의 시신들도 돌보았다. 시신들의 발을 씻기고 수십 켤레 양말을 사다가 신긴 이도 황금동 여자였다.

시민군 가두방송을 하다 잡혀가 모진 고문을 당했던 전옥주는 경찰서에서 만난 소위 술집 여자들을 기억했다.

"아가씨 둘이 잡혀왔다. 술집에서 번 돈으로 도청에 가서 향을 사다가 피우고, 무명옷을 사서 시신에 입혔다. 그랬더니 간첩들한테 옷 사주고 협조했다고 잡혀 들어온 거다. 엄청 맞았다. 얌전하고 예쁜 그 아가씨들, 정말 서럽게 번 돈으로 좋은 일하고 와서 얻어맞고 한 달 이상 고생하고 나갔다. 참 보고 싶다."

그녀들이 황금동에서 왔는지, 아니면 다른 구역의 술집에서 왔는지는 모른다. 어디 출신인지는 중요치 않다. 그녀들의 마음이 모두 같았다. 쫓기는 시민들을 숨겨주는 데 황금동 여자들의 활약은 특히 눈이 부셨다. 금남로의 시민들이 근처 황금동으로 질주했다. 작은 업소들이 미로처럼 얽힌 골목이 숨기에 안전하다는 본능적인 판단이었다. 그녀들은 가게 문을 활짝 열어 그들을 숨겨주었다. 계엄군이 들이닥쳐도 떨지 않았다. 심지어 삿대질을 하고 능청을 떨었다. 계엄군이 돌아가면 그녀들의 '근무복장'인 한복치마 속에 숨었던 시민이 밖으로 나왔다. 아무리 풍성한 치마로 위장한 채 앉아 있다고 해도, 총을 들이댄 계엄군의 추궁 앞에서 그렇게나 담대할 수 있을까.

거미줄 같은 황금동 지리에 도통한 그녀들은 안전하게 돌아갈 퇴로까지 알려주곤 했다. 훗날 그녀들 덕분에 목숨을 구한 이들은 감사 인사를 하려고 황금동을 찾기도 했다. 그러나 미로 속에서 길을 잃었다. 옷이 찢기고 맨발이 됐던 자신에게 옷과 신발을 내준 마음만 생생히 기억할 뿐이었다.

사람도 업소도 지금은 모두 사라졌지만, 황금동을 지날 때마다 그녀들 생각을 한다. 황금동은 젊은이들의 쇼핑거리로 재단장된 지 오래다. 미로 같던 골목은 앙증맞은 옷가게와 소품가게들로 화사하다. 황금동은 옛 도청 바로 옆에 있다. 금남로, 충장로에서 뻗어 나온 거리다. 일제강점기 유곽에서 출발해 빛과 그림자처럼 도시와 함께 몸집을 키웠다. 행정기관들이 있고 돈이 모여드는 근대도시 중심가 한쪽에는 늘 환락가가 들어섰다. 도시민 누구나 알면서도 모른 척하는 이면의 세계였다.

황금동 거리의 중심인 '콜박스 사거리' 한가운데에 동그란 지도가 새겨져 있다. 광주 공공미술 프로젝트 중에 만들어진 '광주읍성' 지도다. 황금동, 도청, 금남로, 충장로가 있는 구도심이 옛 광주 고을의 중심부였다는 역사성을 보여준다. 왕조시대의 유적지도 안에 20세기 황금동 사람들이 기록돼 있을 리 없다. 황금동은 근처의 시청과 도청이 차례로 옮겨가고 상무대도 이전하면서 쇠락했다. 황금동 여자들은 전국 각지에 흩어져 살고 있을 것이다. 60대 이상은 됐겠다. 그녀들은 5·18의 경험을 생생히 간직하고 있으나 목소리를 내지 못했다.

5·18 자치공동체는 증언할 기회를 갖지 못한 많은 사람의 힘으로 지탱되었다. 실제로 넝마주이, 구두닦이, 거지 등 연고가 뚜렷하지 않은 하층민들이 계엄군에 희생된 모습이 무수히 목격됐다. 그러나 희생자 집계에서 누락된 경우도 적지 않았다. 소리 소문 없이 사라져도 행방을 추적할 가족이 없었다. 항쟁에 적극적으로 참여한 모습 역시 무수히 목격됐지만 그들의 직접 증언은 거의 없다. 역사의 수면 아래에는 얼마나 많은 사람들의 목소리가 흐르고 있는 것일까.

1980년 그들을 만나는 사직공원 전망대

- 우리가 방패막이가 됩시다! 차로 장갑차 대형을 만들어서 학생들, 시민들을 보호합시다.

28세 택시기사 장훈명이 말한다. 28세 박대현은 차량시위대 버스 위에 올라 태극기를 흔든다.

- 우리 어른들이 총 맞으러 가서, 먼저 죽읍시다. 만약 (계엄군이) 우리를 죽이고 여기 오면 너희 젊은이들도 마지막 한 사람까지 싸워라. 광주의 자존심을 지켜라.

46세 김성용 신부가 '죽음의 행진'을 제안하고 계엄군 탱크를 향해 걸어 나간다.

- 시민 여러분, 여러분의 아들딸들이 지금 다 죽어가고 있습니다!

빨리 나오셔서 같이 광주를 지킵시다!

양재학원 수강생 19세 차명숙이 확성기를 들고 거리를 걸으며 목이 쉬어라 외친다.

- 계엄군이 처들어온다는데 대체 어쩌려고 그러냐. 집에 가자 아들아, 제발 집에 가자.

41세 어머니 김길자가 도청을 찾아와 16세 문재학에게 통사정한다.

- 엄마, 동산국민학교 동창 창근이 알지, 양창근이. 창근이가 총 맞아 죽었어. 어떻게 나만 살자고 집에 간단 말이오.

완강한 아들의 옷자락을 어미가 더 완강히 붙든다.

- 학생들은 손들고 나가면 괜찮다고 하니까 걱정 마. 곧 갈 테니 집에서 기다려, 엄마!

황소고집 아들을 이기지 못하고 김길자가 돌아선다.

- 상원아, (죽어도) 후회 없겠냐.

- 형님. 이렇게 죽는 것은 역사 속에서 영광입니다.

최후의 시민군 배치를 마친 5월 27일 새벽, 31세 정상용과 30세 윤상원이 마지막 대화를 나눈다.

- 아니오! 내 아들이 아니오.

5월이 꺾인 어느 날 41세 김길자가 망월동에 달려간다. 마침내 찾아낸 문재학이 무덤 속에 목이 덜렁덜렁한 채 누워 있다. 4년 후, 아들의 '폭도' 누명을 벗기려 김길자가 시위대로 나선다. 경찰에 맞은 그녀가 머리에 피를 철철 흘린다.

- 습한 곳에 가면 상무대에서 고문받던 때가 떠올라. 군홧발로 죽도록 맞아서 체중이 35kg이 됐어. 나는 그때 개돼지였어.

도청에서 생포된 16세 시민군 김향득이 사진가가 되어 2020년에도 5·18을 담는다. 매번 생생한 소스라침을 견디며 셔터를 누른다. 81세 김길자의 주름이 앵글에 담긴다.

보인다, 1980년 광주가 보인다. 사직공원 전망대에 오르니 역사 속 그들이 다가온다. 환희와 눈물이 밀려온다.

사직공원은 1970~80년대 광주의 나들이 명소였지만 지금은 존재 감이 약해졌다. 어르신들이 삼삼오오 모여 시간을 보내는 한적한 공원이다. 광주시민 누구라도 그 앞에서 사진 한 장은 찍었던 공원 꼭대기 팔각정은 오래도록 무관심 속에 있다가, 몇 년 전 현대식 전망대로 변신했다. 그럼에도 나들이객들을 다시 불러 모으긴 쉽지 않다.

나는 이곳 사직공원 전망대를 좋아한다. 광주 원도심 전체를 조망할 수 있는 자리다. 금남로와 도청 일대가 한눈에 들어온다. 양동시장, 대인시장과 광주공원은 지척이다. 시장의 주먹밥이 따끈따끈한 채로 공원의 시민군들에게 배달됐을 거리다.

아담한 광주마을 안에서 1980년 대동세상 사람들의 목소리가 바람에 실려 올라오는 착각을 느낀다. 원도심 한가운데를 흐르는 광주천은 모두를 이어주는 끈 같다. 공원 언덕 바로 아래 작고 오래된 성하맨션이 있다. 40년도 더 된 아파트다. 1980년 5월 성하맨션 부녀회 주민들은 마스크와 장갑 등을 만들어 시민군들이 보초를 서고 있는 도청으로 보냈다. 항쟁이 진압된 후 부녀회장은 계엄사에 끌려가 고초를 겪었다.

고요한 전망대에 앉아 내려다보니, 눈에 보이는 곳곳 어디에나 사연이 깃들어 있다. 지극히 평범하면서도 비범한 풍경이다. 5월 27일 새벽을 찢는 총소리 속에서 광주마을은 죽음을 넘어 부활했다.

🚶 1980년 절대공동체를 만나는 도보길 추천

전남대 정문(대학생들) - 무등경기장(택시운전사들) - 광천동 성당+시민아파트(들불야학
『투사회보』제작자들) - 양동시장(주먹밥 만든 상인들) - 광주공원(시민군들) - 적십자병원
(의료진과 헌혈하는 사람들) - 황금동(헌혈하는 사람들) - 5·18민주광장(시민들의 바다)

2시간 반~3시간 소요. 총 8km 중 광주천변 산책로 구간이 3.5km. 특히 5월 17일에
걸어서 도청 앞 5·18민주광장에 도착하면 5·18 전야제에 참여할 수 있다. 광주 원
도심 풍속 탐사 코스로도 좋다. 광천동시민아파트 일대는 재개발이 예정돼 있다.

◎ 1980년 광주 (18~19쪽 지도 참조)

2019년 현재 인구 145만 명에 5개 자치구(동·서·남·북·광산구)를 가진 '광주광역시'이다. 1980년에는 지금의 절반인 인구 73만 명에 3개의 자치구(서·동·북구)를 가진 '전남 광주시'였다. 동쪽과 남쪽에 무등산이 있어 시가지는 서쪽과 북쪽으로 확장됐다. 상무·첨단·수완·일곡 등 주요 신시가지가 그렇게 탄생했다. 1980년 도시 외곽에 있던 상무대, 광주비행장, 송정리역(현 광주송정역) 자리가 지금은 시내권이다. 계엄군을 몰아낸 후 시민군들이 경비를 섰던 외곽의 백운로터리, 농성광장 등도 이제 도시 한가운데 있다.

◎ 전남대 정문

5월 18일 오전 여기서 계엄군과 투석전을 벌인 학생들이 금남로로 진출하며 5·18이 시작됐다. 전남대-광주역-공용터미널-금남로까지 약 3.8㎞. 정문 앞에 용봉천이 흘렀고, 다리를 사이에 두고 서로 대치했다. 나중에 개천을 복개한 도로가 정문 앞 용봉로다. 옛 정문의 일부가 새 정문 옆에 보존돼 있다.

◎ 광주역 광장

계엄군의 집단발포가 5월 21일 오후 금남로에서 벌어졌다고 알려져 있다가, 그 전날 밤 광주역 광장에서 먼저 일어났음이 규명됐다. 이 새벽 발포로 2명이 사망하고 다수가 다쳤다. 광주역은 매일 추가된 계엄군 부대가 광주에 들어오는 관문이었다. 계엄군이 필사적으로 역을 점령하려 했던 이유다. 당시 광장에 분수대가 있었다. 2015년 KTX가 광주송정역으로 통합돼, 이제 광주역에는 새마을호까지만 다닌다.

◎ 금남로

광주 원도심의 중심도로. 옛 도청 광장부터 수창초교 인근까지다. 조선시대까지는 충장로가 중심이었고, 일제 때 충장로와 나란히 금남로가 닦였다. 1969년 지금의 너비로 확장됐다. 이후 충장로는 쇼핑거리, 금남로는 금융과 공공기관의 거리로 분화됐다. 금남로는 도청과 인접한 가장 넓은 도로라서 자연스럽게 집회나 행진의 공간이 됐다. 1980년 5월 충금지하상가가 공사 중이었고, 이후 금남지하상가가 만들어졌다. 1990년경부터 5·18 추모행사가 금남로에서 열리고 있다. 구간 가운데 5·18민주광장~광주은행 사거리에 이르는 518m 거리가 유네스코 인권로로 지정돼 있다. 민주화와 인권투쟁의 상징적 공간임에도 횡단보도가 드문 것이 아쉽다. 금남은 조선시대 정충신 장군의 호다.

◉ 도청과 5·18민주광장 일대

5·18 사적지 중 묶음으로 지정된 공간이다. 도청(제5-1호), 5·18민주광장(제5-2호), 상무관(제5-3호), 광주YWCA(제5-4호) 네 곳이다. 광장 분수대를 중심으로 도청, 상무관, 시계탑, 전일빌딩, 광주YWCA 등이 모여 있다. 광장 한쪽의 종각 자리에는 당시 광주경찰서 보안과 건물이 있었다.

- **도청**_ 광주가 1896년 전라남도 행정중심지가 되면서 '전라남도청'이 마련됐다. 본관, 별관, 민원실, 전남경찰청 등의 건물들을 통칭했다. 본관은 1930년대 지은 3층짜리 붉은벽돌 건물인데 하얀 페인트를 칠했다. 2005년 전남도청이 전남 무안군으로 옮겨갈 때까지 사용됐다. 이후 국립아시아문화전당 사업이 진행되면서 5·18 사적인 도청을 보존해 내부를 단장했다. 문화전당 건축 과정에서 별관 일부가 철거됐다. 매년 5·18 기념주간에 외부에 개방하고 관련 전시회도 연다. 본관 안의 승강기는 나중에 새로 지어진 것. 도청 건물은 대한민국 근대문화유산(등록문화재 16호)이다.

- **도청 광장(5·18민주광장)**_ 1997년부터 5·18민주광장으로 불리고 있다. 각종 시국 관련 집회나 문화행사 등이 열린다. 예전에는 분수대를 끼고 차량이 통행하는 로터리여서 광장에서 행사가 열리면 미리 차량 통행을 차단했다. 국립아시아문화전당 조성 때 도보 광장으로 단장됐다.

- **상무관**_ 1920년대 일제가 조선총독부 경찰의 유도 훈련을 위해 무덕전을 지었다. 1969년 금남로 확장공사 때 무덕전을 헐고 그 자리에 경찰들의 체육관인 상무관을 지었다. 1980년 5월에는 계엄군에 희생된 시민들을 안치한 영안실 역할을 했다. 한강의 소설 『소년이 온다』의 첫 장면이 상무관에서 시작된다.

- **전일빌딩**_ 외벽에 남은 수백 개의 총탄 자국이 계엄군의 헬기 사격 증거다. 1968년에 준공. 당시 광주에서 가장 큰 건물(지하 1층 지상 7층)이자 엘리베이터를 갖춘 최신건물 중 하나였다. 증축을 거쳐 10층이 됐다. 언론사와 방송국 등이 입주해 있어 계엄군의 주시 대상이었다. 리모델링을 거쳐 2020년 봄 시민복합문화센터로 문을 열었다. 총탄 자국 245개와 도로명주소 '금남로 245'를 살려 새 이름을 '전일빌딩 245'로 지었다.

- **광주YWCA 옛터**_ 전일빌딩 뒤편에 있던 4층 건물 광주YWCA에는 광주YWCA, 신용협동조합, 양서협동조합을 비롯해 여러 사회단체들이 입주해 있었다. 시민들의 문화활동과 사회운동 거점이자 사랑방이었다. 5·18 때 항쟁지도부 홍보팀이 머물며 『투사회보』와 궐기대회 홍보물을 제작하고, 민주인사들도 수습대책회의를 여는 등 도청에 이

은 제2의 자치거점이었다. 27일 새벽 YWCA에도 시민군이 배치됐고, 1명이 사망하고 26명이 체포됐다. 1984년 YWCA는 북구 유동으로 신축 이전하고 그 자리에 민간 상업 건물이 새로 지어졌다.

📍 녹두서점 옛터와 김상윤

녹두는 1977년 문을 연 사회과학서점으로 도청 근처에 있었다. 광주의 학생운동가, 재야 인사들이 모여 교류하고 전략을 짰다. 이를 잘 알고 있던 계엄당국은 5월 17일 밤 비상계 엄 확대와 함께 서점을 급습해 주인 김상윤을 잡아갔다. 이 소식에 다음 날 재야인사들이 서점으로 몰려들었고, 항쟁 초반의 구심점이 됐다. 『투사회보』 같은 유인물이 녹두서점을 통해 배포됐다. 항쟁 후반 그 기능이 광주YWCA로 옮겨갔다. 서점 가족 3명도 27일 아침 연행됐고, 6월 폐업했다. 김상윤은 당시 윤한봉과 함께 광주 민주화운동의 주축이었다. 전남대 재학 중인 1974년 민청학련 사건 때 체포돼 옥고를 치렀다. 녹두서점은 '녹두장군 전봉준'에서 따온 이름이다. 현재는 불교계 시설물로 바뀌었고, 1층짜리 가건물 가운데 칸이 서점이었다.

📍 고 홍남순 변호사 가옥

녹두서점 건너편에 있다. 홍남순(1912~2006)은 1960년대부터 박정희 군사정권에 저항 해 치열하게 싸워온 민주인사였다. 특히 1970~80년대 인권 변론을 맡아 광주전남의 어 른으로 존경을 받았다. 전남대 '함성'지 사건(1973), '우리의 교육지표' 사건(1978)도 그가 변호했다. 5·18 때 민간 수습대책위 위원으로 활동했고, 항쟁 후 연행됐다. 상무대 법정에 서도 재판부를 당당히 꾸짖었다. 2006년 타계 후 국립5·18민주묘지에 안장됐다. 홍남순 변호사는 1963년 현재의 집터에 변호사 사무실을 열었다. 그의 사무실이자 자택은 민주 화 인사들이 늘 드나드는 사랑방이었다.

👤 윤한봉(1948~2007)

전남대 축산학과 71학번으로 광주지역 학생운동을 이끌었다. 1974년 민청학련 사건 때 전라도 지역 책임자로 구속된 이래 수차례 옥고를 치렀다. 1979년 현대문화연구소를 설 립해 활동하던 중 5·18 주모자로 지목돼 수배를 받았다. 1981년 밀항으로 미국에 건너가 5·18 진상규명 활동을 했다. 1993년 귀국해 5·18기념재단 창립, 5·18특별법 제정, 들불열 사기념사업회 결성 등을 주도했다.

남동성당

5·18 해방광주 기간, 공공기관장 중심의 수습대책위원회가 도청에서 활동했다. 논의가 지지부진하자 재야 민주인사들이 근처 남동성당에 모여 대책을 논의했다. 김성용 주임신부를 비롯해 홍남순, 조아라, 송기숙, 명노근, 조철현, 이기홍, 이종기, 이애신, 장두석, 이성학 등 20여 명이 참여했다. 논의에 따라 김성용 신부는 김수환 추기경을 만나러 서울로 갔으나 이미 27일 도청이 진압되고 말았다. 수습위원들은 항쟁 후 모두 연행돼 고초를 겪었다. 엄혹한 탄압에도 남동성당은 1981년부터 매년 5·18 추모미사를 개최했다. '5·18 민중항쟁 기념성당'이라는 별칭이 붙었다.

광주공원

금남로에서 광주천을 건너면 나온다. 공원 내 시민회관에선 수시로 각종 공연이나 결혼식이 열렸고, 시민들은 해태상 아래서 데이트 약속을 잡았다. 1980년 5월에는 계엄군과의 격전지였다. 이후 시민들이 총기를 청년들에게 분배하고 조를 편성했다. 시민군이 탄생한 곳이자 연병장이었다. 근처 여인숙들도 시민군들을 재워주며 지원했다. 1990년까지는 5·18 전야제를 공원 내 구동체육관에서 열었다. 공원 입구 포장마차들이 명물이었으나 예전만큼 호황은 아니다.

학동 배고픈다리

무등산 증심사 가는 길 학동 배고픈다리(홍림교) 일대에선 시민군의 지역방위 활동이 특히 활발했다. 5월 21일 밤 계엄군이 철수한 이후, 학동 청년들이 모여 계엄군의 재진입에 대비했다. 12명을 1개 조로 모두 12개 조였다. 실제 23일에는 계엄군과 총격이 벌어졌다. 당시 조선대와 전남대가 계엄군의 베이스캠프였는데, 학동 산 너머에 조선대가 있었다. 조선대의 계엄군이 산을 넘어 밤에 주남마을 쪽으로 가다가 중간에 학동 시민군에게 걸린 것. 청년들은 나중에 계엄 당국에 연행돼 고초를 겪었다. 이 밖에도 시민들의 지역방위대 활동 지역이 많다. 백운동, 화정동, 동운동, 대성초교 앞, 서방, 산수동 등에서도 이뤄졌다.

주남마을 인근 버스 총격 학살지

잔혹한 민간인 학살이 벌어진 마을이다. 광주에서 화순으로 넘어가는 무등산 자락의 주남마을은 전형적인 농촌이었다. 7공수여단과 11공수여단은 주남마을 인근 산에 매복해 있다가 5월 23일, 화순 가던 버스에 총격을 가했다. 승객 18명 중 15명이 즉사하고 부상당한 남자 2명이 마을 뒷산으로 끌려가 암매장됐다. 유일한 생존자는 여고생 홍금숙이었다. 5·18 직후 주민들이 발굴한 두 시신은 DNA 감식 기술이 적용된 2002년 신원이 확인됐다. 마을 위쪽 암매장 발굴지에 희생자 위령비가 세워졌다. 마을 버스정류장에는 노란 미니버스 모양의 정류장이 단장돼 있다. 5·18 버스 학살을 기억하자는 의미다.

◎ 옛 505보안부대

상무대가 '대외적인' 계엄분소이자 작전 지휘부였다면, 이곳은 어둠 속 은밀한 기획부대이자 사실상의 총 지휘부였다. 원래 국군 기밀 보안업무를 하는 곳이지만 5·18 전후 광주의 탄압과 분란을 치밀하게 기획·조작하고 주요 인사들을 감시, 연행, 고문, 취조했다. 2층에 대공과, 지하에 고문을 위한 밀실들을 갖춘 구조로 광주의 '남영동 대공분실'이었던 셈. 그들은 은어로 505보안부대를 '한지공사'라 부르고 근처 안기부 광주지부를 '세기상사'라 불렀다. 지금은 폐쇄된 채 낡아가고 있다. 광주시가 민주·인권 기념시설로 재단장을 추진하고 있다.

◎ 국군광주병원

505보안부대, 안기부 광주지부와 근거리에 있었다. 당시 광주 외곽 신흥 주택가 속에 군대와 보안시설들이 자리해 있었던 셈. 부상 당한 군인, 연행한 시민 부상자들을 치료하고 죽은 시민들을 검시했다. 이곳에서의 시민 불법 화장 의혹이 꾸준히 제기되고 있다. 국군병원은 전남 함평으로 이전했고, 이 건물은 리모델링을 검토 중이다.

◎ 옛 광주교도소

시내의 계엄군이 외곽 교도소로 철수하면서 시민들 일부를 끌어다가 고문 후 암매장했다는 증언이 많이 나온다. 5·18 이후 교도소 안팎 공사를 자주 벌인 탓에 현장 훼손이 심각해 발굴에 어려움을 겪고 있다. 계엄군이 근처를 지나는 주민이나 차량에 총격을 가해 사상자들이 발생했다. 교도소는 2015년까지 사용됐고 현재는 일곡지구 외곽으로 이전했다. 광주시와 국방부가 인권테마파크 조성을 추진하고 있다.

---

* **추천 도서**_ 황석영·이재의·전용호 저 『죽음을 넘어 시대의 어둠을 넘어』 김영택 저 『5월 18일 광주』 최정운 저 『오월의 사회과학』

* **유튜브 검색어**_ 다큐멘터리 5·18, the legacy of the Gwangju uprising, 푸른 눈의 목격자

* **관련 사이트**_ 5·18기념재단, 5·18민주화운동기록관

부활의 노래
"그대들 돌아오는구나"

들불야학 사람들

•••

1970년대 말 광주에 들불이라는 야학이 있었다. 야학(夜學)은 밤에 모여 수업을 듣는 비정규학교다. 지금은 학습 기회나 경로가 다양하지만 그 시절은 드물었다. 많은 젊은이가 학업을 접고 공장에 일하러 가야 했다. 자식이 여럿인 집에서는 아들만 상급학교에 진학하고 딸들은 일찌감치 공장에 가는 경우도 흔했다. 대학도 대학생도 적었다. 그런 시절, 야학은 배움의 갈증을 가진 젊은이들에게 오아시스와 같았다.

들불야학은 광주 최초의 노동자야학이었다. 공장 노동자들이 일을 마치고 저녁에 수업을 받았다. 노동자들은 20세 안팎, 야학 교사들도 대부분 또래의 대학생들이었다. 이들은 서로를 선생과 학생이라 하지 않고 '강학'과 '학강'으로 불렀다. 가르치고 배운다는 뜻의 강학, 배우고 가르친다는 뜻의 학강. 함께 성장하자는 의미였다. 시절은 오랜 군사독재의 짙은 그늘 속에 있었다. 사회변혁을 원하는 대학생들이 대부분 집회 같은 학생운동에 주력했다면 야학운동은 빛깔이 좀 달랐다. 대학

---

*제목 '그대들 돌아오는구나'는 문병란 시인이 들불열사들을 기리며 쓴 시 '부활의 노래'에서 가져온 문구이다.

캠퍼스를 벗어나 공장지대로 가서 노동자들과 손을 잡았다. 다른 사회 계층과 연대하는 방식이었다.

들불야학은 광주 광천동에 둥지를 틀었다. 광천공단 노동자들이 가까이 있었기 때문이다. 광천동성당이 교리실 하나를 기꺼이 강의실로 내주었다. 공단 불이 꺼지면 길 건너 광천동성당의 불빛이 밤늦도록 깜빡였다. 중학 과정도 배우고 노동과 사회에 대한 상식도 배웠다. 주입식이 아니라 문제를 제기하고 토론을 했다.

종일 일하고 온 터라 학생들은 피로와 졸음에 허덕였지만 머리는 점점 깨어났다. 배움 자체가 뿌듯했고, 자신들이 공장에서 겪는 부당한 처우도 자각하기 시작했다. 대학생들도 새롭게 눈을 떴다. 친구의 권유로 무심코 참여했다가 점점 자신을 돌아보게 됐다. 직접 공장에 취업해 일하면서 저녁에 수업을 진행하기도 했다. 이들은 같은 또래 노동자들과 어울리며 1970년대 한국 사회의 모순을 생생히 체험해갔다.

들불야학이 발간한 문집에는 강학과 학강의 담백한 자기고백들이 등장한다. 어떤 학생은 '나는 들불에 와서 슬픔을 알았다'라고 표현했다. 자신이 사회에서 핍박받는 존재라는 사실을 깨닫지 못했다가 들불에서 공부하며 사회 모순에 눈을 뜨고 인식의 아픔을 느낀 것이다. 그것은 꼭 앓고 지나가야 하는 통증이었다. 그녀는 '지금 배움의 욕망보다 배움의 필요성을 알았다'라고 말했다.

광천동성당 옆에는 허름한 광천시민아파트가 있다. 3층짜리 세 동으로 이뤄진 이곳에는 가난한 사람들이 살았다. 이름만 아파트지 사실상 빈민촌이었다. 이곳에 살며 주민운동을 하던 활동가들도 강학으로 합류했다. 들불의 무대는 시민아파트 일대로 넓어졌다. 주민들은 들불 젊은이들을 아끼고 신뢰했다. 학강들이 늘어나니 들불 강학

들불야학이 교리당을 강의실로 쓴 광천동성당 /
성당 측이 노후 교리당을 철거할 때 들불야학을 기념하며 보존한 벽체

들은 시민아파트에 셋방을 얻어 교실로 썼다. 1970년대 말 들불이 타오르는 광천동은 온기와 웃음소리로 가득했다.

들불은 큰길 너머로도 번져갔다. 강학들은 광천공단 노동자들의 실태조사를 벌였다. 열악한 노동실태를 상세한 설문조사로 정리한 후 전남대학교 신문에 연재했다. 광주사회가 큰 충격을 받았다.

들불야학 야유회 사진을 바라보고 있자면 그 시절이 영화 장면처럼 상상된다. 차별도 계급도 없는, 오로지 서로에 집중하는 배움공동체. 내가 겪은 적도 없는 들불 시대가 그리웠다. 내 삶과 비교해보기도 했다. 20대 초반, 늘 마음이 폭풍우 속에 있던 그 시기에 난 무얼 했더라. 들불청년들과 같은 시도는 감히 생각도 못 했고, 울퉁불퉁한 자아를 다독이느라 허덕였다. 들불은 내 부끄러운 시절을 직시하게 하는 거울이기도 했다.

들불은 3년 만에 문을 닫았다. 불이 꺼진 것은 시들해서가 아니라 너무도 뜨거웠기 때문이었다. 들불의 활동 기간은 1978년 7월부터 1981년 7월까지다. 그 사이를 5·18이 관통한다. 5·18을 전후로 7명의 강학이 세상을 떠났다. 들불야학 근거지는 혹독한 탄압에 시달렸다. 남은 강학과 학강들은 광주천변 제방에서 수업을 재개했지만 예전의 웃음소리는 사라졌다. 결국 들불은 1981년 7월 하순 4기 졸업식을 끝으로 문을 닫았다.

'노동야학으로 전국에 번지자'는 소망을 담아 들불이라고 이름 지었다. 소망은 이루어지지 못했다. 그러나 들불은 한국민주화 역사에서 크기를 가늠할 수 없는 큰 불로 번졌다. 일찍 하늘의 별이 된 들불 강학들을 후대 사람들은 '들불 7열사'라고 부른다. 이들의 이름과 생애를 한 자 한 자 곱씹어 기록해본다.

들불의 씨앗 박기순(1958~1978.12.26. 보성군)

전남대 국사교육과 3학년 박기순, 그녀가 들불을 세웠다. 말수가 적고 앞에 나서는 성격이 아니어서 그가 걸출한 학생운동가임을 모르는 사람들이 많았지만, 1976년 대학에 입학할 때부터 여러 학생운동에 참가했다. 사회를 공부하는 모임에 참여하고 스스로 모임을 만들기도 했다. 그녀는 한국 사회에서 혜택받은 대학생으로 살고 있음을 부끄러워했다. 1978년 6월 전남대에서 교수 11인이 서명한 '우리의 교육지표' 선언 사건이 일어났다. 박기순은 스승들이 자랑스러워 서명 교수들을 지지하는 시위를 주도했다가 공안당국에 끌려가 고문을 당하고 무기정학 처분을 받았다.

학교에 못 가도 상관없었다. 일찍부터 노동자야학을 준비해왔던 박기순은 본격적으로 설립에 착수했다. 주저함과 망설임은 그녀의 사전 속에 없었다. 야학에 참여해본 경험도 있고 서울의 겨레터야학을 찾아가 벤치마킹도 했다. 단단하고 발그스레한 볼, 저음의 목소리 그리고 검은 군복바지를 입고 바삐 할 일을 찾아다니는 대학생 박기순. 동지들도 생겼다.

박기순의 짧은 생애에서 가장 기뻤던 순간 중 하나를 꼽으라면 1978년 봄날 양동시장의 밤일 것 같다. 서울 겨레터야학을 꾸리던 또래 대학생 친구 세 명이 광주에 왔다. 그중 두 명이 광주 출신이었는데, 박기순과 죽이 잘 맞았다. 둘은 당국의 수배를 받고 있었다. 이들은 박기순을 도와 광주에 노동자야학을 만들기로 했다. 꿈을 현실로 만들 때 그 기쁨이 얼마나 클까. 의기투합한 네 명은 양동시장 막걸릿집을 돌아다니며 즐겁게 취해갔다.

박기순 열사

박기순은 전남대 친구들을 강학으로 섭외하고 야학 설립자금을 모았다. 21세의 여학생은 리어카를 빌려 두 달간 과일행상을 하며 돈을 모았다. 노동자 학생들을 모집하고 그 스스로도 노동자가 되었다. 광천공단 동신강건사에 취업해 일을 하고 저녁에 수업을 했다. 1980년대에 많은 대학생과 사회운동가들이 신분을 감추고 공장에 취업해 일하면서 노동조합을 설립하고 노동자들의 각성을 도왔다. 이들의 활동은 공장활동, 위장취업 등으로 불렸다. 박기순은 광주의 위장취업자 1호였지만 그녀에게는 '일시적'인 취업이 아니었다. 뼛속부터 노동자가 되기를 바랐다. 소망대로 들불은 활활 타올랐다. 노동자 학강들은 소탈하고 든든한 박기순을 무척이나 따랐다. 박기순은 노동자들의 언니, 누나, 여동생이었다.

6개월 한 학기에 모두 3학기 과정이었다. 개교 후 1학기가 한창이 던 1978년 가을, 남자 강학 여러 명이 군입대를 앞두게 됐다. 박기순 은 틈틈이 대기 강학을 확보해야 했다. 낮에는 공장에서 일하랴, 저 녁에는 수업하랴, 들불 운영 고민하랴, 운동권 선배들 찾아다니며 강학 추천받으라. 박기순은 1분 1초를 영원처럼 썼다. 그러다 대학 선배 윤상원이 서울 직장을 그만두고 광주로 돌아왔다는 소식을 들었다. 천군만마와 같은 선배였다. 박기순은 윤상원을 끈질기게 설득해 들불에 합류시켰다.

들불은 광천동 빈민촌의 자랑이고 기쁨이었다. 1978년 겨울 첫 학기를 마치고 함께 보내는 크리스마스 이브는 온통 환희의 시간이었다. 성탄절 축제를 열기 전에는 들불의 운영문제를 놓고 강학들과 밤샘토론을 했다. 박기순은 같은 과 동지 신영일과 함께 새해에 학교에 복학하기로 했다. 들불의 든든한 기둥이 된 윤상원 선배를 믿고 두 사람은 대학교와 노동야학의 연대를 모색하기로 했다.

성탄절 오후 학강 동생들과 근처 야산에 나무를 주우러 갔다. 강의실 나무난로에 쓸 땔감이었다. 며칠째 잠을 거의 못 잔 상태에서 땔감을 줍느라 피곤하긴 해도 박기순은 행복했다. 이튿날 새벽, 박기순은 오랜만에 곤한 잠을 자다가 세상을 떠나버렸다. 연탄가스 중독이었다.

21세 박기순의 장례는 수많은 사람들을 울렸다. 홀연히 사라진 큰 사람의 부재에 모든 학강과 강학들이 오열했다. 장례는 전남대학우장으로 치러졌다. 소설가 황석영이 추도사를 읽고 민중가수 김민기가 상록수를 불렀다. 당시 광주전남은 민중문화운동이 활발한 곳이어서 굵직한 예술인들이 늘 들고났다. 해남과 광주에서 살았던 황석영은 남다른 학생운동가 박기순을 잘 알았다.

조사를 읽은 홍승기 교수는 눈물을 도저히 그칠 수 없었다. 제자 박기순은 그에게 특별했다. 1978년에 전남대 국사교육학과에 부임한 홍승기 교수는 연구 열정이 가득했다. 그러나 독재정권은 교수들을 연구실에 가만두지 않았다. 운동권 학생들을 감시하게 했고, 독재정권의 방침에 협조하도록 강요했다. 홍영기 교수에게도 '할당'이 떨어졌다. 그가 감시하고 '지도'해야 할 학생이 박기순이었다. 제자는 어렸지만 교수도 30대 초반으로 젊었다. 상담시간은 곧잘 상호토론이 됐다. 홍 교수는 올곧고 담대한 제자의 사회의식에 감동을 받았고 점점 감화됐다.

홍 교수는 1978년 6월 '우리의 교육지표 선언'에 서명한 전남대 교수 11인 중 한 명이다. 그도 중앙정보부로 끌려갔고 교수직을 빼앗겼다. 3학년 박기순은 서명 교수들을 지지하는 시위에 참여했다가 무기정학을 당했다. 훗날 홍승기 교수는 "내가 교육지표 선언에 서명하게 된 것은 박기순 양 때문이었다. 그 친구의 이야기를 들으며 나는 더이상 연구실에 박혀 있을 수 없겠다고 생각했다"라고 말했다.

우리는 모두 연결되어 있을지도 모른다. 박기순은 선생을 감동시키고, 선생은 그 제자를 위해 일어서고, 제자들은 또 그 선생들을 위해 더 크게 움직였다. 제자는 학교에서 쫓겨난 후 주저앉지 않고 들불을 피워 올렸다. 그 들불은 5·18의 횃불이 되었다. 우리 나이로 쳐도 겨우 22세 박기순. 그녀가 일찍 세상을 떠나지 않았다면 얼마나 아름다운 나비효과들이 줄줄이 일어났을까. 여름날 수건을 목에 감고 과일 리어카를 끌며 골목을 가던 박기순을 먼발치에서 보며 오래도록 감동을 받은 것이 홍 교수의 마지막 기억이다.

5·18 최후의 대변인 윤상원 (1950~1980.5.27. 광주 광산구)

그를 떠올리면 '운명'이라는 단어가 함께 따라 나온다. 탄탄한 직장을 반 년 만에 그만두고 귀향해 야학운동에 뛰어든 윤상원은 어쩌면 들불을 위해, 궁극으로는 5·18을 위해 역사가 불러낸 인물이 아닐까.

윤상원이 서울 봉천동 주택은행을 사직하고 광주로 돌아온 때는 1978년 7월, 그의 나이 28세 때였다. 가난한 농부의 3남 4녀 중 장남이었다. 사직서와 함께 아버지에게도 편지를 썼지만 차마 부치지는 못했다. 사실 취직되어 서울에 갈 때도 '이것이 처음이자 마지막 효도다, 나는 돌아올 것이다'라고 다짐했다. 전남대 정치외교학과를 나온 그는 운동권 학생이었고, 졸업 후 노동운동에 주력할 계획이었다.

그랬기에 하얀 와이셔츠에 넥타이를 매고 은행에서 돈을 세는 자신을 견디기 어려웠다. 그 무렵 고향 모교에서 '우리의 교육지표 선언'과 후배들의 지지시위 그리고 수배 소식까지 줄줄이 들려왔다. 도피 중인 후배들이 서울의 윤상원을 찾아왔을 때 그는 후배들을 목욕탕에 보내면서 다짐했다. '지금, 가야겠다, 광주에.' 처음이자 마지막 효도는 예상보다 훨씬 일찍 끝났다.

그는 광천공단 한남플라스틱 공장에 취직했다. 노동자로 살면서 구체적인 노동운동의 길을 모색하기로 했다. 그 역시 박기순과 함께 공장에 취업한 광주의 첫 번째 노동운동가였던 셈이다. 어느 날 박기순이 찾아왔다. 윤상원은 대학 시절 자신이 주도한 사회과학 공부 모임에서 똘망똘망 눈을 빛내던 후배 박기순을 좋은 사람으로 기억했지만, 들불야학 합류 권유는 수차례 거절했다. 윤상원은 신중했고 냉철한 사람이었다. 스스로 확신이 생기면 모든 것을 던지는 성격이기

윤상원 열사

에 가볍게 결정하지 않았다. 박기순의 설득은 집요했다. 들불야학 수업을 참관한 윤상원은 확신을 갖게 됐다. 모든 것을 던져볼 만했다.

1978년 10월 들불의 강학이 됐다. 20대 초반의 후배 대학생들에게 윤상원은 금세 든든한 존재가 됐다. 나이 때문만은 아니었다. 그는 서글서글한 미남에 친화력이 좋고 리더십이 뛰어났다. 냉철한 지성과 따뜻한 마음에 유머까지 넘쳤으니 누구라도 그를 따랐다. 온몸으로 뛰어드는 성격답게 그는 광천시민아파트로 이사를 왔고, 그 쪽방을 들불인들에게 개방했다. 윤상원의 방은 들불야학의 사랑방이자 도서실이자 교무실이 됐다.

1979년을 앞두고 들불은 새 그림을 그렸다. 윤상원이 운영을 주도하고 1기 강학인 박기순과 신영일이 복학하기로 결정했다. 그런데 박기순이 세상을 떠나버렸다. 모든 죽음이 급작스럽고 안타까운 것이지만 아끼는 동생 박기순의 죽음은 윤상원에게 큰 상처를 남겼다.

윤상원의 들불은 1979년을 달궜다. 광천시민아파트에서 주민운동을 하던 김영철과 박용준도 특별강학으로 합류했다. 강학 중 가장 연장자였던 32세 김영철은 윤상원과 함께 시민아파트 일대를 가족 같은 공동체로 만들었다. 들불이 빛나던 시절 가난한 시민아파트도 빛이 났다. 윤상원이 전남대 재학생들을 모집해 진행한 '광천공단 노동자 실태조사'는 전남대 신문에 연재되면서 큰 반향을 일으켰다. 설문조사를 성공적으로 마친 전남대학생들은 학교로 돌아가 사회조사 연구회라는 동아리를 만들었다. 현장조사 경험이 학생들을 두루 성장시켰다.

들불의 번창을 공안당국이 그대로 놔두지 않았다. 강학들에게 협박과 회유가 집중되었고, 그들이 하나둘 포기하고 나가면서 들불은 점점 힘들어졌다. 윤상원은 새 강학들을 모집했고 그중 전남대 법대생 박관현을 주요 강학으로 영입했다. 광천공단 설문조사에서 처음 만난 학생이었다. 워낙 책임감 있고 성실하게 조사작업을 이끈 그를, 윤상원은 크게 주목했다. 박기순이 윤상원을 설득했듯 윤상원도 박관현을 설득했고, 윤상원이 그랬듯 박관현도 수차례 거절했다가 수업을 참관한 후 강학이 되었다. 둘은 그렇게 닮았다.

박관현이 영어를 가르치면서 교장격인 행정강학을 맡았다. 들불이 다시 튼튼해졌다. 동생 관현을 믿고 윤상원은 들불을 졸업했다. 들불인은 서로 배우는 존재인 만큼, 학강과 마찬가지로 강학도 졸업을 했다. 물론 졸업을 한다고 인연을 끊는 게 아니었다. 졸업 강학들은 들불동우회를 만들어 야학을 지원했다. 윤상원은 여전히 광천동에 살며 들불을 보살피고 노동운동가로서 행보를 넓히기 시작했다. 박정희 군사독재가 무너지고 민주화의 열망이 전국을 달궈가던 중이었다.

5·18이 일어났다. 시내에서 계엄군의 만행을 목격한 들불인들은

광천동 야학으로 모여들었다. 가공할 폭력에 분노와 당혹감으로 모두들 어쩔 줄 몰랐다. 윤상원은 들불인들을 규합해 할 일을 찾았다. 방송사가 불에 타고 신문들은 침묵하고, 시민들은 우왕좌왕했다. 윤상원은 유인물 제작과 배포를 제안했다. 들불야학팀이 시민들의 '눈과 귀'가 되기로 했다. 야학 교재를 제작하던 등사기는 이제 오월광주의 피눈물과 함성을 담아내는 유인물을 찍어냈다. 들불인들은 밤새 만든 유인물을 품고 광천동의 새벽거리를 달려 나가 트럭을 타고 돌며 전 시내에 뿌렸다.

문득 한 강학이 "사람들이 죽어가고 있는데 유인물이 무슨 의미가 있습니까"라고 항의하듯 물었다. 윤상원은 다그쳤다. "계엄군 저 놈들은 지금, 총을 든 시민 한 명보다, 천 명의 시민을 움직이게 만드는 한 장의 유인물을 더 무서워한단 말이다!" 그의 말대로였다. 들불팀의 유인물은 광주시민들이 피해상황을 파악하는 언론도 됐고 항쟁의지를 다지는 결의문도 됐다. 며칠 후 들불팀은 시내 도청 옆 YWCA로 옮겨가 본격 유인물을 만들었다. 시민들의 제보도 점점 쏟아졌다. 들불팀의 유인물은 훗날 5·18의 대표 기록물 중 하나가 됐다. 『투사회보』다.

윤상원은 5·18 항쟁 후반기의 실질적인 지도자였다. 5·18은 수많은 시민의 희생과 의지로 이끌어나간 항쟁이어서 특정 인물을 부각시키기 어렵고, 조심스럽기도 하다. 그럼에도 많은 사람이 윤상원을 오월항쟁의 상징적 인물로 꼽는 데 주저하지 않는다.

해방광주 기간 동안 그는 민주수호범 시민궐기대회 조직을 주도했다. 도청 광장을 가득 메운 시민의 울분과 의지를 체계적이고 질서 있는 공론의 장으로 옮겨냈다. 들불팀이 홍보와 대회 준비를 주도했다.

궐기대회 모습은 5·18 기록사진과 동영상 속에 자주 등장한다.

수습위원회가 논쟁을 거듭하다 결국 계엄군에 무기를 반납하고 투항하자는 결론으로 기울 무렵이었다. 상황을 주시하던 윤상원은 결단을 내렸다. 결사항전을 원하는 청년들을 규합해 도청을 접수하고 항쟁지도부를 꾸렸다. 5월 25일 저녁부터 27일 새벽까지, 일군의 젊은 시민군들만 남은 도청의 마지막 시간. 삶과 죽음의 경계를 허물어버린 그 새하얀 시간의 조율자가 바로 윤상원이었다.

윤상원은 항쟁지도부 대변인 자격으로 도청 본관에서 외신 기자회견을 열었다. 그는 언론의 중요성을 잘 알았다. 국내 언론이 통제된 채 유일한 '외부'였던 외신기자들을 향해 계엄군의 만행을 고발하고 광주항쟁의 의미를 밝혔다. 그는 "우리는 최후의 한 사람까지 싸울 것입니다"라고 회견을 매듭지었다. 죽음을 자청하고서 이토록 차분하고 단호한 브리핑을 하는 시민군 대표를 외신기자들은 잊지 못했다. 그중 미국인 브래들리 마틴 기자는 십수 년 후 그의 흔적을 추적해 광주 광산구에 있는 윤상원의 고향집을 찾았다. 마틴 기자는 "영웅의 아버님을 뵙습니다"라며 윤상원의 아버지 윤석동 씨에게 인사를 드렸다.

윤상원과 항쟁파는 끝까지 총을 들고 도청을 지켜야 한다고 주장했다. 5월 27일 계엄군이 아무 저항을 받지 않고 텅 빈 시내로 재진입한다면 신군부는 광주를 업신여기며 항쟁을 더 왜곡하고 탄압할 것이었다. 그들은 항쟁을 '완성하기 위해' 자기 목숨을 걸기로 했다.

윤상원은 더욱 큰 그림을 보았다. 계엄군의 진압이 예고된 5월 26일 밤 그는 어린 시민군들과 여자들을 집으로 되돌려 보내며 부탁했다. "너희들은 이 모든 과정을 지켜보았다. 이제 너희들은 집으로 돌아가라. 우리가 지금까지 한 항쟁을 잊지 말고, 후세에도 이어가길 바란다. 오늘 우리는 패배할 것이다. 그러나 내일의 역사는 우리를 승리자로 만들 것이다." 고등학생들은 총을 내려놓고 울먹이며 집으로 발길을 돌렸다. 자신의 소멸이 다가오는데도 윤상원은 후대의 길을 조직했다. 오월광주의 한복판에서 그는 당대의 사건을 넘어선 '역사'를 전망했다.

5월 27일 새벽, 도청 민원실 건물 2층에서 윤상원은 계엄군의 총에 맞아 세상을 떠났다. 역사 속으로 당당히 걸어 들어갔다. 연극과 판소리를 무척이나 잘했고 유머가 풍부했던 천상 광대, 사람들을 좋아하고 마음이 뜨거웠던 30세 청년의 생애가 그렇게 닫혔다.

들불공동체의 큰형 김영철(1947~1998.8.16. 순천시)

윤상원이 산화하던 새벽, 김영철은 동료 시민군 이양현과 함께 상원의 마지막을 지켰다. 윤상원의 나이는 30세, 김영철은 33세였다. 계엄군의 진입이 임박했다. "우리가 죽으면 저세상에서 다시 만나겠지요? 시민들이 보여준 그 희생적인 모습, 자랑스럽게 기억합시다." "후회 없습니다. 우리 다음 생에 태어나서도 민주화운동을 합시다." 이들이 지상에서 나눈 마지막 대화였다.

광포한 새벽은 이들의 생사를 갈라놓았다. 윤상원은 죽고 두 사람은 잡혔다. 체포된 이들은 상무대로 끌려가 모진 고문을 받았다. 김영철은 차라리 죽고 싶어 수차례 자해를 시도했다. 계엄군은 머리를 다친 그를 상처만 대충 꿰매놓고 방치했다. 상무대의 어둠은 그에게 깊은 후유증을 남겼고 곧바로 정신병이 발병했다.

김영철은 항쟁 이후 18년을 더 살았지만 그의 시간은 1980년 5월 27일 새벽에서 멈췄다. 그에게 1980년대와 90년대는 시간과 공간, 현실과 환상의 경계가 허물어진 시간이었다. 정신병원을 전전하며 점점 쇠약해진 그는 1998년 8월, 고단한 육신마저 내려놓고 영영 떠나버렸다. 그리운 들불 동생들이 있는 곳으로.

김영철은 따뜻한 공동체를 꿈꿨다. 가난한 이들이 차별 없이 행복하게 어울려 살아가는 세상을 일구고 싶었다. 그는 광천시민아파트를 무대로 그 꿈을 실현해가던 주민운동가였다. 힘들게 성장했고, 가난 때문에 대학입학을 포기하고 일찍 공무원이 되었지만 1년도 안 돼 사표를 썼다. 비리로 찌든 조직을 견딜 수가 없었다. 청년 김영철은 자기만의 꿈을 찾으며 산전수전 20대를 보냈다. 그 꿈이 주민운동이었다.

1977년 가을, 김영철과 김순자 부부는 광천시민아파트 A동으로 이사를 왔다. 결혼 2년차, 두 살배기 아들을 데리고. 김영철은 주민운동을 위해 신용협동조합에서 지도자 교육을 받고 YWCA전남협동개발단 간사가 되었다. 그가 파견된 광천시민아파트는 이름만 아파트지 빈민가였다. 여러 세대가 함께 쓰는 화장실은 심지어 재래식이었다. 수용소처럼 양쪽으로 쪽방이 줄지은 복도는 어둡고 언제나 악취로 찌들어 있었다. 시민아파트 주민 180여 세대의 75%가 생활보호대상자였다.

'A동 반장' 김영철의 헌신으로 광천시민아파트는 활기를 띠어갔다. 청년회를 꾸리고, 어린이 주말학교를 운영하고, 아침마다 아이

김영철 열사

들과 함께 아파트를 구석구석 청소하고, 동네 신용협동조합을 인수
해 수익모델을 만들고, 아이들과 주민들이 통장을 개설해 미래를 설
계하게 하고…. 주민들은 김영철을 무척 신뢰하고 좋아했다. 시민아
파트의 든든한 주민대표였다. 김영철이 아파트 안에 야학을 만들 계
획을 갖고 있을 무렵, 이웃한 광천동성당에 들불야학이 생겼다. 귀가
번쩍 뜨이는 희소식이었다. 김영철은 자연스럽게 들불의 식구가 됐
다. 시민아파트와 들불이 합친 광천동 공동체는 더욱 훈훈해졌다.

　김영철은 특별강학으로서 토론진행법, 공동체살이, 함께하는 놀
이 등을 가르쳤다. 들불 학강들은 대학생들로부터 지식교과를 배우
고, 김영철로부터 함께 잘 살아가는 법을 배웠다. 윤상원의 방과 더
불어 김영철 부부의 방은 들불인들의 사랑방이었다. 아내 김순자는
매일 십수 명 분량의 밥을 해야 했다. 여러 사람들이 쌀을 들처메고
놀러왔다. 고단함이 고단함인 줄을 모를 만큼 그 시절이 행복했다.
윤상원과 김영철은 의형제였고, 박기순이 떠난 들불의 든든한 두 기
둥이었다. 두 사람이 활약하던 1979년 광천동의 웃음소리가 들려오
는 것 같다.

　김영철에게는 의형제가 또 있었다. 아홉 살 어린 청년 박용준이었

다. 김영철은 박용준을 아예 주민등록에 친동생으로 올렸다. 박용준은 고아 출신이었다. 둘은 신용협동조합 지도자 교육에서 만났다. 어린 실무자 박용준이 YWCA 사무실 한쪽에서 라면을 끓여 먹으면서 쪽잠을 자는 것을 보고 김영철은 그를 데려가 함께 살기로 했다. 앳되지만 자존심 강한 청년이 완강히 거부해도 김영철은 단념하지 않았다. 리어카를 갖고 와서 강제로 짐을 실어 간 후, 시민아파트 방을 쪼개 용준의 거처를 만들었다. 박용준은 어쩔 수 없이 '끌려가는' 행색이 됐지만 사실은 좋았다. 그때가 1977년 11월. 그는 훗날 일기에 썼다. "형님 집에 살면서 나는 비로소 행복해졌다." 바늘과 실처럼 박용준은 형님 김영철을 따랐다. 형님과 함께 들불야학의 특별강학이 됐다. 그에게 가족이 우수수 늘어났고, 행복의 크기도 무한히 커졌다.

윤상원과 김영철과 박용준은 모두 5·18 항쟁지도부의 시민군이었다. 세 사람 모두 죽음을 각오하고 5월 27일 새벽의 광주를 지켰다. 김영철은 두 아우를 모두 잃었다. 윤상원은 도청 민원실 자신의 곁에서, 박용준은 도청 건너 YWCA 건물에서. 그는 살아서 숨 쉬는 것조차 견딜 수 없었다. 상무대 영창에서 죽음을 자청했지만 원한다고 와주지 않았다. 이후 18년 동안 그는 버티기 위해 환상의 시간을 창조해야 했다. 그 시간 속에서는 모두가 살아 있었다. 생전의 그는 "아니야, 상원이 살아 있어. 용준이 살아 있어. 저기 있어" 하는 말을 되풀이했다. 그 세계 속에서는 동생들과 함께 노래 부르고 장난치며 결코 저물지 않는 봄날 야유회를 즐기고 있기를. 파란 '추리닝' 차림의 영원한 오락반장으로 누비고 있기를.

현실의 시간은 예외 없이 가혹했다. 5·18을 진압한 신군부의 공안 당국은 광천시민아파트를 불순분자들의 소굴로 낙인찍었다. 주민들도 살아가자니 당국에 협조해야 했고, 김영철 가족을 멀리해야 했다. 김영철·김순자 부부는 '간첩부부' 소리를 듣고 공동체운동의 꿈이 무너지는 소리를 들으며 광천시민아파트를 꿋꿋이 지켰다.

『투사회보』 필경사 박용준(1956~1980.5.27.)

인적 드문 산속의 들꽃처럼 고요한 사람이었다. 사람들 앞에 잘 나서지 않았고, 자그마한 체구에 말수가 워낙 적었다. 모임 속에 섞여 있으면 그가 있는지 없는지조차 모를 정도였다. 박용준은 고아였다. 태어난 날도 정확히 알 수 없고 부모 형제 친척 하나 없이 보육원에서부터 삶이 시작됐다. 어린 날 빈번한 가출에 구두닦이, 배달원 생활을 전전하며 방황한 끝에 그는 곧고 성실한 청년으로 성장했다. 어렵게 돈을 벌면서도 실업고등학교 야간부 공부를 마쳤고, 구두닦이로 번 돈을 장학금으로 내놓기도 했다.

18세 때 YWCA신용협동조합 직원으로 취직하면서 새로운 삶이 열렸다. 월급은 적었지만 생계를 안정적으로 꾸릴 수 있었다. 덕분에 방송통신대에 등록해 공부도 이어갔다. 무엇보다 그는 YWCA신협을 고리로 김영철이라는 큰 형을 얻었다. 외로웠던 그는 형이 열어준 문을 열고 나가 따뜻한 세상을 만났다. 광천시민아파트 주민들과 들불청년들이 모두 가족이 됐다.

박용준은 형 김영철을 그림자처럼 따랐다. 주민운동을 함께하고 들불야학의 특별강학도 되었다. 산전수전을 겪고 자란 데다 재주가

박용준 열사

많은 그는 자기계발 분야를 맡았다. 김영철의 집은 10평도 되지 않는 방 두 개짜리였다. 한쪽 방은 김영철 부부와 어린 아들의 방, 다른 방은 박용준의 방이었다.

박용준의 방에는 들불의 식객들이 쉼 없이 들고났다. 나중에는 윤상원과 함께 살았고, 박관현이 형제처럼 머물렀다. 비좁은 집에 청년 식구들이 와글댔지만 큰형님 김영철이 깔아놓은 멍석에선 웃음소리가 그치지 않았다. 들불인들의 모임이 밤새도록 이어질 때 박용준도 '떠나가는 배'를 불렀다. 고요하고 내성적이었던 그는 이 노래만큼은 목청껏 열창했다. 행복했다. 이것이 사람 사는 맛이구나 싶었다.

재주가 많은 박용준은 특히 글씨를 잘 썼다. 야학 교재를 만드는 데 그의 실력이 빛났다. 당시는 컴퓨터나 복사기가 없었다. 특수한 인쇄지에 사람이 직접 철펜으로 긁어서 내용을 쓴 다음, 그 원본을 등사기에 놓고 잉크로 밀어 복사하듯 여러 장을 찍어냈다. 판화를 찍는 원리와 같았다. 다만 판화와 달리, 철펜으로 긁어 쓴 원본은 계속 등사를 하다 보면 흐릿해져서 망가졌다. 일정 분량의 등사를 하고 나면 다시 원본을 만들어야 했다. 철펜으로 글씨를 긁어 쓰는 이 작업을 '필경'이라고 했다. 박용준은 들불의 필경사였다. 한 장 한 장 등사해서 찍어내는 작업은 시간이 걸릴 수밖에 없다. 등사 속도마저 빨랐던 박용준도 밤새 작업해야 할 때가 더러 있었다. 그는 늘 묵묵했다.

들불의 필경사는 마침내 5·18의 필경사가 됐다. 박용준은 『투사회보』 제작팀으로 시내로 옮겨가 5월 22일자 발행 『투사회보』부터 맡았다. 윤상원이 내용을 완성하면 박용준이 받아 적었다. 당시에는 꿈에도 생각하지 못 했겠지만 그는 역사적인 기록물에 자신의 글씨를 새긴 것이다. 광주시민들의 절규가 박용준의 침착한 필경을 거쳐 반듯반듯하게 기록됐다. 박용준의 『투사회보』는 짧은 생을 마감한 그가 남긴 자신의 일부처럼 여겨진다.

필경사 박용준은 형님들과 함께 결사항전을 결심했다. 5월 27일 새벽 그가 배치된 곳은 도청 건너편의 YWCA 건물이었다. 자신이 며칠 전까지 다녔던 일터였고, 김영철을 만나게 해준 곳이었다. 건너 도청 민원실 건물에는 영철이형과 상원이형이 지키고 있었다. 계엄군의 총소리가 가까워질 때, 어쩌면 그는 조금은 덜 무서웠을까, 형들이 지척에 있으니까. 그러나 죽음은 철저히 혼자 받는 밥상과 같았다. 총을 맞고 사망한 박용준의 피는 YWCA 건물 계단을 흥건하게 적신 채 흘러내렸다.

지인들은 그의 일기를 찾아냈다. 1980년 5월 21일, 시내에서 계엄군의 살육을 목격한 그는 절규했다.

'… 우리의 피를 원한다면 / 이 조그마한 한 몸의 희생으로 자유(악몽의 며칠, 이런 게 지옥이라는 걸 느낀다)라는 대가를 얻을 수 있다면 희생하겠다 / 헬기소리, 또 총소리 / 싸우다 쓰러져 간 우리 학우 그리

고 광주시민 / 나도 부끄럽지 않게 일어서리라.'

일기는 5월 26일까지 이어졌다. 아마 그의 집인 광천시민아파트로 돌아오지 못하고 YWCA 건물에서 썼을 것이다.

'이 한 몸의 희생으로 자유를 얻을 수 있다면 희생하겠습니다. 하느님, 도와주소서. 모든 걸 용서하시고 세상에 관용과 사랑을….'

20세가 넘어 처음으로 갖게 된 가족과 형제들, 따뜻한 집, 해보고 싶은 일. 이 모든 것을 내려놓고 고아 박용준은 저세상으로 건너갔다.

회한의 그 이름, 박관현 (1953~1982.10.12. 영광군)

'박관현'은 한때 수많은 광주시민들에게 강렬히 새겨진 이름이었다. 사람들은 그의 목소리를 잊지 못했다. 세월이 한참 흐른 후에도 그 이름 석 자를 떠올리며 몹시 안타까워했다.

그가 시민들에게 각인된 '한때'는 바로 5·18이 일어나기 직전의 시기다. 5월 14~16일 도청 광장에서 열렸던 '민족민주화성회'다. 전남대 총학생회장 박관현은 사흘 동안 집회를 주도했다. 이 집회가 성공적이었던 것은, 대학생들뿐 아니라 시민들까지도 환호하며 광장을 가득 메운 것은 이 걸출한 학생운동가의 힘이 컸다. 호소력 짙은 연설과 카리스마, 뛰어난 리더십에 매료된 사람들은 그를 '광주의 아들'이라 부르기 시작했다. '제2의 김대중'이라며 장차 큰 지도자가 될 것이라 예상하기도 했다.

1980년 봄 전국이 신군부 타도와 민주화 요구의 목소리를 높일 때, 광주사람들의 목소리는 더욱 컸고 힘이 있었다. 그 함성은 5월 14~16일 민족민주화성회에서 절정에 달했다. 마지막 집회에서 도청 분수대를 둘러싼 횃불은 결연한 의지의 상징이 됐다. 사흘간의 집회 덕분에 시민들의 투쟁 의지는 최고조에 이르렀다.

이틀 후 5·18이 일어났을 때 광주시민들은 그 여운을 갖고 있었고, 여운은 불의에 맞서는 용기가 되었다. '침략자' 계엄군이 점점 온 도시를 짓밟자 사람들은 "박관현 어디 있느냐"라며 '지도자'의 존재를 애타게 찾았다. 며칠 전까지 도청 광장을 호령했던 박관현은 그러나 광주에 없었다.

어마어마한 일이 벌어지기 시작할 때 그 첫 순간이 훗날 어떤 의미가 될지 우리는 알지 못한다. 5월 18일 아침의 박관현도 그랬다. 그날 박관현과 수행학생들이 광천동의 윤상원을 다급하게 찾아왔다. 신군부는 5월 17일 밤부터 운동가들, 민주화인사들을 속속 잡아갔다. 광주의 이름난 운동가였던 김상윤이 불법연행됐다. 민족민주화성회로 얼굴이 잘 알려진 총학생회장 박관현도 위험했다. 윤상원은 "검거 광풍을 피해야 하니 서둘러 광주를 벗어나라"라고 했다. 박관현 일행은 그길로 광주를 떠났다. 2년 후 서울의 한 공장에서 검거될 때까지 그는 광주에 돌아오지 못했다.

서울에서 박건욱이라는 가명으로 공장에서 일할 때, 기숙사 방 동료는 건욱이가 밤에 일어나 앉아 어둠 속에 숨죽여 오열하는 모습을 자주 보았다. 무슨 사연일까 궁금했지만 성실하고 과묵한 건욱이에게 캐묻지는 않았다. 건욱, 아니 관현은 5월 18일 아침 헤어진 윤상원 형을 회상했고, 형과 들불 친구들의 죽음을 상상했고, 자신을 찾는 시민들의 환청을 들었다. "신군부가 계엄을 확대하면 이 도청 광장에 다시 모이자"라고 외쳤던 자신의 목소리를, 그 약속에 환호하던 함성을 들었다. 1982년 4월, 공장 식당에서 점심을 먹고 있을 때 TV에서 '광주사태' 수배자를 찾는 뉴스가 나왔다. 한 동료가 묵묵히 밥을 먹고 있는 건욱과 TV 속의 전남대 총학생회장 사진을 번갈아 바라보았다. 그날 저녁 경찰이 찾아왔을 때 박관현은 아무런 저항 없이 따라나섰다. 어쩌면 기다리고 있었다는 듯이.

박관현은 '내란중요임무 종사죄'로 구속돼 재판을 받고 감옥살이를 했다. 신군부가 득세하던 때였고, 광주항쟁은 여전히 '폭동'의 오명을 뒤집어쓰고 있었다. 박관현은 몸은 갇혔으나 숨죽여 울던 시절보다 당당했다. 그는 교도소에서 항거를 이어나갔다. 5·18 진상규명과 재소자들의 처우 개선을 요구했다. 당시 교도소에는 인권이란 것이 손톱만큼도 없었다. 1평도 안 되는 독방에 갇히고 구타를 당하기 일쑤였다. 담대한 그는 아랑곳하지 않았다. 박관현은 단식농성 끝에 1982년 10월 12일 세상을 떠났다. 만 29세였다.

자괴감과 부채의식에 숨 쉴 수 없을 만큼 짓눌렀다. 5·18 때 시민들 곁을 지키지 못한 자신을 수없이 책망했다. 광주를 지킨 벗들에게도 미안했다. 그는 시민들이 고통받은 그 자리로 돌아가 용서를 구할 수 있는 방법은 자신의 죽음뿐이라고 생각했을 것이다. 결국 박관현은 단식투쟁의 결과로 죽은 게 아니라 죽기 위해 몸을 비웠고, 마침내 시민들에게로 돌아갔다.

시민들은 박관현의 회한을 알았다. 만약 생전의 그를 만났다면 괴로워하지 않아도 된다고, 제발 살아서 광주의 억울함을 풀어달라고 다독였을 것 같다. 박관현의 죽음은 소용돌이를 일으켰다. 5·18 이후 2년 만에 또다시 '죽임'이 벌어진 것이다. 그것도 창창한 학생지도

박관현 열사

자, 많은 시민들이 환호했던 용맹한 호랑이가 쓰러졌다. 학생과 시민들이 모여 들었다. 박관현의 장례가 거대한 시국집회로 변할까 두려웠던 공안당국은 시신을 탈취해 그의 고향 영광 선산에 억지로 묻어 버렸다. 시민들과 밀고 당기는 싸움이 계속됐다. 박관현은 죽어서도 계속 싸웠다.

청년지도자의 고단하고 짧은 삶이었다. 평범했던 대학생은 어쩌면 1978년 1학년 겨울, 들불야학과 연을 맺던 그 순간부터 개인의 삶을 접고 역사의 바다로 들어간 것인지 모른다. 박관현은 늦깎이 법대생이었다. 군대까지 다녀온 터라 동기생보다 여섯 살이 많았다. 입학하자마자 일찌감치 도서관에서 고시 준비에 몰두했다. 3남 4녀의 맏아들로서 집안을 일으키겠다는, 가난한 농민의 장남이 가진 평범하고 간절한 바람이었다. 그러나 그가 입학한 1978년은 암흑기 중에서도 암흑기였다. 박관현은 점점 고시공부와 사회모순 사이에서 고민했고, 운동권 친구들과 교류하며 사회공부를 시작했다.

관현의 삶은 친구의 권유로 들불야학의 '광천공단 노동자 실태조사'에 참여하면서부터 크게 바뀌었다. 성실함, 명민함, 책임감, 리더십 등 관현의 장점이 눈부시게 드러났다. 윤상원은 그를 들불야학 강학으로 섭외했다. 이제 관현은 도서관으로 되돌아가기 어려워졌다. 어쩌면 그도 자신에게 주어진 역할을 예감했을까. 관현은 시련 속의 들불야학을 성실히 운영해갔다.

그리고 1980년이 밝았다. 민주화의 봄, 대학마다 총학생회를 재건하는 움직임이 활발했다. 유신독재에 굳건히 대적하며 역량을 쌓은 전남대학교 운동권도 총학생회를 만들어 민주화투쟁을 이끌기로 했다. 누가 이 중요한 시국을 이끌 것인가, 즉 누가 총학생회장이 될 것인가가 문제였다.

"박관현입니다. 그 친구라면 해낼 수 있습니다." 1980년 초봄 광주의 운동가들이 모인 자리였다. 윤상원이 선배 운동가들에게 확신에 찬 목소리로 제안했다. 박관현은 상원의 권유에 주저했지만 심사숙고 끝에 결국 수락했다. 자신이 적임자라면 맡아야 했고, 맡는다면 정말 잘해야 했다. 큰 산을 닮은 후보에게 전남대 학생들은 열광했다. 박관현은 '민주학원의 새벽기관차'라는 구호를 내걸고 나서서 압도적인 득표율로 당선됐다. 박관현 학생회장과 운동권 학생들은 전남대 총학생회를 성공적으로 부활시키고, 광주 민주화투쟁을 이끌며 마침내 5월 14일의 민족민주화성회로 나아갔다.

그가 민족민주화성회 때 남긴 연설의 일부가 녹음되어 있다. 호랑이의 포효를 닮은 음성이다. 1980년 3월 전남대 총학생회 후보 유세 때의 사진도 남아 있다. 그에게 양복 차림은 뭔가 수줍고 어색한 기분이 든다. 일상의 박관현은 늘 군복바지에 고무신 차림이었다. 후보 유세 때 양복을 빌려준 이는 윤상원이었다. 세 살 차이인 둘은 서로 믿고 의지했다. 박관현은 서울 공장을 전전하며 도피생활을 할 때도 형의 유품인 양복을 고이 간직했다고 한다.

큰 그림의 전략가 신영일 (1958~1988.5.9. 나주시)

> 너희는 새벽이다 밝아 오른다
> 너희는 새암이다 솟아오른다
> 심지에 불 댕기고 앞에 나서자
> 민족의 새 아침이 바라보인다
> 땀과 눈물 삼켜 가면서 뛰어간다
> 친구! 사랑하는 친구! 들불이 되어.

'들불학당가'는 신명 나는 노래다. 특히 '친! 구! 사랑하는 친! 구! 들불이 되어-' 하는 마지막 구절은 옆 사람과 손잡고 힘차게 흔들며 부르면 제격이다. 들불야학이 가장 빛나던 시절, 그 빛을 소리로 옮겨본다면 그게 바로 '들불학당가'였으리라.

작사·작곡은 신영일이었다. 통기타를 치며 노래를 잘 부르는 멋쟁이였다. 대학 캠퍼스에서 여학생들과 미팅을 할 생각에 부풀었을 발랄한 청춘이었다. 1970년대 후반 유신시대의 격랑은 이 풍류객의 꿈을 뒷전으로, 아니 영영 미루게 만들었다. 신영일은 1977년 전남대 국사교육과에 입학해 사회과학 서적을 읽는 동아리 활동을 하며 운동권 학생이 되었다. 2학년 여름, 스승들의 '우리의 교육지표' 선언을 목격했다. 신영일은 박기순과 함께 지지 시위 조직에 앞장섰다. 도

신영일 열사

서관 농성투쟁에서는 노래를 지휘하며 선창했다. 농성장 분위기가
달아올랐다.

무대 지휘로 눈에 띄게 된 그는 경찰에 끌려가 조사를 받았다. 학
교는 무기정학 처분을 내렸다. 신영일은 '무기정학 동지' 박기순과
함께 들불야학을 열었다. 둘은 동갑이었지만 신영일이 재수를 해서
박기순이 선배였다. 야학 설립 경비를 마련하기 위해 두 사람은 과
일 행상 리어카를 끌었다. 신영일은 국사 수업을 맡았다. 이들의 열
정 덕분에 들불은 일찌감치 튼튼하게 기틀을 세웠다.

1979년 새해를 앞두고 신영일과 박기순은 학교에 복학하기로 했
다. 그에 앞서 '광천공단 노동자 실태조사'를 하기로 했다. 들불 강학
중에서는 신영일이 참여했다. 신영일은 참여학생 모임에서 법학과
선배 박관현을 처음 만났다. 그해 겨울에는 동지 박기순을 떠나보냈
다. 이제 21세, 친구의 죽음은 너무도 황망했지만 주저앉을 수는 없
었다. 신영일은 학교로 돌아가 동아리 '사회조사연구회'를 발족했다.
광천공단 실태조사에 참여했던 학생들과 함께였다. 이제 신영일의
곁에는 동갑내기 박기순이 아닌, 형 박관현이 있었다.

신영일은 신중한 전략가였다. 3학년으로서 운동권의 지도급 학생이 된 그는 동아리들을 체계적으로 이끌었다. 운동 역량이 허투루 쓰이지 않고, 큰 그림 속에서 전략적으로 싸워나가기를 바랐다. 그는 가장 효과적인 투쟁 방식을 늘 고민했다. 그 무렵 학생상담지도관실 방화사건이 일어났다. 큰 불로 번지지는 않았지만 상징성이 컸다. 박정희 정권이 대학마다 설치한 상담지도관실은 학생들을 감시하는 기관이었다. 당연히 학생들의 분노가 집중되는 곳이었다.

신영일은 사건 배후로 지목돼 경찰에 끌려갔다. 끔찍한 폭행을 당하면서도 그는 입을 꾹 다물었다. 연관된 학생들 이름의 한 글자도 발설하지 않았다. 수사관들이 독종이라며 고개를 저었다. 신영일은 이때 허리와 다리를 크게 다쳤다.

5·18이라는 전대미문의 사건에 직면했다. 신영일은 무척 혼란스러웠다. 그는 스스로 충분히 납득이 되어야 행동에 나서는 사람이었다. 일단 움직이기 시작하면 주도면밀하고 거침이 없었지만 결심하기 전까지 그의 생각은 매우 깊었다. 이 싸움은 패배로 끝날 것이 명확해 보였다. 그는 싸움 이후를 대비하기로 했다. 그러나 5·18의 후폭풍과 후유증은 너무도 컸다. 누구도 예상하지 못한 귀결이었으니 모두가 말문이 막히고 망연자실할 수밖에 없었다. 신영일도 마찬가지였다.

침잠하던 그는 1981년 9월 이후 자기 인생에서 휴식이라는 단어를 지우게 된다. 전남대 학생식당에서 '반제 반파쇼 민족해방 학우투쟁 선언문'을 낭독하며 시작한 시위는 그의 본격 행동을 알리는 신호탄이었다. 패배감에 짓눌려 있는 캠퍼스를 깨우는 목소리였다. 신영일은 이 사건으로 구속되고 광주교도소에서 선배 박관현을 만났다. 두 사람은 함께 단식투쟁을 벌였다. 1982년 가을, 40여 일의 단식 끝에 결국 박관현이 사망했다. 충격을 받은 신영일도 신경쇠약 증세가 왔다. 가까스로 버텨오던 몸이 형의 죽음을 겪으며 결국 무너졌다. 그는 병보석으로 출소했다.

이후 신영일은 청년운동가로 거침없이 달려나갔다. 운동권 선배들과 함께 '5·18구속자협의회'와 '전남민주청년협의회'를 창립하고 꾸려나갔다. 전략가로서의 면모가 특히 빛난 것은 1986년 개헌투쟁이었다. 그 무렵 재야의 거물 정치인 김대중과 김영삼은 신한민주당을 만들어 돌풍을 일으킨 후 민주화인사들과 연대해 개헌을 추진했다. 군사독재의 연장을 저지하려면 먼저 왜곡된 대통령 선거제를 민주적인 형태로 바꿔야 했고, 그러려면 헌법을 고쳐야 했다. 전두환은 개헌을 원치 않았다. 신민당은 3월 말 광주에서 신민당 전남도지부 개소식을 열면서 개헌 찬성 서명을 받기로 했다.

신영일은 그 행사와 개헌 요구 시위를 적극 연계했다. 이목을 집중시켜 시민들의 힘을 모으고자 했다. 이 기회에 판을 최대한 크게 벌여야 한다고 봤다. 어떤 사람들은 정당 행사와 연계하는 것을 탐탁지 않게 보기도 했다. 뒷말에 아랑곳없이 신영일은 전국을 돌며 개헌투쟁에 불을 지폈다. 1986년 개헌투쟁은 1987년 6월항쟁의 밑불이자 서곡이 되었다. 이 중요한 역사적 고리를 신영일과 같은 운동가들이 만들어냈다.

겨우 30세. 신영일은 1988년 5월 9일, 과로사로 세상을 떠났다. 그의 육신에는 고문과 단식 후유증이 깊게 새겨져 있었다. 그가 밑불을 지피고 온 국민이 나섰던 6월항쟁의 과실은 달콤하지 않았다. 대선 결과는 또다시 군사독재자들의 잔치가 되었다. 전국이 좌절감에 빠져 있을 때 신영일은 그 다음 투쟁계획을 짜는 데 몰두했을 것 같다. 지친 자신의 몸을 돌볼 틈도 없이…. 신영일은 현실에 굳게 발 딛고 큰 그림을 그려내는 전략가였다.

영원한 오월광대 박효선 (1954~1998.9.10. 대전광역시)

'네 사람이 있었다. 두 사람이 죽고 한 사람은 미쳤고 나머지 한 사람은 도망쳐서 살아남았다. 살아남은 한 사람이 나였다.'

5·18 항쟁이 끝난 2년 뒤 박효선이 형 김영철을 만나고 와서 쓴 일기다. 마지막 시민군으로 전남도청을 지켰다가 윤상원의 죽음을 지켜본 김영철은 정신병 증세가 점점 깊어졌다. 박효선은 자주 병문안을 갔다. 현실과 환상을 넘나드는 형의 말동무가 되는 일이 쉽지 않았다. 그래도 찾아가기를 멈추지 않았다. "형, 저 왔어요. 저 알아보시겠어요?" 김영철은 한참 만에야 박효선임을 깨닫고 해맑게 웃곤했다. "박효선. 집에 가부렀어." 박효선의 입은 웃지만 마음은 찢어졌다. '집에 가버렸다'는 말은 그에게 '도망갔다'는 말로 들렸다.

박효선은 뛰어난 연극연출가이자 배우였다. 전남대에 다닐 때 연극 동아리를 이끌었고, 선배 윤상원과 연이 닿은 것도 그 동아리에서였다. 윤상원과 박효선은 끼가 넘치는 천상 광대였다. 박효선은 일찌감치 신명 나면서도 사회적 메시지가 강한 연극을 만들어냈다. 1978년, 함평 고구마 피해보상 투쟁에서 승리한 농민들을 위해 만든 마당극 '함평 고구마'도 그중 하나다. 함평 농민들이 포대를 고구마 모양으로 잘라 입고 무대에 올랐다. 농민들 자신이 고구마가 되어 목소리를 냈다. 임진택 명창은 훗날 "대단히 활기차고 힘이 솟는 마당극이었다. 기존 동·서양 어떠한 연극 형태도 모방하지 않은 진짜 토종 농촌 마당극이었다"라고 회고했다.

그런 후배 박효선을, 윤상원이 들불야학 특별강학으로 초청했다. 그는 들불 학강들의 신명을 북돋웠다. 오랜 공장 노동에 지친 학강들은 광천시민아파트 마당에서 박효선이 가르쳐주는 탈춤을 추며 고단한 몸을 달랬다. 이 해방의 마당에는 아파트 주민들도 함께했다. 1978년 크리스마스 이브 때의 연극 '우리들을 보라', 1979년 8월 제3기 입학식 때의 연극 '누가 모르는가'는 모두 박효선이 지도하고 학강들이 함께 만들어 공연한 노동연극이었다.

'함평 고구마'의 농민들도, 노동연극의 학강들도 연극을 준비하며 또 다른 자아를 발견했다. 박효선은 배우들이 자기 삶의 주체로 서게 돕는 조력자였다. 박효선은 과거 한 인터뷰에서 들불 시절을 되새기며 "상원이 형은 자신이 가지 못하게 된 '연극의 길'을 저를 통해 실현해보고 싶은 듯 그때도 저에게 깊은 관심을 쏟았습니다"라고 말했다. 1980년 3월에는 '극단 광대'를 결성했다. 광주에 본격 연극판을 펼치려던 찰라, 광대 박효선은 5·18을 만났다.

박효선은 윤상원의 들불팀과 함께 YWCA 건물에 머물며 시민군 홍보부장으로 활동했다. 도청 광장의 시민궐기대회 무대 진행을 도맡았다. 그의 특기가 발휘됐다. 박효선은 마지막 항전을 앞둔 5월 26일 밤 집에 돌아왔다. 고통스러운 일기에서 지칭한 '죽은 두 사람'은 윤상원과 박용준이고 '미친 한 사람'은 김영철이었으며 '도망쳐서 살아남은 나머지 한 사람'은 자신이었다.

박효선 열사

　예기치 못한 격랑에 휘말린 개인은 누구나 어떤 선택을 하게 된다. 그날 밤 집에 갔든 도청에 남았든 집에서 아예 나오지 않았든, 누구도 그 선택을 평가할 수 없다. 스스로에 대한 평가는 가능할 것이다. 박효선은 자신을 용서하지 못했다. 끼와 넉살이 넘치는 그의 표정은 5·18 이후로 변해갔다.

　1983년 박효선은 '극단 토박이'를 만들고 '살아남은 자들의 연극'을 본격적으로 무대에 올렸다. 신영일처럼 그도 자신에게 쉼을 허락하지 않았다. 1989년에는 전남대 앞에 '민들레 소극장'을 열었다. 오전에는 생계를 위해 학원에서 국어 강의를 하고, 오후부터는 밤 늦게까지 소극장에서 연극에 몰입했다. 너무나 몰두한 나머지 건강이 점점 나빠져 갔다. '금희의 오월' '모란꽃' '청실홍실' 등 박효선의 오월 연극 3부작은 5·18을 형상화한 대표작이다. 특히 '금희의 오월'은 전국과 미국 순회공연을 하며 화제를 모았다. 1988년에는 전국연극협회가 한국연극 80년을 맞아 선정한 40개 작품 중 하나로 고전의 반열에도 올랐다.

　박효선의 연극은 변혁운동의 최전선을 담았다. 1982년 3월 한국군 지휘의 최종책임자였던 미국이 5·18 때 신군부의 무엇을 방관하고 용인했는지를 밝히라며 대학생들이 부산 미국문화원에 불을 질렀다. 박효선은 이 사건을 연극 '부미방'(1989)으로 재구성했다. 광주전남방직 여성노동자 해고사건은 연극 '딸들아 일어나라'(1990)로 옮겨놓았다.

　박효선은 연극운동을 "사회변혁의 주체인 노동자와 농민의 교육선전 무기로 삼는 것"으로 봤다. 그러기 위해서는 연극이 최대한 많은 사람들을 만나야 했다. 노동자와 농민들이 대학 앞 소극장까지 찾아오기는 쉽지 않았다. 그는 시위 현장에 다니며 15분 정도의 공연을 펼치기도 했다. 일종의 게릴라극이었다.

　1995년 그는 다큐드라마 '시민군 윤상원'을 만들고 자신이 윤상원 역할을 맡았다. 드라마는 들불팀과 시민군들의 활약을 담백하게 보여준다. 당시 광주MBC에서 방송됐고, 지금은 유튜브에서 찾아볼 수 있다. 화면으로 박효선을 보노라면 눈빛 저 너머의 애잔함이 느껴진다.

　초조한 듯 줄담배를 피우며 쉬지 않고 강행군을 한 그는 1998년 9월 10일 44세의 나이로 세상을 떠났다. 김영철은 그에 앞서 8월 16일에 떠났다. 형과 함께 가려고 자기 목숨을 이어왔던 것일까. 박효선은 형이 떠나자마자 간암으로 눈을 감았다. "박효선. 집에 가부렀어"라는 아이 같은 말에 매번 쓸쓸히 웃던 그였다. 이제는 김영철이 꿈꿨던, 삶 너머 어딘가의 아름다운 공동체에 다 같이 모여 저마다의 표정을 되찾았을 것 같다. 박효선은 넉살 좋게 웃고, 정신이 또렷한 김영철은 고생했노라며 그의 등을 토닥일 것이다. 오월광대 윤상원도 자기 몫까지 연극의 열정을 불태워준 박효선을 따뜻하게 안아주고 있으리라.

⊙ 광천동

일제 때 전남종묘장, 면화시험장, 종연방직 등이 생겼다. 해방 후 면화시험장 일대에 어망 공장, 제분공장, 물엿공장 등이 들어서면서 광천공단으로 이어졌다. 자연스레 공장 노동 자들이 광천동에 집합촌을 이뤘다. 들불야학은 노동자들이 많은 광천동에 자리 잡았다. 현재 광천공단 터에 들어선 것이 광주종합버스터미널(유스퀘어)이다.

⊙ 광천동성당 교리실

성당 한쪽 교리실 건물이 들불야학당으로 활용됐다. 오수성 미카엘 주임신부가 들불팀에 흔쾌히 공간을 내주었다. 야학 수업은 1978년 7월 23일부터 시작됐다. 교리실이 워낙 낡 아 2006년 철거됐는데 들불야학을 기념하며 벽체 일부를 보존했다. 들불야학은 광천시 민아파트, 광천시민아파트 입구, 중흥동성당 공간도 활용했다.

⊙ 광천시민아파트

광천동성당 옆에 있다. 1970년 7월 완공된 광주 최초의 아파트이자 빈민 연립주택이다. 광주시가 빈민 판자촌을 철거한 자리에 지었다. 주민들이 상환금을 제때 내지 못한다며 광주시가 건물 뼈대만 지은 상태로 분양한 탓에 입주자가 직접 마감공사를 했다. 입주 당 시 전체 184가구(2019년 현재 24가구)의 75%가 빈곤가구였다. 층마다 하나씩 있는 공 동세면장·세탁장·공동화장실을 이용했다. 광천동성당과 함께 들불야학 근거지로 보존 가치가 크지만 2015년 광주시 역대 최대 규모인 주택재개발사업지구에 포함됐다. 아파 트 보존 방법을 수차례 모색했으나 결국 철거로 가닥이 잡히고 있다. 광천동성당은 철거 되지 않는다.

⊙ 윤상원 열사 추모비 & 기념홀

윤상원 열사는 전남대 정치외교학과 71학번이다. 전남대 사회대 앞 잔디밭에 추모비가 세워져 있다. 2019년 사회대 건물 안에 기념홀도 조성됐다. '윤상원의 방'과 '윤상원의 길' 로 구성됐고, 들불야학 교리실 건물에 착안해 '윤상원의 방' 외관을 붉은 벽돌로 꾸몄다.

◎ 박관현 열사 추모비

박관현 열사는 전남대 법대 78학번이다. 재수생활과 군복무를 마치고 입학했다. 전남대 정문 옆에 추모비가 세워져 있다. 전남대 정문에서 용봉관에 이르는 메타세쿼이아 길의 이름도 '관현로'다. 학생회장의 이름을 딴 길 이름은 전국에서 유일할 것이다. 열사의 고향인 전남 영광 불갑면 불갑저수지 공원에도 추모비가 세워져 있다.

◎ 윤상원 생가

윤상원 열사가 나고 자란 고향집이 광주 광산구 임곡동 천동마을에 있다. 열사 생존 당시에는 전남 광산군 임곡면에 속했다. 광산구가 2011년부터 윤상원 열사 생가를 단장하고 기념사업을 추진해 매년 5·18 기념식을 열사의 집에서 열고 있다. 열사가 쓰던 방은 유품과 생애를 소개한 공간으로 꾸려놓아 방문객이 둘러볼 수 있다.

◎ 들불상

들불열사들의 정신을 잇기 위해 들불열사기념사업회가 매년 우리 사회 민주·인권·평등·평화 발전에 헌신한 개인이나 단체에 시상하고 있다. 2018년에는 미투운동의 물꼬를 튼 서지현 검사가, 2019년에는 노동자 고 김용균의 어머니 박미숙 씨가 받았다.

---

* **추천 도서**_ 『스물두 살 박기순』 『윤상원 평전』 『새벽기관차 박관현 평전』 김영철 유고집 『못 다 이룬 공동체의 꿈』 『오월의 불사조 박용준』

* **동영상 검색어**_ 광주MBC 다큐 『시민군 윤상원』 영화 『부활의 노래』

들불의 기억, 광천시민아파트 2018

광주 최초 아파트이자
빈민연립주택,
들불야학의 둥지였던
3층짜리 광천시민아파트가
재개발로 사라질 운명에 처했다.
여럿이 둘러앉은 평상
다 함께 쓰던 세탁장
ⓒ최성욱

쇠락의 대명사처럼
스산한 그곳, 어딘가
들불 시절의 온기를
기억하는 아파트
©최성욱

광천동 마당에서 봄날처럼 피어난 1979년 들불공동체.
(위) 맨 왼쪽의 윤상원 열사 (아래) 놀이를 진행하는 김영철 열사

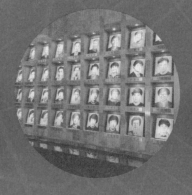

망월동 가는 길

오월시민의 탄생

●●●

광주에서 담양 가는 대로를 벗어나 망월동 가는 길로 접어들면 사방이 고요해진다. 자동차도 뜸하다. 이 길은 1년에 한 시절 분주해진다. 도보순례자 행렬이 이어지고 나무에 색색의 만장이 내걸려 나부끼기도 한다. 그때는 이팝나무 가로수마다 하얀 꽃이 만발하는 5월이다. 정확히는 5·18 추모기간이다. 사람들은 이 길을 걷거나 차로 달려서 망월동 5·18묘역에 간다. 추모기간은 순식간에 흘러가고 이팝나무 꽃들은 순례 행렬보다 오래 남아 고요한 빛을 낸다.

묘지번호 2-11(윤상원·박기순), 2-38(박용준), 2-88(박관현), 4-04(김영철), 4-06(박효선), 5-36(신영일). 광천동 들불들이 망월동 국립5·18민주묘지에 모여 있다. 가만, 윤상원과 박기순이 하나의 봉분 속에 있다. 어찌 된 일일까. 1982년 2월, 윤상원의 부모와 박기순의 부모가 영혼결혼식을 올려줬다. 두 사람은 혼령으로 부부가 됐다. 소식을 접한 광주 문화운동가들이 둘의 넋을 기린 노래극을 만들었다. 노래극의 마지막 곡이 '님을 위한 행진곡'이었다. 오늘날 민주시민들의 애국가라 불릴 정로로 사랑받는 곡이다.

사랑도 명예도 이름도 남김없이
한평생 나가자던 뜨거운 맹세
동지는 간데없고 깃발만 나부껴
새날이 올 때까지 흔들리지 말자

세월은 흘러가도 산천은 안다
깨어나서 외치는 뜨거운 함성
앞서서 나가니 산 자여 따르라
앞서서 나가니 산 자여 따르라

　묘지는 모두 해 뜨는 동쪽의 무등산을 바라보고 있다. 맨 앞에 윤
상원·박기순이 있고 그 뒤에 박용준이 있다. 박용준의 '한 집' 건너 뒤
편에는 박관현이 있다. 박용준의 형 김영철은 더 뒤쪽에 있다. 생전
에 정겹게 티격태격했던 박효선이 곁에 있어 김영철은 외롭지 않다.
신영철은 좀 더 떨어진 5묘역에 홀로 있다. 멀고 가까워봤자 이들에
게 5·18 묘역은 한 집이다. 추모객이 모두 나간 밤이면 들불들의 한
바탕 웃음소리가 들릴 것만 같다. 무등산에 동이 틀 때면 '들불학당
가'를 다함께 부를지도 모르겠다. '들불학당가'는 묘역 주민들을 깨우
는 기상노래가 될 것이다. '이 노래가 뭣이다요?' '저기 광천동 삼촌이
맹글었대요' '친구! 사랑하는 친구! 들불이 되어- 아따, 노래가 입에
착착 붙구마잉.'
　박기순은 윤상원과 투닥투닥하다가 '상원오빠는 내 스타일 아니
야'라며 영혼결혼식 무효소송을 불사하겠다고 벼를지도 모르겠다.
5월이 되면 묘역에 '산 자'들이 찾아와 목청껏 '님을 위한 행진곡'을
부르고, 박기순은 '노래 하나는 참 좋다, 내 스타일'이라며 즐거워하

망월동 국립5·18묘지(신묘역)의 영령들 /
시신을 찾지 못한 행방불명자의 묘비

다가 매번 무효소송을 미룰지도 모른다. 고요한 무덤들 사이에서 흐뭇한 상상에 빠져본다.

신묘역과 오월 영령들

망월동 국립5·18민주묘지는 오월 영령들의 안식처다. 들불야학 청춘들이 있고, 비명에 쓰러진 시민군들이 있고, 저수지에서 물놀이 하다 총 맞아 죽은 초등학생이 있고, 금남로에서 죽은 학생이 있고, 같은 반 친구의 죽음이 억울해 항쟁 마지막 날 도청을 지키다가 죽은 벗이 있고, 헌혈을 하고 나오다가 헬기 총격에 쓰러진 고등학생이 있고, 남편을 기다리다 총 맞아 죽은 만삭의 새댁이 있고, 버스를 타고 가다 난사하는 총에 맞고 암매장됐다가 뒤늦게 신원이 확인돼 원통함을 푼 청년이 있고, 칼에 맞아 평생 후유증에 시달리다 얼마 전 영면에 들어간 '신입' 영령이 있고…. 묘비 뒤편에 새겨진 내용들을 읽다가 숨을 자주 고쳐 쉰다. 망월동에서 마음의 평정을 유지하기는 쉽지 않다. 들불인들과 주민들의 대화를 제법 시트콤처럼 상상해봐도, 덮어쓰기가 되질 않는다. 망월동 묘역에는 800여 기가 넘는 봉분이 있다.

어디 살던 누구였는지를 밝히지 못한 '무명열사'들의 묘도 있다. 넝마주이, 고아, 날품팔이 노동자 등 당시 거처가 분명치 않은 희생자도 다수였다. 이름을 불러줄 가족이나 벗을 갖지 못한 혹은 찾지 못한 열사들이다. 이름도 사진도 없으니 '무명열사' 네 글자만으로 그 삶을 상상하기가 쉽지 않다.

열 개의 묘역 중 마지막 10묘역에는 봉분이 없다. 평평한 잔디밭에 비석들뿐이다. 5·18 때 죽었다는 사실이 확인됐지만 시신을 아직도 찾지 못한 희생자들을 추모하는 '행방불명자 묘역'이다. 묘 없이 비석만 즐비한 공동묘지를 본 적이 없어서인지 텅 빈 공간이 유난히 허망하다. 어디에들 있을까. 비석에 적힌 이름의 주인들이 하루 빨리 발굴되기를, 혼령은 망월동에 이미 돌아와 이웃들과 안식을 취하고 있기를 빌어본다.

> 왜 쏘았지 왜 찔렀지 트럭에 싣고 어디 갔지
> 망월동에 부릅뜬 눈 수천의 핏발 서려 있네
> 오월 그날이 다시 오면
> 우리 가슴에 붉은 피 솟네

5·18을 담은 민중가요 '오월의 노래' 가사 일부다. 트럭에 실려 가는 모습은 수없이 목격됐지만 돌아오는 모습은 목격된 적이 없다. 그 때문인지 통계에 잡히지 않은 죽음이 많다는 주장이 계속 나온다. 광주시 5·18보상심의위원회에 신고된 행방불명자가 360여 명이다. 정확히는, 2015년까지 446건이 신청됐는데 이 가운데 84건이 확인되어 5·18행불자로 인정됐다. 나머지 360여 명은 5·18과 상관없다는 게 아니라, 자료나 시신을 찾지 못해 '아직까지는 확인할 수 없는 상태'이다. 광주시와 5·18기념재단도 암매장 신고가 들어온 지점들을 발굴하고 있다. 1980년 당시 계엄군이 몰래 시신을 묻었다고 목격된 지점들이 광주 안팎에 많다. 사라진 그들은 얼마나 되며 또 어디에 있을까.

2018년 5·18 38주년 추도식이 열린 망월동 국립5·18민주묘지. 초등학교 1학년이었던 행방불명자 이창현 군의 사연이 공연으로 펼쳐졌다. 아버지 역할을 맡은 배우가 "창현아!" 하고 목 놓아 울자 객석의 백발노인도 눈물을 연신 닦아냈다. 38년째 아들을 찾아 전국을 헤맨 창현 군의 아버지였다. TV로 그 모습을 보며 눈물을 흘리는 사람도 있었다. 행불자로 인정받지 못한 유가족들이다. 분명 그때 사랑하는 가족을 잃었는데도 망월동 묘역에 초대받지 못하고 마음껏 통곡도 하지 못하고 있다.

망월동에는 즐비한 묘비의 개수만큼, 아니 그 개수보다 무수히 많은 사연이 있다. 이야기들이 허공에 산맥으로 솟아 흐르고 있다. 아득한 산천이다.

망월동 5·18 묘역은 두 곳이다. 지금의 웅장하고 넓은 새집이 있고, 도로 건너에 옛집이 있다. 옛집은 1980년 5·18 직후 시신들을 묻은 원래의 묘역이다. 김영삼 정부는 1994년부터 5·18 묘역 성역화 사업을 추진해 1997년에 지금의 신묘역을 완공했다. 내가 망월동을 처음 찾았을 때가 1997년, 마침 오월 영령들의 이사철이었다. 영령들은 앞서거니 뒤서거니 새 묘역으로 이장을 마쳤다. 그해 5·18은 민주화운동 국가기념일로 지정됐다. 신군부의 우두머리 두 전직 대통령 전두환과 노태우도 법의 심판을 받았다. 그들의 죄명은 정권 탈취를 꾀한 내란음모였다. 반란군과 폭도는 광주시민이 아니라 전두환 신군부였음을 천명한 것이다.

망월동 신묘역은 2002년에 국립묘지로 승격됐다. 천지개벽 같은 진전이었다. 광주시민들에게 폭도라는 누명을 씌우고 묘역도 마음 놓고 찾지 못하게 감시했던 때가 1980년대였다. '국립5·18민주묘지'

와 일련의 성과는 1980년 5월 이후 광주와 전국의 민주세력이 끈질기게 전개해온 진상규명 투쟁의 성취였다.

그럼에도 오래도록 내 발길은 옛집인 '구묘역'으로 향했다. 새집이 어색해서라기보다, 옛집이 품은 역사성과 장소성이 워낙 강렬해서다.

구묘역과 민주열사들

구묘역 언덕 한쪽에 앉아 햇볕을 쬐며 눈을 감아본다. 펄럭. 펄럭. 무언가가 바람에 부딪히는 소리가 들린다. 언덕 위에 태극기가 나부끼고 있다. 게양대에서 한 마디 내려 달아놓은 조기 태극기다. 구묘역에는 연중 내내 태극기가 조기 형태로 펄럭이고 있다. 연중 조기는 매우 드문 경우다. 오월 영령들에게 365일 감사를 드린다는 구묘역만의 추모 방식이다.

1980년 5월 29일 시신 129구가 시청 청소차에 실려왔다. 이 일대는 광주시민들이 복닥복닥 살다가 죽어서 한데 모이는 망월시립묘지다. 그날 5·18 희생자들이 묻힌 곳은 그중 제3묘역이다. 지금은 제9묘역까지 가득 차 사방이 무덤동산이 됐으나 1980년 당시는 이제막 묘역을 조성해가던 때였다. 전쟁도 아닌데 갑자기 밀려 들어온 129구의 시신을 한날 한시에 묻어야 했다. 그 많은 묘를 한꺼번에 파느라 황토 흙먼지가 풀풀 날렸다. 흐르는 눈물이 더욱 매웠다. 다급하고 엉성하고 기가 막히는 장례였다. 판이 커지는 것을 극도로 꺼렸던 신군부는 유가족 참석도 5명 이내로 제한했다. 가족을 황망히

1980년 5월 29일 청소차에 실려와
망월동에 안장된 희생자들, 통곡하는 유가족들
©5·18기념재단

떠나보내는 자리마저 공안당국의 협박에 떨어야 했다.

전두환 정부는 자신들의 죄악을 생생히 증언하는 이곳을 금단의 구역처럼 봉쇄하려 했다. 추모제를 열지 못하게 탄압하고 방해했다. 제사조차 마음껏 지낼 수 없게 한 것이다. 유가족과 부상자와 구속자들은 바로 이 묘지를 거점으로 신군부에 끈질기게 맞섰다. 1982년, 정부는 묘지 이장계획을 세워 유가족들을 협박했다. 묘지를 옮기면 집 한 채 값을 주겠다고 회유도 했다. 그 '비둘기 계획'을 세운 곳은 505보안부대였다. 2년 후 교황 요한 바오로 2세가 광주를 찾아 유가족을 위로하기로 결정하자, 학살의 증거인 망월동 묘역을 서둘러 없애려 한 것이다. 유가족들은 정부의 이간질을 끈질기게 버텼지만 결국 24기의 묘가 망월묘역을 떠나 선산으로, 다른 묘지로 옮겨갔다.

참배객의 여정도 투쟁이었다. 멀쩡한 길을 놔두고 산을 넘고 논두렁을 지나고 어둠을 틈타야 했다. 경찰의 봉쇄 때문이었다. 5월이 오면 그 모든 것을 뚫고 기어이 추모제를 열고 전두환 정부를 규탄했다. 통한의 장례식과 끈질긴 오월투쟁을 거치며 망월시립묘지 제3묘역은 '5·18묘지'에서 '민주성지'로 거듭났다. 광주를 찾는 참배객들이 어느 날부터 그렇게 부르기 시작했다. 묘역에 쌓인 고난의 역사를 되새기면, 봄날을 달려 한가롭게 망월동 가는 길이 가끔 꿈결 같기도 선물 같기도 하다.

단결된 힘은 무소불위의 전두환 정부를 움츠리게 만들었다. 5·18의 진실이 점점 알려지면서 전국의 분노가 끓어오르기 시작했다. 분위기가 심상치 않자 정부는 1983년부터 유화책을 쓰며 한 발짝 물러섰다. 이듬해 5·18 4주기 추모제에는 전국 추모인파가 몰려 망월동을 가득 메웠다. 추모제는 민주화의 염원을 모으고 외치는 집회장이기도 했다. 자그만 묘지 언덕은 5월항쟁 이후 우리나라 민주화투쟁의 구심점이었다.

구묘역에는 언덕을 둘러싼 나무마다 플래카드가 걸려 있다. 시국을 성토하는 시민이나 단체의 주장들이 힘찬 글씨로 적혀 있다. 갈 때마다 새로 보는 내용의 플래카드가 있다. 현재진행형의 싸움들이 여전히 망월동을 거점으로 삼고 있다. 구묘역을 관리하는 광주시는 어떤 주장이든 마음껏 내걸도록 망월동 숲을 '발언대'로 꾸리고 있다.

오월 영령들이 이사를 간 빈 묘지들 사이에 앉아 다시 눈을 감아본다. 바람소리가 들린다. 펄럭 펄럭 소리는 태극기뿐 아니라 숲에서도 들려온다. 플래카드들이 바람에 나부끼고 있다. 더 나은 사회를 꿈꾸는 이들의 기운이 쉼 없이 흐르는 이곳에서, 나는 문득 감사한 마음을 느낀다.

망월동 신묘역이 진상규명 투쟁의 성취물이라면 구묘역은 지금도 계속되고 있는 투쟁 그 자체다. 오월 영령뿐 아니라 5·18 이후 산화한 열사들의 거처이기도 하다. 1980년대는 '열사들의 시대'라 불릴 만큼 많은 시민이 목숨을 잃거나 스스로 목숨을 던졌다. 정부의 살인적인 집회 진압으로 쓰러진 대학생이, 군사정권 퇴진을 외치며 건물 옥상에서 몸을 던진 시민이, 노동운동에 헌신하다가 죽은 노동자가 구묘역에 안장됐다.

1987년 6월 9일 연세대 정문 앞에서 경찰의 최루탄에 맞은 대학생 이한열이 사망했다. 청년의 죽음은 6월항쟁에 불을 붙였다. 서울시청 광장 노제에 100만 명이 모였고, 장례행렬이 도착한 광주 노제 때도 금남로가 수십 만 인파로 가득 찼다. 장례행렬의 종착지가 바로 망월동 묘역이었다. 이한열 열사가 묻힌 이후, 민주화투쟁에서 숨진 열사들이 줄줄이 망월동에 잠들었다. 오월 영령들의 거처는 고단한 민주열사들을 위무해줄 최선의 장소였다. 오월 영령들이 신묘역으로 이장된 1997년 이후에도 구묘역에 민주열사의 관은 계속 실려왔다. 이제 망월동 구묘역은 '민족민주열사 묘역'으로도 불리고 있다. 오월 영령들이 떠난 자리는 가묘로 단장돼 있다. 빈 무덤이지만 헛헛한 느낌이 들지 않는다. 영령들이 바로 길 건너에 있는 데다, 이미 망월동 전체가 두툼한 역사인 까닭이다.

구묘역 산책을 가면 내 걸음의 마지막은 늘 '그 자리'로 향한다. 그 아이의 거처다. 어쩌면 망월동과 나의 개인적인 연결고리일 수 있겠다. 1996년 3월 29일 서울, 총학생회 출범식을 마친 후 대학마다 종로에 집결하기로 했다. 예고 없는 비가 내리는 저녁이었다. "위험하니까 넌 집으로 가렴." 나는 다정한 선배가 건네준 우산을 쓰고 자취방으로 돌아왔고 따끈한 물로 씻은 후 TV를 컸다. 종로에서 대학생이 경찰의 토끼몰이 진압에 질식해 죽었다는 뉴스 속보가 나오고 있었다. 갑자기 시간이 멈추는 느낌이었다. 다음날 신문을 보니 죽은 대학생은 나와 같은 광주 출신에 동갑내기였다. 그 아이는 망월동 묘역에 묻혔다. 이후 고향집에 내려오면 나는 그 아이 곁에 머물다 가곤 했다. 처음 영정사진을 마주했을 때는 우산을 쓰고 집에 돌아간 내가 떠올라 미안하고 어색했는데, 언제부턴가는 친구와 인사를 나누는 기분이 들었다. 퇴색해가는 사진 속에서 그 아이는 영원히 21세였고, 오랜만에 망월동을 찾은 나는 40이 훌쩍 넘었다. 생전에 만나본 적 없는 나의 벗 노수석(1976. 11. 23.~1996. 3. 29.) 열사에게, 오늘도 안부를 건넨다.

민족민주열사 묘역으로 거듭난 망월동 5·18 구묘역 /
묘역 입구에 마련된 민족민주열사 유영봉안소

망월동 구묘역의 전입신고는 끝나지 않고 있다. 1996년의 내 경험 이후에도, 누군가는 새로 망월동 묘역에 자신만의 '벗'을 갖게 된다. 2010년대에 안장된 열사도 여럿이다. 백남기 농민의 묘비 앞에 선다. 2015년 겨울 서울에서 열린 민중총궐기 대회에 참여했다가 경찰의 살인적인 물대포를 맞고 결국 이듬해 가을 돌아가셨다. 사진 속 인자한 웃음이 생생한 그분에게도 인사를 드린다.

언덕 한쪽에는 조금 다른 추모비가 있다. '푸른 눈의 목격자'로 알려진 독일인 위르겐 힌츠페터 기자다. 그는 1980년 5월 서울서 광주까지 택시를 타고 왔다. 삼엄한 검문을 모두 뚫고 광주에 진입했다. 그는 5·18을 동영상으로 취재해 세상에 널리 알렸고, 평생 오월광주의 아픔과 함께했다. 생전에 그는 '눈부신 청년들이 잠들어 있는 광주 그 언덕에 함께 묻히고 싶다'라고 밝혔다. 힌츠페터 기자는 2016년 1월 79세로 세상을 떠났다. 유가족은 이역만리 먼 외국에 차마 그를 보낼 수 없어 그의 유품과 손톱, 머리카락을 봉안해 망월동에 묻었다. 그는 명예광주시민이 됐다.

사연은 계속 보태어진다. 2017년 영화『택시운전사』는 힌츠페터 기자와 택시기사 김사복의 실제 이야기를 다뤘다. 송강호가 연기한 김사복을, 힌츠페터 기자는 평생 그리워했다. 독일로 돌아간 그는 1980년 5월 사선의 광주 길을 함께 오갔던 동지를 오래 수소문했지만 결국 찾지 못하고 죽었다. 2017년 영화가 개봉되고 나서야 그를 찾을 수 있었다. 영화관에서『택시운전사』를 보던 어느 관객이 영화가 바로 자기 아버지의 이야기임을 깨달은 덕분이었다. 영화 속 설정과 달리, 실제 택시운전사 김사복은 오래도록 민주화운동에 관여해온 시민이자 지식인이었다. 힌츠페터와 함께 목격한 오월광주는 그에게 감당이 쉽지 않았다. 김사복의 아들은 "광주에 다녀온 아버지는 정신적 고통과 스트레스를 많이 받으셨어요. 술로 견디셨습니다"라고 밝혔다. 쇠약해진 아버지 김사복은 1984년, 일찍 세상을 떠났다. 아들은 생전에 그토록 만나고 싶어 했던 두 사람이 망월동에서 오래오래 회포를 풀기를 바랐다. 최근 김사복의 유해를 힌츠페터 추모비 옆으로 옮기는 방안이 추진되고 있다. 하필 그 자리가 묘 터는 아니어서 현실적으로 해결할 문제들이 있는 모양이다. 두 망자의 이웃되기 프로젝트가 무사히 성사되면 좋겠다.

　망월동은 슬픈 언덕이다. 그럼에도 이 언덕에 앉으면 늘 힘을 얻는다. 마음을 다잡고 싶을 때는 꼭 망월동에 오게 된다. 나만 그런 게 아님을 잘 알고 있다.

오월시민들의 한판 승부, 1991 운암전투

　2016년 11월 6일 일요일, 고 백남기 농민운동가가 망월동으로 가는 길은 평화로웠다. 서울대병원을 떠난 장례행렬이 금남로에 도착했다. 금남로는 차 없는 거리가 되고, 일찍부터 열사를 마중 나온 광주시민들이 거리를 메웠다. 노제를 마치고 광주의 배웅을 받은 운구차는 서방사거리에 이르자 속도를 내기 시작했다. 망월동 구묘역, 즉 민족민주열사 묘역으로 본격 출발하는 순간이었다. 운구차와 함께 행진해온 시민들은 사거리에서 마지막 인사를 건넸다. 어떤 시민들은 망월동까지 함께했다.

이른바 '광주시민장'이었다. 1980년대 열사의 시대부터 자연스럽게 정착한 장례의식이었다. 불의의 공권력에 목숨을 잃은 이와 유가족은 5·18이라는 아득한 비극을 이겨낸 도시의 뜨거운 위로를 받았다. 열사는 5·18 투쟁의 상징인 금남로에 머물렀다가 망월동으로 가서 오월 영령 곁에 잠들었다. 노제가 아니더라도 오래도록 금남로는 억울한 사회적 타살을 겪은 이를 위로하는 해원의 마당이 됐다. 2014년 세월호 참사 이후, 유가족인 단원고 학생들의 부모들은 5월이 되면 금남로를 찾았다. 5·18 때 자식을 잃은 늙은 어미들의 품에 안겨서 젊은 어미들이 마음껏 울었다. 늙은 어미들이 다독였다. "그 마음 우리가 아요(알아요)."

이번엔 1991년의 이야기다. 그해, 유난히 젊은이들의 죽음이 많았다. 민주화 여정은 굴곡이 컸다. 1987년 전국적인 6월항쟁의 승리 이후 민주주의는 금방이라도 품에 들어올 것 같았는데, 결국 또 멀어져 갔다. 그해 말 대통령 선거에서 노태우 후보가 당선되었다. 노태우가 누군가. 전두환과 함께 5·18 참극을 주도한 신군부의 실세였다. 노태우 대통령은 집권 초기 6월항쟁의 기운에 밀려 유화정책을 쓰는 듯하더니, 88서울올림픽을 치르고 외국의 시선도 잦아들자 점점 군사정권의 본색을 드러냈다. 집권 말기인 1990년대로 접어들자 폭력성을 거침없이 시연했다. 1990년대의 시작은 암담했다. 광장이 다시 달아올랐다. 대도시 시민들은 시도 때도 없이 최루탄 매운 연기에 시달려야 했다. 1991년 4월 26일 서울 집회에서 명지대 2학년생 강경대가 경찰의 몽둥이에 맞아 사망했다.

사흘 후, 광주 전남대 도서관 앞 잔디밭에서 2학년생 박승희가 자기 몸을 불살라 중태에 빠졌다. 강경대의 죽음에 분노하며 친구들에게 다 함께 일어나 이 살인정권과 싸우자고 유서를 남겼다. 광주사회 전체가 충격을 받았다. 죽음의 무게란 참으로 무거운 것이지만 5·18 이후 광주에서는 특히 그랬다. 너무 많은 죽음을 보고 겪은 시민들의 상처는 말로 표현할 수 없었다. 그런데 광주의 학생이 분신을 했다. 서울과 광주를 잇는 두 젊은이의 비보에 광주는 마침내 폭발했다. 1991년 5월 19일 강경대 열사가 광주로 오는 길에서였다.

21세 청년 강경대 열사의 운구행렬은 서울역 광장에서 노제를 지냈다. 동시에 그날은 5·18민중항쟁 11주기 추모일인 5월 18일이었고, '노태우 정부 퇴진 제2차 국민대회'가 열렸다. 밤늦게까지 이어진 시위 끝에 장례행렬은 광주로 향했다. 망월동 오월 영령 곁으로 가기 전, 금남로에서 노제를 지내기로 되어 있었다. 5·18 11주기 추모제를 마친 광주 대학생들과 시민들은 5월 19일 오전 금남로에 모여들었다. 강경대 열사를 맞이하기 위해서였다. 아무리 기다려도 운구차는 오지 않았다. 정작 장례행렬은 밤새 고속도로를 달려와 놓고도 광주 입구에서 멈춰 있었다. 경찰이 막았다. 5·18 추모기간인 데다 두 학생의 비보까지, 긴장된 시국이었다. 경찰은 시민들이 결집할 것을 우려해 운구행렬이 광주시내로 들어가지 말고 도시 외곽의 망월동으로 곧바로 가기를 요구했다.

소식을 들은 대학생들이 대거 운암동으로 달려갔다. 운구차가 멈춰 있는 곳은 운암동 호남고속도로 서광주 나들목이었다. 대규모의 전투경찰병력이 나들목을 봉쇄한 상태였다. 그때부터 길목을 트려는 학생들과, 막으려는 경찰들이 하염없이 대치하기 시작했다.

대학생들의 행색은 사실 말이 아니었다. 5·18 11주기를 맞아 17일

전야제, 18일 추모제와 시국집회를 연이어 치른 후 대부분 학교에 모여 날을 새다시피 했다. 아무리 창창한 젊음이라지만 연이은 밤샘에 피로로 찌들었다. 그럼에도 "경대가 온다"는 말에는 뭉클했고, "도청 앞 노제를 못 치르게 한다"는 소식에는 분노했다. 공권력에 희생된 벗이 광주까지 왔는데 당연히 금남로에 모여 위로해야지, 하는 공감대였다. 지칠 대로 지쳐 있었지만 물러설 수 없었다.

5월 19일의 고속도로는 마비됐다. 장례행렬이 멈춰 선 채 양쪽이 대치하고 있는 운암동 나들목은 폭풍전야 같았다. 그런데 나들목만 지켜서는 안 됐다. 만약 나들목을 트는 데 성공할 경우 장례차량이 원활히 시내 쪽으로 갈 수 있도록 그 다음을 대비해야 했다. 집회 경험이 쌓인 대학생들은 거의 전략가가 되어 있었다. 학생들 일부는 나들목 아래 한창 신축공사 중인 광주문예회관 언덕을 빙 둘러 보초를 섰다. 이제 전선은 두 곳이 됐다. 고속도로 나들목과 문예회관 공사장 언덕에서 대치와 실랑이가 반복됐다.

정오 무렵, 분신했던 박승희가 전남대병원 응급실에서 결국 사망했다는 비보가 날아들었다. 운암동은 울음바다가 됐다. 사경을 헤매던 박승희는 어쩌면 강경대가 광주에 도착하기까지 남은 힘을 다해 버틴 것일까. 학생들은 팽팽했던 대치 국면을 깨뜨리고 공격에 나섰다. 문예회관 공사장의 돌이며 공사자재까지 무기가 되어 날아갔다. 분노한 학생들을 전투경찰은 제대로 막지 못했다.

나들목에서는 더욱 놀라운 장면이 벌어졌다. 경찰 측이 연달아 터뜨린 최루탄 때문에 사방이 매캐한 연기로 자욱했다. 서서히 연기가 걷혔다. 경찰들은 두 눈을 의심했다. 장례차량이 감쪽같이 사라졌다. 막힌 도로에서 버스가 하늘로 날아갔나 땅으로 꺼졌나, 도저히

강경대(왼쪽) 열사와
박승희 열사

믿을 수 없었다. 당황한 경찰 측은 연기가 자욱할 때 아마도 자신들
을 지나쳐 망월동 방향으로 직진한 모양이라고 상부에 보고했다. 그
시각, 강경대 열사는 시내 도로를 달려 시민들이 기다리는 금남로로
향하고 있었다. 운구버스 좌우로 대학생 전사들이 호위하듯 함께 달
렸다.

　경찰의 눈을 허깨비처럼 따돌린 전략은 바로 여럿의 힘이었다. 시
위대 틈에서 아예 버스를 고속도로 밖으로 옮겨버리자는 황당한 제
안이 나왔다. 버스를 들어서 옮긴다고? 시간이 없었다. 학생들과 시
민들은 경찰 쪽에서 보이지 않는 각도의 지점을 찾아 가드레일 일부
를 뽑고 출구를 냈다. 그 아래 경사진 농수로를 흙으로 메워 임시로
길을 만들었다. 버스를 위해 새길을 내버린 것이다. 여럿이 함께, 번
개처럼 해낸 일이었다. 무모한 학생들이 길을 내준 덕분에 강경대
열사는 금남로 도청 광장에서 광주시민들을 만나고, 뜨거운 위로 속
에 망월동으로 갈 수 있었다. 강경대 열사가 오는 날 숨을 거둔 박승
희 열사도 지금 망월동에 잠들어 있다.

젊은이들은 서광주 나들목의 버스 구출 사건을 운암전투 혹은 운암대첩이라고 불렀다. 운암전투는 흥미로운 사건 이상의 여운을 남겼다. 말로만 들었던 '1980년 광주공동체'의 전설을 1991년의 청년들이 몸으로 체험한 것이다. 경찰과 대치하던 학생들은 수많은 시민의 도움을 받았다. 운암동 가는 학생들을 태운 택시기사는 택시비를 받지 않았다. 근처 주공아파트 주민들은 주먹밥을 지어 날랐다. 단무지, 참기름, 깨를 섞고 김으로 감싼 고소한 그 밥은 1980년 5월 광주공동체의 재현이었다. 주먹밥을 건네며 아주머니들은 "부디 다치지 말아라" 하고 다독였다.

　- 대열을 지어 앉아 있는데, 뭐가 날아와서 뒤통수를 툭 쳐요. 돌아보면 초코파이랑 빵이 떨어져 있어요. 시민들이 쓱 지나가 버리니까 고맙단 말도 못하고, 그냥 눈물이 났죠. (이승후. 조선대 90학번)

　- 싸움을 할 틈이 없었어요. 배달을 하느라고. 운암동 유명 빵집 사장님이 빵을 공짜로 많이 내줘서 시위현장에 나르느라 바빴거든요. (김대인. 전남대 88학번)

경찰의 최루탄에 학생들은 화염병으로 대응했다. 이 무기를 만들려면 기름이 필요했다. 대치하는 시간이 길어지니 기름도 떨어졌다. 학생들이 '화염병 만드는 기름이 필요합니다'라고 쓴 팻말을 들고 서 있으면, 지나던 택시와 자가용 운전자들이 내려서 펌프로 자기 차의 기름을 뽑아줬다.

학생들도 보답을 했다. 운암동 주공아파트 단지 안에서 대기할 때는 주민들을 위해 풍물패 공연도 했다. 공연을 잘 본 주민은 이웃들과 주먹밥을 만들러 갔다.

　- 아직도 그때 본 언니 오빠들의 풍물패 공연을 잊을 수가 없어요.

정말 기분 좋고 따뜻했거든요. (당시 운암주공아파트에 살던 초등 6년생)

주먹밥을 만들러 나간 그 젊은 엄마의 딸은 20년이 지나도 풍물패의 춤사위를 잊지 못했다. 학생들이 전투경찰을 붙잡을 때도 있었다. 적을 생포한 셈이지만 모두 안전하게 되돌려 보냈다. 겉보기엔 젊은이들 간의 대치처럼 보이지만 사실 저 위쪽, 나쁜 정권과의 싸움임을 잘 알았다. 1991년의 광주 젊은이들은 운암전투를 치르며 거듭 났다. 1980년 5월에 그들은 대부분 어린이거나 청소년이었다. 부모님과 이모, 삼촌들의 체험을 귀로 듣고 자란 세대였다.

– 머리로 익힌 5·18을 운암동에서 가슴으로 새겼어요. 나도 지역사회에 기여하며 살아야겠다고 다짐했어요.

당시 문예회관 쪽을 지켰던 대학생 이승후는 1980년 5월에는 초등학교 3학년 개구쟁이였다. MBC에서 방영하는 인기 만화영화 '마징가 제트' 다음 회를 목 빠지게 기다리던 소년이었다. 마침내 그날 저녁, 텔레비전이 이상했다. 소리는 나오는데 화면은 지직거리며 내내 먹통이었다. 소리로만 남은 마징가 제트가 그 소년의 5·18이었다. 그 시각 광주MBC는 화염에 싸여 있었다. 사람들이 총 맞고 죽어 나가는데도 애써 눈 감고 입 닫아버린 언론에 분노한 어른들이 방송국을 아예 불태워버린 것이다.

최루탄과 화염병이 날아다니는 시위현장은 '옛날 이야기'이다. 진압경찰이 쏜 최루탄은 맵고도 독해서 그 연기에 콜록이며 눈물콧물 다 흘려야 했다. 눈가를 비비면 더 시려서 눈을 뜰 수조차 없었다. 시위대뿐 아니라 시위현장 근처를 지나는 시민들도 고역이었다. 시위대는 자신들을 방어하고 대열을 지키기 위해 화염병을 만들어 던졌다. 빈 병에 등유나 시너를 넣고 솜뭉치로 틀어막은 다음, 그 솜에 불을 붙여 던지는 식이었다. 화염병은 포물선을 그리며 날아가 작은 불폭탄이 되어 터졌다. 화염병이 불타는 동안만큼은 진압경찰이 시위대 쪽으로 다가오지 못했다. 마스크를 쓴 대학생이 화염병을 던지는 모습은 과격함의 상징으로 곧잘 비판받기도 했다. 어릴 때 간혹 내가 목격한 시위현장도 살벌한 느낌으로 남아 있다.

어쩌랴. 그 시절 권력자의 불의는 상식의 밖에 있었고, 권력자의 의지를 실행하는 기관의 인권유린은 무자비했다. 작정하고 국민 목숨까지 앗아가던 국가폭력 앞에서 그에 대항하는 몸짓도 처절하고 과격할 수밖에 없었다. 그래도 국민의 저항은 대부분 바위에 계란 치기와 같았다. 오죽하면 자신을 죽여서까지 불의를 고발한 열사들이 한두 명이 아니었을까. 극단적인 저항으로 양심의 소리를 따랐던 사람들. 금남로를 거쳐 망월동으로 가는 여정은 광주가 고단한 열사들에게 건넨 최선의 위무였다.

5·18을 가슴에 품고 시대의 불의를 걷어내려는 이들을 나는 '오월시민'이라고 불러본다. 당연히 광주사람만을 지칭하지 않는다. 5·18의 진실을 알고 난 후 자기 삶을 새로 쓰기 시작했다고 고백하는 사람들, 5·18의 정신을 일상에 구현하려고 노력하는 사람들이 모두 오월시민이다. 화염병을 던지면서까지 절박하게 의사표현을 해야 하는 상황은 확실히 과거형이 된 것 같다. 폭력적인 권력을 무너뜨리며 점점 인간의 얼굴을 닮은 사회를 만들어왔기에 가능했을 것이다. 2017년의 시민들은 작게 빛나는 촛불만으로 평화롭고도 강력한 혁명의 역사를 만들었다. 오늘날 오월시민들은 다양한 모습으로 태어나고 있다.

2018년, 검찰 내 성추행과 보복인사를 폭로한 서지현 검사가 그해 들불상 수상자로 선정됐다. 들불상은 들불야학 일곱 열사들의 정신을 계승하고 기리는 상이다. 서지현 검사의 폭로 이후 한국 사회 각 분야에서 미투(me too) 운동이 활발히 일어났다. 서 검사는 망월동 국립5·18묘지에서 영령들에게 참배하고, 상을 받은 후 소감을 밝혔다.

"1980년 5월 저는 이곳 광주에 있었습니다. 여덟 살 어린 나이였지만, 그 5월의 함성과 공포는, 피와 눈물은, 여전히 기억 속에 새겨져 있습니다. 공포가 끝났던 5월 어느 날 화정동 아파트 베란다에서 느꼈던 그 시리도록 따사롭던 햇살은 여전히 온몸에 남겨져 있습니다. 그 5월의 기억은 어린 저에게 모두의 생명과 삶은 소중히 여겨져야 한다는 것을, 모두의 일상과 평화는 그 무엇보다 귀하다는 것을, 강자가 그 어떤 이유로도 무력과 공포로 약자들의 삶을 함부로 망가뜨리고, 그 입을 틀어막아서는 안 된다는 것을 아리도록 알게 해주었습니다."

여기저기서 오월시민들이 끝없이 태어나고 있다. 그들이 진화하는 모습을 목격하는 일은 행복하다. 앞으로 망월동 가는 길은 더욱 나른하고 평화로워질 것이다. 어린 오월시민들이 망월묘역에서 웃음기를 거두고 정색하고 '정숙'하는 대신 봉분 사이를 마음껏 뛰어놀며 그들만의 인사법으로 오월 영령들과 친해지기를, 그들만의 빛깔로 오월을 구현해가기를 꿈꿔본다.

금남로 옆 골목의 자그만 영흥식당(1986~2018)은
오월시민들이 만나고 사랑한 선술집이자 주점대학이었다.
임남진, 영흥식당, 2006, 220×240 한지에 채색

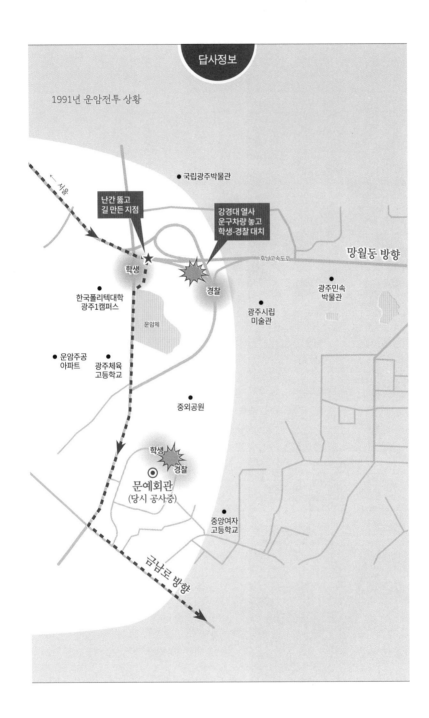

답사정보

1991년 운암전투 상황

● 국립광주박물관

난간 뚫고
길 만든 지점

강경대 열사
운구차량 놓고
학생-경찰 대치

학생 ★

경찰

한국폴리텍대학
광주1캠퍼스

운암제

광주시립
미술관

광주민속
박물관

호남고속도로   망월동 방향

● 운암주공
아파트

● 광주체육
고등학교

중외공원

학생
경찰

문예회관
(당시 공사중)

중앙여자
고등학교

금남로 방향

◉ 망월동 5·18 구묘역(민족민주열사 묘역)

행정구역으로는 수곡동이지만 '망월동'으로 유명하다. 과거 전남 담양군 망월리가 광주로 편입된 후 시립묘지 이름으로 붙었기 때문. 망월시립묘지는 1977년부터 조성돼 9묘역까지 있는데 5·18희생자들은 그중 3묘역에 묻혔다. 1997년 도로 건너 5·18 신묘역이 생겼다. 이한열 열사를 시작으로 여러 열사들이 이곳에 안장되면서 '민족민주열사 묘역'으로도 불린다. 묘지 입구에 광주시가 2015년 민족민주열사 유영봉안소를 개관했다. 망월동에 안장된 민주열사 47명(2019년 현재)의 영정과 삶의 자취를 볼 수 있다.

ⵣ 김철수 열사(1973~1991)

민족민주열사 묘역을 천천히 둘러보면 여러 사연을 가진 열사들을 만나게 된다. 한 명 한명 내용을 읽어보기를 권한다. 가령 1991년 공안 정국 때 사망한 젊은 열사(박승희, 김철수, 윤용하, 정상순)들이 영면하고 있다. 그중 김철수 열사는 전남 보성군 보성고등학교 3학년생이었다. 전교조와 참교육 운동에 적극 참여하던 고등학생으로서 5·18민중항쟁 11기 추모행사 때 '노태우 정권 퇴진'을 외치며 자신의 몸에 불을 붙였다. 그는 친구들에게 "잘못된 교육을 계속 받을래?"라고 외치며 쓰러졌다.

◉ 국립5·18민주묘지

1997년에 완공돼 구묘역으로부터 이장을 마쳤다. 시립묘지였다가 2002년 국립묘지가 됐다. 2019년 겨울 현재 840여 영령이 안장돼 있다. 영혼결혼식을 올린 영령은 네 쌍이다. 청소년 사망자는 18명이며 최근 출신학교에 추모비를 세우고 있다. 영령은 크게 세 유형이다. 5·18 당시 사망한 희생자, 부상을 입거나 구속돼 고초를 겪다 죽은 유공자, 항쟁 직후 5·18 진상규명에 헌신한 사람 중 유공자로 지정된 사망자 등이다. 한국 언론인의 스승 리영희는 5·18 때 구속돼 고초를 겪은 유공자, 들불야학 신영일은 진상규명에 헌신한 유공자로 분류된다. 국내 국립묘지 10곳 중 이름에 '민주'가 붙은 곳은 국립3·15민주묘지(창원), 국립4·19민주묘지(서울), 국립5·18민주묘지 등 세 곳이다.

◉ 1991년 운암전투 현장

호남고속도로 서광주 나들목 아래 중외공원이 있다. 학생시위대는 고속도로 나들목 난간을 뜯고 길을 만들어 강경대 열사의 운구차가 중외공원 호수 옆을 통과해 큰 도로에 이르도록 했다. 국립광주박물관 주차장에 차를 세우고 고속도로 위 다리에서 내려다보면 서광주 나들목과 공원 일대를 조망할 수 있다.

영화 『1987』과
두 도시 이야기

6월항쟁

●●●

대학 새내기 연희(김태리)는 화사한 니트를 입고 시내에 나간다. 처음으로 소개팅을 하는 날이다. 하필 거리에서 대학생들 데모가 벌어진다. 최루탄 연기에 캑캑대던 연희는 백골단에 머리채를 잡혀 질질 끌려가다가 멋진 시위대(강동원)의 도움으로 위기를 모면한다. 나중에 알고 보니 같은 대학 선배였다. 그가 홍보하는 만화동아리에 찾아간 연희는 거기서 비밀스럽게 틀어주는 '광주 동영상'을 시청한다. 5·18 광주의 기록이다. 충격으로 얼어붙지만 동아리에 가입하지는 않는다. 나중에 집으로 찾아온 그 선배에게 연희는 볼멘소리로 묻는다.

— 데모하면 세상이 바뀌어요? 그렇게 나서서 잡혀가기라도 하면, 가족은 안 중요해요?

그랬던 연희는 영화 마지막에 거리로 나서서 시위대에 합류한다. 주먹 불끈 쥐고 구호를 따라 외친다. 2017년 개봉된 영화 『1987』은 1987년 6월항쟁에 관한 이야기다. 실제 역사, 그것도 정치사를 다룬 영화가 흥행몰이까지 하고 화제도 됐다. 연희는 가상의 인물이지만 사건과 주요 인물은 모두 실제 그대로다. 영화는 항쟁의 막이 오르는 6월 10일까지를 다룬다. 냉소적이었던 연희가 광장에 서기까지를, 그 시절 평범한 시민들의 분노가 항쟁의 에너지로 모여 화산으로 폭발하기까지를 보여준다.

영화『1987』과 6월항쟁

1987년은 전두환 정권 7년째이자 마지막 해였다. 연말에 예정된 대통령 선거는 국민들의 몫이 아니었다. 전두환이 개정한 제5공화국 헌법은 박정희 유신헌법의 유사품이었다. 연임 규정은 사라졌지만 여전히 정부의 소수 박수부대가 '체육관 선거'로 대통령을 뽑았다. 대통령의 권한은 실로 막강했다. 국회 해산권, 비상조치권, 법관 임명권 등을 모두 가져 삼권분립이 아니라 삼권독식이었다. 특히 비상조치권은 박정희 유신 때의 긴급조치와 다를 바 없었다. 이런 꼴을 그대로 둔다면 1987년 말 저들만의 권력 이양 잔치를 지켜봐야 할 판이었다.

더이상 군부세력에 휘둘릴 수 없다는 목소리가 절실했다. 5·18 이후 1980년대를 뜨겁게 달군 민주화투쟁이 만들어낸 분위기였다. 반드시 헌법을 뜯어고쳐 정부 선택권을 돌려받아야 한다는 공감대 위에서 개헌운동이 추진됐다. 1984년 재야 정치인 김대중과 김영삼은 민주화운동 세력들의 지지를 얻어 '민주화추진협의회'를 만들고, 이를 바탕으로 신민당을 창당했다. 전투력 강한 야당을 표방한 신민당은 1985년 2월 12일 총선에서 전두환이 급조한 여당인 민정당을 꺾어버렸다. 개헌을 열망하는 국민들의 표심이 만든 돌풍이었다. 신민당과 민추협은 전국을 돌며 1천만 서명운동을 벌였다. 신민당 각 시지부 사무실 현판식을 열면서 개헌서명을 함께 받았다. 아니 서명을 받기 위해 현판식을 여는 전략이었다. 점잖은 이 현장에마저 경찰이 들이닥쳐 서명대를 뒤집어엎고 때려 부쉈다.

전국적인 열기에 아랑곳없이 전두환은 기존 헌법을 고집했다. 급기야 1987년 4월 13일 '호헌조치'를 발표했다. 영화 『1987』에도 당시의 발표 장면이 나온다. '본인은 이번 임기 내에 사실상 개헌이 불가능함을 인정하며…'로 시작하는 전두환의 엄포는 앞으로 개헌 운운하는 것들을 가만두지 않겠다는 선전포고와 같았다.

1980년대 한국 도시의 거리는 시위대의 구호로 쩌렁쩌렁했다. 5·18 진상규명! 독재타도! 민주쟁취! 미군철수! 전방입소교육 반대! 국가보안법 철폐! … 여기에 '호헌철폐!'가 더해졌다. 전두환 정권은 무엇이든 가만 놔두지 않았다. 언론사에는 '보도지침'을 내려 정부에 비판적이거나 불리한 내용을 보도하지 못하게 했다. 밝은 거리에서는 시위대에 최루탄을 쏘아대고 몽둥이로 때리며 잡아갔고, 어두운 음지에서는 민주인사들과 운동권 학생들을 추적하고 덮쳐서 잡아갔다. 국가안전기획부, 경찰청 대공수사과, 내무부 치안본부 등 소위 국가 안보를 위해 일한다는 조직들은 사실상 전두환의 충복으로 활동했다. '남영동 대공분실'은 민주인사들을 가두고 고문하는 공간으로 악명이 높았다.

영화 『1987』의 시작은 1987년 1월이다. 운동권 대학생 박종철(여진구)이 대공수사과 형사들에 잡혀가 남영동 대공분실에서 물고문을 받다가 사망했다. 시신을 얼른 화장시켜 사건을 은폐하려는 대

시국을 외면했던
대학생 연희(김태리)가
6월항쟁의 거리에 나서는
과정을 보여준 영화 「1987」

공수사과와 '위쪽'의 실세들, 그리고 진상을 밝히려는 검사, 의사, 기자, 교도관, 종교인, 운동가들의 밀고 밀리는 추적과 싸움이 벌어진다. "책상을 탁! 치니 (학생이 놀라서) 억! 하고 죽었다." 당시 박처원 치안감(김윤석)의 사인 발표는 희대의 조롱거리가 됐다. 사건은 점점 세상에 드러나기 시작하고 '윗분' 전두환은 심기가 매우 불편했다. 그렇지 않아도 온 국민이 헌법 고치라고 시끄럽게 구는 것도 참을 수 없는데, 고작 대학생 하나 죽은 일도 제대로 처리하지 못하고 있으니 말이다. 그러나 그 청년이 심장마비가 아니라 물고문을 받다 질식사했음이, 가담한 형사들이 한둘이 아님이, 사건을 덮으려 한 '윗선'들의 파렴치함이 결국 모두 드러났다. 추적하는 사람들에 의해서.

D-day 5월 18일. 민주인사들은 서울 명동성당에서 5·18항쟁 7주기 추모식을 열고 박종철 군 고문치사 사건의 진상을 폭로한다. 숨막히는 공안통치에다 호헌 고집, 국민을 죽인 게 들통 나도 탁!이니 억!이니 하는 철면피로 넘어가려는 정부…. 더는 참을 수 없다. 마침내 항쟁의 막이 오른다. 첫 싸움은 6월 10일 국민대회다. 오후 6시, 전국 주요 도시에서 일제히 종을 울리며 집회를 시작하는 장면에서 영화는 끝난다.

실제의 항쟁은 6월 말까지 계속됐다. '호헌철폐! 독재타도! 민주쟁취!'라는 구호가 20일 가까이 전국을 흔들었다. 최루탄을 아무리 쏘아대도 시위대는 도망가지 않았다. 시작은 민주인사들과 운동권 대학생들이었지만, 남녀노소 시민들이 가세해 온 국민의 항쟁이 됐다. '넥타이 부대'도 생겨났다. 최루탄도 바닥나고 동원할 경찰도 부족하고 유치장도 가득 찼다. 전국이 동시에 시위를 해대니 경찰도 도리가 없었다.

전두환이 결국 백기를 들었다. 6월 29일 전두환의 후계자인 노태우 민정당 대표는 대통령 직선제 즉각 수용, 김대중 사면복권, 모든 시국사범 석방, 언론자유 보장, 지방자치제와 대학의 자율화, 정당활동 보장 등의 내용을 발표했다. 6·29선언이다. 국민들이 승리했다. 전두환과 노태우의 치밀한 셈법에서 나온 기만적인 선언이라는 평가도 있지만, 어쨌든 이를 계기로 헌법 개정이 이뤄졌다.

대한민국 헌법 역사에서 9차 개헌이었다. 여야 합의로 개정된 이 헌법은 5년 단임제의 대통령 직접선거제를 채택했다. 국민들이 1인 1표를 행사해 직접 대통령을 뽑을 수 있게 됐다. 또 국회 국정감사권을 부활시켜 대통령과 정부 권력을 견제할 수 있게 했고, 국민 기본권도 확대했다. 이 헌법은 지금까지 우리 사회의 뼈대를 이루고 있다. 우리는 '87년 헌법'을 기초로 한 '87년 체제'에 살고 있다. 우리나라가 굴러가는 방식이 대체로 합리적이라고 여긴다면, 그 틀인 87년 헌법이 합리적이라는 뜻이다. 30년이 더 지난 지금 87년 헌법을 고쳐야 한다는 요구도 크다. 이는 시대 변화를 반영할 때가 됐다는 뜻이지 헌법 자체가 불합리하다는 뜻은 아니다.

영화 속 사람들, 즉 실제 1987년의 사람들은 박종철 고문치사의 진상을 밝히기 위해 온갖 위험을 무릅썼다. 사악한 사건을 은폐하도록 놔둘 수 없었기 때문이다. 한편으로는 전 국민적 공분을 극적으로 모아냈다. 1980년 5월에 정부가 저지른 희대의 학살을 기억하는 자리에서 그 정부의 1987년 살인사건을 폭로해 국민들의 분노를 폭발시켰다. 싸움에는 전략이 필요하다. 영화 속 연희와 같은 보통사람들은 아무리 불의에 속이 뒤집어져도 대체로는 꾹 참고 살아간다.

1987년의 내가 대학 새내기였다 해도 연희와 마찬가지였을 것 같다. 그러다 인내의 한계치를 넘어서는 불의를 목격했을 때는 마침내 박차고 일어서게 된다. 연희는 운동권 선배에게 감화되고, 삼촌이 형사들에게 짓밟히면서 끌려가는 것을 보고, 본인도 낯선 곳에 내던져지면서 마침내 거리로 나선다.

1987년의 투쟁 지도자들은 조직적인 지휘부가 필요하다는 것도 잘 알았다. 7년 전 홀로 고통받았던 광주의 싸움을 기억했다. 명동성당에서 박종철 고문치사 사건의 진상을 폭로한 지 열흘 후인 5월 27일, 경찰의 추적을 따돌리고 민주인사 150여 명은 서울 향린교회에 모여 '민주헌법쟁취국민운동본부'(국본)의 창립 선포식을 열었다. 전국 주요 도시에는 국본 지부가 만들어졌다. 신속하고 조직적이었다. 이제 일반 시민들은 국본의 지침을 따르면 됐다. 연희나 나처럼 분노는 치미는데 뭘 어떻게 해야 할지 모르는 사람도 지역 국본의 소식을 기다렸다가 운동화 끈을 고쳐 메고 뛰어나가면 됐다.

평소 시위를 해보지 않은 사람들은 주먹을 불끈 쥐는 일도, 구호를 외치는 것도 낯설고 어색하기 마련이다. 국본은 구호를 '호헌철폐! 독재타도! 민주쟁취!'로 간단하게 통일했다. 외치기 쉬우면서도 가장 절실한 내용이었다. 오늘날은 촛불시위 광장에서 다양한 사람들이 저마다의 의견을 발언대에 올린다. 복잡하고 정교해진 현대 사회에서 촛불시위는 의견들의 전시장 역할을 하고 있다. 1987년의 광장은 단순하고 일사불란해야 했다. 정부 자체가 거대 악이었으니 다 같이 한 목소리로 힘을 합쳐 밀어내야 했다. '독재타도'와 '민주쟁취'로 거대 악을 치워낸 오늘의 광장에서 후대들은 다양한 목소리를 높인다. 백인백색의 고충들이 공유되고 있다.

국본이 집회일을 6월 10일로 정한 것은 그날이 정부 여당인 민정당의 전당대회 날이었기 때문이다. 신군부의 2인자 노태우를 전두환의 후계자로 정식 추대하는 저들의 잔치가 정오에 열렸다. 국본은 그에 반대하는 의미로 그 시각에 타종을 하기로 했다. 교회마다 사찰마다 42회씩 종을 쳤다. 1945년 이후 제대로 된 민주국가를 세우지 못한 회한과 반성의 세월 42년을 의미하는 숫자였다.

정식 집회 시각은 오후 6시였다. 직장인들도 퇴근 후 참여할 수 있게 저녁으로 잡았다. 오후 6시는 관공서의 국기 하강식 시각이기도 했다. 애국가 사이렌이 울리면 모든 국민이 하던 일을 멈춘 채 가슴에 손을 얹고 '국기에 대한 맹세'를 해야 했다. 군사정권이 국민을 길들이는 일상의례 중 하나였다. 친구들과 신나게 딱지치기를 하다가도 어디선가 애국가 사이렌이 들리면 딱지를 내려놓고 경건히 가슴에 손을 얹던 어릴 적 나를 돌이켜보면 우습기 짝이 없다. 국본은 바로 그 국기 하강식 시각에 군사정권의 '성스러운' 의식을 뭉개는 이벤트를 벌였다.

누구나 편하게 시위에 참여할 수 있도록 여러 가지 방법이 고안됐다. 운전 중인 사람은 경적을 울리게 했다. 집회 노래는 운동권 가요 대신 국민 모두가 아는 애국가를 택했다. 집에 있는 사람들은 저녁 9시에 TV 끄고 소등하기 지침을 따랐다. 왜 9시였을까. 당시 저녁 KBS뉴스는 '땡전뉴스'라는 비아냥을 들었다. 시계가 저녁 9시를 땡! 친 뒤의 첫 뉴스가 늘 전두환 대통령의 그날 동정이었기 때문이다. 군사독재 정당과 국기하강식과 땡전뉴스를 거부하며 국민들은 항쟁을 축제처럼 시작했다.

현대 한국사를 크게 바꾼 민중운동으로 흔히 세 가지의 사건을 꼽는다. 1960년 4·19혁명 때는 지휘부가 없었다. 20년 후 5·18 때는 지휘부가 항쟁 중간에 생겨났다. 7년 후 6월항쟁 때는 지휘부를 미리 만들어 시위를 기획했다. 역사적 경험의 학습효과였다. 그 힘으로 한국 민주화 투쟁사에서 가장 조직적이고 치밀하고 대규모인 항쟁을 수행했다.

뜻밖의 비극도 발생했다. 첫 국민대회를 하루 앞둔 6월 9일, 연세대 정문 앞에서 2학년생 이한열이 경찰의 최루탄을 머리에 직격으로 맞고 쓰러졌다. 6·10대회 참가를 결의하는 연세대생들의 집회였다. 피를 흘리며 쓰러진 이한열과, 그를 일으켜 세운 동료 학생의 사진은 기자의 카메라에 찍혀 6월항쟁의 상징적인 모습이 됐다. 6월 10일 날이 밝은 뒤, 중태에 빠진 대학생의 소식은 항쟁에 공분의 기름을 부었다. 6월항쟁은 박종철과 이한열이라는 두 젊은이의 희생을 딛고 나아갔다.

박종철은 부산 출신으로 서울대 언어학과에 재학 중이었고, 이한열은 광주 출신으로 연세대 경영학과에 다니고 있었다. 이한열은 전남 화순에서 태어나 광주 동산초-동성중-진흥고를 나왔다. 응급실에서 버티던 그는 결국 7월 5일 눈을 감았다.

항쟁 무대는 전국 곳곳이었다. 6·29 선언을 끌어내기 전까지 주요 도시마다 크고 작은 시위가 계속됐다. 그중 굵직한 시위가 세 차례였다.

첫 포문을 연 6·10 국민대회는 전국 22개 도시에서 총 24만 명이 참여했고 3,800여 명이 연행됐다. 국본은 그 다음 6월 18일 시위의 이름을 '최루탄 추방 국민대회'로 붙였다. 최루탄에 맞아 중태에 빠진 이한열 학생이 계기였다. 전국 16개 도시에서 대규모 시위가 벌어졌다. '최루탄 공화국'이라는 오명을 얻을 정도로 평소 시민들이 최루탄에 많이 시달리던 터라 호응이 컸다. 경찰은 집회 명칭이 무색하게 최루탄을 무자비하게 쏘아댔다. 6월항쟁 기간 동안 전국에서 총 35만 발이 발사됐다. 하루 평균 2만 발의 맵고 독한 연기가 국민들을 괴롭혔다. 마지막 대형집회는 6월 26일 전국평화대행진이었다. 무려 37개 도시 270여 곳에서 130만 명이 넘는 시민들이 싸웠다. 항쟁 기간 중 최대 규모였다.

1987년 6월 우리나라는 방방곡곡이 뜨거웠다. 도시는 저마다의 6월을 기억하게 됐다. 각 지역마다 역사와 문화가 고유하기 때문에 같은 날의 승리라도 빛깔이 달랐다. 6월항쟁의 기록물이 주로 서울에 집중된 점은 그래서 아쉽다. 물론 서울은 국본 전국 지휘부의 근거지였고 정권과의 최전방 전투지였다. 국내외 언론의 이목이 집중되는 곳이니 싸움의 전시효과도 가장 컸다. 그래도 전국의 시위들이 없었다면 6월항쟁은 이어갈 수 없었다.

끝장을 본 전남, 선배다운 광주

전남이 뜨겁지 않을 리 없었다. 특히 항쟁 후반 들어 전남은 어느 지역보다 치열하고 절박해졌다. 6월 18일 목요일의 '최루탄 추방 국민대회'가 끝나고도 그 주말 전남 주요 도시들은 시위로 끓어올랐다. 정부가 또 계엄령을 발동할지 모른다는 소문이 서울 쪽부터 내려왔고, 국무총리도 '비상한 각오를 할 수밖에 없다'며 최후통첩을 하듯이 담화문을 발표했지만 전남은 아랑곳하지 않았다. 결사투쟁 분위기였다. 광주 시내에선 주말 동안 20만 명이 집회에 나섰고, 비 내리는 밤까지도 1만여 명이 횃불을 들고 시위를 벌였다. 농촌지역에서도 농민단체들이 주축이 돼 읍내에서 시위를 벌였다. 다른 지역들이 숨을 고르며 수위를 조절하던 것과 사뭇 달랐다.

끝장을 보겠다는 기세였다. 6월 26일 전국평화대행진 때 광주에선 30만 명이 거리로 나왔다. 5·18 이후 최대 인파였고 서울, 부산과 함께 최대 격전지가 됐다. 목포, 순천, 여수, 광양, 무안, 완도, 곡성 등지까지 전남사람 40만 명이 거리로 나온 날이었다. 주요 도시들은 다음 날, 그 다음 날까지 계속 시위를 이어갔다. 6월 29일 노태우의 선언이 나오고서야 시위를 멈췄다. 정말로 끝장을 봤다. 1980년 5월의 트라우마가 여전할 텐데, 전남이 주목되고 있는데, 또 계엄령 소문이 돌기 시작하는데….

– 6·10대회 이후로 광주도 소강상태였습니다. 노동운동계 사람들은 퇴근 후에도 계속 투쟁을 이어가긴 했지만요. 6·18 집회 때 각성하고 긴장하는 분위기가 커졌어요. 전국이 이렇게 가라앉다가는 이번에도 질지 모른다는 위기감이 들었어요. 그때부터 광주와 호남이 달아올랐습니다. 횃불까지 들었으니까요. (김영집 광주전남6월항쟁기념사업회 이사)

여수와 순천과 광양도 두렵지 않았을까. 광주가 5·18의 후유증을 겪고 있었다면 이 도시들은 '여순사건'의 상처를 안고 있었다. 인명피해는 말할 것도 없고 지역사회가 오래도록 상처와 차별로 고통을 받았다. 이후 사회적 이슈에 목소리를 내는 데 주저할 수밖에 없었다. 그런 여수와 순천과 광양도 6월항쟁 후반부 시위가 폭발했다. 1948년 이후 처음이었다.

- 일부는 도로를 점거하고, 일부는 여전히 골목에 숨어서 지켜보는 사람도 있었고요. 시민들에겐 피해의식이 집단무의식처럼 있었으니까요. 저항은 곧 죽음이다, 라는 생각요. 그런 상태에서 사람들이 시위에 나선 것입니다. 아, 시대는 변할 수 있구나, 하는 생각을 했습니다. (여수 권동채)

- 시위하다가 배가 고플 때쯤 제과점에서 빵이 막 쏟아졌어요. 뭉클하고 눈물이 났습니다. (순천 안세찬)

시위대 규모는 대도시 광주와 비교하기 어렵지만 '여수와 순천과 광양도 뒤집어졌다'는 사실만으로도 큰 사건이었다. '심지어 여순사건의 상처를 가진 도시들까지 일어섰으니 이번 싸움은 반드시 승리한다'는 확신과 자신감을 다른 지역에 안겨줬다. 도시마다 귀한 역할을 해낸 6월이었다.

6월광주는 '경험자'다웠다. 5월광주를 겪고 지난한 진상규명 투쟁을 벌여온 광주시민들의 역량은 한껏 성숙해져 있었다. 전두환이 짐짓 근엄하게 4·13 호헌을 선언하자 전국 민주화세력은 그 뻔뻔함에 어안이 벙벙했다. 반대와 규탄성명이 잇따를 때 광주가 신속한 행동으로 국면을 치고 나갔다. 광주 천주교대교구 신부들이 단식농성에 돌입했다. 신자들도 금남로 가톨릭센터 앞에 모여 단식에 합류했다. 일반시민들의 지지시위도 이어졌다. 광주 천주교계의 단식농성은 전국의 천주교, 개신교 등으로 퍼져나가 5월을 달궜다. 항쟁의 전초전이었다. 이때 광주 신부들이 성명서에 쓴 '동장부터 대통령까지 우리 손으로'라는 표현은 전국적인 슬로건으로 자리 잡았다.

광주는 항쟁 지휘부도 일찍 만들어냈다. 5월 18일 서울 명동성당

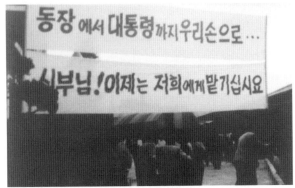

전두환의 4·13 호헌선언에 맞선 광주 천주교 사제단의 단식투쟁 지지시위에 나선 수녀들과 신자들 /
직선제 개헌을 위한 남동성당 특별미사 / 가톨릭센터가 감행한 5·18사진전을 찾은 시민들

에서 박종철 군 고문치사 사건의 진상이 폭로되고 있을 때, 망월동 묘역에서도 5·18 7주기 추도식이 열렸다. 놀라운 소식도 발표됐다. 개헌투쟁을 위해 주요 단체들을 아우르는 범도민 조직을 결성했다는 선언이었다. '4·13호헌조치 반대 및 민주헌법 쟁취 범도민 운동본부'였다. 사회운동단체들의 연대조직인 '전남사회운동협의회'를 중심으로 5월단체, 종교운동단체, 각 대학 총학생회 등 21개 단체가 결합했다. 광주전남 최대 재야단체였다. 투쟁 경험이 많은 광주 운동가들답게 효율적이고 신속하게 조직했다. 이들은 서울 쪽 인사들과 조율하며 투쟁 지휘부의 필요성을 강조하고, '샘플'을 먼저 만들어냈다. 전국 지휘부인 국본의 출범에 맞춰 광주전남 조직은 '국본 광주전남본부'로 이름을 바꿨다.

광주 천주교대교구가 5월에 처음으로 연 5·18 사진전은 항쟁의 불쏘시개가 됐다. 사진전을 보고 간 부산대교구의 박승원 신부는 그 사진들을 받아 부산 가톨릭센터에서 5·18 사진전을 열었다. 전시장에는 충격을 받은 부산시민들로 가득했다.

ㅡ6월 투쟁이 소강상태에 이르렀을 때 부산에서 시위가 다시 끓어올랐습니다. 5·18 전시회도 기름을 부었다고 봅니다. (박승원)

살벌한 진압에도 광주시민들은 의연했다. 광주의 6·10국민대회는 금남로에서 시작됐다. 오후 6시 가톨릭센터에서 타종소리 녹음을 내보내면서 막을 올리자, 진압 경찰들은 도로에 도열하고 앉은 수녀들에게 최루탄을 발사했다. 이날만이 아니었다. 경찰들은 5·18 영령 추모법회를 열고 있는 시내 원각사에도 쳐들어갔다. 대웅전에 난입해 스님들에게 최루탄을 발사했다. 이 사건은 광주 불교계도 항쟁에 참여하는 계기가 됐다. 무지막지한 폭력의 시연에도 광주는 물러서지 않았다. 7년 전 총을 든 군인과도 싸웠던 광주였다.

시내 광주은행 사거리, 서현교회, 원각사 등이 시위대가 주로 모이는 장소였다. 특히 서현교회 앞에는 매일 수천 수만의 함성소리가 퍼졌다. 최루탄을 뒤집어쓴 사람들이 예배 중인 교회로 피신하기도 했다.

- 학생들 데모하는 것이 목사인 내 마음에도 너무 힘들었습니다. 학생들은 저렇게까지 하는데 우리는 왜 그렇게 강하게 앞장서지 못하는가, 싶어서요.

서현교회 목사는 시위대 수백 명에게 숙식을 제공했다. 시내 골목의 가게들도 단합된 '요술'을 부렸다. 쫓기는 시위대가 골목으로 뛰어들면 닫혔던 셔터가 순식간에 위로 올라갔다. 시위대가 그 안으로 뛰어들면 상인들은 속속 셔터를 내렸다. 상인들은 길가에 물 양동이를 내놓아 최루탄 연기에 찌든 시위대가 얼굴을 씻게 해주었고, 치약을 준비해 눈가에 바르게 했다. 1987년 6월의 광주는 1980년 5월보다 더욱 단단한 공동체가 되어 있었다.

6월 23일에는 금남로에 택시 140여 대가 등장해 헤드라이트를 켠 채 경적시위를 벌였다. 택시마다 뒷유리에 '독재타도'라고 써 붙였다. 5·18 때의 차량시위가 재현된 것이다. 택시들이 도청 쪽으로 향하자 감격한 시민들이 뒤따르며 긴 행렬을 이뤘다. 노동자들은 일을 마치면 오후에 임동성당으로 다시 '출근'했다. 성당 마당에 모여 전열을 다듬고 시내로 진출해 야간 집회를 주도했다. 밤늦게까지, 때로는 새벽까지 시위를 하고 다시 일터로 출근했다. 고교생들도 물밀듯이 집회에 참여했다. 마치 4·19혁명 때처럼 학교를 박차고 나왔다. 대학생들은 그 어느 때보다 치열하게 앞장섰다. 5·18 때 어른들, 이모, 삼촌, 형, 누나 들의 투쟁을 지켜봤던 그들이 6월항쟁의 주역으로 성장했다.

　광주 집회장은 광주사람만의 무대가 아니었다. 광주는 전남의 가장 큰 도시였다. 각지의 사람들이 모여드는 전남의 다운타운이나 읍내와 같았다. 근처 화순, 담양, 함평 등의 젊은 농민들이 매일 광주에 시위하러 '출퇴근'하기도 했다. 낮에 모 심고 밭일하고 오후 대여섯 시에 버스나 기차를 타고 광주에 왔다. 아예 농민 200여 명은 광주공원에서 집회를 열고 '왜 농민들이 오늘 여기까지 올라왔는가'를 주제로 연설을 하기도 했다.

　어쩌면 6월 광주는 축제였다. 두들겨 맞고 끌려가고 최루탄 연기에 눈물 콧물 흘리는 게 즐거울 수 있을까마는, 광주시민들에게는 달랐다. 5·18을 겪은 것도 원통한 마당에 줄곧 '폭도의 도시'라는 누명과 오명에 시달려왔다. 몸이 힘든 것보다 고립감이 더 힘들었다. 그런데 1987년 6월에는 전국 모두가 싸우고 있었다. 혼자가 아니라는 안도감, 함께하고 있다는 연대감은 시위를 한편으론 축제로 만들었다.

　– 이번에는 되겠다, 정말 되겠다 생각했습니다. 전국에서 공동으로 타종하고 공동으로 경적을 울리는데 눈물이 났습니다. 다른 도시에서 10만 모였다, 20만 모였다, 이런 말 들으면 밥 안 먹어도 힘이 났어요. 아, 이제는 우리 고립되지 않겠구나 싶어서. (김영집)

항구도시 목포의 6월, 보랏빛 항쟁

　사실 1980년 5월 광주는 혼자 싸운 도시가 아니었다. 목포가 함께 싸웠다. 신군부가 광주를 봉쇄한 탓에 항쟁 당시에는 손을 맞잡기 어려웠을 뿐이다. 광주는 목포가 함께하고 있음을 알았고, 목포는 광주의 아픔에 함께하면서 독자적으로 항쟁을 꾸려나갔다.

항구도시 목포와 행정도시 광주는 전남의 양대 도시였다. 아니, 20세기 초반에는 목포가 전남 제1의 도시였다. 19세기 말 개항과 함께 태어난 근대도시였다. 일제강점기 때는 전라도를 넘어 전국에서 꼽히는 물류, 상업, 문화예술의 중심지였다. 목포의 표정은 해방 이후 특히 1960년대 들어 크게 바뀌었다. 박정희 정부가 추진한 경제개발은 서울-부산의 경부축을 따라 집중됐다. 전라도는 산업화의 대열에서 계속 뒤로 처졌다. 목포는 대열의 맨 뒤라 해도 과장이 아닐 만큼 밀려났다. 활기찼던 목포에 그늘이 드리워졌다.

목포는 김대중이 성장하고 거물 정치인으로 도약한 도시이기도 했다. 김대중은 1963년 목포에서 국회의원이 된 후 박정희 군사독재와 싸우는 전사가 됐다. 그의 이름 석 자에는 온 국민의 민주화 열망이 응축됐다. 박정희 대통령은 1960~70년대 내내 김대중을 제압하기 위해 전전긍긍했다. 1967년 국회의원 선거 직전에는 아예 국무총리와 장관들을 이끌고 목포로 내려와 국무회의를 열었다. 김대중 말고 정부 여당인 공화당 후보를 밀어달라는 구애였다. 한편으로는 협박이었다. 젊은 야당 정치인의 국회의원 당선을 막자고 대통령이 그 지역구로 가서 세 과시를 하다니, 매우 이례적이고 헛웃음이 나오는 일화였다.

목포시민들이 박정희의 물량 공세와 부정선거 시도를 막고 김대중을 지키려 했던 투쟁들은 특정 정치인 지지 이상의 의미를 가졌다. 목포와 김대중은 반독재 민주화투쟁의 길을 함께 간 동지였다.

그런 목포는 일찍부터 민주화운동이 활발했다. 주요 시국마다 재야 인사들, 종교계, 청년운동의 세 그룹이 섬세하게 협업했다.

1986년 6월 6일 정오, 목포역 광장에서 한 청년이 손가방에서 종이를 꺼내 큰 소리로 읽기 시작했다. '양심선언'이었다. 경찰들이 에워싸자 그는 자기 몸에 석유를 뿌리고 '우리의 주장'을 크게 외쳤다.

'각 민중, 민주화 단체 탄압을 중지하라, 각 민주인사를 사면복권하고 석방하라, 직선제 개헌을 단행하라, 5·18을 규명하라, 전두환 및 5·18 쿠데타 주동자는 물러가라!'

경찰이 달려들려 하자 그는 몸에 불을 붙이고 역 광장 모퉁이를 돌아 목포 민정당사를 향해 뛰었다. 불덩이는 수십 미터를 달려가다가 쓰러졌고 병원으로 이송됐다. 전신 95%의 화상을 입은 채 중환자실에 있던 그는 6월 25일 결국 숨을 거뒀다. 강상철 열사. 24세.

1987년 6월항쟁의 전주곡은 1986년의 전국적인 개헌서명 운동이었다. 신민당의 1천만 개헌서명 운동이 시작되고, 목포의 민주화세력도 분주히 움직였다. 1980년대 중반 목포 민주화운동은 크게 어른들과 청년들의 연합으로 진행되고 있었다. 재야인사들이 만든 '목포민주회복국민회의(국민회의)'와 청년들이 만든 '목포사회운동청년연합(목청련)'이었다. 목청련 사무차장이었던 강상철은 국민회의 청년국 차장으로 옮겨 개헌투쟁에 혼신을 쏟았다.

– 상철이는 개헌 현판식 지원을 하면서 여러 지역을 다녔는데, 개헌서명 정도로는 전두환 일당을 끌어내리기에 역부족이라고 생각했나 봅니다. 더 효과적이고 센 투쟁이 필요하다고, 자신이 할복이라도 하겠다고 저한테 그러더군요. 그런 생각 말라고 말렸지요. 내성적이

고 생각 깊은 친구였는데 고민이 컸나 봅니다. (곽재구)

가슴 뜨거운 젊은이의 눈에 세상의 부조리와 불의는 너무도 굳고 셌다. 곽재구 목포민주화운동계승사업회 이사장은 당시 목청련 조직국장이었다. 강상철 열사의 죽음으로 목포사회가 끓어오르려 하자 경찰은 시신을 탈취해 강제로 매장하려 들었다. 결국 재야인사들이 되찾아와 그의 고향 해남 산자락에 안장했다. 열사를 위한 추모예배도 장례행사도 모두 투쟁이 되었다. 장례행사를 치르려던 평강교회 일대가 봉쇄됐고, 최루탄으로 뒤덮였다. 1980년대 군사정권의 공권력은 고단한 망자를 보내는 길마저 전쟁터로 만들었다. 재야인사 안동해 목사는 단식농성에 돌입했다. 강상철 열사는 나중에 광주 망월동 5·18 구묘역인 민족민주열사 묘역으로 이장됐다.

'동아약국'은 목포 운동가들의 사랑방이었다. 목포 문화의 중심지인 '오거리'에서 멀지 않은 그곳에는 수시로 사람들이 드나들었다. 운동가들은 약을 사는 척하면서 조용히 묻곤 했다. "뭐 소식 있나요?" "이거 읽어봐." 약사는 민주화투쟁 정보가 가득한 유인물을 슬쩍 건네곤 했다. 경찰들은 늘 동아약국을 주시했다. 운동가들은 굴하지 않고 동아약국에서 시국을 논하고 투쟁 방향을 정하고 조직을 만들었다. 약사 안철은 목포 민주화운동의 거목이었다. 안동해 목사의 아들이자 기독교 장로이기도 했던 안철은 1970년대 중반부터 동아약국을 경영하면서 민주화운동의 한가운데로 뛰어들었다. 1977년에는 긴급조치 위반으로 투옥됐고, 1980년 5월에는 목포5·18 시민투쟁위원회 위원장으로 항쟁을 이끌었다. 이후 체포된 그는 광주교도소에서 단식투쟁을 벌였다. 수차례 옥살이를 하면서 얻은 병은 57세에 세상을 떠나게 만들었다.

목포 민주화운동의 대부 안철 목사가 자신의 약국에 마련한 박종철 열사 분향소 /
목포 6월항쟁의 가두시위

©곽재구

약사의 담대한 기질을 따라 동아약국은 곧잘 대담한 성토장으로 변신했다. 유인물 한 장만으로도 공권력은 국가보안법 위반을 걸어 징역 몇 년은 거뜬하게 때리던 시국이었다. 그러거나 말거나 안철은 약국 유리창에 '김대중 사면복권하라!'를 크게 써 붙였다. 개헌투쟁 때는 약국에 개헌 서명대를 설치했다. 돈을 벌면 운동 경비로 다 털어 넣었다. 거침없는 행동가였지만 심성이 여린 그는 강상철 열사의 추모행사가 저지된 후 오래도록 괴로워했다. 박종철 군 고문치사 사건이 벌어졌을 때는 약국에 분향소를 차렸다.

안철의 동아약국이 1987년 6월에 항쟁 지휘의 거점이 된 것은 자연스럽고 당연했다. 민주헌법쟁취국민운동본부 목포지부 사무실은 동아약국 건너편 건물 3층에 마련됐다. 안철을 포함한 공동의장을 중심으로 국민회의, 목청련, 종교계 등 목포 민주화세력이 모두 결합했다.

6월 10일 목포에도 대규모 인파가 거리로 쏟아져 나왔다. 1980년 5월 이후 처음이었다. 경찰당국이 전날부터 민주인사들을 집에 가두고, 고등학생 수업을 중단시킨 채 일찍 귀가시키고, 신안 경찰까지 동원해 집중 배치했어도 소용이 없었다. 1만 명을 넘긴 시위대는 시내를 휩쓸며 공방을 벌였다. 시민들의 투석전으로 파출소 여섯 곳이 파손됐다. 18일 최루탄 추방 국민대회 이후부터 호남지역 시위가 더욱 고조되기 시작했다. 목포시민들은 전국대회 이튿날인 19일에도, 그 다음날인 20일에도 시위를 벌였다. 고등학교는 다시 수업을 단축하고, 목포시는 저녁 9시 넘어 시가지의 가로등을 꺼버렸다. 경찰은 자정 넘어 시위대를 집단폭행해 연행했다. 다방면의 반격에도 시위는 동틀 때까지 이어졌다.

가두시위는 항상 목포역 광장을 목적지로 삼았다. 목포역 광장은 거리에 나선 시민들의 공간적 심장이었다. 집회가 예정되면 경찰은 역 광장으로 오는 길목들을 필사적으로 차단했다. 주요 도로를 점거한 시위대는 역 광장을 향해 진격하며 진압경찰과 밀고 밀리는 싸움을 벌였다. 금남로를 메운 광주시민들이 도청 광장을 향하는 것과 비슷했다.

26일 전국평화대행진 때는 2만여 명이 시내를 점령했다. 그동안 돌을 던지며 싸웠는데 이날 처음으로 화염병이 등장했다. 결사투쟁의 의지가 고조되고 있었다. 전국대회가 끝난 27일에도, 28일에도 시위는 계속됐다. 시민들은 끝장 투쟁을 위해 600개의 화염병을 준비했다. 그러나 다음 날 노태우의 6·29 선언이 발표되면서 싸움은 마무리됐다. 광주와 마찬가지로 목포도 끝장을 봤다.

그해 가을 전국 민주화세력은 대통령 선거에 집중했다. 전두환 세력이 재집권하는 것을 반드시 막아야 했다. 군부의 권력 도둑질을 응징하고 이제 민주국가다운 민간의 정권을 창출해야 했다. 여름내 온 국민이 최루탄 맞아가며 싸운 6월항쟁의 이유였다. 그런데 누가 민주화 시대의 대통령이 될 것인가. 김영삼이 먼저 출마를 선언했다. 한참을 고심하던 김대중도 출마를 선언했다. 재야의 운동가 백기완도 출마했다. 유신시대의 실세 김종필도 출마했다. 이 가운데 민주세력의 지지를 받으면서 현실적으로 당선 가능성이 있는 후보는 김영삼과 김대중이었다. 그러나 두 사람은 대선에 동시에 나오면 안 되었다. 두 사람 모두 걸출한 민주화 투사인지라 한 사람에게 몰표가 불가능했다. 결국 표가 양분돼 둘 다 패배할 수밖에 없었다. 이

득을 볼 사람은 노태우 후보뿐이었다. 국민들은 후보 단일화를 요구
했다.

목포 시민사회도 의견이 분분했으나 대체로 김대중을 단일후보로
지지했다. 투사 김대중과 함께해 온 정치적 동지의 도시다웠다. 목
포의 회한도 있었다. 박정희의 산업화시대 유독 소외되고 차별받아
왔다. 그 설움이 김대중에 대한 기대감으로 뭉치는 것은 자연스러웠
다. 대선일이 다가올수록 전국 시민사회는 긴장감이 돌았다. 김영삼
이든 김대중이든, 신군부의 재집권을 막기 위해서는 노태우의 대항
마가 한 사람이어야 했다. 6월을 수놓은 구호가 '호헌철폐, 독재타도'
였다면 11월은 '후보단일화'였다. 여기저기서 애타게 외쳤다.

대통령 선거일을 1주일 앞둔 1987년 12월 9일이었다. 목포대학교
후문에서 한 청년이 "군부독재 타도!"를 외치며 분신을 시도했다. 깜
짝 놀란 사람들이 이글거리는 그를 곧바로 병원으로 옮겼다. 청년은
화상이 워낙 심해 다시 광주 전남대병원으로 이송됐지만 다음 날 사
망하고 말았다. 박태영 열사. 21세.

박태영 열사는 목포대 경제학과 1학년이었다. 일찍부터 사회 참여
방식을 고민했던 그는 입학하자마자 학교 신문사 기자로 활동했다.
시대의 부조리를 자신의 방식으로 파헤치고 고발했다. 박태영도 기
대감을 안고 그 여름 6월항쟁에 참여했다. 항쟁 이후 청년의 얼굴에
그늘이 지기 시작했다. 후보 단일화가 지지부진하고 호남의 김대중
과 영남의 김영삼이라는 식의 지역 구도까지 생겨났다. 6월항쟁 때
는 온 국민이 하나가 되어 '군부독재 타도'를 외쳤는데 희망은 멀어
지고 분열만 엄습했다. 애초 6·29선언 이면의 노림수도 그 점이었다.
전두환과 노태우는 치밀했다. '대통령 직선제를 수용하는 동시에 김

대중을 사면복권해 풀어주면 된다, 그러면 김대중과 김영삼이 모두 출마할 것이다.'

박태영은 견딜 수 없었다. 이러다 전두환 일당이 승리하게 될 것 같았다. 그는 10월 29일부터 피켓을 들고 목포대 정문과 캠퍼스에서 1인시위에 돌입했다. '우리의 억눌림도, 갈라짐도, 분노도, 저항도, 시행착오도, 피 흘림도, 여기서 끝냅시다'라고 썼다. 학생들의 동참을 요구하며 수업도 거부하고 피켓을 들었다. 메아리 없는 날들이 쌓여 42일째 되던 날 박태영은 캠퍼스 한쪽에서 일기장과 사진첩 등을 태웠다. 그리고 자신의 몸을 불살랐다. 마지막까지 후보 단일화를 외쳤다. 6월항쟁의 첫 집회인 6·10 국민대회 때 전국의 종소리는 42번 울렸다. 해방 이후 왜곡된 시간 42년을 상징하는 횟수였다. 청년 박태영의 외로운 42일, 우연일 것이다.

24세 강상철이 목포 6월항쟁의 서막을 열며 산화했고, 21세 박태영이 목포 6월항쟁의 마지막을 두드리며 떠났다. 후보 단일화를 이루지 못한 채 대선은 그대로 치러졌고 노태우가 대통령이 됐다. 박태영 열사는 목포시민들이 마련한 장례를 거쳐 광주 도청 광장에서 노제를 지내고 망월동 민족민주열사 묘역으로 갔다. 그곳에는 강상철 열사가 먼저 잠들어 있었다. 목포의 6월은 어떤 빛깔일까. 나는 보라색을 떠올려본다. 냉철한 파랑, 열정의 빨강이 섞여 서늘하고 시린 보라색으로 빛나고 있는 것 같다.

목포의 1987년을 검색하면 '연희네 슈퍼'가 나온다. 영화『1987』촬영지 중에서 연희가 사는 가게 골목이 바로 목포 유달산 아래 주택가다. 시간이 1970~80년대에 멈춘 것처럼 낡고 오래된 골목이다. 이 도시가 가진 겹겹의 내면을 생각한다면 뒷골목 연희네 슈퍼로 목포의 1987을 기억할 수 없다. 수많은 연희들이 뛰어나와 6월을 달궜던 목포역 광장과, 목원동 공설시장과, 1호광장과 2호광장과, 연동교회와 평강교회와, 동아약국이 있다. 연희의 또래가 홀로 피켓을 들고 42일간 서 있었던 목포대학교가 있다.

　사회학자 김동춘 교수는 '5·18은 성공한 실패이고, 6월항쟁은 실패한 성공'이라고 표현했다. 5·18은 항쟁 당시는 비극적으로 진압됐지만 전국적인 민주화투쟁의 기폭제로 되살아났고, 6월항쟁은 환호로 막을 내렸지만 대선에서 실패했기 때문이다. 군부독재를 끝장내려고 애썼는데 결국 군부독재의 '합법적 재집권'이라는 결과를 받아들었다. 국민들은 5년 더 연장된 군사정권을 견뎌야 했다. 훗날 역사를 더듬는 우리는 '그래서 6월항쟁은 무얼 쟁취했지?' 하고 의아해할 수 있다. 그 결과가 한눈에 얼른 드러나지 않았기 때문이다.

　생각해본다. 1987년에 헌법을 고치지 못했다면 1992년에도 우리는 군부의 등장을 보아야 했을지 모른다. 운 좋게 민간 대통령이 등장한다 해도 그가 욕심을 부려 권력을 남용할 수 있다. 그럴 때 국회가 강하게 견제하지 못한다면? 군사독재 시대와 별다를 바 없을 수도 있다. 헌법 개정 외에도 6월항쟁은 한국 사회 다방면의 민주화를 촉진시켰다. 노태우 정권은 신군부의 핵심이었지만 전두환 정권 때만큼의 인권유린을 자행할 수는 없었다. 6월항쟁을 목도한 그는 국민의 눈치를 봐야 했다. 특히 온 국민이 운동주체가 되어본 6월은 매우 귀한 경험이었다. 각 도시마다 국본 지부를 씨앗으로 한 사회단체들이 탄생했다. 이제 자기 지역 문제를 살피는 흐름이 만들어졌다. 자치의 기반이 닦이기 시작했다.

춘래불사춘(春來不似春). 봄이 왔건만 봄 같지 않다는 뜻이다. 1988년 봄, 6월시민들의 마음이 그러했으리라. 승리는 참으로 더디게 온다는 것을 알겠다. 하지만 기어이 온다는 것도 알겠다. 한국의 봄을 당기기 위해 온몸을 던진 이들의 이름을 새싹 돋아나는 들판에 새겨본다.

(위) 서울에서 사망한 박종철 열사와 이한열 열사
(아래) 목포에서 사망한 강상철 열사와 박태영 열사. 6월항쟁의 보랏빛 희생

목포 민주화운동 주요동선

가수 이난영
생가터&노래비

목포북교
초등학교

목포양동교회

정명여고 후문
(박승희 열사 추모비)

목포 청년회관

트윈스타
(옛 공설시장)

목포역

목포 오거리

코롬방제과

목포문화원

오거리문화센터
(옛 동본원사·중앙교회)

동아약국

📍 광주 6월항쟁 주요 동선

서현교회는 광주천을 사이에 두고 금남로와 반대편에 있다. 6월항쟁 때 시위대가 출근하듯이 교회 앞으로 집결했고 광주천-(중앙로)-충장파출소-금남로4가-원각사 방향으로 나아가며 경찰과 대치했다. 교회 주변 사동 골목은 미로처럼 복잡해 숨어들기도 좋았다. 교회와 골목 주민들도 후방지원했다. 금남로4가역에 금남로공원이 있고 한쪽에 광주 6월항쟁 기념비가 있다. 금남로와 도청 광장이 광주 민주화시위의 전 시기를 관통하는 대표 동선이라면, 금남로와 직각으로 교차하는 서현교회 동선은 6월항쟁 때의 핵심 동선이었다.

📍 전남사회운동협의회(전사협)

1980년대 초중반 광주 사회단체들의 연대체. 이를 중심으로 1987년 6월항쟁 때 민주헌법쟁취국민운동본부(국본) 광주전남지부가 만들어졌다. 광주전남 국본은 1992년 민주주의민족통일 광주전남연합으로 발전했다. 전사협이 있던 북구 유동 광주YWCA 건물은 시민사회단체들의 둥지였다. 옛 도청 옆에 있던 광주YWCA가 독일 민주화운동 자금을 지원받아 1984년에 신축 이전했다.

📍 목포 민주화운동 주요 동선

목원동 정명여고 후문(박승희 열사 흉상) - 양동교회 - 목포청년회관 - 트윈스타(공설시장 터) - 목포역 광장 - 오거리문화센터(옛 동본원사, 옛 중앙교회)

1991년 분신한 전남대생 박승희 열사의 모교 후문에 흉상이 세워져 있다. 목원동 일대는 목포 도시 형성사에서 조선인 거류지이자 중심지였고, 근대 기독교 선교사들이 정착해 양동교회, 정명여학교, 영훈학교 등의 시설을 일군 곳이다. 일제강점기 이곳을 근거지로 학생과 청년들, 기독교인들의 항일시위가 활발했다. 목포 청년회관은 항일민족운동 단체였던 신간회 목포지회의 거점이었다. 군사독재 시기에도 학생들과 시민들은 목원동에서 시위대열을 만들어 목포역 광장을 향해 나아갔다. 특히 공설시장은 학생들의 집회 거점이었고, 상인들도 많은 지원을 했다. 일제강점기 때 3·1운동의 중심지도 공설시장이었다. 현재 시장 터에는 33층짜리 주상복합건물 '트윈스타' 두 동이 들어서 있다. 목포 원도심 활성화 사업의 일환으로 추진됐다. 동본원사는 일제강점기 때 지어진 일본식 절이며 나중에 중앙교회로 쓰였다. 5·18 때와 6월항쟁 때 민주화인사들이 모여 수시로 회의를 했다. 지금은 오거리문화센터가 입주했다. 동본원사가 있는 오거리 일대는 목포 문화예술의 중심지였다.

◎ 목포역 광장

목포의 핵심 광장이자, 광주의 도청 광장처럼 민주화를 염원하는 시민들이 모여드는 심장부였다. 1980년 5월에도, 1987년 6월에도, 1997년 12월 대선에서 김대중 후보가 당선됐을 때도 시민들은 늘 목포역에 모여들었다. 역사 건물이 증축되고 한쪽에 주차장이 조성돼, 지금은 광장 규모가 1980년대에 비해 많이 작아졌다. 매년 공설시장에서 열렸던 5·18 추모행사도 1989년부터는 목포역 광장에서 열리고 있다.

◎ 옛 동아약국

5·18 당시 시민투쟁위원회 위원장, 6월항쟁 때 민주헌법쟁취국민운동본부 목포지부 본부장 등 목포 민주화운동의 상징적 인물인 안철 씨가 운영한 약국이다. 약국 건너편 건물 3층에 6월항쟁 때 국본 목포지부 사무실을 마련했다. 2019년 재야운동단체들의 제안으로 목포시가 옛 동아약국을 목포민주화운동 전시실로 꾸렸다. 안철 위원장은 2002년 타계했다. 위치는 목포시 해안로 237번길 24

◎ 광주 망월동 민족민주열사 묘역

강상철 열사, 박태영 열사, 이한열 열사 등 1987년의 젊음들이 광주 망월동 민족민주열사 묘역(5·18 구묘역)에 잠들어 있다. 묘역 입구 유영봉안소에서 열사들의 삶을 구체적으로 살필 수 있다. 안철 목사는 국립5·18민주묘지에 잠들어 있다. 그는 5·18 직후 연행돼 고초를 겪었다.

⚲ 표정두(1963~1987) 열사

1987년 3월 5·18 진상과 미국 책임 규명, 군사독재 장기집권 반대를 외치며 서울 세종로 미국대사관 앞에서 분신했다. 신안 암태도에서 태어난 표정두 열사는 광주 호남대에 재학 중 집안 형편이 어려워져 공장에 다니며 야학운동을 했다. 열사의 추모비가 모교인 광주 쌍촌동 호남대 교정에 세워졌는데, 호남대가 광산구로 이전해 4년 동안 추모비만 덩그러니 서 있었다. 2019년 상무지구 5·18기념공원으로 추모비를 옮겨 세웠다. 25세 청년 표정두 열사는 5·18과 6월항쟁의 징검다리였다. 그도 망월동 민족민주열사 묘역에 잠들어 있다.

거목의 고향

김대중

•••

2009년 8월 18일, 난생처음 야구장에 갔다. 뒤늦게 야구 관람 재미에 빠진 터였다. 지금은 크고 멋지게 지은 '기아챔피언스필드'지만 그때는 광주 무등야구장이었다. 입장 무렵 노점상 가판대에 신문 호외판이 쌓이기 시작했다. '김대중 전 대통령 서거.' 한여름 삼복더위였다. 치어리더의 응원은 생략됐고 경기는 조용히 진행됐다. 추모의 의미라고 했다. 그날 경기는 타이거즈가 이겼다. 관중들은 특별히 비장하지 않았지만 신나서 들썩이지도 않았다.

경기 후반, 다른 좌석에서의 뷰는 어떨까 궁금해 돌아다녀 보았다. 호외판 신문지가 바닥에 떨어져 있기도 하고, 좌석에 깔려 있기도 했다. 신문 속 김 대통령의 사진도 덩달아 찌그러져 다른 사람처럼 보였다. 자리가 많이 빈 외야석에 앉아 보았다. 밝은 초저녁 하늘을 수놓은 경기장 불빛을 보니 저녁일까 낮일까, 구분하기 어려웠다. 내 멍한 느낌은 시대의 위인을 보낸 쓸쓸함 탓일까, 처음 와본 너른 공간에 압도된 탓일까. 역시 구분하기 어려웠다. 노무현 대통령이 서거한 지 석 달 후인 그날, 김대중 대통령도 떠났다. '민주정부 10년'을 나란히 이끈 두 지도자였다.

1982년 봄 프로야구를 출범시킨 사람은 전두환 대통령이다. 5·18의 원죄를 진 그는 국민 이목을 다른 데로 돌리고 싶었다. 자구책 중 하나가 프로야구였다. 의도야 어땠든 프로야구는 기존 고교야구의 인기를 금세 덮어쓰기했다. 한국 프로야구 역사상 전설적인 강자 '해태 타이거즈'는 광주전남의 홈팀이었다. 전라도 사람들은 무등경기장에서 목이 터져라 해태를 응원했다. 그 시간은 5·18의 후유증과 억울함을 푸는 시간이기도 했다. 5월에는 응원인지 시위인지 헷갈릴 정도로 절박했다.

해태는 이제 기아로 바뀌었다. 전력이 해태 시절만큼은 아니지만 기아 타이거즈는 여전히 최다 팬을 거느린 팀 중 하나다. 프로야구 출범의 뒷배경을 아는 사람도 줄어간다. 몰라도 상관은 없다. 이미 프로야구는 자기만의 맥락을 얻어 한국인과 함께 희로애락을 써 내려가고 있다. 프로야구를 출범시킨 전두환은 김대중을 5·18의 배후자로 조작해 사형시키려고 했다. 광주는 목포와 함께 김대중의 정치적 고향으로 불렸다. 광주 야구팬들은 목청껏 5·18과 호남 차별의 한을 응원으로 쏟아냈다.

한국 민주화의 큰 별이 진 저녁, 야구장 외야석에 앉아 그를 생각했다. 한편으로 궁금했다. 한국 사회는 왜 거인 김대중에게 유독 냉혹한 잣대를 들이댔을까. 한국 프로야구라는 현상 하나에도 참 많은 것이 얽혀 있어 한 마디로 규정하기 어려운데 말이다.

김대중(1924~2009)은 한국을 대표하는 정치인이자 민주화운동가이다. 20세기 끝무렵 대한민국 제15대 대통령(1998~2002년 재임)이 됐고, 2000년 겨울 노벨평화상을 받았다. 한국인 최초였다. 2009년 봄, 그는 고향 신안 하의도를 찾았다. 하의3도 농민운동기념관 개관식 축사를 하면서 자신의 85년 인생을 숫자로 요약했다.

"저는 다섯 번의 죽음의 고비를 넘겼는데 한번은 (1950년 한국전쟁 당시) 공산당이 목포를 점령했을 때이고 나머지 네 번은 군사독재자들에 의한 것이었습니다. 그리고 6년 반을 감옥살이를 했고, 20여 년을 연금과 감시 속에서 살았고, 3년 반의 망명생활을 했습니다."

산전수전이다. 민족 전체의 수난이었던 한국전쟁을 제외하고 본다면, 김대중은 자신이 택한 삶의 여정에서 네 번 목숨을 잃을 뻔했다. 1971년 5월 목포에서 중앙선을 넘어 질주하는 트럭을 피하다 교통사고를 당해 죽을 뻔했고, 1973년 8월 일본 도쿄에서 괴한들에 납치돼 살해당할 뻔했다. 며칠 후에는 바다 한복판으로 끌려가 돌과 함께 매달린 후 내던져질 뻔했다. 1980년 5·18 때는 정권을 탈취하려고 광주의 '폭동'을 조종했다며 사형선고를 받았다.

세 번이나 노골적으로 그를 죽이려 한 이는 박정희였다. 사법살인을 시도한 이는 전두환이었다. 군인 출신 두 독재자는 김대중을 간절히 없애고 싶었다. 제거할 수 없다면 가둬두고라도 싶었다. 김대중은 모두 6년 반의 감옥살이를 견뎠다. 박정희에게는 유신에 저항한 '죄'였고, 전두환에게는 권력탈취 과정에 걸림돌이 된 '죄'였다.

거물 정치인이자 민주투사인 그를 계속 가두자니 국내외의 비난이 만만치 않았다. 독재자들은 그를 석방하되 집에서 한 발짝도 나가지 못하게 했다. 감옥살이와 다를 바 없는 가택연금 조치였다. 그는 수시로 가택연금과 감시를 당했는데, 그 시간이 다 합쳐 20여 년이었다. 인터넷이나 모바일 같은 것이 없는 시대였다. 그는 집 담장 위로 올라서서 골목에 모여든 기자들과 인터뷰를 하고, 유선전화로 시국 성명을 발표했다. 외국으로 쫓겨 가기도 했다. 3년 반 동안 일본과 미국에서 망명생활을 하며 한국 군사독재의 실상을 알리고 싸웠다.

이도 저도 어려우면 독재자들은 자격을 빼앗았다. 발언할 마이크를 뺏고, 선거에 출마할 자격을 박탈했다. 김대중은 1954년 정치에 도전하기 시작해 우여곡절 끝에 1961년 강원도 인제에서 국회의원에 당선됐다. 불행히도 며칠 후 박정희가 5·16쿠데타를 일으켜 모든 정치활동을 정지시키고 당선도 무효로 만들어버렸다. 김대중은 다시 1963년 목포에서 국회의원에 당선됐다. 그는 제도권 정치인으로 출발했지만 이후 오래도록 재야 정치인, 즉 제도권 밖의 정치인으로 살았다.

오뚝이였다. 끝없이 위협받고 사지로 내몰렸지만 김대중은 지팡이를 짚고 절뚝절뚝, 모든 위기에서 살아 돌아와 민주화투쟁의 대열 앞에 섰다. 절뚝거리는 다리는 1971년 교통사고가 남긴 평생의 후유증이었다. 그의 투지는 국민을 열광시켰다. 그는 박정희 왕국 18년 내내 무소불위 군부권력과 싸웠다. 박정희 사망 후에는 전두환에 맞섰다.

한국 민주화투쟁의 대열을 이끈 사람들이 많다. 김수환 추기경, 문익환 목사, 지식인 장준하, 통일운동가 백기완, 시인 김남주 등 다양한 거인들이 독재에 저항하며 국민에게 용기를 줬다. 정치인 김대중은 그중 한 명이자 그 모두를 아우르는 지도자였다. 군사독재 시대 민주화를 열망한 사람, 투쟁에 뛰어든 사람, 심지어 목숨을 건 사람, 다친 사람, 투옥된 사람, 목소리를 빼앗긴 사람 그 모든 이들의 얼굴이었다.

20대 청년사업가 김대중 / 교통사고 후유증으로 지팡이를 짚고 / 40대의 명연설가 /
투옥된 남편 김대중의 구명을 위해 구속자들 가족과 거리에 선 이희호 /
5·18 배후 조종자로 몰려 사형선고를 앞두고 /
1987년에야 광주 망월동 묘역을 갈 수 있게 된 김대중, 5·18 유가족들을 만나고 김대중은 자신을 겁이 많은 사람이라고 표현했다. 1980년 내란음모죄로 법정에서 최종 선고를 앞두고 있을 때를 이렇게 회고했다.

"나는 재판장의 입 모양을 뚫어져라 보았다. 입술이 옆으로 찢어지면 사, 사형이었고, 입술이 앞쪽으로 튀어나오면 무, 무기징역이었다."

사형선고를 받을까 봐 무서웠다는 것이다. 30여 년 독재에 목숨 걸고 저항했던 거인의 '농담' 같은 고백이 인간적이다.

제아무리 강인한 투사라도 긴 길을 홀로 나아갈 수 없다. 동지가 필요하다. 인간 김대중의 동지는 아내 이희호(1922~2019)였다. 이희호는 일찍부터 주목받는 사회운동가이자 인권운동가였다. 흔히 그녀를 우리나라 제1세대 여성운동가라고도 하는데, 여성운동은 방대한 활동의 일부분이었다. 20세만 넘어도 '노처녀'라는 소리를 듣던 당시, 이희호는 사회운동에 매진하며 40세를 넘겼다. 그러다가 김대중과 결혼했다. 그녀의 고등학교 스승의 회고다.

"남자는 두 아이가 딸린 홀아비에 빈털터리였다. 남자의 전셋집에는 몸이 성치 않은 홀어머니가 있었고, 또 심장판막증으로 앓아 누운 여동생이 있었다. 미국 유학까지 갔다 와 여성계 지도자로 뻗어나가고 있는 이희호가 이런 궁색한 처지의 남자와 결혼한다니, 누구나 균형이 맞지 않는 일이라고 생각했다. 심지어는 눈물을 흘리며 안 된다고 말리는 사람도 있었다."

이희호는 민주주의와 평화통일에 대한 김대중의 원대한 꿈과 열정을 보았다. 힘이 되어주고 싶었다. 모두가 만류하는 결혼을 망설임 없이 밀어붙였다. 두 사람은 부부이면서 동지였다. 김대중의 투쟁은 늘 두 사람의 투쟁이었다.

광주 상무지구 김대중컨벤션센터 로비에는 김대중이 옥살이를 할 때 이희호와 주고받은 편지들이 전시되어 있다. 분명 우리말로 써졌는데 읽기가 어렵다. 글씨가 깨알 같아서 외계문자를 해독하는 수준이다. 한 달에 한 번밖에 편지를 쓸 수 없는 상황에서 김대중은 종이 한 장에 매우 작은 글씨로 많은 이야기를 담았다. 깨알편지에는 아내이자 동지인 이희호에 대한 존경이 담겨 있고, 이희호의 답장에는 남편이자 동지인 김대중에 대한 응원과 시국에 대한 염려가 담겨 있다. 김대중은 "아내에게 부끄러운 사람이 되지 않으려고 협박과 유혹을 뿌리쳤다"라며 "아내가 없었으면 나도 없었다"라고 회고했다.

신안 하의도_ 불굴의 의지 심어준 300년 투쟁

고향은 김대중에게 또 하나의 강력한 동지였다. 그에게 고향은 두 곳이었다. 신안 하의도와 항구도시 목포다. 고향은 한 인간의 육신뿐 아니라 감성과 세계관의 원형을 만들어내는 우주다. 고향의 의미는 누구에게나 묵직하다. 김대중에게 고향의 무게감은 특히 남달라 보인다.

김대중은 하의도에서 태어나 13세 때까지 자랐다. 신안은 우리나라에서 유일하게 섬으로만 이뤄진 지자체다. 오늘날 섬과 육지 사이에는 많은 다리가 놓이고 있다. 육지와의 접속은 섬살이에 천지개벽이다. 비바람이 거칠어도, 응급환자가 생겨도 발을 동동 구를 일 없이 차를 타고 육지의 병원에 갈 수 있다. 2019년 봄에 완공된 신안 천사대교는 무려 7km가 넘는다. 배로만 닿을 수 있었던 자은도, 암태도, 팔금도, 안좌도, 자라도가 줄줄이 천사대교와 연결되면서 육지화됐다.

하의도는 육지가 된 그 섬들보다 더 먼 바다에 있다. 여전히 배로만 닿을 수 있다. 김대중은 정치인이 된 후 하의도를 거의 찾지 못했다. 거물 정치인의 행보를 두고 사람들은 크든 작든 의미를 부여한다. 정치인이 아닌 자연인으로서 불쑥 고향 바닷가가 그리워 미칠 지경이라 해도 쉽사리 갈 수 없다. 그런 김대중은 대통령을 퇴임하고 인생의 마지막 해 봄이 되어서야 이희호와 함께 고향 가는 배에 올랐다.

그는 하의3도 농민운동기념관 개관식에 참석해 축사를 했다. 만약 김대중이 정치 현역에 있었을 때라도, 어쩔 수 없이 축전만 보냈다 하더라도 그의 마음은 한달음에 바다를 건너 개관식에 왔을 것 같다. 그만큼 하의3도 농민항쟁은 김대중을 포함한 하의도인의 정체성을 만든 중요한 역사였다.

어릴 때만큼 롤모델의 영향이 큰 때가 드물다. 그 대상은 TV 속 스타나 위인전 속의 위인일 수 있다. 소년 김대중의 롤모델은 곁에 있었다. 마을 어르신, 그 어르신의 부모, 그 부모의 부모까지…. 무려 300년 동안이나 불의에 맞서 포기하지 않고 싸운 고향사람들이었다. 일찍부터 김대중에게 역사와 삶, 위인과 이웃은 하나였다.

하의3도 농민항쟁의 시작은 400년 전으로 거슬러 올라간다. 1623년, 조선 인조 임금 때였다. 인조는 하의3도의 땅 24결을 정명공주에게 하사했다. 공주의 4대손까지 그 농토를 소유하면서 농민들이 거둔 쌀을 세금으로 받을 수 있게 했다. 왕권이 절대권력인 봉건 시대였다고 해도, 과했다. 그 시절 가장 좋은 농토 1결은 2,900평 정도였으니, 24결은 7만 평이 넘었다. 옥토는 아니라고 해도 서해바다 작은 섬에서 서울 여의도공원만 한 농지는 어마어마한 규모였다. 정명공주가 시집을 간 홍씨 가문은 하의도의 세미(稅米)를 꼬박꼬박 받아갔고, 후손 4대가 지나도 계속 받아갔다. 결국 주민들은 논 하나를 놓고 국가와 홍씨 가문 두 군데에 세금을 내야 했다. 육지의 왕실 가족은 농민들이 새로 개간한 땅까지 빼앗아갔다. 복장이 터졌다.

하의도의 농지는 주민들의 피땀으로 만들어졌다. 하의도뿐 아니라 우리나라 서해와 남해의 많은 섬들은 간척으로 만들어졌다. 바다 수심이 얕아 작은 섬들 사이는 썰물 때 갯벌이 드러났다. 섬사람들은 둑을 쌓아 갯벌을 땅으로 만들었다. 중장비도 없는 시절, 맨손으로 돌과 흙을 쌓았으니 그 힘듦을 상상하기 어렵다. 소금기 많은 간척지를 제대로 된 농지로 가꾸기까지 들어간 노동과 시간도 상상하기 어렵다. 갯벌을 갯땅으로 일궈 살았던 모진 삶을 빗대 섬 농민들은 자신을 '갯땅쇠'라고 불렀다. 섬마을에 간척지 논이 있다면 내륙의 산골마을에는 일명 다랭이논, 즉 계단식 논이 있다. 산비탈을 깎아 만든 다랭이논도 고된 삶의 표상이다.

산골마을 농민도, 섬마을 농민도 모두 쫓겨온 사람들이었다. 들판 마을에서 땅 한 뙈기 부쳐 먹기 힘들어 밀려난 사람들이었다. 특히 우리나라 섬마을은 임진왜란 직후 내륙에서 건너온 사람들이 정착해 일궜다. 굶어죽지 않으려고 땅을 찾아 바다를 건넌 사람들이었다. 그 이전 고려시대에는 반대였다. 왜구가 출몰한다고 섬 주민들을 모두 내륙으로 나와 살게 했다. 섬을 비운다는 공도(空島) 정책이었다. 국가는 나가라 들어가라, 비워라 채워라 명령할 뿐 섬 주민의 삶을 돌보는 데는 인색했다. 애써 농토를 만들어 놓으면 세금을 꼬박꼬박 받아갈 뿐이었다. 섬사람들에게는 멀리서 배를 타고 건너오는 관리가 얼마나 미웠을까.

하의도 산자락에 두 개의 바위가 나란히 솟아 있는데 주민들은 '양세바위'라고 불렀다. 땅 하나로 양쪽에 세금을 바쳐야 하는 처지를 빗댔다. 하지만 자조와 한탄에 머무르지 않았다. 하의3도 사람들은 일찍부터 홍씨 가문의 처사를 해결해달라고 조정에 읍소했다. 바다 건너 한양까지, 먼 길을 마다하지 않았다. 외딴 섬의 농민들이 조선의 권세가문을 이기기란 거의 불가능했지만 포기하지 않았다. 한양에 갔다가 저들의 계략으로 끝내 돌아오지 못한 세 주민이 있었다. 시신 없는 그들의 추모비가 고향에 세워졌다.

구한 말, 상황이 더 불리해졌다. 홍씨 가문은 내장원으로 땅을 팔아넘겼다가 다시 받았다가, 다시 사들였다가 일본인 우근권좌위문에게 팔았다. 그는 다시 일본인 덕전미칠에게 땅을 넘겼다. 이제 제국주의 사업가가 소유주가 됐다. 이리 넘기고 저리 넘기는 그 땅이, 섬마을 농민들에게는 목숨줄이었다. 하의3도 사람들은 각종 소송도 벌이고, 소작료 납부를 거부하고, 농민조합운동을 벌였다. 김대중의 부친도 법정 소송에 돈을 댔다. 제국주의 남의 나라 법정이 과연 성의를 보일까, 그래도 농민들은 포기하지 않았다.

해방 이후 대한민국 국회에서 마침내 해결을 봤다. 1956년에야 소유권을 인정받아 땅을 되찾았다. 자신들의 땅인데도 돈을 주고 다시 사들여야 했다. 개운하지 않은 반쪽자리 승리였지만 300년 불굴의 투쟁이 결국 승리한 것이다.

희생이 컸다. 특히 1946년 여름의 사건은 비극이었다. 해방 후 일제 대신 미군정이 들어왔다. 덕전미칠의 농장은 미군정 산하의 신한공사 소유 땅으로 바뀌었다. 신한공사 하의지부 직원들은 소작료를 내놓으라고 농민들에게 으름장을 놓았다. 도둑이 떵떵거리는 격이었다. 일제의 동양척식주식회사가 미군정의 신한공사로 이름만 바뀌었고, 친일관리들도 친미관리로 변신해 예전처럼 날뛰었다. 주민들은 단호히 거부했다. 그러자 상급인 목포지부가 나섰다.

신한공사 목포지부 직원들이 급기야 경찰을 대동하고 하의도로 건너왔다. 이들은 마을들을 돌며 총을 겨눈 채 소작료를 내라고 협박했다. 일제의 폭행과 테러까지 겪어본 주민들은 결연했다. 소작료를 내면 농지소유권을 포기한다는 뜻이기 때문이었다. 실랑이가 벌어지고 총소리가 났다. 화가 난 청년들이 경찰을 쫓아가 총을 빼앗았다. 다음날 목포경찰은 주민 200여 명을 모아놓고 전날 가담자를 물색해 개 패듯이 패고 선착장으로 끌고 갔다. 더 많은 주민들이 선착장으로 몰려갔다. 혼비백산 배를 타고 도망가는 경찰이 총을 쏴 주민 1명이 죽고 1명이 다쳤다.

섬사람들의 인내가 폭발했다. 곧바로 면민대회를 열고 신한공사 하의지부와 경찰서 하의지서를 몽땅 불태워버렸다. 이후 지난한 보복과 탄압을 받았지만 미군정도 주민 눈치를 보며 긴장할 수밖에 없었다. 농민들의 봉기일이 음력 7월 7일이어서 이 사건을 '하의도 7·7 항쟁'이라 부른다. 청년 김대중은 목포에서 사업을 하다가 고향 소식을 들었다.

하의3도는 이웃한 세 개의 섬 하의도·상태도·하태도를 가리킨다. 오늘날 상태도와 하태도는 제방을 쌓아 하나의 섬 신의도가 됐다.

몇 년 전 하의도와 신의도 사이에 삼도대교가 놓였다. 하의3도는 한 마을이 됐다. 얼마의 시간이 걸리더라도 좌절하지 않고 권리를 찾아간 고향 어른들의 용기는 소년 김대중에게 유전자로 깊게 각인됐다. 맞서는 그 권력이 얼마나 거대한지, 과연 승리할 가능성이 얼마나 되는지를 미리 따져서 포기하지 않았다. 길은 만들어가는 것이었다. 겁 많던 소년도 어른들을 닮아 불굴의 투사가 되었다.

2009년 봄, 그는 직접 쓴 현판을 농민운동기념관에 달았다. 이제 자신보다 나이 든 고향 어르신들은 많지 않았다. 그래도 85세의 늙은 소년은 옛 어른들의 기개를 생생히 기억했다. 하의도의 명물 큰바위 얼굴을 찾아가 평생의 동지 이희호와 함께 기념사진도 찍었다. 그리고 지상에서의 일을 마무리한 듯 그해 여름 세상을 떠났다.

섬이라는 땅은 애잔하다. 서엄- 하고 느리게 발음하면 아련하고 서늘한 느낌이 내려앉는다. 헌법은 우리나라 영토를 '한반도와 그 부속도서'라고 규정한다. 그 말은 엄밀히 섬은 한반도에 속하지 않는다는 말과 같다. 말꼬리 잡는 격일 수도 있지만, 현실도 실상 그러함을 이내 수긍하게 된다.

세상의 모든 일은 내륙 중심으로 서술된다. 내륙의 도시처럼 섬도 엄연히 사람들이 살고 있는 생활터전이건만, 휴가철에 잠깐 섬에 놀러간 내륙 사람들은 "볼 게 별로 없네" "여긴 왜 이래요?" 하면서 당당하게 볼멘소리를 한다. 섬 주민들의 인권은 육지 사람들의 인권에 밀린다. 응급환자가 생겨도 악천후로 배가 뜨질 않아 제때 치료를 못 받고 죽는 일이 적지 않다. 신안 먼바다 흑산도에 소형공항 건설을 추진한다는 소식에 육지 사람들은 "섬에 몇 명이나 산다고" "세금

아깝다"라는 말로 일축해버린다.

전라도 차별 현상이 있다. 거의 모두가 그 차별을 목격하고 있고 일부는 직접 저지른다. 일부는 누가 차별을 하느냐며 현상 자체를 부인한다. 그런 가운데 전라도의 섬은 더욱 차별을 받고 있다. 한국 사회 안의 이중식민지와 같다. 흑산도의 작은 흙산을 깎아 50인승 비행기의 활주로를 만드는 것도 과분하다고 정색하는 사람들이, 바다를 매립하고 암석을 깎아 만드는 울릉도 공항 추진 소식에 대해서는 별말을 하지 않는다. 오랜 전라도 차별과 섬의 질곡이 얽혀 있다.

김대중은 전라도의 작은 섬 출신이었다. 한국 사회에서 비주류 중의 비주류였다. 그가 차별의 터널을 우직하게 헤치고 나갈 수 있었던 것은 하의도 농민들의 투지를 물려받은 덕분이 아니었을까.

근대도시 목포_ 진취성을 키워준 부둣가 사람들

1936년, 소년 김대중은 하의도에서 3시간 넘게 배를 타고 목포에 도착했다. 어머니는 영특한 아들이 넓은 세상에서 교육을 받을 수 있도록 살림을 정리하고 도시로 이사를 나왔다. 목포항이 가까워질수록 소년의 눈은 휘둥그레졌다. '세상에 이렇게 번화한 곳이 있구나.' 그 시절 목포는 신세계였다.

목포는 1897년 대한제국이 지금의 목포 자리를 개항장으로 지정하면서 항구도시로 개발됐다. 개항장은 외국인이 드나들며 무역을 할 수 있게 허용한 구역이다. 그때까지는 부산, 인천, 원산이 지정돼 있었다. 이 세 곳이 외국 열강들의 압력에 문을 연 것과 달리, 목포는 대한제국이 추진한 개항장이었다. 제국주의 국가들의 입김에 끌려가지 않고 추세를 주도해보려는 의지였다.

원래는 인적 드문 바닷가의 해군기지 '목포진'이었다. 목포진 자리는 서해와 남해를 연결하면서 무안, 해남, 진도 일대 방어에 최적지였다. 1439년 조선은 수군을 이 바닷가 언덕에 주둔시켰다. 정4품 무관인 만호가 수군을 통솔했다. 임진왜란 때 이순신 장군도 이 요충지를 전장으로 삼았다. 오래도록 목포진에는 해군과 봉수대 관리인들 정도만 살았다. "만호청을 중심으로 40여 호의 작은 취락이 흩어져 있고, 지금의 북교동 자리에 50여 호의 농어촌, 동쪽으로 작은 취락이 있었을 뿐, 간혹 한두 척의 어선이 오가는 고요한 해변이었다." 19세기 말 목포진에 대한 묘사다.

개항 후 천지개벽이 일어났다. 유달산 아래 갯벌과 바다를 매립해 땅을 만들고 그 위에 도시를 세웠다. 일본인, 기존 개항에서 특수를 맛본 부산 상공인, 조선 지주, 일거리를 찾는 노동자 등이 기회의 땅으로 밀려들었다. 시가지는 두 구역으로 구분돼 개발됐다. 일본인들이 사는 반듯반듯하고 깨끗한 외국인 거류지와, 산자락 이곳저곳의 조선인 거류지였다. 조선인 구역은 개발이라 말하기 무색한 움막촌이었다. 조선인들은 외국인 거류지에 출입할 수 없었다.

차별과 구획은 부둣가에도 선명했다. 날마다 쌀과 면화가 항구에 수북이 쌓였다. 나라의 곡창 전라도에서 모여든 물량이었으니 규모가 어마어마했다. 쌀을 계량하고 포장하는 두량군부터 선박과 부두 사이 화물을 운반하는 칠통군, 지게로 짐을 나르는 지게군, 선박 물품을 육지로 운반하는 하륙군까지 부두 노동자들은 모두 조선인들이었다. 고용주들은 대부분 일본인이었다. 대한제국이 주도해 개항했지만 이미 일본은 각종 이권을 야금야금 먹어치우고 있었다. 제국주의의 냉혹한 질서가 목포의 원형에 새겨졌다.

1910년 우리나라는 일본의 식민지가 됐다. 그래도 물자와 사람이 모여드는 목포는 하루가 다르게 성장했다. 20세기 전반 목포는 전국 '3대항 6대 도시'의 하나였다. 해마다 전성기를 갱신했다. 당시 신문들의 묘사를 보면, 목포는 '전남의 현관이요, 물산집합의 중심지로 조선에서는 제3위를 점령할 만한 중요 항'(중외일보. 1927)이자 '전남에 유일한 상업지대'(동아일보. 1930)였고 '남조선의 상업적 핵심'(매일신보. 1935)이었다. 오늘날의 광주는 이제 막 내륙의 행정중심지로서 육성되기 시작했다.

특히 1930년대는 목포의 손꼽히는 전성기였다. 상업이 발달하니 문화예술도 나날이 꽃피었다. 소년 김대중이 목포에 도착한 시절이었다. 부둣가 선술집 축음기에서는 꿍짝꿍짝 멋스러운 노래들이 흘러나왔다. 음악을 재생하는 축음기는 고가의 물건이었다. 목포에 돈이 많으니 축음기를 가진 사람도 많고, 듣고 즐길 사람이 많으니 부르는 사람도 많았다. 걸출한 가수들도 탄생했다. 목포의 가수 이난영은 1935년 '목포의 눈물'로 순식간에 조선 팔도를 휘어잡았다.

사공의 뱃노래 가물거리면
삼학도 파도 깊이 스며드는데
부두의 새악씨 아롱 젖은 옷자락
이별의 눈물이냐 목포의 설움

삼백 년 원한 품은 노적봉 밑에

님 자취 완연하다 애달픈 정조
유달산 바람도 영산강을 안으니
님 그려 우는 마음 목포의 노래

깊은 밤 조각달은 흘러가는데
어쩌타 옛 상처가 새로워진다
못 오는 님이면 이 마음도 보낼 것을
항구에 맺은 절개 목포의 사랑

매일매일 전라도 곳곳에서 쌀과 면화가 실려와 목포항에서 일본
행 배를 타고 떠났다. 헐값에 떠나가는 전라도의 피땀은 노래 속 '이
별의 눈물'과 같았다. 그런 이별은 전국 곳곳에서 벌어졌으니 노래
속 목포는 조선 땅 전체를 의미하기도 했다. 김대중 가족은 항구 근
처 만호동에 정착했다. 수군 만호가 조선의 바다를 지켰던 목포진
자락에서 영신여관을 운영했다. 소년은 목포진에 올라 삼학도와 유
달산을 바라보곤 했다. 목포진에서 수군의 흔적을 찾을 길은 없었
다. 일제는 식민지에 '구국'의 흔적이 한 조각이라도 남아 있는 걸 그
냥 두지 않았다. 10대 소년 김대중은 식민도시의 애상과 근대도시의
활력을 생생히 접했다.

흔히 일제강점기 때 성장한 근대도시들은 '식민지 수탈기지'라는
애환의 상징으로만 인식되곤 한다. 목포는 달랐다. 부둣가의 어른들
은 고되고 지쳐도 자신감과 활력이 있었다. 외국인 거류지와 조선인
거류지가 천당과 지옥처럼 대비됐으나 조선인들은 주눅 들지 않았
다. 제국주의의 모순이 빚은 생존의 전쟁터에서도 목포 사람들은 자
존감과 풍류를 드높였다.

목포인들의 힘은 부두에서 태어났다. 개항 직후 목포로 찾아든 조선인들은 대부분 부두 노동자나 객주로 일했다. 이들은 일찍부터 노동운동을 벌였다. 개항 후 겨우 5개월 만인 1898년 2월 첫 투쟁이 시작됐다. 임금 인하 시도를 저지하는 동맹파업이었다. 부두 노동자들은 1903년까지 모두 여덟 차례에 걸쳐 크고 작은 노동쟁의를 벌였다. 일본인 상공인들은 각종 권력의 지원을 받았고, 조선인 노동자들에게는 함께 맞잡은 손뿐이었다. 부둣가의 분쟁은 갈수록 항일 운동의 양상이 됐다.

투쟁은 신속했고 강력했다. 다른 개항장에서는 선례를 찾기 어려웠다. 목포보다 일찍 문을 연 부산이나 인천에서는 노동자들이 관세가 뭔지, 개항장 역할이 뭔지도 잘 모른 채 일을 시작했다. 목포의 노

1910년경 목포 시가지. 유달산을 사이에 두고
왼쪽 조선인 거류지와 오른쪽 외국인(일본인) 거류지의 대조가 확연하다.
ⓒ목포정명여중

동자들은 다른 개항장 사례에서 보고 들은 바가 있었다. 후발주자의 학습효과와 같았다. 이들은 일본인들에 조직적으로 대항하며 점점 진화해갔다. 목포 부두 노동운동은 일제강점기 노동운동의 출발점으로 평가되고 있다. 부두 노동자 중에는 전라도 들판의 역사를 기억하는 이들도 많았다.

– 많은 노동자들이 근처 전라도 농촌에서 왔습니다. 가진 것은 몸 하나뿐인 농민들이 새로운 땅 목포로 밀려들었습니다. 그들은 불과 3~4년 전에 동학을 겪었습니다. 목숨을 걸고 관군과 일본군에 맞선 그들이 부두에서 일본 상공인들의 행패를 겪을 때 반감이 얼마나 컸을까요.

목포 민주화운동을 연구해온 곽재구 목포민주화운동계승사업회

이사장의 설명이다. 부두 노동자들의 몸속에 흐르는 동학농민군의 기개라!

반봉건 반외세를 외치며 봉기한 동학농민군은 구한말 시대정신을 선도했으나 현실에선 패배했다. 그러나 힘없이 쓰러지지는 않았다. 1894년 12월 지도자 전봉준(1855~1895)이 체포된 후에도 전투를 이어나갔다. 전남 농민군은 장흥 석대들에서 최후의 전투를 벌였다. 무안·함평 일대의 지도자는 배상옥(1862~1894)이었다. 대접주 배상옥의 용맹함은 무안, 영광, 함평, 해남, 강진, 영암 등 전남 서부 농민들의 용기를 북돋웠다. 조선 조정은 배상옥을 '호남 거괴'로 지목하고, 전봉준 장군과 함께 현상금 1,000냥을 내걸었다. 1894년 12월 배상옥은 고막교 전투 후 일본군에 잡혀 처형됐다. 소식을 들은 무안 농민들은 "상옥아 상옥아 배상옥아 백만 군대 어디 두고 쑥국대 밑에서 잠드느뇨"라며 통곡했다. 들판 사람들의 원통함이 채 가라앉지 않았던 3년 세월, 목포가 생겨났다. 배상옥의 고향 무안군 삼향면 대양리는 지금의 목포시 대양동이다.

일제강점기 항일운동도 치열했다. 3·1운동 전후 목포의 항일 시위는 목원동을 중심으로 활발하게 벌어졌다. 목원동은 조선인 거류지이자 '목포의 원도심'으로 목포의 심장과 같았다. 미국인 유진 벨과 같은 기독교 선교사들이 정착해 일군 양동교회, 정명여학교, 영훈학교 등이 시위의 출발지였다. 기독교가 설파하는 평등의 가치는 동학 후예들의 세계관과 맞닿았다. 인내천(人乃天), 사람이 곧 하늘이었다. 게다가 신흥도시 목포에는 다른 도시들처럼 봉건적인 관습이 남아 있지 않았다. 전통이든 구습이든 갓을 쓴 유생이 없었다. 양반이니 상놈이니 하는 이야기가 나올라치면 항구의 사람들은 콧방귀를 끼어버렸다.

목포는 빈 종이에 새 역사를 써 내려가는, 말 그대로의 신흥 근대 도시였다. 스스로 진화하는 노동자들, 마음속에 불길을 꺼트리지 않은 동학의 후예들, 평등 가치를 실천하는 젊은 기독교인들 그리고 김대중 가족처럼 새 출발을 위해 찾아온 강인한 섬사람들이 모두 목포인의 원형이었다. 김대중은 그런 이웃들 속에서 성장했다. 목포인들은 김대중을 큰 정치인으로 키웠다. 민족적이면서 세계로 열려 있는, 담대하면서 치밀한, 진취적이면서 사려 깊은, 강인하면서 멋스러운…. 인간 김대중이 가진 풍부한 기질의 토양을 나는 목포에서 보았다.

김대중은 자서전에서 "하의도 섬소년을 사로잡았던 매력적이고 역동적인 도시, 사랑을 맺고 아이를 얻은 둥지, 세상을 바라보는 안목과 지혜를 길러준 지식의 터전, 나의 또 다른 고향"이라고 목포를 회고했다. 김대중은 하의도 농민의 투지, 부둣가 목포인의 진취성을 모두 흡수했다. 거목의 고향들은 근대 초기 이 땅이 헤쳐나간 찬란한 역사의 장이었다.

김대중은 탁월한 사상가였다. 특히 경제이론과 남북평화에 깊은 식견을 제시했다. 그는 평생 평화주의를 실천했다. 1971년 대통령 선거 후보 때는 남한과 북한이 동시에 유엔에 가입하자고 주장했다. 동시 가입 추진의 전제는 남한이 북한을 국가로 인정하는 것이었다. 당시로서는 도발적이었다. 박정희와 '반공 투사'들은 북한은 나라가 아닌 불법단체나 괴뢰정부라고 목청을 높이던 터였다. 김대중의 생각은 달랐다. 남북 분단체제는 이미 현실로 굳어 있었다. 이 구도를 해결하려면 한반도를 넘어 국제적으로 논의하는 게 안전하고 실효성이 컸다. 그러기 위해서는 유엔에 함께 가입하는 게 좋았다.

또한 북한을 국가로 인정하면 남한의 무시무시한 괴물 '국가보안법'이 이빨을 잃게 됐다. 정부에 비판적인 국민들을 가두고 고문하는 데 악용된 이 희대의 악법은 '북한은 독립된 정부가 아니라 불법단체'라고 전제했다. 남북한이 동시에 유엔에 가입하면 남한이 북한을 정식 국가로 인정하는 것이다, 그럼 국가보안법이 설 자리를 잃게 된다, 그러면 우리 사회의 민주화가 급진전된다, 는 것이 김대중의 전략이었다.

제안은 현실로 이뤄지지 않았지만, 분단체제 극복과 평화 정착의 의지가 확고했다. 그의 정책은 '햇볕정책'으로 불렸다. 우리의 반쪽인 북한을 증오하지 말고 햇볕을 쪼여주듯이 따뜻하게 관계를 풀어가자는 것이었다. 26년 후인 1998년 마침내 대통령에 취임한 김대중은 햇볕정책을 과감히 실현했다.

2000년 6월 15일 김대중 대통령이 북한 평양 순안공항에 내렸다. 비행기에서 내린 그를 마중 나온 사람은 김정일 국방위원장이었다. 두 사람은 환하게 웃으며 부둥켜안았다. 남북한의 두 정상이 만난 것은 처음이었다. 온 국민이 TV 중계를 지켜보았고 많은 국민들이 눈물을 흘렸다. 나도 눈시울이 뜨거워졌다. 이렇게 따뜻한 정을 간직한 동포인 것을, 왜 우리는 긴 세월을 서로 적대시했을까 싶었다.

2000년대 남북한 사이는 웃음이 많았다. 두 정상의 6·15 선언 이후 개성공단이 열리고 남북한 사람들이 함께 공장을 꾸렸다. 금강산 관광도 활발했다. 남북평화는 한 발 한 발 나아갔다. 국제사회는 김대중 대통령의 실천에 노벨평화상으로 답했다. 해외 정치지도자들

2000년 6월 15일 평양에 도착, 남북 정상 최초의 만남을 성사시킨 김대중 대통령과 김정일 국방위원장 /
역사적인 6·15 남북공동선언을 마친 두 정상

은 김대중에 대한 존경심을 자주 드러냈다. 특히 그의 노력이 다른 분쟁국가들에도 귀감을 준다고 봤다. 우리만의 번영을 꾀하는 배타적인 민족주의가 아니었다. 김대중의 남북평화론은 넓은 바다를 향한 '열린 민족주의'였다.

삼학도 숲에서 거목의 그늘을 보다

김대중은 욕도 많이 먹었다. 비난이든 비판이든 정치인은 숙명처럼 욕을 먹기 마련이다. 주변 어른들은 평소 '김대중 선생'이라고 불렀다. 정치인을 선생이라 칭하는 경우는 흔치 않다. 그만큼 김대중의 식견이 깊었기 때문이다. 가끔 뉴스를 보다가 "대중이놈!" 하고 욕을 하는 어른들도 있었다. 선생과 놈의 위상 차이가 워낙 커서 듣는 내가 민망할 지경이었다. 그러나 어른들은 곧 선생이라는 호칭으로 복귀했다. 김대중은 애증의 대상이었다.

1987년 말 대통령 선거 때 김대중은 특히 욕을 많이 먹었다. 욕이라기보다 비판이었다. 그 선거는 6월항쟁의 성과물이었다. 16년 만에 열린 직선제 선거에서 민주진영의 후보가 당선되어야 6월항쟁의 대단원에 어울리는 결말이었다. 그러나 김대중과 김영삼이 동시에 출마하는 바람에 민주진영의 표가 분산되고 말았다. 속담처럼, 뭉쳐야 사는데 흩어져서 죽었다. 사람들은 두 사람을 매우 비난했다. 둘 중 김대중은 욕을 훨씬 더 많이 먹었다. 사람들은 '대통령병 환자'라는 말도 서슴지 않았다. 여름 내내 거리에서 최루탄 맞아가며 따낸 온 국민의 과실이 그렇게 허비됐으니 분노할 만도 했다. 김대중 자신도 사무쳤다. 훗날 회고에서도 후보 단일화를 하지 않은 과오를 깊이 자책했다.

5·18의 주범인 전두환과 노태우를 풀어준 사람도 김대중이었다. 두 사람은 1997년 대법원으로부터 각각 무기징역과 징역 17년 선고를 받았다. 5·18 진상규명 운동의 성과였다. 그해 겨울 대선이 끝나고 김영삼 대통령은 김대중 당선자와 협의해 전·노를 사면했다. '국민 통합'이 명분이었다. 현실정치에는 복잡한 맥락이 있기 마련이고, 김대중 혼자만의 결정도 아니었다. 그러나 절대적 불의를 응징도 하기 전에 통합이라니. 나는 그때 '김대중 역시 정치꾼'이라고 분노했다. 당신도 별반 다를 바 없군요! 하는 마음이었다.

김대중은 한평생 끔찍한 정치 보복에 시달렸다. 보복은 또 다른 보복을 부른다는 소신을 갖게 됐다. 5·18 유가족도 같은 생각일까. 영화 『밀양』에 범죄자에게 아들을 잃은 엄마(전도연)가 괴로워하는 장면이 나온다. 전도연은 고통에 몸부림치는데, 그자는 종교에 귀의하더니 신으로부터 용서를 받았다며 평화로운 표정을 지어버린다. 내가 아직 용서할 마음이 없는데 신이라는 당신이 무슨 자격으로 용서를 하느냐고, 전도연은 울부짖었다.

전두환과 노태우 사면이 과연 보복의 사슬을 끊고 지역 간 화합을 이루는 것이었을까. 전두환과 노태우는 특정 지역 출신의 인물이기 전에 중대 범죄자다. 5·18은 경상도 출신 군부가 전라도 광주에서 저지른 사건이기 전에, 인간이 인간에게 저지른 희대의 반인륜 범죄다. 2020년에도 90세 전두환의 망언과 후안무치는 계속되고 있다. 재판에 불응하고 골프를 치러 다니는 그는 광주학살을 저지른 적이 없다고 부인한다.

　1987년 대선이나 전두환·노태우 사면 건은 그래도 정치인이 감당할 이성적인 비판이라 할 수 있다. 반면 평생 그를 괴롭힌 '빨갱이' 낙인은 오로지 혐오다. 남북 화해를 위한 노력과 민주화를 위한 투쟁을 두고 반대세력은 끝없이 그를 빨갱이로 매도했다. 빨갱이 낙인은 반공체제 유지를 위한 만병통치약이었다. 그를 빨갱이로 몰아붙인 세력은 김대중을 불편해하고 싫어하고 두려워한 기득권 세력 전부였다. 김대중을 매도할 마이크와 확성기를 독점하고 긴 세월 전국 방방곡곡에 떠들어댄 세력이었다.

　김대중은 어록을 많이 남겼다. 2009년 1월 마지막 일기에는 '인생은 생각할수록 아름답고 역사는 앞으로 발전한다'라고 적었다. 자서전 마지막에서는 이렇게 회고했다.

　"내 삶은 20세기를 지나 새천년으로 이어졌지만 돌아보면 한 줄기 섬광 같은 것이었다. 내가 꿈꾸었던 것들, 사랑한 것들은 지금 어디에 있는가. 내 이름을 연호하던 군중들은 어디에 있고, 나를 협박하고 욕하던 무리들은 또 어디에 있는 것인가. 거짓과 증오가 닳아 없어진 세상에서 그들과 다시 만나고 싶다."

　이미지 하나가 떠올랐다. 강이 느릿느릿 바다에 합쳐지는데, 햇살이 물 위에 반짝반짝 부서지고 현실의 소음은 하나도 들리지 않는 평화롭고 몽환적인 장면이었다. '거짓과 증오가 닳아 없어진 세상'이라는 글귀는 바다에 이르는 강을 떠올리게 했다. 상류의 거친 물길과 중류의 수많은 사연들이 하류에서 모두 만나 유장하게 바다로 나아가는 그곳, 환희와 증오를 모두 녹여버린 지점. 그 평화주의자는 추억의 종말처리장에 마침내 도착했을까. 자신을 죽이려 한 독재자와도 화해했을까. 정말 그랬기를 바랐다.

목포 삼학도에 김대중 노벨평화상기념관이 있다. 삼학도와 유달산은 목포의 대표 상징물이다. 두 명물은 하나의 전설로 묶여 있다. 유달산에서 무술을 연마하던 젊은 장수를 좋아한 세 처녀가 그리움에 지쳐 죽어 학으로 환생했다. 장수는 그 사실을 모르고 활로 쏘아버렸는데, 죽은 학 세 마리가 바다에 빠져 솟아난 섬이 삼학도라고 했다.

전설의 섬 삼학도는 1960년대 이후 그 신비로움을 모두 잃었다. 주변을 매립하면서 육지가 되었고, 섬 기슭에 공장과 주택들까지 무질서하게 들어섰다. 1962~1973년 삼학도가 매립된 시기는 공교롭게도 김대중이 목포를 지역구로 국회의원이 되어 점점 박정희의 대항마가 되고 탄압을 받던 시기와 겹친다. 한편으로 이 시기는 박정희 정부가 경제개발 5개년 계획을 착수한 때이기도 하다. '3대항 6대도시'의 하나였던 목포가 1960년대 이후 산업화 과정에서 소외되었듯이, 매립된 삼학도는 고단한 목포의 표상이었다.

삼학도는 21세기 들어 다시 섬으로 복원되고 공원으로 단장됐다. 김대중 노벨평화상기념관은 김대중의 삶과 평화의 노력을 조명하고 있다. '목포의 눈물'을 흥얼거리던 청년은 자신을 기념하는 공간이 목포의 상징 한가운데 세워질 것을 상상이나 했을까. 그 미래를 미리 알았다면 청년은 얼마나 영광스러웠을까. 실제 김대중에게 기념관은 영광이자 부담이었던 것 같다. 후대의 목포 정치인들은 선거 때마다 김대중기념전시관 건립을 공약으로 내걸었다. 그러나 김대중 본인은 망설임으로 답했다. 전시관 추진이 10년 동안이나 제

자리였던 이유다. 결국 서거 후인 2010년부터 건설이 본격 추진돼 2013년 6·15남북선언 13주년에 맞춰 문을 열었다. 김대중노벨평화상기념관은 지방선거라는 정치역학과, 관광산업을 살리려는 경제적 욕구, 도시 정체성을 다시 세우고 싶은 문화적 욕구가 모두 합쳐진 결과물이다.

노벨평화상기념관은 바다를 바라보고 있다. 노년의 김대중이 원했던 '거짓과 증오가 닳아 없어진 세상'처럼, 고단하게 흘러온 영산강이 서해로 합쳐지는 지점이다. 기념관은 그가 살았던 만호동 목포진 언덕을 외면하고 있는 모양새다. 모든 갈등을 품고 화합하는 바다를 갈구하지만, 정작 자신의 터전에 대한 애정표현은 감추거나 뒷전으로 미뤄야만 하는 처지랄까. 우연의 산물이지만 그 입지는 어쩐지 김대중의 마음을 보여주는 것 같다.

빨갱이니 용공분자니 하는 혐오 못지않게, 김대중은 우리나라에 지역감정을 일으킨 원흉인 것처럼 비난을 받았다. 빨갱이라는 끔찍한 말은 입에 담지 않더라도 "김대중 같은 구시대 정치인들이 지역감정을 부추겼지" 하고 점잖게 말하는 이들도 많다. 실상 김대중은 지역감정의 최대 피해자였다.

피해자를 가해자로 둔갑시킨 현상의 시작은 1971년 대통령 선거였다. 40대의 젊은 후보 김대중은 전국적으로 돌풍을 일으켜 박정희 후보를 위협했다. 서울 장충단 공원에서 후보 유세를 할 때 100만 명의 인파가 몰려 환호했다. 3선을 노리던 박정희는 몹시 긴장했다. 온갖 수단을 동원해 김대중을 내리눌렀다. 그 하나가 영남과 호남 사이의 이간질이었다. "호남 후보 김대중이 대통령이 되면 영남이 다 죽는다"라는 선동이 박정희 후보 진영에서 처음 나왔다. 황당한 선동의 효과가 대선 결과를 좌우한 정도는 아니었다. 영호남 투표 성향은 아직 크게 다르지 않았다. 심지어 김대중을 키워낸 목포에서도 몰표는 없었다. 김대중 3만 3,000여 표, 박정희 1만 8,000여 표를 기록했다. 김대중이 대선에 진 후 경남 진주에 갔을 때도 남강변에 4만 5,000여 명의 사람들이 모여 김대중을 기다렸다. 그들은 "대통령 선거 다시 하라" 하고 외쳤다.

오히려 그 시절까지는 도시와 농촌의 차이가 컸다. 도시 사람들은 주로 야당을 지지하고 농촌 사람들은 여당을 지지하는 성향이 강해서 '여촌야도'라고 했다. 이후 선거부터 지역감정을 부추기는 일이 주요 전략으로 급부상했다. 대선에서 유용함을 확인한 박정희와 여당 쪽이 적극적이었다. 한국전쟁 이후 남북 분단체제가 고착됐듯이 영호남 지역감정이라는 '만들어진 구도' 역시 굳어져 버렸다.

노벨평화상기념관 옆에 공원이 있다. 다양한 나무와 조각작품이 있는 이 공원의 이름은 '경북도민의 숲'이다. 무슨 연유일까. 전남 목포시와 경북 구미시가 함께 추진한 '박정희·김대중 화해와 상생의 숲'이다. 경북 구미에는 '전남도민의 숲'을 조성했다. '망국적인 지역 감정의 벽을 허물자'라는 두 지자체의 협업이다. 서로 화해하고 잘 살자는데 나쁘게 볼 일은 없겠다. 그러나 어쩔 수 없이 당혹스러운 마음이 든다. 화해는 싸움을 멈추고 서로의 안 좋은 감정을 풀어 없앤다는 뜻이다. 이때 '서로'는 힘과 위상이 대등한 상대들을 말한다. 친구끼리 싸우고 나서 손을 잡는 행위가 '화해'다.

과연 김대중과 박정희가 대등한 싸움 상대였던가. 무소불위의 권력을 발휘해 수차례 목숨을 앗아가려 했던 독재자와, 살해 위협을 받

삼학도 '경북도민의 숲'에 설치된
화합의 손 조형물 /
소년 김대중이 살았던
목포 만호동 언덕에서 바라본
삼학도 김대중 노벨평화상기념관

아가며 저항했던 이가 과연 대등할까. 화해를 하려면 가해자가 진심으로 참회한 후 서로의 입장을 맞추는 것이 순서이지 않을까. 두 지역에 화해의 숲을 교차로 조성하자고 제안한 쪽은 2015년 전남도지사였다. 상생 의지의 순수함을 의심하지 않는다. 한편으로는 현실정치의 산물임도 알겠다. '지역차별'의 주먹에 얻어맞고도 잘 지내자고 먼저 손 내밀어야 하는 이의 복잡한 심정이 느껴진다. 공원 입구 서로 맞잡은 커다란 두 손 조형물에서 억지 화합의 씁쓸함이 오래 남는다.

맞다. 나는 방금 지역감정이 아니라 지역차별이라고 했다. 지역감정이라고 할 때의 '감정' 역시 대등한 쌍방 간의 문제다. 영남과 호남이 그간 감정적으로 대등했던가. 당장 인터넷 댓글만 봐도 확인할 수 있다.

삼학도의 기념숲처럼 어쩌면 김대중 역시 평생 먼저 손을 내밀어야 한 건 아닐까. 지역차별의 피해를 온몸으로 겪고, 끝간 데 없는 혐오에 시달리고, 결과에 대한 추궁을 유독 많이 받으면서도 항상 먼저 화합을 모색해야 했는지 모른다. '보복은 보복을 부른다'는 그의 신념처럼, 보복의 사슬을 끊기 위해 욕을 감내했을 것이다. 고향에 대한 자연스러운 애정마저 '지역감정을 부추길'까 봐 서둘러 거둬야 했을 것이다.

언론연구자 강준만 교수는 "다수 한국인들은 광주학살과 호남차별 문제를 '김대중'으로 의인화시키는 데 공모했다"라고 진단했다. 나의 윗세대 어른들은 정부의 산업화 경축 팡파르가 들리지 않는 낙후된 전라도를 떠나 서울 공장으로 가야 했다. 1970~80년대 호남선 기차와 고속버스가 유독 호황이었던 이유는 배고파서 고향을 등진 전라도 인구가 워낙 많았기 때문이다. 대기업에 다니는 회사원도 고향을 부정해야 했다.

   - 전라도 출신들은 불이익을 많이 받았어요. 승진에서도 밀리고요. 어쩔 수 없이 호적에 기입하는 '본적'을 서울로 고쳐 써야 했어요. 어느 날 상사 심부름으로 회사 내부 문서를 열람하는데, 거기에 전라도 출신 직원들 명단이 있는 거예요. 본적은 다 고쳐버리니까, 본적 이전의 '원적'이란 걸 적어내라 해서 따로 모아놓은 거죠. (이용우. 광주 출신 서울 거주)

   의병부터 동학농민운동, 항일시위, 학생독립운동, 5·18민중항쟁까지, 위태로운 나라를 구하고 인간의 얼굴을 한 사회를 만들기 위해 그 어느 지역보다 헌신했음에도 전라도는 긴 세월 부당한 차별을 받아야 했다. 김대중의 삶은 전라도인들의 수난을 그대로 응축하고 있다. 김대중과 전라도인들은 차별의 피해자이면서도 차별의 악순환을 끊는 데 먼저 앞장서야 했다.

   거목의 고향에서 거목의 그늘을 보았다. 하의도는 연꽃을 닮은 섬이라는 뜻이다. 연꽃은 진흙탕을 뚫고 나와 고결한 빛깔의 꽃잎을 피워낸다. 하의도는 바다 위의 연꽃이다. 김대중은 한국현대사의 연꽃이다.*

** 『오마이뉴스』 이주빈 기자의 기사 제목 '바다의 연꽃 하의도, 역사의 연꽃 김대중'(2013.8.20.)을 인용했습니다.

신안 하의도 김대중 생가 마루에서, 고요한 거목의 방을 보다.

답사정보

◎ **삼학도공원**

유달산과 함께 목포를 대표하는 명소. 영산강 하구에 대·중·소 3개의 섬으로 이뤄져 있다. 1960년대에 매립되었다가 2000년부터 복원돼 공원으로 단장됐다. 공원 입구는 육지와 이어져 있고 세 섬도 각각 다리로 연결돼 있다. 대삼학도에 가수 이난영 노래비와 이난영 수목장이 있다.

◎ **김대중 노벨평화상기념관**

김대중 대통령의 생애, 그의 민주주의·인권·평화 사상, 한국인 최초 노벨평화상을 수상하기까지의 과정을 전시하고 있다. 건물 모양은 5대양 6대주를 의미한다. 삼학도공원 중 중삼학도 바닷가에 있다. 관람시간 매일 오전 9시~오후 6시. 월요일 휴관. 관람료 무료

◎ **목포진역사공원**

목포진은 조선시대 수군의 진영이다. 수장 만호(무관 종6품)의 이름을 따서 만호청으로도 불렸다. 일제 때 파괴되었다가 목포시가 역사공원으로 단장했다. 객사와 홍살문이 복원돼 있다. 서남해부터 목포항, 삼학도, 유달산, 목포 구도심 등이 한눈에 들어온다. 김대중 일가가 1936년 목포에 도착해 정착한 영신여관 터 등이 근처에 있다.

◎ **북교초교 역사관**

2015년 3월 개관했다. 1897년 개교한 학교의 역사뿐 아니라, 김대중 대통령의 졸업사진과 생활기록부 등 일대기 자료도 볼 수 있다. 김대중 대통령은 하의공립보통학교를 다니다가 1936년 목포로 이사와 목포공립제일보통학교(현 북교초교)로 전학했다. 제30회(1939년) 졸업생이다.

◎ **하의도 김대중 생가**

김대중 전 대통령이 나고 자란 후광리는 하의도 북쪽 끄트머리에 있다. 마을 땅 대부분이 갯벌 매립으로 만들어진 간척지이다. 김 전 대통령은 고향마을 이름 '후광'을 자신의 호로 썼다. 그의 문중에서 조성한 생가는 원래의 집터에서 조금 떨어져 있다. 실제 김대중이 살았던 가옥의 자재들을 복원에 활용했다. 생가 관리사무소에 해설사가 상주하고 있다.

◎ 하의도 큰바위얼굴

섬 서쪽 모래구미해변에 있는 무인도 '죽도'는 큰 사자가 웅크린 형상이다. 한쪽 절벽은
거인의 옆모습과 같아 '큰바위얼굴'이라 불린다. 큰 인물이 난다는 전설이 깃들어 있으며
사람들은 이를 김대중 전 대통령과 연관시킨다. 그 역시 어릴 적 이 해변에서 놀며 꿈을
키웠다고. 큰바위얼굴을 극적으로 만나려면 북쪽에서 남쪽으로 해안도로를 따라 가기를
권한다.

◎ 하의3도 농민운동기념관

하의3도 농민들의 300년 땅 회수 투쟁을 소개하는 내용물을 전시하고 있다. 2009년 봄
개관했고 김대중 전 대통령이 직접 현판 글씨를 썼다. 전시관이 활발하게 관리되고 있다
는 느낌은 다소 떨어지지만 하의3도 농민항쟁의 개요를 한눈에 살펴볼 수 있다.

---

* 검색어 추천_ 이난영의 노래 '목포의 눈물', 정태춘의 노래 '어드레 팔십리'. 항구도시를 노래하는 정
서에는 기본적으로 애상이 서려 있다. 항구가 떠남과 돌아옴의 장소인데다, 돌아옴마저 기약하기 어
려울 때가 많기 때문. 목포의 노래에는 뭔가 더 있다. 노래로 느껴보자.

못 내 못 내 절대 못 내

나주 수세거부 투쟁

●●●

　전라도(全羅道)라는 이름은 고려시대, 전주(全州)와 나주(羅州)의 앞글자를 따서 만들어졌다. 전주와 나주는 전라도 북쪽과 남쪽의 대표 고을이었다. 나주는 영산강 중류를 끼고 있다. 물이 풍부하고 들이 넓어 일찍부터 사람들이 정착해 살았다. 나주에는 드넓게 물결치는 땅도 많았다. 비산비야(非山非野), 산도 아니고 들도 아닌 이 구릉성 지대는 과수원이나 밭을 하기에도 좋았다. 여러 모로 나주는 살기 좋은 고장이었다. 농본시대 전라도 역사에서 나주는 우주의 중심과 같았다. 한때 서해의 섬들까지 나주에 속할 만큼 행정구역도 넓었다.

　현재 나주는 인구 11만 명 남짓한 소도시지만 여전히 넓다. 중심부 도심에는 옛 전성기의 사적들이 가득하고 도심을 벗어나면 사방팔방으로 들판과 과수원이 드넓다. 나주는 도시와 농촌이 결합된 도농복합도시이고, 두툼한 이야기를 가진 역사도시이다.

　광주에서 나주를 향해 남쪽으로 내려가는 길, 한국전력공사 본사가 멀리서부터 한눈에 들어온다. 21세기 나주의 이정표와 같은 초고층 건물이다. 두 번째로 높은 빌딩은 한국농어촌공사 본사다. 우리

나라 주요 공공기관의 본사는 대부분 서울과 수도권에 있는데 이들이 전남 나주에 있으니 언뜻 신기하게 여겨진다. 중앙정부가 2005년부터 추진한 혁신도시 사업 덕분이다. 노무현 정부는 지역균형 발전을 목표로 전국 열 곳에 혁신도시를 만들기로 했다. 그중 한 곳인 나주 금천면과 산포면에 빛가람혁신도시가 조성됐다. 푸른 벼가 일렁이던 들판이 첨단계획도시로 바뀌었으니 문자 그대로 상전벽해다.

빛가람혁신도시의 비전이 전력과 녹색산업(농업) 육성이다. 한국전력은 빛(전력), 한국농어촌공사는 가람(물)에 해당한다. 오래도록 우리나라의 곡창이었던 전라도에서 나주는 농업의 수도와 같았다. 그많은 공공기관 중에서 한국농어촌공사가 나주로 이주한 것은 자연스럽고 어울리는 만남이다. 한편으로 나는 '나주와 농어촌공사의 운명적인 재회가 아닐까' 하는 상상도 해본다. 실없는 생각이긴 하지만 그런 상상력을 발휘할 만한 어떤 역사가 있기도 하다.

나주와 한국농어촌공사, 재회하다

한국농어촌공사 홈페이지를 살펴본다. "한국농어촌공사는 농업인의 땀방울이 결실을 맺을 수 있도록 철저한 수자원 관리를 통해 안정적으로 농어촌 용수를 확보해 공급하고 있습니다." 친절한 소개글이다. 한국농어촌공사는 크게 세 가지 일을 하는데 그중 하나가 댐, 저수지, 농업수로 등 농업용수를 관리하는 일이다.

벼농사를 잘 지으려면 논에 물이 잘 들어가야 한다. 예부터 농민에게는 자식들 목구멍에 음식 넘어가는 소리 그리고 제 논에 물 들어가는 소리가 가장 큰 기쁨이라는 말이 있다. 수로는 논의 핏줄이고 숨길이다. 수로 상태가 좋지 않으면 농민은 농어촌공사로 전화를 한다. "고객님, 불편을 드려 죄송합니다. 금방 조치하겠습니다." 민원인을 대하는 공기관의 친절은 오늘날 당연한 덕목이다.

20세기에는 그런 친절이 당연하지 않았다. 한국농어촌공사는 일제강점기 '수리조합'에서 출발했다. 이후 토지개량조합, 농지개량조합으로 불리다가 2000년에 농지개량조합연합회, 농어촌진흥공사와 통합돼 한국농어촌공사가 됐다. 성격도 바뀌었다. 20세기까지는 조합이었고 21세기 들어 정부 산하의 공기관이 됐다. 이 역사에서 나는 '농지개량조합' 시절인 1980년대 후반에 주목해본다. 농민들은 농지개량조합을 줄여서 '농조'라고 불렀다. 그 무렵 전라도 농민들은 '농조의 주인 행세를 더이상 참지 않겠다'라고 선언했다. 당시 전국에 농조 지부가 100개가 넘었으니, 주인을 사칭하는 자가 100명이 넘는 셈이었다.

원칙적으로 농지개량조합의 주인은 조합원인 농민이었다. 농민들이 출자금을 내서 공동으로 농업용수를 관리하는 구조였기 때문이다. 1961년, 박정희 군부는 쿠데타로 정권을 잡으면서 사회 각 분야에 비상조치를 단행했다. 군부는 '토지개량조합사업법'을 만들어 당시의 수리조합을 토지개량조합으로 이름을 바꾸고 정부의 하부기관처럼 만들었다. 1970년에는 '농촌근대화촉진법'을 만들어 농지개량조합으로 이름을 또 바꾸고 농민의 참정권과 선거권을 차단했다. 조합원인 농민이 조합 임원을 뽑는 게 아니라 정부 각료인 농수산부 장관이 임명했다. 농민의 입장은 점점 실종됐다.

이런 뒤틀림의 역사를 어디선가 본 것 같다. 함평 고구마 피해보상 투쟁 때 농민이 맞섰던 농협이 떠오른다. 농조는 농협 문제와 흡사했다. 군사정권의 관제기구로 전락한 후 1990년대까지, 한국 농촌에서 농협과 농조는 반갑지 않은 공룡이었다. 그럼에도 이름은 '조합'이었고 농민은 계속 조합비를 내야 했다. 1984년 전국통계를 보면 농조 전체 수입의 85% 이상이 농민이 낸 조합비였고, 전체 지출의 40%가 직원 인건비와 같은 관리비로 쓰였다. 농민이 돈을 모아 직원들을 먹여 살린 셈이다. 1970~80년대 나주 농촌에서는 이런 우스개가 있었다. "너 면장 할래, 농조 직원 할래." "농조 직원!" 그만큼 농조 직원들의 처우가 좋았다.

농조 문제는 농협보다 더 고약한 구석이 있었다. 물론 농협도 설립 취지와 어긋난 운영으로 원성을 샀지만, 사실 '농민들의 공동 권익 신장'이라는 목표에 맞게 원칙대로 운영하면 해결될 일이었다. 농조는 조합비를 내는 이유부터가 좀 이상했다. 현대국가에서 저수지와 댐을 짓고 유지하는 비용을 왜 농민이 내는 걸까. 도시에 길 닦는다고 도시 주민이 돈을 따로 내지는 않는다. 도로며 댐이며 모두 정부 예산으로 조성할 사회기반시설이 아닌가.

결국 농민들은 국가와 농조에 이중으로 세금을 내는 셈이었다. 농민들은 '하늘에서 저절로 떨어지는 물로 장사하는 농조'라고 비꼬았다. 매년 말 농조에 내는 돈을 '조합비'라고 하지 않고 '수세'라고 불렀다. 강제로 뜯기는 세금이라는 뜻이었다.

농민들의 박탈감은 더 먼 과거로 거슬러 올라간다. 벼농사 국가답게 우리나라에서는 일찍부터 수리시설 관리가 중요했다. 옛날 왕들에게 치산치수(治山治水)는 막중한 의무였다. 20세기 초, 조합 형태의 수리시설 관리기구가 탄생했다. 일제가 조선을 본격 침탈하기 시작하면서 1908년 전북 옥구에 처음으로 서부수리조합을 만들었다. 일제는 조선 농민들의 노동력을 징발해 저수지를 축조했고, 그들의 돈을 거둬 수리시설을 관리하고 물값까지 걷었다. 백 보 양보해서, 그때는 제국주의 국가와 식민지 관계였다. 고양이가 쥐를 생각해줄 리 없었다.

1950년대 신생 독립국가 대한민국의 농민들은 이 기구를 민주화시키고자 했다. 그러나 군사독재의 된서리를 맞아 농조도 농협도 모두 개혁에 실패하고 말았다. 한국농어촌공사 홈페이지에서 기관 연혁을 보면 옥구서부수리조합을 출발점으로 삼고 있다. 수탈기관으로 출발했다는 태생적 약점은 그렇게 흔적을 남기고 있다.

나주에 농조가 생긴 때는 1976년이다. 박정희 정권이 영산강종합개발사업에 착수하면서 나주 다도면 일대에 다도댐(나주호)을 지었다. 이후 다도댐을 포함한 넓은 권역을 관리하는 영산강농지개량조합을 만들었다. 나주 지역은 이때 영산강농조에 편입됐다. 논이 많은 전남답게 영산강농조는 전국에서 두 번째로 컸다. 영산강농조 본사는 광주에 있고, 나주에는 지소가 있었다.

나주 농민들은 1987년 당시 논 300평당 벼 23~28kg 값에 해당하는 수세를 냈다. 평균 3만 5,000원. 요즘 돈으로 치환하면 300평당 약 10만원 정도였다. 농민의 부담은 이것만이 아니었다. 농협 조합비, 갑류농지세(논), 을류농지세(특용작물 밭)까지 내야 해서 등이 휘었다. 흉년이 들면 소득은 바닥을 치고 빚도 불어나는데 '관에 바쳐야 할' 세금은 늘면 늘었지 줄어드는 법이 없었다. 그들은 꼬박꼬박

고지서를 보내고 못 내면 차압을 해갔다.

1987년 가을, 막고 품는 젊은이들

농민의 삶은 늘 팍팍했다. 봉건시대와 일제강점기를 버티고 해방을 맞았지만 일제 대신 들어온 미군은 공출이라는 명목으로 식민지 때보다 더 가혹하게 쌀을 거둬들였다. 1970년대 들어 박정희 군사정권은 도시에서는 공업화 정책을 추진하고, 농촌에서는 새마을운동을 대대적으로 벌였다. 지붕을 개량하고 마을길을 새로 닦았다. 농촌이 점점 활기차게 바뀌는 것처럼 보였다. 역사에서 농민이 처음으로 주인공으로 대우받는가도 싶었다.

그러나 '우리도 한번 잘 살아보자'라던 새마을운동 10년 동안 400만 명의 농민들이 농촌을 떠나 도시로 갔다. 농사로 먹고살기가 갈수록 어려워졌다. 빚더미에 나앉지 않는 것만도 감지덕지였다. '새마을'은 과연 누구를 위한 캠페인이었을까. 과거 농토는 부의 원천이었지만 이제 빚의 원천이 되기 십상이었다. 농민들은 초고속 산업화가 만들어낸 부조리에 짓눌려갔다. 농토가 넓은 전라도가 특히 그랬다.

옛 농민들이 생존의 벼랑에서 항거에 나섰던 것처럼, 현대의 농민들도 부조리에 맞섰다. 한국 농민운동은 1970년대부터 점점 조직적인 모습을 보였다. 1978년 함평 고구마 피해보상 투쟁은 가장 빛나는 성과의 하나였다. 1980년대 들어서 농민운동의 저변이 더욱 넓어졌다. 1970년대의 운동에서 경험과 역량을 쌓은 많은 농민들이 자기 마을에서 활동가로 거듭났다. 나주에서는 더욱 '남다른 운동가들'이 출현했다. 1987년의 일이다.

그해 여름은 온 나라가 6월항쟁으로 뜨거웠다. 항쟁을 제대로 이끌기 위해 민주헌법쟁취국민운동본부, 줄여서 국본이 결성됐다. 6월 말 나주에도 국본 나주지부가 생겼다. 국본 나주지부 청년위원회에는 특히 의욕 넘치는 청년들이 들어왔다. 서울서 대학을 다니다 민주화운동으로 옥살이를 하고 고향에 내려온 대학생, 광주에서 5·18 시민군으로 참여했다가 연행돼 고초를 겪고 낙향한 젊은 교사, 민주화시위로 정학처분을 받고 고향집에 돌아온 대학생, 일찍부터 나주에서 농민운동을 하고 있던 처자 등등…. 이들은 고향에서 의기투합했다. 온 국민의 과제이자 당면한 개헌운동에도 열심이었지만, 고향 나주의 문제도 심상치 않게 지켜봤다. 뼈 빠지게 고생하며 농사를 지을수록 더 움츠러드는 어르신들이 안쓰러웠다. 그들은 어르신들의 어깨를 짓누르는 '수세'를 보았다.

1987년 여름 국본 나주지부 청년위원회 청년들이 영산포성당에 모였다. "수리시설은 사회간접자본이잖아. 농민들이 실핏줄(관개수로)은 알아서 관리하니까 동맥(수리시설)은 당연히 국가가 맡아야 하는 거 아니야?" "댐을 농업용수로만 쓰는 것도 아닌데 왜 농민에게 전가하는 거야?" 이들은 수세의 부당성을 공부하고 광주의 농민집회에 가서 '선배' 농민운동가들을 경청하기도 했다. 이웃 무안군에서 벌어진 수세거부 투쟁 이야기도 들었다. 그러면서 자연스럽게 문제점을 공유했다. "우리가 농조랑 싸워보자!" 농조는 골리앗이었다. 영산포성당의 다윗들은 분명 무모해 보였다. 많아봐야 30세, 대부분 20대 청년이었다.

이들이 싸움을 조직하는 방식은 더 무모해 보였다. 나주의 수백 개 마을을 거의 모두 돌아다니며 농민들이 마을에서부터 수세거부 대책위원회를 만들게끔 도왔다. 그런 다음에는 면 단위 대책위를, 그리고 군 단위 대책위를 만들게 도왔다. 아래부터 위로 조직해 올라가는 상향식 운동이었다. 대략 반 년이 걸렸다. 얼마나 많은 발품, 대화, 고민이 들어갔을까. 지침을 내려주고 농민들이 그대로 따르게 하는 하향식 방법이면 훨씬 빠르고 쉬웠을 텐데. 나주 청년들은 시간이 오래 걸려도 농민들이 직접 고민하고 토론하고 조직해야 오래 간다고, 농민들이 논에 물꼬를 트듯 자신들은 싸움의 물꼬를 틀 뿐이라고 굳게 믿었다.

청년활동가들은 1987년 가을을 눈코 뜰 새 없이 바쁘게 보냈다. 오토바이와 봉고차를 타고 나주 전역을 휘젓고 다녔다. 이들을 멀리서 보면 의아했을 것이다. '저 처자는 누구 댁 큰딸 아닌가, 저놈은 누구 댁 둘째아들이고…. 서울서 학교 다닌다등만 여기서 뭐하는 것이여?' 그 청년들은 인생에서 가장 뜨거운 여름을 보내고 있었다.

봉고차가 마을 입구에 활동가를 한 명씩 내려준다. 그는 마을 이장을 찾아가 마을회관에 주민들을 모아달라고 부탁한다. 농한기면 바로 모이고, 농번기면 날짜를 따로 잡아 다시 온다. 30~40명씩 모인 마을교육에서 청년활동가가 수세 이야기를 꺼낸다. 처음엔 교육이었다가 점점 열띤 토론이 된다. "맞아. 우리가 왜 수세를 내야 해?" "그려. 돈만 뜯기는 우리가 뭣이 주인이여." 활동가는 구호도 가르친다. '못~ 내 못~ 내 절대 못~ 내 부당수세 절대 못~ 내' 농악 삼채가락에 맞춰 만든 구호가 입에 착착 붙는다. 수세 납부고지서를 모아 농조에 반납하기로 결의한다. 농민들이 수세거부 결의서에 서명을 하고 도장을 꽝, 찍는다. 도장을 놓고서 농민들 스스로도 놀란다. 정부를 반대하는 행위에 대놓고 지지 도장을 찍다니! 그만큼 농민들이 당당해지고 있었다.

마을 대책위가 모여 면 대책위를 만든다. 11월 초 나주 금천면, 봉황면을 시작으로 대책위 조직이 번져간다. 마침내 12월 12일 나주군 수세거부대책위원회가 탄생한다. 그리고 12월 29일 부당수세거부 나주농민실천대회를 열기로 한다. 활동가들은 들불 같은 기세에 놀랐다. 활동가들 중 막내이자 홍보를 담당했던 박철환 씨의 소감이다.

– 1987년을 떠올리면 늘 얼떨떨합니다. 우리는 그때, 막고 품었어요.

1987년이 저물어가는 12월 29일, 반 년을 준비한 농민대회 날이 마침내 밝았다. 전국은 2주 전의 대통령 선거 후유증에 빠져들었다. 좌절감이 전국의 공기를 무겁게 짓눌렀지만 나주 사람들은 스스로 희망의 불을 피워 한파를 이겨내고 있었다.

농민들이 모이기 좋게 나주 오일장 날에 대회 날짜를 맞췄다. 원도심에 있는 나주성당이 대회 장소였다. 걸어서 5분 거리에 농지개량조합 나주지소가 있었다. 엎드리면 코 닿을 데다. 과연 얼마나 모일까. 두근두근. 우리의 힘을 길 건너 농조에 보여줘야 하는데. 걱정 반 기대 반….

1만 명이 모였다. 자그마한 나주 시내에서 누구도 이런 규모의 인파를 본 적이 없었다. 실무자들은 깜짝 놀랐다. 집회시간인 오전 10시, 성당 마당은 이미 꽉 찼다. 농민들은 성당 옆 집들 지붕 위에 올라가 앉고, 성당 문밖을 채우고, 광목간 도로 사거리까지 꽉꽉 메웠

1987년 겨울 나주 수세거부대회에
운집한 농민들 /
대회를 진행하는
청년활동가 신정훈(왼쪽)과 주향득 /
1988년 봄 2차 농민대회에
모인 농민들

다. 농민들 스스로도 놀랐다. 이 거대한 농민집회의 기록은 2년 뒤 1989년 서울 여의도에서 전국농민대회가 열리기 전까지 깨지지 않았다.

농민들이 읍내에 나오는 과정부터 전투였다. 마을사람들이 모여 경운기 타고 털털털털, 3~4시간 걸려 대회장에 왔다. 당시엔 큰길만 아스팔트 포장이 되어 있었고 나머지는 흙먼지 날리는 비포장길이었다. 그렇게 모인 1만 명 농민들의 함성이 나주 하늘을 울렸다.

'부당수세 폐지하라! 농조를 해체하라! 모든 수리시설과 농지개량사업을 국가가 전액투자하라! 수리시설을 정부가 직접 관리하라! 징수한 부당수세를 반환하라!'

그간 입에 착착 붙은 삼채가락 구호도 넘실댔다.

'못~ 내 못~ 내 절~ 대 못내 부당수세 절~대 못내.'

시위대는 나주성당을 나와 농조를 향해 가두행진을 했다. 꽉 찬 가마니 두 개를 끌어다가 농조 마당에 철푸덕 던졌다. 농민들이 반납한 수세 고지서 1만 장이 들어 있었다. 농조 조합장은 시위대의 규모와 당당함에 기가 질려 강제징수를 하지 않겠다고 약속해야 했다. 농민들은 나주군청 앞에 다시 집결한 후 해산했다. 당시 인구로 볼 때 나주 모든 농가에서 1명씩 나온 셈이었다. 대회에 다녀오지 않은 사람은 대화에서 소외감을 느낄 정도였다. 나주농민대회는 전설이 됐다.

풍속도 바뀌었다. 집집마다 대문에 '부당수세를 낼 수 없다'는 스티커를 붙였다. 농조 직원이 밀린 수세를 받으러 마을을 돌면 농민들이 부리나케 신고하는 통에 수세거부대책위의 전화통도 불이 났다. 농민들에게 대책위는 기댈 언덕이었다. 대화 스타일도 바뀌어갔다.

"농사를 지었으니 물값을 내야지" 하는 힘없는 자조에서 "그만큼 뜯어갔으면 됐제! 우리가 봉이냐!" 하는 화끈한 논평으로.

그럼에도 혼자 집에 있다가 수세 걷으러 온 직원을 응대하는 일은 여전히 곤혹스러웠다. 주민은 얼른 대책위 사무실로 전화를 했다. 대책위 실무자가 곧바로 오토바이를 타고 달려왔다. 그를 기다리는 동안 주민은 쩔쩔매며 버텨야 했다. 그러다 실무자가 도착하면 어깨를 펴고 갑자기 농조 직원에게 언성을 높이고 손가락질도 했다. "그만큼 피 뽑았으면 됐제 뭘 더 뺏어가! 내가 콱 농약 묵고 디져서 사회뉴스가 되부러야 정신을 차리제!" 하면서 농약병을 들고 마시려는 동작을 취하기도 했다. 결국 직원은 뒷걸음질치며 도망갔다. 농민들은 처음으로 자기 편을 얻었다. 이름은 수세거부대책위였지만 농민들에게는 사실상 농민종합지원기구였다.

나주 대책위도 진화를 거듭했다. 소식지를 만들어 농가마다 배포했고 다음 활동을 위한 공부를 계속했다. 나주를 배우러 다른 지역 운동가들이 찾아왔다. 나주 사례를 '투쟁의 교과서'라 부르며 자기 지역에서 수세투쟁을 이어나갔다. TV에서도 '수세가 무엇이길래!'라는 제목의 보도프로그램이 방영됐다. 변방의 일로 밀려나 있던 농촌 문제가 뜨거운 사회 이슈로 등장했다.

봄·여름·가을 농번기에는 농민운동의 흐름이 끊길 수 있다. 농사는 때를 놓치면 안 되는 일이기 때문이다. 땅을 놀리는 일은 농민들에게 천부당만부당이다. 대신 가을걷이가 끝난 후 겨울 농한기를 절대 놓쳐서는 안 됐다. 마을마다 농민교육을 열며 다음 투쟁을 준비했다. 이제 청년활동가들이 마을회관을 찾아다닐 필요가 없었다. 나주 농민들은 자연의 흐름에 맞춰 조급하지 않게, 그러나 멈추지 않고

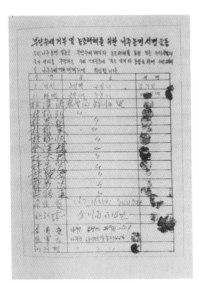

수세거부 서명지에 용기 있게 도장을 찍다. /
농조 직원의 방문에 대처하는 지침 /
수세 거부를 넘어 폐지를 향해,
나주농민회가 만든 소식지

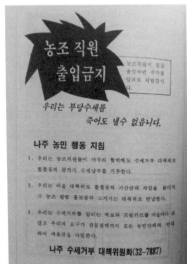

스스로 투쟁의 불씨를 키워나갔다.

　농조와의 싸움은 지난했다. 그렇게 싸웠건만 수세는 조금 인하되는 정도에 그쳤다. 시원치 않았다. 농민들은 아예 수세폐지 투쟁에 나섰다. 1988년 3월, 2차 농민대회 때는 경찰이 폭력진압을 하기 시작했다. 매운 최루탄 가스가 섞인 봄비 속에서 농민들은 울면서 잡혀갔다. 한 달 후엔 전북 순창 농민들과 함께 전남북농민대회를 열었고 무더기로 연행됐다. 모두 나주성당 마당에서 벌인 싸움이다. 1988년 말에는 나주와 전남이 중심이 돼 전국수세폐지대책위원회가 결성됐다.

　1989년 2월 13일은 한국 민주화운동사에서 굵은 글씨로 기록되는 날이다. 한국 정치의 심장부인 여의도에서 대규모 농민대회가 열렸다. 전국에서 올라온 농민들이 여의도광장에서 목청껏 생존권 보장을 요구했다. 지은 지 4년 된, 당시 국내 최고층으로 화제가 된 63빌딩이 이들을 내려다봤다. 이날 농민대회의 정식 명칭은 '수세폐지 및 고추전량수매 쟁취를 위한 농민대회'였다. 수세폐지 사안은 나주가 주도했다. 나주 농민 1,000여 명이 전세버스 25대에 나눠 타고 올라가 여의도광장에 섰다. 이 대회가 씨앗이 되어 이듬해 전국농민회총연맹이 탄생했다.

함성의 가두행진을 따라 걷다

　어느 여름날 나주시 성북동과 금남동 일대를 걸었다. 역사도시 나주의 오랜 중심지였던 이 구역에 왕조시대의 읍성터와 관아, 객사의 유적, 향교가 있다. 그리고 수세투쟁의 격전지가 있다.

나주성당은 건물의 연륜이 깊어 보였다. 짙푸른 숲도, 정갈한 본당 건물도 눈길을 끌지만 이곳의 핵심은 마당이었다. 그렇게 크지 않은 성당 마당이 바로 수세투쟁의 화산이 폭발한 자리였다. 성당 마당에서 농민들은 '뭉치면 강하다'의 의미를 온몸으로 경험했다. 성당을 나와 광주-목포간 도로가 교차하는 광목사거리에 닿았다. 걸어온 길에 발 디딜 틈 없이 인파가 가득 찼다고 했다. 사거리를 건너 계속 걸어 내려갔다. 마침내 농지개량조합 나주지소 자리에 다다랐다. 성당 마당으로부터 '적진'이 이렇게 가까웠다니. 그러나 텅 빈 공터만 남아 임시주차장 노릇을 하고 있었다. 2층짜리 농조 건물은 헐린지 오래다. 정문 자리였던 귀퉁이를 서성였다. 밀린 수세를 내느라 주눅 들어 이곳을 넘나들었던 농민들의 한숨이 쌓인 자리다.

저들은 끈질기게 반격했다. 1989년 2월 여의도 대회 이후 전남도, 나주군 등 행정력까지 동원해 수세 징수에 나섰다. 안 되면 재산을 차압하겠다고 경고했다. 나주농민들은 총력 투쟁에 나섰다. 그중 하나가 오토바이 부대였다. 영산포터미널 앞에 모인 50여 명의 '차압저지 결사대'는 오토바이를 타고 시청, 군청에 찾아가 항의하고 농조로 달려갔다. 벼 포대로 조끼를 만들어 입은 일사불란한 행동조였다. 이들은 새끼줄로 농조 건물 전체를 한 바퀴 빙 둘러쳤다. "우리가 너희를 차압하겠다!" 농민들다운 볏짚 시위이자 퍼포먼스였다.

– 기동력이 필요해 젊은이들 위주로 꾸렸습니다. 왕곡면에서는 농가에 찾아온 농조 직원을 저지했어요. 반남출장소에 갔더니 우리가 도착하기 전에 소장과 직원들이 뒷산으로 줄행랑을 쳐버렸습니다.

(김형철. 봉황면 주민)

　나주성당에서 농조 터까지는 걸어서 겨우 5분, 사매기길로 불린다. 농민들이 고지서 1만 장을 실은 가마니를 끌고 농조까지 반납 행진을 했고, 경찰 진압에 밀리고 다치며 투쟁을 이어간 길이다. 예나 지금이나 편도 1차선인 사매기길은 아기자기한 길로 변해가고 있다. 나주시의 구도심재생사업인 '밀레날레 마을미술' 설치작품들이 거리를 수놓고 있다. 길가 화단의 꽃들이 햇살 속에 한들한들거린다. 싸우는 농민들의 행렬이 지나가고 지금은 관광객을 기다리는 거리가 됐다.

　시절의 유일한 증언자처럼 그 거리 한가운데 돌기둥 두 개가 서 있다. 나주수세투쟁 20주년 기념비다. 해와 논, 강, 달과 농부 그림, 멋지게 흘려 쓴 그날의 함성이 강렬한 부조로 새겨져 있다. 2007년 나주사람들은 투쟁 20주년을 맞아 기념사업회를 꾸리고 농조 터 앞에 기념비를 세웠다. 농조는 사라져도 우리는 역사를 잊지 않겠다는 뜻이었다. 해와 강, 달, 논은 모두 농사의 기본 요소다. 어른 키만 한 두 개의 기념비는 사람처럼 느껴지기도 한다. 나주 수세투쟁이라는 시간여행으로 들어가는 문 입구에 선 안내자처럼, 이제는 그 역사의 기억투쟁에 나선 결사대처럼.

　사매기길을 따라 더 내려가니 웅장한 기와지붕을 자랑하는 금성관이 나왔다. 조선시대 관리들이 나주에 오면 업무를 보고 묵었던 곳이다. 나주시는 금성관 일대 관아 터 복원사업을 하고 있다. 복원공사가 완료되면 농조 자리도 변신한다. 농조 터가 바로 관아 터 가운데 향청 자리였다. 향청은 세금을 걷던 관청이다. 입지에도 운명이 있는 걸까. 농민들을 독촉하던 농조 자리가 옛날 백성들로부터 세금을 걷던 관청 터였다. 임시 주차장인 농조 터가 기와지붕을 얹은 향청으로 복원되더라도, 나주수세투쟁 기념비는 그 자리에 그대로 있어주기를 바란다. 시대의 두툼한 지층을 관통하는 증언대가 될 것이다.

금성관에서 남쪽으로 더 내려가 나주천 건너 오래된 붉은벽돌 건물을 만났다. 금성관이 조선시대 대표 유적이라면 이 벽돌건물은 일제강점기의 대표 유적이자 근대문화재이다. 1910년대 일제는 나주 초입에 당시로서는 웅장한 이층짜리 건물을 짓고 경찰서로 썼다. 침략국의 경찰이 친절한 '민중의 지팡이'였을 리 없다. 시가지 초입의 이 건물은 조선인들에게 위압감을 주게끔 의도된 것이었다. 그 의도대로 나주경찰서에는 항일운동가들이 수없이 잡혀 들어갔다. 벽돌건물은 해방 이후 경찰서, 소방서를 거쳐서 지금은 시민단체들의 둥지가 됐다. 탄압의 거점에서 저항과 자치의 거점으로 건물의 운명을 뒤집었다.

정면 출입구에 플래카드가 펄럭이고 있었다. '농축산물 확대개방 강요, 한미 FTA 폐기하라! 농민헌법 쟁취하자! -나주농민회'라고 쓰여 있다. 건물 1층에 나주농민회 사무실이 있다. 1980년대 말 전국 농촌에 수많은 농민회가 결성됐는데, 나주농민회는 가장 선도적이고 창의적인 농민회 중 하나였다. 수세투쟁의 경험을 고스란히 내공으로 쌓은 덕분이었다. 나주농민회는 지금도 활발하게 활동하고 있다.

나주성당에서부터 농조 터를 거쳐 나주농민회까지는 대략 1km. 걸어서 겨우 20분 남짓 걸린다. 그 짧은 길에 시대의 뜨거움들이 꾹꾹 압축되어 있다.

옛 농지개량조합 터 앞에 세운 나주 수세거부 투쟁 20주년 기념비

3년에 걸친 나주 수세투쟁이 남긴 것을 꼽아본다. 당시 농민들이 구호에 담은 세 가지 요구사항은 '수세 폐지! 농조 해체! 수리청 신설!'이었다. 수세는 나주농민대회 이후 23~28kg에서 10kg로, 다시 5kg로 인하됐다가 2000년에 완전히 폐지됐다. 전국의 모든 농민들에게 수세는 과거형이 되었다. 농지개량조합은 해체된 후 공기관인 한국농어촌공사로 통합됐다. '수리청 신설'은 국가가 수리시설을 관리하라는 의미였으니 농민들의 요구가 이뤄진 셈이다.

수세투쟁은 요구사항이 단계별로 모두 실현된 드문 성공사례였다. 나주의 투쟁으로 전국 농민들의 어깨를 누르던 수세가 사라졌다. 수세투쟁의 성공사는 전국의 농산물 수입 반대투쟁, 농산물 가격투쟁, 농협 민주화운동 등에도 영향을 줬다. 1978년 함평 고구마 피해보상 투쟁은 전국 농촌에 놀라운 충격을 줬다. '농민도 싸울 수 있고, 승리할 수 있다'는 선례를 보여줬다. 농촌을 흔들어 깨웠다. 이 멍석 위에서 1980년대 농민운동은 대중적인 운동으로 발전해갔다. 나주 수세투쟁은 그 정점이었다.

소수의 청년운동가들이 제안해 시작했지만 대다수 농민들이 지지하고 참여한 대중투쟁이었다. 자녀세대와 부모세대의 합작품이었다. 투쟁 와중에 왕곡면 수세거부대책위는 왕곡면농민회로 진화했다. 수세를 넘어 농업문제 전체에 팔을 걷어붙인 것이다. 나주여성농민회도 결성됐다. 농조 조합장 선거에서 농민후보가 당선되기도 했다. 농민들의 자부심과 주인의식은 수세투쟁의 가장 큰 수확이었다.

2000년대에 나주시장을 두 번 역임한 사람이 있는데, 이름이 신정훈이다. 처음 당선될 때인 2002년 그의 나이 불과 38세였다. 그는 나주 수세투쟁을 이끌고 '못~ 내 못~ 내 절대 못~ 내' 구호를 만든 청년

활동가였다. 신정훈은 고려대를 다니던 중 미문화원 점거농성으로 옥살이를 하고 1987년 귀향했다. 그는 수세거부 투쟁을 제안해 성공적으로 이끌고 이후 나주농민운동을 힘차게 끌어갔다. 지역 주민들의 신임을 얻고 정치로 진출했다.

신정훈을 비롯해 당시 나종필, 이재덕, 박선재, 박진현, 주향득, 임연화, 박철환 등이 바로 나주 수세투쟁의 청년활동가들이었다. 나주 여성농민운동가였던 주향득은 신정훈과 결혼해 부부활동가가 됐다. 교사 박선재는 5·18 때 시민군으로 활동해 옥살이를 하고 고향 나주로 돌아와 있었다. 동생 박철환도 전남대 공대를 다니다가 학생운동으로 정학을 당한 후 집에 머물고 있었다. 형들과 누나들의 투쟁에 심부름을 하며 따라다니던 그는 특히 홍보와 기록 담당으로 눈부시게 활약했다. 이들은 모두 고향 나주에 정착했다. 지금도 정치인으로, 언론인으로, 농민으로, 시민운동가로 나주 곳곳에서 살아가고 있다. 이제는 50대를 넘긴 중년들이다. 고향에서 열정적인 청년기를 보내고 바로 그곳에 든든히 뿌리내려 살고 있는 '청춘'들의 도시. 처음 걸어보는 나주 골목이 왠지 친근해 보인다.

영산강 바람을 가르는 차압저지 결사대

영산강에 다다랐다. 드넓은 물길을 가로지르는 영산대교를 건넌다. 강 건너가 바로 영산포다. 나주 시가지를 북쪽에서 남쪽으로 가로질러 내려온 여정의 종착지다. 도시에 생애주기와 표정이 있다면 나주의 전성기는 농사가 대접받던 시절과 나란히 간다. 농사의 기본인 땅이 제 역할을 당당히 해내고, 물이 제 빛을 낼 수 있었을 때 나주의 표정이 가장 활기찼다.

담양, 장성에서 흘러온 개천들이 광주쯤에서 만나 몸집을 키워 영산강이 되고, 목포에 이르러 서남해로 합쳐진다. 우리나라 기후는 여름에 비가 몰려서 강이 자주 불어난다. 특히 영산강의 몸집 불리기는 유난하다. 주변이 낮은 평지와 덤불지대라 강 일대가 몽땅 물에 잠긴다. 홍수 때의 모습은 꼭 바다 같다. 옛날에는 물이 불어난 영산강 중하류 일대를 영산 내해(內海)라고도 불렀다.

바다인지 강인지 헷갈릴 정도인 영산강 중하류에는 큰 배가 오갔다. 밀물 때 바닷물이 강을 따라 쭉 밀려 올라왔으므로 배들은 어렵지 않게 강을 거슬러 올라왔다. 목포 하구에서 거슬러 대략 70km까지 조수의 영향을 받았다. 바로 나주 영산포 근처였다. 상류로 계속 가려는 사람과 물자는 영산포에서 작은 배로 갈아탔다. 영산포는 바다와 강의 만남의 광장이었다. 큰 강이 요즘의 고속도로와 같은 기능을 했던 옛 시절, 영산강 뱃길의 중요한 터미널이었다.

영산포구는 영산강 물길과 흥망성쇠를 함께하다 일제강점기 때 급격히 개발됐다. 영산포는 나주가 근대도시로 성장할 때 가장 자주 호명됐다. 강 건너 나주 중심부보다 더 분주했다. 마냥 흥겨운 분주함은 아니었다. 일제는 식민지인 우리 땅에 길목 좋은 포구를 개발하고 철길을 놓았다. 식민지의 쌀과 산물을 모아 일본으로 수월하게 수송하려는 목적이었다. 우리나라 교통 좋은 근대도시들은 태생적인 아픔을 갖고 있다. 목포나 영산포도 마찬가지다. 오늘날 영산포구와 주변 시가지는 쇠퇴했지만 골목을 돌아보면 일제 가옥들과 근대도시의 활기찬 흔적들이 많이 남아있다. 어쨋든 영산포는 나주의 생애에 전성기의 표정을 새겼다.

영산강 뱃길도 옛날이야기다. 내륙 중심으로 도로가 발달하면서 강은 점점 할 일을 잃었다. 중간중간에 보를 놓고 목포 영산강 하구를 둑으로 막은 후에는 아예 배가 다닐 수 없게 됐다. 포구들도 시들었다. 물이 제 빛을 잃으면서 나주가 전라도 들판을 호령하던 시대도 저물었다.

영산강은 전라도 서부 들판문화의 원형을 그려낸 굵은 뼈대였고, 나주는 그 중심지였다. 땅과 물을 귀하게 여기는 농본문화가 특히 강했다. 19세기 말부터 70년간 계속된 나주 농민들의 궁삼면 토지탈환 운동은 강인한 농민의 표상이었다. 그리고 20세기 말의 수세투쟁이 있다. 1989년 봄 차압저지 결사대는 벼 포대로 조끼를 만들어 입고 바람을 가르며 영산강을 건넜다. 그들에게 불굴의 윗세대 농민들의 모습이 포개어졌다.

광주로 돌아가는 길, 들녘에 부는 바람이 시원했다. 빛가람혁신도시를 지나니 다시금 한국농어촌공사 건물이 보였다. 1987년 나주농민대회가 영화의 한 장면처럼 떠올랐다. 1만 농민의 함성소리도 상상해보았다. 하얀 범선들이 강을 오르내리고 황금 들녘마다 수확의 기쁨에 들뜬 농민들의 표정들도 그려보았다. 농촌이 빛나는 시대가 다가오길 꿈꾼다.

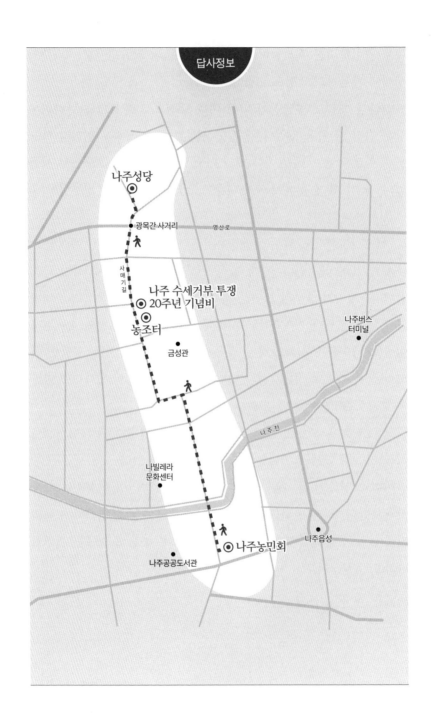

답사정보

나주성당

광목간 사거리   영산로

사매기길

나주 수세거부 투쟁
20주년 기념비

농조터

금성관

나주버스
터미널

나주천

나빌레라
문화센터

나주농민회

나주읍성

나주공공도서관

⌖ 나주

나주시는 도농복합도시다. 1995년 나주시와 나주군이 합쳐졌다. 나주시는 오랜 중심가인 나주읍과, 일제 때 영산강변을 따라 발달된 영산포읍이 핵심이었다. 최근 빛가람혁신도시가 조성되면서 시가지가 점점 커지고 있다. 나주는 영산강 들판문화권의 중심지로 오래도록 벼농사가 발달했다. 현대의 특산품은 배다.

⌖ 나주 농민대회 동선

나주성당 - 사매기길 - 농조 터 + 수세투쟁 20주년 기념비 + (금성관 + 나주농민회) 총 1㎞

나주성당에서 1987년과 1988년 두 차례 농민대회가 열렸다. 성당 자체도 고즈넉하고 주변 숲도 산책하기 좋다. 근대 천주교 순교자들의 사적이 있어 천주교인들에게는 특히 유서 깊은 곳이다. 성당에서 농조 터와 수세투쟁 20주년 기념비까지는 약 350m로 짧다. 기념비의 글과 그림은 나주 동강면 출신 전각작가 정병례 씨의 작품이다. 여기서 더 내려가 금성관을 관람하고, 원도심 길을 따라 나주농민회까지 간다. 코스 주변에 왕조시대 관청인 금성관을 비롯해 밀레날레 마을미술관, 나주공공도서관, 로컬푸드 매장 등 둘러볼 것이 많다.

⌖ 영산포

일제강점기 때 일본 지주나 상공인들도 많이 거주해 일본식 가옥 흔적들이 여럿 남아있다. 영산강 선창 홍어의 거리 입구를 답사 거점으로 삼아 영산포역사갤러리, 영산포성당, 홍어의 거리, 구로즈미 이타로 가옥 등을 차례로 둘러보자.

⌖ 궁삼면 토지회수 투쟁

신안에 하의3도 농민운동이 있다면 나주에는 궁삼면 토지회수 투쟁이 있다. 신안 하의3도는 섬 농민들이 맨손으로 갯벌을 메워 만든 논, 나주 궁삼면은 영산강가 농민들이 긴 세월 가꾼 옥토가 투쟁의 목표였다. 구한말 나주 지죽면·욱곡면·다시면의 넓은 땅을 몇몇 관리가 빼앗더니 이를 한양 왕실인 경선궁에 팔았다. 그래서 궁삼면(宮三面)이라는 이름이 붙었다. 농민들은 지난한 싸움에 나서 마침내 소송에서 승소했으나 경선궁은 이를 무시하고 일제의 동양척식주식회사에 되팔아버렸다. 해방 후에는 신한공사로 넘어갔다. 농민들은 1950년 대한민국 정부의 토지개혁 때야 땅을 되찾았지만 소유권 등기를 이전받지 못한 땅이 남아 오래도록 싸웠다. 궁삼면은 현재의 행정구역으로 왕곡면·세지면·봉황면 일대다. 소설가 문순태가 이 투쟁을 장편대하소설 『타오르는 강』으로 되살렸다.

나주 동강면 진천리 일대 샛강이 영산강에 합쳐지는 모습.
전라도 서부 들판문화의 원형을 이룬 굽이굽이 영산강
ⓒ신병문

'숭고한 탄생, 고난 헤치고'

조선대 학원민주화 투쟁

●●●

짙푸른 무등산 자락에 세모 지붕을 얹은 하얀 건물들이 줄줄이 붙어 있다. 강렬하고 인상적인 이미지다. 광주 도심에서 멋진 풍경을 꼽으라면 나는 무등산 아래 조선대 본관을 꼽는다. 광주에 놀러온 서울 친구에게 그 풍경을 가리킨 적이 있다.

– 와우. 도심에 리조트가 있어?

대학교라고 하니 친구의 동공이 커졌다. 하긴 조선대는 리조트처럼 나름 관광지가 되기도 한다. 5월이면 학교 대운동장을 둘러싼 장미원에 수많은 꽃이 만발하고 장미축제가 열린다. 붉은 장미넝쿨과 그 너머 하얀 건물과 푸른 산이 어우러진다.

1987년 가을의 조선대 대운동장으로 가본다. 3,000여 명의 학생들이 모여 있다. 한 학생이 하얀 광목천에 글씨를 쓴다. 가만 보니 자기 손가락에서 뚝뚝 떨어져 내리는 피로 쓰고 있다. 그의 뒤로도 수십 명이 손가락 피로 글자를 이어 쓰겠다고 자원을 한다. 치과대학생이 지원자들의 손가락을 그어준다. 면도칼로 능숙하게 새끼손가락을 그으니 피가 흘러나온다. 마침내 수십 명이 이어 쓴 혈서 플래카드가 나부낀다.

이번에는 1988년 1월 8일 새벽의 조선대 본관으로 옮겨가 본다. 아름다운 세모 박공지붕이 화염에 휩싸여 있다. 건물 입구에는 경찰이 몰려 있다. 옥상에 오른 학생들이 뭐라고 소리 높여 외치고 있다. 그중 한 명이 급기야 허공으로 몸을 날린다. 1980년대의 조선대는 도대체 어떤 공기 속에 있었던 것일까.

다행히 그때 혈서 플래카드를 쓰느라 자기 손가락 피를 뽑은 학생들은 무사히 졸업했고, 그들의 자녀들도 잘 자라서 봄날 조선대 장미 터널을 거닐며 '인생샷'을 건져 SNS에 전송한다. 1987년의 붉은 피가 2019년의 붉은 장미로 피었다.

조선대는 사학비리와 싸웠다. 사학비리는 학교 설립자나 대표가 학교를 자기 개인재산인 것처럼 사유화해버리는 것이다. 학교 운영이 왜곡되고 그 피해는 고스란히 학생들이 입는다. 지금도 사학비리는 우리나라 대표 사회악 중 하나다. 잊을 만하면 전국 곳곳에서 툭툭 불거져 뉴스 사회면을 채운다. 1980년대나 지금이나 비리사학의 재단법인들은 수단과 방법을 가리지 않고 등록금과 정부 지원금 같은 운영비를 뒷주머니로 빼돌리는 신박한 방법을 연구하느라 열을 올리고 있다. 그 와중에 간혹 비리 규모가 어마어마한 공룡들이 생겨난다. 조선대 재단도 그런 공룡이었다. 아니 죄 없는 공룡 말고, 괴물의 경지라고 말해두자.

그럴 때 학교를 정상으로 되돌리는 일은 쉽지 않다. 내부사정을 제일 잘 아는 재단이 운영을 틀어쥐고 있는 데다 교직원은 저항하기 쉽지 않고 학생들은 몇 년 지나면 학교를 졸업한다. 그간 비리사학들의 일부에서 저항이 일어났고, 또 그중 일부가 승리했다. 교수들이 중심이 되어 투쟁한 상지대학교가 유명하다. 조선대는 대학 사학 비리 투쟁사에서 매우 놀라운 기록을 새겼다. 바로 학생들이 투쟁의 주역이었다.

'절이 싫으면 중이 떠난다'라는 속담처럼 대개 직장이 마음에 들지 않으면 퇴사를 하기 마련이다. 학교가 싫으면 학교를 그만두거나 옮긴다. 그게 어렵다면 몇 년 꾹 참고 졸업해버리면 된다. 그 시간 동안 공부에만 몰두해도 남는 게 생긴다. 반면 조선대 학생들은 죽어라고 싸웠다. 학교를 살리려고 제적을 감수하고, 점거농성을 하고, 혈서를 쓰고, 급기야 목숨을 걸고 뛰어내리기까지 했다. 내가 속한 준거집단이 이해할 수 없이 기괴할 때, 나는 그 집단을 바로잡기 위해 이것저것 재지 않고 나설 수 있을까? 조선대 학원민주화투쟁을 이끈 학생들을 떠올릴 때마다 '주인의식'이라는 말을 곱씹지 않을 수 없다.

- 우리 엄마가 어릴 때 신안 섬에 사셨는데 학사모 쓴 학생들이 찾아와서 힘차게 노래를 불렀대요. "민립대학 건설해서 민족중흥 일으키자~." 그러고는 설립동지회 가입 권유문을 줬는데, 엄마가 감동해서 쌀 한 됫박, 보리 한 한 됫박을 내놓으셨답니다. 저는 감격했어요. 우리 학교가 원래 그런 학교였다니! 망가진 꼴을 그냥 두고 볼 수가 없었죠. (공대 87학번)

'민립대학'이라고 표현했다. 사실이었다. 조선대학교는 원래 탄생 과정부터 달랐다. 한 일가가 재단법인을 만들고 종잣돈으로 세운 일반 사립대학이 아니라, 무수한 사람들이 힘 모아 만든 민립대학이었다. 어깨에 힘을 줘도 좋을 역사를 가졌다. '함께 만든 학교'라는 정체성은 투쟁에 나선 학생들에게 자부심의 원천이었다. 조선대의 탄생사부터 살펴보자.

7만 2,375명의 환희 & 1인 왕국

암울했던 일제강점기, 일본은 곡식부터 온갖 물자, 교육까지 우리의 모든 것을 빼앗고 억눌렀다. 민족인사들은 대학을 세워 인재들을 길러내고자 했다. 식민지의 나락에서 벗어날 힘을 키우는 방법 중하나로 교육을 택했다. 1919년 3·1운동 직후부터 민족인사들은 조선민립대학 설립운동을 벌였다. 일제는 이를 독립운동의 한 갈래로보고 철저히 탄압했다. 똑똑한 식민지 주민은 통치에 걸림돌이 되니까. 결국 그 시절 우리 땅에는 일제가 세우고 자신들 의도대로 운영한 경성제국대학이 유일한 대학이었다. 조선인들에게 설립이 허가된 고등교육기관은 보성전문, 연희전문처럼 정식 대학이 아닌 전문학교 몇 곳이 전부였다.

1945년 해방이 됐다. 새 나라 새 시대를 설계하려는 사람들이 팔을 걷어붙였다. 대학설립운동도 다시 불이 붙었고 전라도에서 그 열기가 가장 뜨거웠다. 자연스러웠다. 일제 때 민립대학 설립운동을 추진한 인사 중 전라도 출신이 많았다. 해방을 맞아 이들은 '서울에서 어려우면 광주에서라도 민립대학을 세우자'라고 뜻을 모았다. 앞장 선 이가 서민호 광주부윤(지금의 시장)이었다. 그 무렵 광주에 법률전문학교를 세우려던 법조인들도 동참했다. 덕분에 민립대학 설립운동은 관청과 민간의 합심으로 힘차게 돛을 올렸다.

서민호는 건립비용 모금 광고를 내고 전남의 각 관공서에 협조를 요청했다. 박철웅이라는 젊은 실무자를 도청 운수과 직원으로 영입해 실무를 맡겼다. 박철웅은 일제 때 동경 학무국에서 일하며 사립학교 설립업무를 맡은 경험이 있었다. 대학설립취지문과 설립동지회칙이 작성되고 설립을 추진할 간부들이 추대됐다. 일 잘하는 박철웅은 설립동지회장과 재정부장을 맡았다.

1946년 9월, 조선대학교의 전신이자 임시학교인 '광주야간대학원'이 개교했다. 정치경제학부, 법학부, 문예학부, 공학부 4개 학부에 12개 학과 1,194명이 정원이었다. 곳곳에 지부를 두고 지역민들과 관공서가 후원하는 민립대학의 모태가 탄생했다. 본격적인 학교 만들기는 이제 시작이었다. 학생들과 교수들은 수업을 마치고 설립동지회원 모집에 나섰다. 사각모를 쓰고 힘차게 노래를 부르며 농촌으로 어촌으로 산촌으로 섬으로 달려 나갔다. 충청도, 제주도까지 갔다.

우리 손으로 인재를 길러낸다는 취지에 많은 사람이 감격했다. 부자는 땅을 내고 가난한 사람은 쌀 한 됫박 콩 한 됫박을 내고 그것도 없으면 나무 땔감이라도 냈다. 1947년 9월 정식 대학 인가를 신청하러 서울로 갈 때는 트럭이 동원됐다. 설립동지회원이 무려 7만 2,000여 명이었으니 관련 서류가 트럭 한가득이었다. 동행한 학생 대표들의 뿌듯함은 이루 말할 수 없었다. 설립인가를 받은 이후로도 회원이 계속 늘어 10만여 명에 이르렀다.

대한민국은 1948년 8월 15일 세워졌고, 조선대는 그보다 앞선 5월 26일 태어났다. 왕조국가의 몰락, 식민지, 미군정기라는 연이은 혼란 속에서 수많은 보통사람들이 선구자 같은 결실을 맺었다. 당시 전국에는 20여 개의 대학이 있었다. 일제 때의 경성제국대학은 정부 주도로 국립서울대학교로 바뀌었다. 국립 전남대학교는 아직 생겨나지 않았다. 광주전남의 대학은 조선대가 유일했다. 민립대학 조선대의 위상은 유독 빛났다.

정식 학교 이름은 '조선대학'으로 정해졌다. 지역을 넘어 더 넓은 세상을 담자는 의미로 조선대학으로 정했다. 당시 '조선'은 이 땅 전체를 아우르는 명칭이었다. 그 이름처럼 전국에서 지원해 찾아오는 대학이 됐다. 훌륭한 교수들도 모셔왔다. 교직원들은 '우리 대학'에 자부심이 컸다. 교가까지도 잘 만들고 싶었다. 당대의 유명한 시인 김기림을 섭외해 교가 작사를 부탁했다. 무등산 자락 중턱에 걸터앉아 활기찬 공사현장을 내려다본 시인은 기운찬 노랫말을 만들어냈다. 시인이 감동한 그 공사현장은 본관이었다. 3칸짜리 세모지붕 본관은 모두 함께 만드는 조선대의 상징이었다. 남녀노소 할 것 없이 참여해 벽돌을 날랐다.

40여 년 후. 1980년대 조선대 캠퍼스는 더없이 광활해졌다. 단과대학 8개에 실업초급대학, 여자초급대학, 공업전문대학, 4개 부속학교(여중·남중·여고·남고)가 추가됐다. 드넓은 캠퍼스 곳곳에 빨간 플래카드 수백 장이 펄럭였다. 카드마다 '우리는 따르련다! 설립자님 정신! 조국에 바친 한없는 열정!'이라고 적혀 있었다.

이른 아침 대운동장에서는 구보가 한창이었다. 달리고 있는 이들은 학생이 아닌 중장년의 교수들이었다. '설립자'가 구령대 위에서 내려다보고 있었다. 교수들은 열 지어 달리고 또 달렸다. 숨이 찼다. 누군가 크게 외쳤다. "총장님, 한 바퀴 더 돕시다!" 구령대 위 그의 표정이 흐뭇해졌다. 그는 설립자인 동시에 총장이라 불렸다. 20칸이 넘게 증축된 본관에 깃발 '자양기'가 펄럭였다. 붉은 바탕에 황금색 해가 떠오르는 문양이었다. 설립자의 호가 자양(자애로운 태양)이었다.

조선대는 민립대학인데 도대체 누가 설립자라는 걸까. 구령대 위의 노인은 바로 박철웅이었다. 그가 누군가. 해방 이후 서민호 광주

부윤이 고용해 민립대학 설립 업무를 맡긴 실무자였다. 그 젊은 일꾼이 조선대 왕국의 제왕으로 변신했다.

1948년 박철웅은 설립동지회 초대 회장에 더해 조선대 초대 총장과 이사장을 맡았다. 불행의 시작이었다. 신임을 얻은 일꾼은 곧 학교를 먹어치우기 시작했다. 1950년 한국전쟁이 터지면서 사회가 많이 혼란스러웠다. 목숨이 왔다갔다 하는 와중에 대학 설립서류 같은 종이뭉치가 잘 보관되기 어려웠다. 혼란기는 누군가에겐 기회다. 박철웅은 서류를 없애고, 그를 비판하는 사람들도 내몰아버렸다. 서민호는 야당 정치인으로 이승만 독재정권에 저항하며 수난을 겪다가 잡혀가버렸다. 가장 큰 견제대상이 무대에서 사라졌으니 박철웅에게는 호기의 연속이었다.

그는 재단법인 조선대의 정관을 야금야금 고쳐 학교의 법적 소유자를 자신으로 바꿔치기했다. 1964년 즈음이 되니 정관에서 '조선대학교 설립동지회'라는 단어가 완전히 사라지고 대신 '설립자'가 등장했다. 설립동지회는 애초부터 존재하지 않게 됐다! 역사 왜곡을 마친 그는 측근 사람들을 재단 이사회와 주요 교직원 자리에 앉혀 학교 운영권을 장악했다. 10만 명의 사람들이 쌀 한 됫박 콩 한 말까지 내놓고 벽돌 한 장도 함께 쌓은 민립대학이 그렇게 함락됐다.

그를 질타하는 목소리가 이어졌으나 이미 덩치를 키운 괴물 앞에서 저항은 바위에 달걀 치기가 되어갔다. 총장직에서 몰아내도 박철웅의 측근이 총장으로 앉았고, 뒤에서 조종하는 실세는 늘 박철웅이었다. 그는 매번 다시 돌아왔다. 수완 좋은 그는 정치권과 결탁했다. 조선대의 재력을 업고 그 자신이 직접 정치인이 되기도 했다. 이승만 정권이 승승장구하면 이승만에, 그가 무너지면 박정희에, 다시 그

박철웅 시대 조선대 교직원들의 수모와 전락. 학생들의 집회를 저지하고,
대운동장에 도열해 '훈화말씀'을 듣고, 마침내 아침 구보에 동원됐다.
©조선대 역사관

가 무너지면 전두환에 줄을 댔다.

　박철웅 왕국은 비리의 종합세트였다. 종류와 무게가 워낙 다양하고 무거워서 열거하기도 쉽지 않다. 1980년 계엄사 조사, 1981년 문교부 특별감사와 언론보도 등으로 밝혀진 사실을 굵게 열거해보자.

1. 재단 운영 비리　박철웅에게는 철저히 '학생 머릿수=돈'이었다. 박총장은 부정입학과 부정편입이라는 어둠의 경로를 이용해 학생들에게서 찬조금을 받아 자기 주머니에 넣었다. 수백 명 단위였다. 교수들을 동원해 답안지를 대신 작성케 하는 방법을 썼다. 이렇게 챙긴 돈과 조선대를 밑천으로 삼아 그는 여러 계열회사를 운영했는데, 그 방식마저도 탈법과 위법, 편법투성이였다. 1980년 시점에 계열기업이 고려시멘트, 호남산업주식회사, 호남기계공업주식회사, 고려종합건설 등 모두 15개였다. 마치 재벌그룹의 계열사 같다. 실제로 그는 이 회사들을 바탕으로 덕산그룹을 만들었다.

　조선대는 박철웅 사기업을 편법으로 운영하는 배후지로 전락했다. 학생이 낸 실험실습비로 공대에 실습장을 세워놓고 그 돈으로 회사 자재를 구입하고, 교직원을 공장 직원으로 채용하고 기계설비를 생산해 자기 계열사에 납품하고, 교육 용도로 지원받는 정부 돈을 기업으로 빼돌리고, 학교 건물 공사를 계속 지연시켜서 탈세를 하고…. 끝도 없는 탈법, 위법, 편법의 요술이 벌어지는 통에 대학은 정상적인 교육과 연구의 장이 될 수 없었다. 낭만이 꽃피는 캠퍼스가 아니라 공사자재가 잔뜩 쌓인 황량한 공사판이었다. 신축 중인 건물들은 도무지 완공되지 않았다. 이런 박철웅 왕국이 학생 편의시설에 관심을 가질 리 없었다. 1980년대 조선대에서 가장 높은 건물은

15층짜리 공과대학이었는데 오래도록 '엘리베이터 없는 건물'로 유명했다.

– 쉴 곳도 없고, 잔디밭 한 뙈기도 없고, 온통 황무지였어요. 학생 식당이 본관 지하에 한 곳 있었는데 습한 지하실에, 군량미 같은 갈색밥에, 어쩔 수 없이 먹었죠. 그런데도 자판기 커피값은 전국서 제일 비쌌다는…. (인문대 87)

– 200명 들어가는 강의실에 마이크도 없고…. 교수님 얼굴 보기도 힘들었어요. 교수가 건설과장이나 현장소장으로 차출돼 나가서 수업에 자주 안 들어오셨으니까. (공과대 87)

2. 교수, 나는 도대체 누구인가. 돈 버는 데 혈안이 된 박철웅은 제대로 된 교수진을 꾸리지 않았다. 1987년 당시 78개 학과에 정교수가 70명이었으니, 1개 과에 정교수가 1명도 없는 셈이었다. 게다가 교수들의 제1업무는 학생들의 동태 감시와 보고였다. 공과대 교수들은 박 총장의 기업체 직원처럼 차출돼 일하느라 수업에도 자주 빠졌다. 박철웅은 조선대 부속 중고교 교사들을 값싸게 채용해 교수 직위를 주고, 이들 일부를 심복으로 길들였다. 박 총장의 지시를 거부하기 힘든 이 교수들은 학생 탄압에 앞장서는 경우가 많았다. 1975년 박정희 정권은 교수재임용제를 도입했는데, 정부에 비판적인 교수들을 내모는 절차로 악용됐다. 박철웅은 1980년 8월부터 82년 2월까지 43명의 교수들을 쫓아냈다. 이래저래 박철웅 왕국의 교수들은 자존감을 버려야만 살 수 있었다.

3. 박철웅 우상화 학교사회를 황무지로 만든 반면 자신을 우상화하는

작업에는 공을 들였다. 그의 아들이 운영하는 '정신문화연구소'는 그 세뇌교육의 산파였다. 학교 홍보를 담당하는 공보과도 박철웅을 신격화하는 데 동원됐다. 모든 행사에 자양기가 펄럭이고, 모든 발표문은 '설립자님의 뜻을 받들어'로 시작했다. 전국에서 전두환 군사독재 반대투쟁 열기가 고조되던 1986년, 박철웅은 교수들이 그 흐름에 동참할까 봐 아침 일찍 출근시켜 집단 달리기를 시켰다. "총장님, 한 바퀴 더 돕시다!"라는 어느 교수의 목청 큰 아부는 추락한 조선대의 자조적인 상징이 되어 오래도록 회자됐다.

4. 그리고 가공할 폭력 스스로 신이 된 총장은 교직원을 패고, 양심을 버린 일부 교직원은 학생을 팼다. 과거 군사독재 시대에는 사회 도처에 폭력이 흔했다. 특히 1980년대는 광주를 피로 물들인 전두환이 최고 권력자였다. 그럼에도 대학에서 교직원이 학생을 폭행한 것은 당혹스럽다. 교직원들은 군사정권의 수사기관을 닮아가더니, 학교와 시국에 비판적인 학생들을 잡아다가 급기야 고문까지 했다. 박철웅은 아예 무술 유단자나 군 특수부대 출신들로 학교 경비대를 뽑았다. 이들은 허리에 방망이를 차고 캠퍼스를 누비면서 공포 분위기를 조성했다. 집회가 열리면 달려 나와 학생들을 패면서 끌고 갔다.

조선대 의대신문은 1987년 9월 28일에 "최근 6개월간 학생처에서 폭력, 고문을 당한 학우들이 60여 명에 이르고 … 학우 증언에 따르면 칸막이가 있는 학생처 고문실 또는 여관에 끌려가 구타와 수모를 당했다"라고 보도했다. 한겨레신문은 1988년 7월 30일자에서 "조선대를 '광주의 대학'으로"라는 제목의 칼럼을 냈다. "… 부정입학, 공금횡령, 교수의 어용화, 청부폭력, 대학의 사유화 등 학원의 비리를 총체적으로 상징하는 광주 조선대학교 … 조선대 역사는 '박철웅 왕국사'라 해도 지나치지 않다. 체육과 출신의 '동문들'로 폭력교수단을 조직해 학생들에게 걸핏하면 매질하게 하고 초중등학교에서 대학원에 이르기까지 '문어발식'으로 학원을 폭리기업화하는가 하면 학생의 머릿수를 돈으로 계산하면서 무수한 부정입학의 사례를 남겼다. 관선이사회와 교수협의회가 함께 조사한 결과, 박철웅 씨 부부의 횡령, 착복액은 425억여 원에 달했다."

정말 닮았다. 한국 정치의 어두운 권력자들이 조선대 권력자에 포개어진다. 국가운영을 잘하라고 뽑아놓은 대통령이 나랏돈을 자기 것처럼 쓰고, 국민을 보호해야 할 군인이 쿠데타를 일으켜 도리어 국민에게 총을 겨눈다. 일꾼을 뽑아놨더니 학교를 먹어치우고 학생들을 탄압한다. 그뿐인가. 부실한 사업체를 여러 개 만들어놓고 문어발식 경영으로 덩치를 키운 한국 특유의 재벌문화, 정치권력과의 음험한 결탁, 반인권적인 군사문화가 조선대에 모두 들어 있었다. 박철웅 왕국사는 어두운 한국현대사의 축소판과 같다.

그럼에도 조선대는 꾸준히 성장했다. 1953년 종합대학교로 승격되고 문리대, 법정대, 공과대, 대학원, 약대, 사범대, 의대가 줄줄이 설립됐다. 조선대는 오래도록 전라도의 대표 사학이었다. 박철웅 일가가 학교를 왜곡시켰지만 수많은 구성원들의 노력이 조선대의 붕괴를 막고 성장을 이끌었다. 20세기 후반 한국 사회가 군사독재의 인권유린에 시달리면서도 발전을 거듭해온 것과 같다. 국민들이 밤낮으로 부지런히 일하며 나라의 부를 일구고, 민주화투쟁을 벌여 국격의 추락에 제동을 걸었다. 물론 저들의 횡포가 없었다면 국가와 학교는 훨씬 눈부시게 발전했을 테고, 그 혜택을 많은 국민과 학생들이 평화롭게 골고루 누렸겠지만.

"우리 학교를 되살리자!" 한 줌의 나대는 학생들

박철웅은 자신의 '성공'이 자랑스러웠다. 1986년 '설립자님께 올리는 충성 경례와 충성서약 결의문'이 낭독된 후 그는 말했다.

"시국이 혼란스러울수록 나대는 놈만 손해야. 일제 때 독립운동한다고 나대던 놈들 보라고. 이 박 총장처럼 잘 된 놈 있어?"

그는 일제강점기 때 일본 도쿄의 관리 출신이었다. 정말 그럴까. 모난 정이 돌 맞는다는 속담처럼, 저항하는 사람만 손해인 걸까.

'우리들의 대학'이 망가지는 꼴을 그냥 보고 있었을 리 없다. 일찌감치 조선대 학생들과 교수들은 '나대기' 시작했다. 1960년 4·19혁명 때 전국적인 민주화투쟁에 힘입어 학교 정상화를 요구했다. 그러나 실패했다. 민립대학 초기의 여러 훌륭한 교수들이 학교를 떠났다. 박정희의 등장을 막지 못하고 미완의 혁명으로 그친 4·19처럼, 조선대의 1960년 4월도 스산한 봄이었다.

박정희 군사독재 시대인 1960~70년대, 박철웅의 조선대도 승승장구했다. 유신체제의 인권유린이 극에 달했듯이 박철웅을 제외한 '나머지 조선대'는 암울했다. 유신에 저항하기도, 박철웅에게 도전하기도 쉽지 않았다. 그러나 얼음장 아래서 봄을 예비하는 물소리가 들려오듯이, 마침내 기회가 무르익었다.

1980년 민주화의 봄, 전국의 민주세력들과 함께 조선대 사람들도 일어섰다. 1980년 4월 30일부터 5월 6일까지 38명의 교수들이 시국선언을 하고 평교수협의회 결성에 나섰다. 학생들도 조선대학교 민주투쟁위원회를 결성했다. 박 총장을 향한 전면투쟁 선언이었다. 그러나 곧 5·18이 일어나 광주의 좌절과 함께 조선대의 투쟁 동력도 사그라졌다. 박철웅도 저항을 '무사히' 진압했다. 어쩌면 괴물에 대적하기엔 아직 역부족이었다. 운동권 학생들은 사실상 '한 줌'이었고, 양심적인 교수도 소수였다. 암흑기를 거치면서 박철웅의 심복이 되거나 침묵하는 교수들이 훨씬 많았다.

기회는 다가왔다 멀어져 가기를 반복했다. 1980년 5·18 이후 전두환 신군부가 사회정화위원회를 꾸렸다. 희대의 학살자들이 감히 사회를 정화시키겠다니 어불성설이었지만, 사회정화위원회는 그들의 피 묻은 손을 가리고 '바른 정권'의 이미지로 위장하는 데 쓸모가 있었다. 전두환 정권은 사회비리를 척결하겠다며 온갖 분야를 들춰댔다. 조선대도 조사대상에 올랐고 결국 박철웅은 총장직에서 물러나야 했다.

그러나 박철웅은 정치권력에 손을 잘 댈 줄 아는 사람이었다. 이사장 자리에 앉아 '명예총장' 직함을 만들더니 측근인 신임 총장을 조종했다. 조선대 운동권 학생들은 뒤로 숨은 실세와 싸워야 했다. 버거운 일이었다. 외부 괴물인 전두환 정권과도 싸워야 하지만 내부 괴물인 박철웅 체제를 붕괴시켜야 했다. 굵직한 과제가 두 가지나 됐지만 정작 싸움에 나설 학생들이 많지 않았다.

- 대략 100여 명? 한 줌 정도나 됐죠. 박철웅 탄압이 워낙 셌으니까. 그나마 사회변혁운동을 하겠다는 친구들은 일찌감치 학교 밖으

로 나갔어요. 공장에 들어가 노동운동하고 야학운동하는 방식이었어요. 1983년 학원자율화조치 이후에 학교 안에 투쟁 공간이 열린 셈이에요. 싸우는 학생들이 그때부터 좀 늘었으니까. (치대 75)

1983년은 학생운동권 사회에 전환점이 됐다. 전두환 정권이 '국민화합조치'라는 것을 발표하며 그중 대학에는 '학원자율화조치'를 시행했다. 군사독재에 국민들의 반발감이 워낙 커 정부가 한 발짝 물러선 형국이었다. 대학사회에 자치의 여지가 생기면서 숨통이 조금 트였다. 경찰에 잡혀가거나 제적된 학생들이 돌아왔고, 학교마다 민주적인 총학생회를 만들기 시작했다. 조선대도 분주히 움직였다. 운동권 학생들도 조금씩 늘기 시작했다.

- 전 일찍부터 조선대를 가기로 마음먹었어요. 친한 형들이 전남대는 운동이 이미 잘 되고 있으니까 조선대 가서 (개척)하라고 하더라고요. (경제 84)

- 조대부고를 다녔는데 그때부터 조선대 실상을 많이 봤어요. 전 당연히 운동을 하겠다고 생각하고 지원했어요. (인문 87)

아예 작정을 하고 들어오는 입학생들이 있을 만큼 조선대는 개혁 대상이었다. 그런데도 박철웅 측의 힘이 워낙 강력해 상대적으로 학생사회의 전력은 늘 아쉬웠다. '한 줌'의 운동권 학생들은 가명을 쓰면서 싸움을 해나갔다. (윤동주 시인을 좋아해서) 동주, (군복무 때 얄미웠던 동기 이름을 따서) 허만삼, (본인의 소망을 담은) 성생활, (본명이 '성은'인) 망극이, 사자, 하마, 공룡 등 개성이 다양했다. 가명 쓰기는 조선대뿐 아니라 그 시절 대학 운동권 사회의 관행이기도 했다. 수사기관에 붙잡혀갔을 때 심문을 받다가 선후배의 이름을 불어버리면 여러 사람이 위험했기 때문이다. 몇 년씩 함께 고생하면서도 서로 본명을 모르는 채 졸업하는 경우도 많았다.

113일의 대장정, 우리는 연결되어 있었다

　본관 아래 민주로 광장에서 수시로 집회를 열고 학생처에 돌을 던지고 끌려가고 얻어맞고…. '두 줌'의 운동권 학생들이 학교 측과 밀고 당기기를 수년째, 1986년 12월 박철웅이 무대 전면으로 복귀했다. 그의 나이 75세. 문교부의 승인을 얻어 다시 총장직에 오른 것이다. 악의 천연덕스러운 귀환에 학생들이 통탄했다. 박철웅은 학원자율화 이후 활발해진 학생운동을 가만두지 않았다. 교직원들을 닦달해 학생들을 강하게 통제했다. 폭력이 난무했다. 급기야 1987년 여름, 교직원 회의에서 박철웅은 연로한 치과대학 병원장을 두들겨 팼다. 학생들을 잘 통제하지 못했다는 이유였다. 이 소식에 많은 학생들이 치를 떨었다.

　때가 왔다. 1987년 가을, 학생들이 대장정을 시작했다. 본관 총장실 점거농성이었다. 더이상 방법이 없어 택한 외골목의 절박함이었다. 농성은 1987년 9월 18일부터 1988년 1월 8일까지 무려 113일 동안 이어졌다. 총장실과 이사장실을 점거한 첫날에는 그렇게 길어질 것이라 예감하지 못했다. 그 가을 한국 사회는 6월항쟁 승리와 대통령 직접선거 열기로 뜨겁고 들떠 있었다. 조선대 점거농성은 조용히 폭풍을 일으키기 시작했다.

　농성장의 학생들은 날마다 놀라운 장면을 목격했다. 소위 운동권과 거리가 멀어 보였던 일반 학생들이 다가온 것이다. 그들은 농성장에 찾아와 돈을 건네고 라면박스를 내려놓고 갔다.

– 처음 보는 학우가 건넨 5,000원이 엄청 감동이었어요. 당시 하숙비가 한 달에 8만 원 정도였으니 5,000원은 큰돈이었죠. 일반 학생들의 공감대가 커지고 있다는 걸 피부로 느꼈어요.

– 이름도 모를 많은 학생들이 반찬이랑 속옷까지 챙겨줬습니다. 정말 고마웠죠.

참여자가 늘어 농성장이 곳곳에 생겨났다. 단과대학마다 농성장을 만들더니 이제 과별로도 만들기 시작했다. 농성장이 100여 곳이 넘어가니 학교 행정업무가 마비됐다. 1987년 2학기 학사일정이 멈춰버렸다. 직원들은 학교로 출근하지 못하고 근처 찻집이나 당구장으로 가서 출근체크를 하고 시간을 때웠다. 이쯤 되니 박철웅 사단도 긴장하기 시작했다. 그의 우상화 작업을 주도해온 정신문화연구소는 "극소수 운동권의 준동"이라며 반격에 나섰다. 취직 알선을 미끼로 학생들을 회유하기도 했다.

이런저런 소란에도 도도히 흘러가는 강물처럼, 대세를 거스를 수 없었다. 운동권 학생들도 급격히 늘어서 86학번만 해도 500명이 넘었다. 더이상 한 줌 두 줌이 아니었다. 박철웅 측의 폭력은 극에 달하는데 참여 학생들은 나날이 늘어나니 농성 지도부도 긴장했다. 학생들을 보호해야 했다. '우리를 지킬 조직을 만들자!' 1987년 10월 운동권 지도부가 강당에 모여 회의를 열었다. 조직 이름을 정하는 순서였다. '아리랑'이 후보로 나왔다. 그때 누군가 제안했다. "동학농민운동의 지도자 전봉준 장군의 별칭 '녹두장군'을 따서, 녹두대가 어떻습니까?!"

투표로 확인하기도 전에 느낌이 왔다. 마침내 조선대의 전설적인 전투조직 '녹두대'가 탄생했다. 첫 녹두대는 주로 2학년인 86학번 남학생들이 대원이 되고 85학번들이 중대장을 맡았다. 야전사령관도 있었다. 녹두대는 교내 집회나 외부 거리집회 때 시위대 맨 앞에서 학교 측이나 진압경찰들과 싸웠다. 한 손에는 쇠파이프, 또 한 손에는 화염병을 든 학생전사였다. 싸움의 목적은 상대를 깨부수는 것이 아니었다. 그들과 싸우면서 시간을 벌어 대열 뒤쪽의 학생들이 안전하게 이동하도록 돕는 것이었다. 폭력의 시대가 낳은 독특한 시위 분업이었다.

그때까지 투쟁을 주도한 학생 주체는 '민주총학생회건설준비위원회'였다. 대운동장에 모인 학생들은 릴레이로 혈서 플래카드를 쓰며 의지를 드높였다. 연대의 고리가 계속 이어졌다. 교수들이 학원민주화를 촉구하는 양심선언을 수차례 발표했다. 학부모 모임이 결성되고, 졸업한 동문들이 '구교(救校 학교를 구하다) 동문회'를 결성해 후배들 지원에 나섰다. 학생-교수-학부모-졸업생의 고리가 완성됐다.

수세에 몰린 박철웅 측이 결국 경찰에 지원 요청을 했다. 1988년 1월 8일 새벽, 진압경찰이 농성장에 몰려왔다. 진압 예정 통보를 받고 전날 밤 총장실에 모인 학생 지도부는 비통함에 빠졌다. "올 게 왔다"는 분위기였다. "새벽 되면 징역 가야 하는구나" 하는 비장한 분위기도 감돌았다. 해가 뜨고 일반학생들이 등교할 때까지 최대한 버티기로 했다. 그리고 이후의 싸움을 준비하기로 했다. 학생들은 113일의 시간을 떠올리며 눈물을 삼켰다. 1진, 2진, 3진을 정하고 역할을 분담했다. 본관 출입구에 책상으로 바리케이드를 쌓았다. 진압경찰이 닥치면 바리케이드에 불을 지르기로 했다. 그들이 잔해를 치

1987~88년 조선대 학생들의 투쟁.
혈서 플래카드를 만들고, 미대생 전정호가 그린
총학건준위 깃발에 혈서를 이어 쓰고,
본관 점거농성을 벌이고,
1·8 항쟁 새벽 경찰진압에 맞섰다.
ⓒ조선대 역사관

울 동안 시간을 벌어 1층씩 올라가며 버티기로 한 전략이었다. 정확히 새벽 4시 정각, 군홧발 소리가 들려왔다. 무수한 발들이 쫙쫙 구령에 맞춰 올라오는 소리가 건물을 울렸다.

책상더미에 불을 붙였다. 안 붙었다. 휘발유를 다시 뿌리고 라이터를 댕겼다. 불이 붙질 않았다. 다시 댕겼다. 여전히 잠잠했다. 초조해졌다. 라이터를 반복해 댕기던 중 갑자기 불이 확 붙더니 한꺼번에 타올랐다. 불길과 연기가 계단을 타고 건물 꼭대기까지 이글거렸다. 학생들은 위층으로 계속 뛰어 올라갔다. 한 층씩 올라가며 버틴다는 애초 계획대로 시간을 벌지 못했다. 진압경찰들은 학생들을 무차별 폭행했다.

본관은 아수라장의 전쟁터에 이글대는 화재현장이 되어버렸다. 박공지붕까지 쫓겨 올라간 학생들은 절규했고 구호를 외쳤다. 두 학생은 화상을 입었고, 한 학생은 결국 옥상에서 몸을 날렸다. 그는 다행히 바닥의 매트리스로 떨어져 목숨을 건졌다. 이날 새벽 경찰력 1,500여 명이 투입됐고, 학생 45명이 구속됐다. 113일을 버틴 농성이 비통하게 막을 내렸다.

아니, 끝이 아니었다. 그날부터 더 큰 항쟁이 시작됐다. 분명 1월 8일 새벽 지도부 학생들은 끝까지 지키다가 무참히 진압을 당했다. 그러나 날이 밝자 수많은 학생과 시민들이 학교로 밀고 들어와 전경들을 몰아냈다. 본관 화재의 잔해가 치워진 1월 10일부터는 대규모 시위가 연이어 계속됐다. 운동권과 일반학생들의 구분이 없어졌다. 시민들도 합세했다. 거대한 조선대인의 탄생이었다. 1987년 농성장에 찾아와 먹을거리와 돈을 쥐어주고 간 학생들과 1947년 민립대학 설립에 쓰라고 쌀과 콩과 돈을 내놓은 사람들은 하나였다. 113일간의 항쟁은 무수한 우리들이 서로 연결되어 있음을 확인한 시간이었다. 겉보기에 처절히 진압됐던 '1월 8일'은 자랑스러운 항쟁의 이름이 됐다.

학생들과 협상을 마친 교육부는 박철웅 총장과 기존 이사진을 전원 해임했다. 학생, 교수, 동문, 학부모가 참여하는 대학자치운영협의회가 출범하고, 해직교수들이 돌아왔다. 그리고 9월 29일 대학 구성원들의 직접선거로 새 총장이 취임했다. 조선대 1회 졸업생이자 인권변호사로 활동해온 이돈명 씨였다.

1988년 1월 8일 이후 조선대학교는 다시 태어났다. 조선대 학원민주화 투쟁사는 전국적으로 자랑스러운 본보기가 됐다. '조선대처럼!'이란 말이 광고 카피처럼 유행했다. 손가락질받던 학교 이미지의 수직상승이었다. 훗날 1월 8일은 학교 공식기념일이 되었다. 개교기념일 외에 학교 자체의 일로 공식기념일을 가진 학교가 또 있을까.

장기농성 때 만들어졌던 학생-교수-부모-동문의 연대기구는 조선대 대학자치운영협의회, 줄여서 대자협의 모태가 됐다. 다양한 구성원이 동등한 비율로 참여해 의사결정을 하는 민주적 기구가 탄생한 것이다. 조선대 대자협은 교육부의 대학평의원회 구성에도 영향을 줬다. 당시 후배들을 지원했던 졸업생들의 구교동문회는 조선대 민주동우회 결성으로 이어졌다. 진보적인 학자들도 조선대 교수로 초빙됐다. 민립대학 창립 때의 초심처럼 민족적 자각을 가진 지도자들을 길러보자는 꿈이 다시 싹텄다. 이돈명 총장 제안으로 적립금 제도도 만들었다. 적립금 기금은 이자가 붙고 또 붙어 한때 1,000억 원에까지 이르렀다. 든든한 종잣돈으로 학생복지와 편의를 위해 쓰자는 취지였다.

학생들 모습도 바뀌었다. 20대 청춘의 회복력은 대단했다. 민주화 이전까지는 주눅이 들고 고단해 보여서 얼른 봐도 '조선대생이구나' 싶게 두드러지더니, 이젠 활기차고 씩씩해서 '아, 조선대생이구나!' 하고 눈에 띄었다.

물론 학내 민주화를 이룬 1988년에도 싸울 일은 많았다. 커리큘럼 개편, 교수 채용 등 중요한 사안에서 총장과 이견이 적지 않았다. 그래도 감격스러운 투쟁이었다. 자유롭고 합법적인 공간에서 의사결

무등산을 배경으로 병풍처럼 펼쳐진 조선대 본관과 캠퍼스
ⓒ김향득

정에 중요한 주체로 참여할 수 있었으니까.

전투조직 녹두대는 학교 밖에서도 유명해졌다. 외부 시국집회 때 든든한 보호조직으로 활약했고, 다른 학교 집회에 지원요청을 받아 출동하기도 했다. 항쟁 이후 신입생들은 자부심을 갖고 입학했다. 운동권 학생들의 숫자를 세는 것도 이제 무의미했다.

— 1988년 총학생회 출범식은 정말 감동이었어요. 공대, 약대, 의대, 치대 쪽에서 본관 앞 출범식장으로 올라오는 학생들 행렬이 끝이 없었거든요. 특히 운동권 사회 하이라이트는 1988~89년 방학 때 연정치학교였어요. 몇백 명씩 강의실에 모여서 공부를 하는데, 학생들이 정말 적극적이고 열의에 불타는 거예요. (화학공학 85학번)

혁명, 그 이후

'그리하여 두 사람은 오래오래 알콩달콩 잘 살았답니다'로 끝나는 동화처럼 이야기를 마치면 어울리리라. 그러나 조선대 혁명사의 결말은 조금 복잡하다. 열린 결말이라 해야 할 것 같다.

2019년 늦가을, 조선대 민주동우회장 박현주(경제학과 84학번)는 법원 앞에서 1인 피켓 시위를 하고 있다. 독단적 운영을 이유로 학교 운영위원회에서 총장 해임을 결의했는데 총장이 이를 수용하지 않았다. 이 문제는 결국 법원으로 넘어갔다. 법원에서도 난항을 겪으며 조선대 총장 해임 문제는 광주 사회 이슈로 자주 보도가 되고 있다. 학교 문을 나선 지 20년도 더 된 중년의 동문들도 문제 해결을 위해 머리를 맞댔다.

학내 민주화 이후 도입된 총장 직선제는 1인의 영구 독점을 방지하는 대신 과열 분위기도 낳았다. 교수들의 표심이 중요해지다 보니 이들이 선거에서 발휘하는 입김도 세졌다. 총장 직선제는 여러 차례 과열과 파행으로 치달아 구성원들 사이에서 반발도 컸다. 총장 직선제 파행보다 더 지역사회 뉴스에 오르내린 것은 이사회 구성이다. 오래된 문제인 탓에 '조선대 이사회'로 검색하면 관련 뉴스가 줄줄이 쏟아져 흐름을 짚어내기도 쉽지 않다.

조선대 이사회는 1·8항쟁 이후 22년 동안 임시이사체제로 운영됐다. 정부에서 파견한 관선이사들이 참여해 이사회가 최대한 공익적으로 운영되도록 했다. 관선이사 파견은 조선대뿐 아니라 다른 사학 문제 해결에도 쓰이고 있는 방식이다. 2010년 조선대 이사회는 사학분쟁조정위원회의 조정을 통해 임시체제를 접고 정이사 체제가 됐다. 그러나 이후에도 갈등이 쉬 가라앉지 않아 2017년에 다시 임시이사 체제로 돌아갔다. 1988년 민주화 이후 30년의 세월이다. 왜 그토록 갈등이 잦은 것일까. 이사진의 일부를 옛 재단 측 인사들, 즉 박철웅 일가의 측근이 차지하고 있다. 박철웅은 1999년 사망했지만 그 일가와 측근의 영향력은 지금까지 끈질기게 살아남았다. 과거가 완전한 과거가 된 게 아니었다.

– 혁명, 정말 중요한데요. '혁명 그 이후'가 더 중요합니다. 조선대는 혁명 이후의 혁명을 해내지 못하고 있어요.

박현주는 간결하게 진단한다. 어떤 이들은 조선대가 '주인 없는 대학이어서 그렇다'라고도 말한다. 어떤 주인이어야 할까. 독점과 전

횡의 위험성이 큰 '사칭 주인'이 아니라 교수, 직원, 학생 구성원 모두가 진짜 주인의식을 갖는 '우리들의 대학'이 될 수 없을까. 이미 1980년대 학생들이 뜨거운 주인의식을 발휘한 역사가 있다. 아예 '주인'의 범위를 학교 설립과정처럼 도민이나 시민 전체로 넓히자는 주장도 있다. 조선대를 시립대학으로 전환시키자는 제안이 심심찮게 나오는 이유다. 최근에는 '공영형 사립대'로 지정받게 하자는 목소리도 크다. 우리나라 대학의 80%가 사립대인 현실에서 사립대학의 공공성과 건실함을 살리는 효과적인 방안으로 꼽히고 있다.

조선대의 혁명은 완료형이 아니라 현재진행형이다. 나이 든 동문들이 여전히 피켓을 들고 학교 운영 정상화를 위해 찬바람 맞기를 마다하지 않는다. 조선대학교 직원인 안현철은 1·8항쟁사를 정리해 본관 108계단에 새기는 작업을 했다. 그에게는 단순한 업무 차원이 아니었다. 87학번인 그는 1월 8일 새벽 본관에서 투쟁 중에 화상을 입은 학생 중 한 명이다. 그의 마음속에는 무거운 돌이 있다.

1989년 5월 10일 무등산 제4수원지에서 한 청년의 사체가 떠올랐다. 조선대 교지편집장 이철규(25세. 공대 4학년) 학생이었다. 교지에 '국가보안법'을 위반하는 내용을 실었다는 이유로 수배 중이었다. 그는 일찍부터 공안당국이 주시하던 주요 운동권 학생이었다. 5월 3일 무등산 제4수원지 근처에서 경찰 검문을 받자 도망쳤다는 그가 1주일 만에 시신으로 떠오른 것이다. 도저히 눈 뜨고 볼 수 없이 참혹하게 훼손된 상태였다. 누군가 죽도록 구타했거나 고문을 하지 않고서는 불가능해 보였다. 경찰은 사인을 '익사'라고 발표했지만 그걸 믿는 시민은 거의 없었다. 발표 내용 대부분이 앞뒤가 맞지 않았다.

조선대학생 이철규(1964~1989) 열사.
학생들과 시민들이 캠퍼스에 세운
이철규 열사 혁명정신 계승비

광주는 분노에 휩싸였다. 5·18 이후 9년 만에 소스라치는 죽음을 마주했다. 시내 곳곳에 뿌려진 전단지 속 시신 모습은 5·18을 연상시켰다. 내가 살던 집에도 전단지가 날아들었다. 무심코 집어 들었던 어린 나는 충격으로 며칠 동안 악몽에 시달렸다. 사람이 어떻게 물에 빠져 죽으면 그런 모습이 될 수 있는 걸까. 광주의 학생들과 시민들은 청년의 억울함을 풀기 위해 백방으로 노력했지만 결국 실패했다. 공안당국은 서둘러 『이철규 학생 익사사건 전모』라는 소책자를 만들어 배포하며 여론몰이에 나섰다. 오랜 진상규명의 노력이 있었지만 오늘날까지도 이철규 학생의 사인은 '의문사'로 남아 있다.

1·8항쟁 새벽, 이철규는 불타는 조선대 본관을 지킨 학생 지도부 중 한 명이었다. 안현철은 '철규 형'의 억울함을 반드시 풀고 싶어 한다. 1988년 이후 학교는 민주화됐고 캠퍼스도 더없이 예뻐졌다. 화사한 봄날의 조선대 장미터널은 그의 눈에 천지개벽 수준이다. 그는 하루 일을 마치거나 쉴 때는 으레 형에게 간다. 동문들이 학교 캠퍼스 한쪽에 건립한 '이철규 열사 추모비' 곁이다.

– 1988년 항쟁으로 학교에 장밋빛 일들만 벌어진 게 아니에요. 그때 조선대는 민주화됐지만 한국정치는 군사독재를 청산하지 못했잖아요.

1987년 6월항쟁 승리 이후 대통령 직선제의 판이 열렸지만 결국 전두환을 이은 노태우 군사정권이 들어섰다. 공안통치도 그대로였다. 공안당국의 눈에 '민주화된 조선대'는 눈엣가시였다. 빌미를 찾는 이들의 눈에는 학생들이 만든 교내 잡지의 글 한 편까지도 '국가의 안보를 위협하는' 것이었다.

아무래도 조선대 민주화는 한국 민주화 여정과 닮은 것 같다.

1987년 6월항쟁과 나란히 조선대는 1988년 1·8항쟁을 벌여 승리했다. 환호 이후 민주화가 손에 잡힐 듯 다가왔다가 멀어지기를 반복했듯이, 조선대의 나날도 마찬가지였다. 오르고 내리기를 반복하는 본관 지붕의 선형처럼 '혁명 이후'의 조선대 또한 상승과 하강의 굴곡이 계속되고 있다. 형의 추모비 아래 앉은 1·8항쟁 전사의 염원이 반드시 해결되기를 빌어본다.

◎ 조선대

정문이 대로와 맞닿아 있고 건물들이 밖에서도 잘 보여 학교가 개방된 느낌을 준다. 전남대가 주택지구에 둘러싸여 밖에서 잘 보이지 않는 것과 대조된다. 정문 앞으로 철길이 있었는데 현재는 선형의 푸른길공원으로 단장돼 있다. 1980년대 시위 때는 철길이 학생시위대와 진압경찰 사이의 경계선이 됐다. 학생시위대는 투석전 때 철길의 돌들을 '무기'로 쓰기도 했다. 조선대 건너편 서석동 주택가에 박철웅의 집이 있었다. 학생들이 몰려가 시위를 벌이기도 했지만 집이 훼손된 적은 없다. 학생들은 박철웅의 집을 '서석동', 박철웅의 아내이자 재단의 핵심 실세였던 정애리시 씨를 '서석동 마님'이라고 지칭하기도 했다. 집터에는 현재 미미원이라는 한정식집이 들어서 있다.

◎ 조선대 본관

캠퍼스 제일 안쪽 언덕에 있다. 조선대 지번주소가 동구 서석동 375번지이고, 증축을 통해 현재의 규모에 이른 본관의 너비도 375m이다. 본관으로 오르는 108계단에 조선대 설립과 민주화투쟁 역사의 골자를 시간 순서대로 동판에 새겨놓았다. 본관은 1948년 박공지붕 5개로 시작해 양쪽으로 점점 확장됐다. 초기 건물 5개는 등록문화재이다. 학생처, 대학본부, 이사장실, 총장실 등이 모두 본관 안에 있다.

◎ 조선대 도서관(현 학생회관)

현재의 학생회관이 1980년대에는 도서관이었다. 그 아래 도로 로터리 지점에서 교내집회를 열었다. 더 많은 참여를 유도하고 투쟁력을 최대한 모으려는 집회는 본관 앞으로 가서 열었다. 총장실과 이사장실이 모두 본관에 있어서 교직원들도 본관 집회에는 더욱 강경하게 대응했다.

◎ 조선대설립동지회 기념탑

1·8항쟁으로 학내 민주화를 이뤘으나 이후에도 여러 진통을 겪은 조선대가 1994년 11월 새 출발을 다짐하며 학교 설립 역사를 새긴 탑을 세웠다. 정문으로 들어가면 왼쪽 장지연 연못가에 있다. 초기 본관 박공지붕 5개를 살린 조형 안에 설립동지회의 모습을 부조로 새겼다.

◎ 이철규 열사 혁명정신 계승비

이철규 열사 3주기 추모제 기간에 맞춰 계승비를 세웠다. 학생과 시민 등 2,668명이 건립위원으로 참여했다. 조선대 학원민주화 투쟁과 열사의 사인 진상규명 투쟁에 나선 시민들을 부조 군상으로 새겼다. 광주 민중민술 작가들이 힘을 합쳐 만들었다.

◎ 장미원

2001년 5월 동문들이 추진해 대운동장 옆에 조성한 장미화원이다. 후배들에게 휴식처를 마련해주고 지역민들에게 감사하는 마음을 전하려는 취지였다. 227종 1만 7,994그루의 다양한 장미가 만개해 봄, 여름을 수놓는다. 5월에 장미축제가 열린다.

◎ 조선대 역사관

본관 1층에 최근 조성됐다. 학교 설립 역사, 암흑기, 민주화투쟁, 학교 발전사, 학생 생활상 등을 풍부한 사료와 사진들로 소개하고 있다. 4개의 주제별 코너로 구성돼 있고 조선대 역사를 한눈에 볼 수 있다. 조성 완료 시점에 비해 정식 개관이 다소 늦어졌는데, 구 재단 이사들의 반대 때문이었다. 학생 해설사 운영을 준비하고 있다. 역사관을 먼저 관람한 후 교내 사적지를 차례로 둘러보길 권한다.

청춘의 표정, 사수대

　군사정권 시절 대학생들의 집회는 언제나 집시법(집회 및 시위에 관한 법률) 위반이었다. 그 법의 악의적 측면은 밀쳐두더라도, 피 끓는 청춘들이 고분고분 집회 허가를 신청할 리 없었다. 설령 신청을 한다 해도, 권위주의 경찰이 허락할 리도 없었다. 결국 모든 집회는 어떤 이유로든 불법집회가 됐다. 시위대와 전경(전투경찰)의 충돌은 숙명이었다.

　학생들은 자체 방어조직을 만들었다. 학생운동권의 군대라 할 수 있는 '사수대'였다. 대원들은 시위대 맨 앞에 섰다. 간격을 두고 전경과 대치하다가 접전이 벌어지면 돌과 화염병을 던지거나 쇠파이프를 휘두르며 말 그대로 직접, 몸으로 싸웠다. 전투 자체가 목적은 아니었다. 전경과 싸우는 동안 뒤쪽의 본 대열이 안전하게 이동하며 시위와 거리 선전전을 계속하도록 시간을 벌어줬다.

　사수대가 늘 존재한 것은 아니었다. 1987년 6월항쟁 무렵 운동권 학생들이 급증하고 운동방식도 개방적인 거리집회 형태로 바뀌었다. 이에 맞춰 기존 소규모 전투조직도 체계와 조직, 규모를 갖춰 정식 사수대가 됐다. 특히 광주권 사수대는 전국 학생운동권에서 매우 유명했다.

　6월항쟁을 치른 각 대학의 총학생회 대표자들은 전국적인 연대체를 만들었다. 학생운동의 결집력을 높이기 위함이었

다. 1987년 8월 전대협(전국대학생대표자협의회)이 결성돼 운동을 주도했고, 1993년부터는 전대협을 계승한 한총련(한국대학총학생회연합)이 출범했다. 전대협과 한총련은 각 지역 단위로 분화됐다. 광주권 학생회연합은 전대협 시절에는 '남대협'이었고 한총련 시절에는 '남총련'이었다.

전대협과 한총련 차원의 대규모 집회가 열리면 경찰의 진압병력도 집중됐다. 이때 광주권 사수대의 전투력이 비상한 힘을 발휘했다. 남대협과 남총련 사수대는 각각 전대협과 한총련의 사수대 역할을 했다. 전국 대학의 학생들이 그렇게 인식했다. 대학 연합집회에서 학생들이 수세에 몰릴 때 "남대협(남총련)이 옵니다!"와 같은 말은 최고의 희소식이었다.

대학 1학년 여름, 연세대에서 열린 8·15 범민족대회에 선배들을 따라간 적이 있다. 정부는 강경 진압 방침을 세워 학교를 포위했다. 1만 명 넘는 대학생 모두가 고립됐다. 그 무렵의 나는 신입생 특유의 호기심으로 이 행사 저 행사 기웃대고 다녔지만 아는 것은 하나도 없었다. 고립된 학생들의 피로와 좌절감이 극에 달했을 무렵 소식이 들려왔다. "학우 여러분! 지금 남총련이 올라오고 있습니다!" 지친 선배들이 흥분하기 시작했다. "정말? 우와!!" 심지어 어떤 선배들은 부둥켜안고 눈물을 글썽였다. "우린 이제 살았다."

유일한 새내기인 나만 어리둥절했다. 구조의 빛줄기를 본 재난영화 주인공들을 보는 기분이랄까. 한 선배에게 물었다. "왜들 이러죠? 남총련이 특별한가요?" 선배가 의아하다는 듯 되물었다. "너 고향이 광주지? 광주 애가 남총련 사수대를 몰라?" 선배는 차근차근 설명했다. 광주전남 사수대의 전투력은 최강이다, 전설이다, 그들만 있으면 우리는 나갈 수 있다 등등. "아무리 그래도 대학생들이 저 많은 경찰을 뚫는다고요?" "그럼! 남총련이니까." 이 뱅뱅 도는 환원의 대화라니. 재난영화에서처럼 감정이 격해진 측면을 감안하더라도, 나는 남총련 사수대의 이름값을 충분히 실감했다.

5·18을 가슴에 품은 광주 사수대

광주권 사수대는 녹두대(조선대), 오월대(전남대), 전사대(호남대), 한별대(광주대), 창의대(동신대), 백두대(광주교대), 광전대련(광주전문대학생회연합) 등이었다. 학교의 규모대로 오월대와 녹두대의 전력이 가장 컸다. 두 학교는 각각 500~600명 정도의 대원들을 거느렸다.

사수대는 총학생회 산하 조직이었다. 오월대는 4개 중대(불꽃·진달래·죽창·비호)를 갖췄다. 불꽃은 법대·사범대·농대, 진달래는 인문대·경영대, 죽창은 동아리연합회, 비호는 자연대·사회대·공대 등 단과대별로 중대를 꾸렸다. 녹두대도 4개 중대로 구성됐고 각 중대는 다시 소대로 나뉘었다. 사수대는 군대 조직과 같았다. 주로 1~2학년생들이 전투대원, 3학년생 이상은 중대장이나 대장을 맡았다. 학교 규모가 작은 호남대, 광주대, 동신대는 독자적으로 사수대를 꾸리다가 큰 집회에서는 함께 대오를 이루기도 했다. 하나의 부대처럼 학교 이름 첫 글자를 따서 '호광동'이라 불렀다.

운동권 남학생이라면 자연스럽게 사수대원이 됐다. 유독 위험해 보이는 집회에도 스스럼없이 나갔다. 강제 차출을 하지 않아도 됐다. 군사정권과 주저 없이 싸우기로 작정한 젊음들이었다. 청춘 특유의 경쟁심도 있었다. 저 친구가 지원하면 나도 질 수 없어 손을 번쩍 들기도 했다.

무기는 돌, 화염병, 쇠파이프였다. 전경과 거리를 두고 있을 때는 투석전을 벌이거나 화염병을 던져 접근을 막았다. 가까이 맞붙으면 쇠파이프로 육박전을 벌였다. 전경은 두툼한 전투복에 철마스크를 쓰고 진압봉과 방패를 들었다. 중무장을 했지만 기동성이 떨어졌다. 학생들은 오로지 쇠파이프 하나였지만 날렵했다.

전경이 쏘는 최루탄은 매캐한 연기를 퍼뜨렸다. 눈을 뜨기도 어렵게 맵고 따끔했다. 종류는 지랄탄(페퍼포그 차량 발사), 직격탄, 사과탄 등 다양했다. 가까이 맞붙을 때 살포하는 최루액 스프레이는 너무 매웠다. 대체로는 꽁치 통조림보다 좀 더 도톰한 원통형 최루탄이 날아왔다. 어떤 것은 소시지 모양으로 길쭉했다. 최루탄은 규정상 45도 각도로 쏴야 했다. 저들은 규정을 무시하고 수평으로 사수대를 직접 겨냥하기도 했다. '직격탄'이라 불린 이유다. 6월항쟁 때 연세대 학생 이한열이 그 직격탄에 맞아 사망했다.

사수대 훈련은 따로 없었다. 실전 속에서 전투력을 쌓았다. 간혹 무등산이나 지리산에 가서 결의대회를 치르는 정도였다. 그 시절 전국 주요 대학마다 사수대를 꾸렸는데, 왜 유독 광주권 사수대가 막강했을까.

– 대부분 마음속에 5·18이 있었으니까, 자기 의지로 하는 싸움이니까, 옳은 길이라고 믿었으니까, 다른 상대도 아니고 전두환·노태우 정권과 싸웠으니까…. 그래서 우리가 셌던 것 같아요. (1989년 제2기 오월대장 박격포 / 본명 박수본, 전남대 86학번)

꽃병이라고도 불린 '화염병'은 사수대의 주요 무기였다. 사수대는 별도의 훈련을 하지 않았지만 딱 하나, 화염병 투척 기술은 세심히 전수했다. 빈 병에 기름을 넣고 솜뭉치로 입구를 막은 화염병에 불을 붙여 던지는데, 도움닫기를 하듯이 팔을 몇 차례 회전시켰다. 불이 몸 쪽으로 번지지 않도록 잘 돌려서 던져야 했다. 낙하지점도 잘 가늠해야 했다. 전투경찰에게 직접 던지는 게 아니라 그 앞 적당한 지점에 던졌다. 순간적으로 확 번지는 불길은 잠시나마 전경이 시위대에 다가오지 못하게 했다.

화염병 제조는 가내수공업과 같았다. 빈 소주병에 신나(시너)와 석유(등유)를 적절히 섞어 넣고 이불솜뭉치로 병 입구를 틀어막았다. 일자 드라이버를 쥐고 화염병 수천 개씩을 만들었다. 솜이 안 빠지게 단단히 틀어막는 게 핵심기술이었다. 1분에 3개 정도 만들면 중상급 솜씨였고, 달인은 10초에 1개씩 생산했다. 한쪽에서는 솜뭉치를 잡아당겨보며 '제품 검수'를 했다. 간혹 뽕! 소리가 나며 뽑혀버리면 생산조 쪽의 학생들이 '내가 만든 건가?' 싶어 움찔했다.

시너와 등유는 5대5 비율이 일반적이었다. 시너는 불이 순간적으로 확 퍼지게 하고 등유는 불이 오래가게 했다. 정말 불을 지를 작정이라면 등유 비율을 높이거나 소주 댓병(큰병)을 썼다. 광주 사수대는 서울 집회에 갔다가 서울 사수대가 콜라병, 박카스병을 사용하는 것을 보았다. 그런 병은 폭발력이 감소할 수 있었다. 난감했다. 이불솜 대신 플래카드 조각 천으로 틀어막은 화염병도 보았다. 그러면 기름이 새어 나와 위험해질 수 있었다. 당혹스러웠다. 광주 사수대는 원칙을 지켰다.

사수대는 캠퍼스 치안도 살폈다. 대학 축제 때는 다양한 외부인들이 축제장을 찾아 잔싸움도 곧잘 벌어졌다. 순찰을 도는 사수대원들은 믿음직스러운 존재였다. 조선대 녹두대의 조폭 제압 사건은 전설로 회자됐다. 광주의 한 조직폭력배 일당의 부두목이 캠퍼스에서 행패를 부리고 있다는 소식을 듣고 녹두대원 몇몇이 쏜살같이 달려왔다. '본업이 폭력'인 부두목은 대학생들에게 흠씬 두들겨 맞고 쫓겨났다. 이후 녹두대는 폭력배 일당의 협박에도 맞서야 했다. 하지만 그들에 대한 학생들의 신뢰는 단단했다.

사수대는 내부 규율도 엄격했다. 녹두대는 전남 구례로 극기훈련을 가서 돌만 채운 배낭을 메고 행군했다. 마을에 머물때는 피해를 주지 않게 조심했다. 조직원과의 연애도 금지였다. (초기에는 여성대원도 모집했으나 화염병 투척 등에서 전력 차이가 나서 자연스럽게 빠지게 됐다.

오월대는 초기에 잠깐 총여학생회 부회장이 대장을 맡은 '모란대'가 화염병이나 돌 운반조로 활약했다.) 깃발은 사수대의 정체성이 담긴 상징물이었다. 제아무리 험한 판이라도 '깃발맨'은 깃발을 절대 뺏겨서는 안 됐다. 호남대 전사대는 대원들이 다함께 혈서로 이어 그린 깃발에 자부심이 컸다. 한번은 그 깃발을, 교내를 침탈한 경찰에 뺏기고 말았다. 대원들은 다시 혈서 깃발을 만들었다.

"학우 여러분! 안심하세요. 남총련이 오고 있습니다"

광주권 사수대의 주요 임무 중 하나가 지원투쟁이었다. 총학생회의 연대사업이기도 했다. 전남대 오월대는 조선대 학원민주화 투쟁에 지원을 가기도 했다. 대체로는 타 지역 대학 집회나 노동 파업 현장에서 요청이 왔다. 단일 학교 차원에서 지원을 가기도 하고, 전국 대학들의 연합집회에는 남대협 또는 남총련 이름으로 광주권 사수대가 집결했다.

집회현장 가는 길에도 전략이 필요했다. 전두환·노태우 정권의 경찰은 시위학생들의 동태를 삼엄하게 감시했다. 도중에 들켜서는 안 되니 둘셋씩 분산해 고속버스를 타고 갔다. 시위의 '시'자도 모르는 '노는 오빠' 차림으로 가거나, 머리를 밀고 스님 복장으로 가기도 했다. 조선대 학생들은 부러움을 샀다. 1988년 1·8항쟁으로 학내 민주화를 이룬 덕분에 당당히 스쿨버스를 타고 다 함께 이동할 수 있었다.

남대협 사수대가 전국에 존재감을 강렬히 각인시킨 것은 1988년 연세대 8·15 투쟁 때였다. 전남대 1학년생 김은태(가명)는 희한한 장면을 목격했다. 최루탄을 쏘는 페퍼포그 차(가스차)가 시위대를 향해 엉금엉금 다가오고 있었다. 바다가 갈라지듯 학생들이 좌우로 밀려나 도망을 갔다. 김은태를 포함한 오월대원들은 어안이 벙벙했다. '뭐지? 겁을 상실했나? 적진에 혼자 들어오네.' 광주에서라면 페퍼포그 차량을 보호하기 위해 전경들이 함께 움직였다. 오월대원들은 홀로 다가오는 차량에 달려들어 사이드미러(옆거울)를 부숴버렸다. 페퍼포그는 눈을 잃은 것처럼 멈춰 선 채 어쩔 줄을 몰랐다. 저만치서 지켜보던 다른 지역 사수대원들이 동공에 지진을 일으켰다. '페퍼포그는 당연히 피해야 한다고 생각했는데 그게 아니구나!'

1989년 한양대 연합집회 때는 각 지역 사수대들이 학교 외곽을 둘러쌌다. 정문 방어를 맡은 최강 오월대는 뜻밖에도 역공을 당했다. 나머지 방어 구역이 모두 뚫리고 정문만 버티고 있었다. 전경이 뒤로 쳐들어와 홀로 남은 오월대를 덮친 것이다.

광주 사수대의 유명세가 점점 커졌다. 1996년 연세대에서 열린 8·15 범민족대회에 전국 대학생들과 사수대원들이 모였다. 지원투쟁을 간 광주대 한별대원은 이런 학내방송을 들었다. "학내 침탈이 예상되므로 남총련 사수대 여러분은 최대한 휴식을 취해주시기 바랍니다." "공대 쪽 운동장이 뚫렸습니다. 남총련 사수대 여러분은 속히 나와 주시고 다른 사수대 여러분은…." 군 입대를 한 어느 녹두대원은 '군대가 더 널럴(수월)하네'라고 생각할 정도였다.

광주 사수대가 강력해지면서 '적군'의 기량도 동반 상승했다. 광주 전경도 하루 걸러 사수대와 전투를 치렀기 때문이다. 광주 사수대가 서울 대형집회로 지원투쟁을 가면 광주 전경도 상경했다. 초기 서울 전경이 남대협 사수대에 맞섰다가 혼

쫄이 난 이후부터였다. 서울 전경은 최루탄을 쏜 후 매캐한 연기가 가실 무렵 돌격 태세를 갖췄다가 소스라치게 놀랐다. 남대협 사수대가 매운 연기에도 흩어지지 않고 대열 그대로 버티고 서 있었다. 1996년 연세대 범민족대회 집회장에 일군의 전경부대가 들어섰다. 방패에 '광주'라는 두 글자가 선명했다. 서울 전경들은 좌우로 쭉 갈라지더니 방패로 바닥을 둥둥둥둥- 찍으며 광주 전경들을 맞이했다.

광주 선수끼리의 싸움은 팽팽했고 때론 서로를 붙잡기도 했다. 사수대가 전경을 체포해 철마스크를 벗겨보면 어린 청년이 아이처럼 겁에 질려 있었다. 방패만 뺏고 되돌려 보냈다. 전경들도 사수대원을 붙잡으면 꿀밤을 먹이며 "집회 좀 그만해라!" 하며 욕하곤 되돌려 보냈다. 백골단(사복경찰)의 경우는 달랐다. 백골단은 나이도 많았고 주로 무술유단자 출신들이었다. 폭력성이 집요하고 남달라서 학생들의 분노도 집중됐다. 청바지와 청재킷 차림에 하얀 '화이바'(철모)를 쓰고 다녀 백골단이라 불렸다.

제2기 오월대장 박격포가 지휘한 한 전투는 사수대 사이에서 유명하다. 학생들은 금남로 근처에서 쫓기는 척하면서 백골단을 유인한 후 사방에서 튀어나와 에워싸 버렸다. 무려 100명을 붙잡았다. 오월대는 그 악명의 데님 스타일을 해제시킨 후, 청바지를 쌓아놓고 불살랐다. 고개 숙인 백골단원들은 속옷 차림으로 되돌아갔다.

이처럼 학생들이 '승리'를 하기도 했지만 일상적인 폭력과 감시와 탄압은 경찰당국의 것이었다. 85학번 녹두대원 심재수는 경찰에 연행됐다가 봉변을 당했다. 형사가 머리칼을 틀어쥔 채 그를 벽에다 세차게 던져버렸다. 그 충격으로 가운데 머리칼이 다 빠졌다. 그는 단발가발을 쓴 채 3년 동안 꼬박꼬박 집회에 나갔다. 기존의 가명 조민해(조선민중해방)는 머리 스타일 때문에 앙드레 심, 줄여서 '앙심이'로 바뀌어 버렸다.

저편 그늘 속의 청년, 전투경찰

가두집회 전투는 위험했다. 자발적으로 나섰기에 계속할 수 있었다. '나의 의지'란 마르지 않는 용기의 원천이었다. 반면 전투경찰들에게는 늘 곤혹이고 공포였다. 전경은 자기 뜻과 상관없이 전경이 되고 진압에 차출됐기 때문이다.

- 군 입대를 했습니다. 신병훈련 끝나고 300명을 절반으로 나누더니 한쪽은 전경, 한쪽은 일반부대로 보냈습니다. 나는 왜 전경으로 배치됐을까, 그러지 않았다면 그 고통을 받지 않았을 텐데. 자기들 맘대로 전경으로 보내놓고 죽도록 욕먹게 만들고…. (A씨. 1990년 광주 전경 복무)

A씨와 동료들은 늘 출동 대기를 하느라 날마다 긴장이었다. 두툼한 전투복은 몸을 무겁게 만들었고 여름에는 쩌 죽을

지경이었다. 방패까지 들고 있으니 행동이 더욱 둔했다. 방독면은 대부분 물려받은 중고품이라 시야가 흐릿했다. 그 너머로 보이는 사수대 학생들이 너무 무서웠다. 쇠파이프를 들고 달려드는 그들이 정말로 자신을 죽이려는 것처럼 보였다.

진압이 끝나고 돌아가도 지옥이었다. 고참이나 상부관리자는 집회 해산을 제대로 못 시켰다고 쉼 없이 두들겨 팼다. '닭장차'(전투경찰 수송버스) 맨 뒤쪽에 매트리스가 덧대져 있었다. 고참이 앞쪽에서 발차기로 패대기를 치면 맨 뒤까지 나가 떨어져서 매트리스에 부딪혔다.

밤늦도록 얻어맞고 다음날 시위진압에 나갔다. 이런 생활이 반복되니 집회에서 독기가 생겼다. 옆의 동료가 부상이라도 입으면 속이 뒤집혔다. 학생들이 던진 화염병 잔해를 뒤집어써 얼굴이 쭈글쭈글해진 이도 있었다. 날아온 돌이 철마스크에 부딪혀 깨지면서 돌가루가 눈으로 들어왔다. 불이 붙을 경우를 대비해 미니 소화기를 뒤에 차고 다녔다. 집회는 공포였다. '살기 위해' 쫓고 쫓기며 달렸다.

집회가 몰리는 주간에는 전경들도 백골단 복장으로 나서기도 했다. 전경 복장의 보호막이 사라지고 곤봉 하나만 들고 있으면 더욱 무서웠다. 전경과 백골의 처지는 많이 달랐다. 전경은 군에 입대했다가 배치받은 청년들이었고, 백골은 형사가 되기 전단계의 경찰청 소속 유단자들이 대부분이었다. 백골단의 폭력은 자발성이 컸다. 1991년 명지대 학생 강경대가 백골단이 휘두른 쇠파이프에 맞아 사망했다. 운동권 학생들도 전경과 백골을 대하는 태도가 달랐다. 백골 복장으로 거리에 서는 전경의 난감함과 공포란….

조선대 88학번 운동권 학생 B씨는 군 입대를 했다가 전경으로 배치돼 시위대와 싸웠다. 얼마 전까지 자신이 있던 자리의 반대편에 서게 됐지만 머뭇거릴 겨를이 없었다. 광포한 일상의 쳇바퀴가 생각할 틈을 주지 않았다. 군사정권 경찰당국이 바라는 바였다, 동시대의 청년들을 싸움 붙여놓고 자신들은 뒤로 빠지는.

5·18 추모주간은 광주시민들의 울분이 끓어 넘쳤다. 집회도 많아지고 훨씬 격렬해졌다. 지나는 시민들도 전경들을 향해 욕을 했다. 광주 전경은 5월이 가장 힘들고, 대학들의 겨울방학이 그나마 편했다. A씨는 제대 후 자기 자리로 돌아갔다. 그도 대학에 다니는 광주 청년이었고 누나도 운동권 학생이었다. 50세가 된 그는 아직도 욕을 먹는 꿈을 꾼다. 폭행당한 기억은 흐려졌지만 욕설과 경멸의 시선은 화인으로 남았다. 욕설이 실은 자신이 아니라 전경 제복, 즉 공권력을 향한 것임을 잘 알고 있음에도 불쑥불쑥 가슴이 아리다.

제자리로 돌아가지 못한 청년들도 있다. 전남대 96학번 김인권은 의무경찰로 복무하다가 시위진압 중 부상을 입었다. 17년간 의식불명 상태로 투병한 끝에 사망했다. 전남대는 그에게 명예졸업장을 수여했다. 상대편의 비보도 잇따랐다.

1997년 3월, 조선대 개강집회 때 2학년생 류재을이 경찰이 던진 시커먼 물체에 맞아 사망했다. 1997년 9월에는 광주대 학생 김준배(한총련 투쟁국장)가 수배 중 검거 과정에서 추락했다. 경찰은 건물에서 떨어져 신음하고 있는 그에게 달려들어 구타를 가했다. 김준배는 추석날 새벽 눈을 감았다.

학생으로 위장한 경찰이나 첩자가 학교에 잠입해 정보를 캐는 활동을 하곤 했다. 운동권 학생들은 그런 '프락치'를 가려내느라 신경이 곤두섰다. 간혹 첩자로 의심되는 이를 붙잡으면 사수대원들의 분노가 폭발했다. 학생운동사에서 전국적으로 몇 건의 폭행치사 사건이 일어났다. 정권의 폭력에 맞서다가 폭력 그 자체가 되어버린 비극이었다.

시간의 재가 쌓인 자리에서

모든 현상에는 생애주기가 있다. 사수대는 군사정권 시기 대중적 학생운동이 폭발할 때 태어났고, 그 시대가 저물 때 쇠퇴했다. 김영삼 문민정부 4년째인 1996년은 사수대 문화가 크게 꺾인 시점이었다. 화염병이 날아오른 마지막 해이기도 했다. 김대중 정부 첫해인 1998년에는 학생집회 자체가 급격히 줄었다. 광주에서 규모가 가장 컸던 오월대도 2000년대 들어 더 이상 신규 대원이 없어 사실상 해체했다.

－ 시국사건으로 6개월 징역살이를 했습니다. 1998년 가을
에 출소하고 보니 그 짧은 시간 사이에 분위기가 확 달라져 있
었어요. 허가받은 집회만 하고, 오히려 전경이 시위대를 보호
해주고 있었습니다. 시위대열이 허가된 집회구역을 넘는지
살피고 있었어요. 사수대의 존재 의미도 사라졌습니다. 대열
보호 임무가 없어졌으니까요. (C씨. 광주 사수대 94학번)

대원들은 한 시절이 썰물처럼 빠져나가는 것을 느끼며 생각
에 잠겼다. 시대 변화를 읽지 못하고 싸움만 계속한 건 아닌가
하는 회한도 들었다. 학생운동권 내부에서도 논쟁이 잦아졌다.

－ 좀 더 세련된 집회방식이 필요했다고 봐요. 시대는 바뀌고
있는데 학생운동 대중화를 더 깊게 고민하지 못한 것 같아요.

C씨는 20년이 더 지난 지금도 그때의 판단이 아쉽다. 청춘
의 굵은 토막을 주저 없이 바쳤지만 퇴장기의 자신들은 씁쓸
했다. 사람들이 사수대의 과격한 모습만 떠올리고 비판해 안
타깝기도 했다. 어떤 대원은 일부러 의경(의무경찰)에 지원하
기도 했다. 치고박고 싸운 상대편의 입장에 한번 서보고 싶다
고 했다. 1990년대 후반 시간의 재가 쌓인 자리에서 적지 않
은 청년들이 방황을 했다.

외적 방어와 대비에 투입해야 할 군인을 시위진압 인력으
로 전환시킨 전투경찰 제도는 1971년 박정희가 만들었고,
2013년에 폐지됐다. 의무경찰이 단계적으로 전투경찰을 대체
했다. 오늘날 의경은 시위 현장에도 투입되지만 교통정리, 질

서유지, 시위대 보호가 주요 업무다. 의무경찰은 대부분 자원 입대와 선발로 뽑는다. 쫓고 쫓기고 때리고 맞는 공포의 쳇바퀴는 사라졌다. 1990년대 초반 서울에서 전경 복무를 한 D씨는 '나는 아직도 겁먹고 거리에 선 꿈을 꾸는데, 그 시대가 사라졌다. 혹시 나는 복무를 한 게 아니라 사실은 꿈을 꾼 게 아니었을까' 하고 생각하곤 한다.

사수대는 분명 권위주의 정권 시절 폭력 문화의 산물이다. 가끔은 명분을 잊고 폭력 그 자체가 되어버리기도 했다. 그럼에도 사수대는 한국 민주화투쟁 특히 학생운동사에서 중요한 역할을 했다. 광장의 외침이 음소거되지 않고, 제대로 울려 퍼져 역사의 수레바퀴를 돌리게 했다. 사수대는 그 스스로 규율을 세우고 자치를 실천한 조직이기도 했다. 동학농민군의 집강소를 닮은 녹두대, 5·18 시민군의 자치를 내면화한 오월대가 있었다. 광주 사수대는 치열했다.

한국 현대 민중항쟁사를 인간에 비유한다면 사수대는 분명 청춘기의 얼굴을 담당하고 있다. 빛과 그림자, 능선과 계곡이 짝을 이루듯이 사수대와 전경은 시대의 자화상에 굴곡을 만들었다. 자화상에는, 한 시대 청년들의 열정과 회한의 표정이 담겨 있다.

부용산에서 여수야화까지

투사가 된 노래들

●●●

　대학 때 노래 '부용산'을 처음 들었다. 1997년에 발매된 가수 안치환의 앨범 『노스탤지어』에 수록됐다. 안치환은 당시 민중가요의 대표가수였다. 『노스탤지어』 앨범은 광장에서 함께 부르는 힘찬 노래보다는, 집회에서 돌아와 방에서 혼자 듣는 느낌의 서정적인 노래 모음이었다. 항상 씩씩해 보였던 안치환이 목소리에 힘을 빼고 읊조리는 서늘한 그 감성이 좋았다. 늘 마주하던 사람의 뒷모습을 읽는 느낌이랄까.

　'부용산'은 서글프면서도 품위가 느껴졌다. 앨범에서 제일 즐겨 듣던 곡이었다. 바람결에 뒷얘기도 들었다. 정확한 악보와 노랫말이 알려져 있지 않고, 만든 사람도 알 수 없으며, 불온한 노래 취급을 받은 일종의 금지곡이었다고 했다. 재야나 운동권에서 오래 불려온 그 노래를 안치환이 처음으로 음반에 담았다고 했다. 노랫말을 옮겨본다.

　　부용산 산허리에
　　잔디만 푸르러 푸르러
　　솔밭 사이 사이로

회오리바람 타고
간다는 말 한마디 없이
너만 가고 말았구나
피어나지 못한 채
붉은 장미는 시들었구나
부용산 산허리에
하늘만 푸르러 푸르러

눈을 씻고 봐도 불온한 구석은 없었다. 귀를 씻고 들어도 노래는
잔잔하고 애잔할 뿐이었다. 그런데 부용산은 신화 속의 산인가, 꽃
이름인가 싶고, 불교적인 단어 느낌도 나고…. 십수 년이 흘렀다. 그
사이 '부용산'의 유래가 밝혀졌음을 알게 됐다. 궁금증을 해소할 수
있어 솔깃했지만 한편으로는 신비로운 구름 위 노래가 현실의 땅으
로 털썩 내려앉았구나 싶은 기분도 들었다.

신비의 안개 걷힌 부용산의 사연

부용산은 전남 보성군 벌교읍에 있는, 현실 속의 산이었다. 1947년
벌교의 젊은 시인 박기동이 폐결핵으로 죽은 여동생을 산에 묻고 내
려와 시를 지었다. 이듬해 박 시인은 목포로 가서 항도여중 국어교
사가 됐다. 친한 동료 음악교사 안성현이 박 시인의 서랍 속에서 우
연히 시 '부용산'을 보고 감명을 받아 곡을 붙였다. 두 사람은 모두 병
으로 여동생을 잃었다. 전남 나주 남평 출신 안성현은 뛰어난 음악

가였다. 항도여중의 교장 조희관은 목포에서 활발한 수필가로 활동하고 있었다. 그는 전남 곳곳에서 우수한 교사들을 초빙해왔다. 박기동과 안성현도 그렇게 목포에 왔다. 항도여중은 예술적이고 자유로운 분위기가 강했다.

'부용산'은 1948년 봄 항도여중 예술제에서 처음 소개돼 사람들에게 깊은 인상을 남겼다. 그해 가을 항도여중 3학년 천재 문학소녀 김정희가 폐결핵으로 죽었다. 노래는 김정희를 애도하는 학생들과 시민들의 입을 타고 널리널리 불렸다. '부용산'은 치료약도 의료기술도 변변치 않았던 시절, 요절한 누이들을 위한 비가(悲歌)였다. 오늘날 결핵은 약만 잘 먹으면 완치된다. 대관절 이 노래의 어느 구석이 불온하다는 것인지…. 혹시 산이 문제였을까. 보성 벌교읍을 지나면서 보거나 직접 올라가 본 부용산은 지극히 평범했다. 우리나라 어딜 가든 흔히 볼 수 있는 나지막하고 푸근한 야산이었다.

학생 김정희가 죽은 열흘 후, 전남 동부지역에서 큰 사건이 일어났다. 여수에서 한 무리 군인들이 출동명령을 거부하고 봉기를 일으켰다. 봉기는 다른 군인들과 주민들의 호응을 얻었다. 불어난 봉기군의 행렬이 순식간에 전남 동부지역 곳곳으로 퍼져나갔다. 여수 군인들로서는 출동명령을 거부할 수밖에 없었다. 자신들이 진압해야 할 대상이 타국의 적이 아닌 제주도 주민들이었기 때문이다. 그때의 진압은 오늘날 우리가 상상하는 시위 진압과 차원이 달랐다. 사람을 죽이고 터전을 불태우는 것이었다. 이승만 정부는 대한민국의 거의 모든 병력을 동원해 '반란군'을 진압했다. 살아남은 봉기군들은 산으로 들어갔다.

2년 후인 1950년 6월 25일 한반도에서 전쟁이 터졌다. 북쪽 인민군이 밀고 내려왔다가, 남쪽 한국군이 밀고 올라갔다가를 반복했다. 북쪽 사회주의를 지지하는 남쪽 일부 젊은이들에게 고향은 더이상 자신들의 품이 되지 못했다. 남한의 사회주의자들도 산속으로 떠밀리듯 들어갔다. 국군이 되찾은 남쪽에 잔류한 인민군들도 오갈 데가 없어졌다. 이들도 산으로 들어갔다. 산중의 청년들은 유격전을 벌이려 했으나 전투는커녕 생존 자체도 힘들어졌다.

산으로 간 이들이 바로 한국 현대사 속 비운의 게릴라, '빨치산'이다. '산사람들'이라고 에둘러 불리기도 한다. 신생국가 대한민국은 생각이 다른 국민을 동족으로 여기지 않았다. '토벌작전'을 벌여 벌레를 박멸하듯 모두 없앴다. 전남의 빨치산들은 마지막까지 지리산에서 버티다가 스러져갔다. 그 산사람들이 '부용산'을 불렀다.

– 전쟁 때 항도여중 학생들도 여러 명이 산으로 갔어요. 산에서 평소에는 '부용산'을 부르지 못했대요. 노래가 쓸쓸하니까. 오락회 때만 부를 수 있었답니다. (조상현 목포문화원 사무국장)

구슬픈 곡은 전사들의 사기를 떨어뜨린다. 위험하다. '부용산'을 부르는 일은 가끔 열리는 오락회 때만 허용됐다. 산속에 고요히 스며드는 '부용산' 가락은 어린 전사들의 가슴을 흔들어댔으리라. 사상이니 체제니 하는 말들이 문득 부질없게 느껴졌을 순간, 그 스산함은 얼마나 컸을까. 산 아래 고향집 가족의 안부는 또 얼마나 궁금했을까. '부용산'의 애잔한 곡조와 가사는 묵직한 위로가 됐을 것이다. 노래 속 부용산은 눈앞의 산봉우리였고 고향집 뒷산이기도 했다.

세월이 흐르며 '부용산'은 잊혔다. 누군가는 적극적으로 잊었다. 전쟁 이후 한국은 폭력적인 반공국가를 향해 질주했다. '산사람들의 애창곡'으로 알려진 '부용산'을 부르지 않거나 아예 모르는 편이 나았으리라. 그럼에도 노래는 가늘게 생명을 이어갔다. 유래를 아는 사람들은 비운의 청년들에 대한 연민을 실어 불렀고, 모르는 사람들은 악보 없는 선율을 제각각의 느낌으로 추려가며 불렀다. 묻히기에는 노래가 너무 아름다웠다.

'부용산'은 풍속의 뒤안길로 순순히 밀려난 게 아니었다. 누군가의 인생을 송두리째 망쳐버렸다. 바로 노랫말을 쓴 박기동 시인이었다. 1990년대 말 안치환이 발매한 노래가 계기가 되어 '부용산'이 관심의 대상이 되었을 때, 그 노래를 좋아했다는 이가 신문에 칼럼을 썼다. 노래에 얽힌 추억을 더듬고 기원을 알고 싶다고 끝맺었다. '맞아 나도 이 노래 들어본 적 있어. 나도 좋아했는데.' 독자 가운데 유래를 추적하는 이들이 생겨났다.

노년이 된 목포 항도여중 졸업생들이 스승들을 기억해내고, 마침내 박기동 시인을 찾아냈다. 팔순의 그는 호주에 살고 있었다. 목포의 방송국 팀이 호주로 찾아가 그를 인터뷰하며 '부용산'의 재조명 열기를 전했다. 직접 불러줄 수 있겠냐고 요청했을 때 이 노신사는 침묵 끝에 엎드려 한참을 흐느끼고 말았다.

1961년 그는 교직을 떠나야 했다. 산사람들의 애창곡을 쓴 사람이라는 이유로 공안당국으로부터 '불순분자'로 찍혔다. 상선회사 직원, 염전 현장감독 등 불안정한 임시직을 거치다가 번역과 교정 일을 하며 생계를 꾸렸다. 반공 군사독재 시대의 할큄은 매서웠지만 시인의 문학열은 뜨거웠다. 그는 틈틈이 시를 썼다. 형사들은 불시에 집에 쳐들어와 그간 써놓은 시들을 압수해가 버렸다. 그러기를 수차례, 박 시인은 시집을 낼 기회를 모두 날렸다. 가족들의 고초도 이루 말할 수 없었다. 보다 못한 그는 76세의 나이에 홀로 호주 이민을 떠났다. '내가 없으면 가족들이 더는 수모를 겪지 않겠지.' 한국 사회가 고도성장을 거듭하며 옛것을 모두 허물고 내버릴 때 반공의 성채만은 음지에서 여전히 번창했다. 박기동 시인은 그 성벽에 깔려 신음하는 힘없는 개인이었다.

그는 시드니 근교 7평짜리 임대아파트에서 호주 정부 보조금을 받으며 살았다. 그 사이 '부용산'이 널리 불리고 유래를 더듬는 사람들이 찾아왔다. 한국의 유명가수들이 리메이크해서 자기 음반에 실었다는 사실도 알았다. 고국의 분위기가 그리 많이 바뀌었는지 팔순 노인은 얼떨떨했다. 2003년 한국으로 돌아온 그는 2년 뒤 88세의 나이로 세상을 떠났다. "죽기 전에 시집을 내고 싶다"던 소원은 끝내 이루지 못했다. 그는 대신 '부용산'에 2절을 보태고 갔다. 2절을 짓는 것 역시 '밝아진 세상' 사람들의 제안이었다.

그리움 강이 되어
내 가슴 맴돌아 흐르고
재를 넘는 석양은
저만치 홀로 섰네
백합일시 그 향기롭던
너의 꿈은 간 데 없고
돌아서지 못한 채
나 홀로 에 서 있으니
부용산 저 멀리엔
하늘만 푸르러 푸르러

1절이 청년의 제망매가(祭亡妹歌)라면 2절은 시를 빼앗기고 평생을 표류한 시인의 자화상이다. 1절과 2절 사이에 한국 현대사의 검은 강이 흐른다.

작곡가 안성현은 어찌 됐을까. 선율을 만든 사람이라고 반공 권력이 그냥 뒀을까. 불행인지 다행인지 그는 1950년 9월 초 북한으로 갔다. 한국전쟁 중이었지만 남북 사이 이동에 아직 걸림이 없었다. 안성현은 음악회 일로 평양에 간다는 말을 남겼으나 돌아오지 못했다. 미군과 국군이 벌인 인천상륙작전은 9월 15일부터 남북 간 이동을 중지시켰다. 평양은 활발한 예술의 도시였다. 안성현은 국악인 아버지를 따라 10대 때 함흥에서 살기도 했다.

훗날 정치적 월북이 아니냐는 추정도 있었지만, 의욕 넘치는 천재 작곡가의 평양 방문은 자연스러워 보인다. 그는 홀어머니와 아내, 갓난 딸과 아들을 광주에 두고 있었다. 과연 이들을 두고 혼자 이주할 작정을 할 수 있었을까. 안성현의 평양행은 그 이유를 정확히 알 수 없지만 그가 남한에 남아 있었다면 '부용산'에 몰아친 회오리를 피하기 어려웠을 것이다.

오래도록 한국의 국시는 '반공'이었다. 한 국가의 기본정책이 무엇을 '추구한다'는 긍정적인 선언이 아니라 무엇을 '반대한다'는 부정과 적대의 외침이라니, 우스꽝스럽다. 분단국가인 우리나라에서 '반공'은 언제든 맹렬한 기세를 떨칠 수 있는 괴물이고 광기의 원천이다. 그래도 세상은 많이 달라지고 있다. 새 시대를 열듯이 2000년 목포에서 '목포 부용산 음악제'가 열렸다. 그해 가을 보성 벌교 부용산에 '부용산' 노래비가 세워졌고, 2년 뒤 목포여고(옛 항도여중) 교정에도 노래비가 들어섰다. 급기야 지자체들이 저마다 자기 지역이 '부용산

부용산의 작곡가 안성현 /
목포 항도여중 문예반과 함께.
시인 박기동(위 맨 왼쪽)과
조희관 교장(위 가운데)

의 고장'이라고 주장했다.

시대의 밝음들이 남한의 문화면을 채워가던 2006년 4월, 북한의 『문학신문』에 부고 기사가 실렸다. 평생 민족음악가로 존경받은 안성현 선생이 87세로 타계했다는 내용이었다. 안성현은 '부용산' 외에도 남한 국민들의 애창곡인 '엄마야 누나야'도 작곡했다. 그가 끝내 돌아오지 못한 고향 나주 드들강변에는 '엄마야 누나야' 노래비가 세워져 있다.

신청곡을 틀어주는 단골 호프집에 가서 '부용산'을 부탁한다. 사장님이 되묻는다. "누가 부른 버전으로 들려드릴까요?" 한 곡만 고르기가 쉽지 않다. 안치환은 담백하고 건조하고, 한영애는 서늘하고 깊고, 이동원은 촉촉하고 우아하다. 불온해서 쉬쉬했다던 노래를 이제는 이름난 가수들의 버전으로 마음껏 골라서 들을 수 있는 세상에서 살고 있다. 그러나 노래 한 곡이 쉽게 찾아오지 않았음을 잘 알고 있다.

남녘 가요들의 상경투쟁_ 바윗돌 & 바위섬

노래가 탄압을 받는다. 노래가 투쟁을 한다. 역사에 몸을 던진 사람들이 노래를 만들고, 함께 부르고, 격랑 속의 노래가 더불어 투사가 된다.

1980~90년대 대학가요제와 강변가요제는 최고의 가수 등용문이었다. 대학생들이 곡을 직접 만들어 부르는 경연이었다. 그 시대엔 소속사 훈련도 연습생도 매니저도 없었다. 그저 재능 있고 마음 맞

는 대학생들이 모여 밴드를 만들거나 혼자 연습해서 대회에 도전했다. 당시는 재방송도 하지 않았고 인터넷도 없었다. 가요제 결선 생방송을 하는 날이면 가족 모두 TV 앞에 앉아 꼼짝도 하지 않았다. 대상 받을 팀을 점치는 일은 큰 재미였다. 역대 수상곡을 줄줄이 외우는 것도 친구들 사이에서 제법 자랑할 만한 일이었다. 1980년대의 어린이로서 나는 풋풋한 대학생 이선희, 이상은, 신해철이 대상을 수상하며 가수의 길로 들어서는 과정을 생방송으로 모두 볼 수 있었다. 당시 대학 진학의 목표가 양대 가요제 출전인 젊은이들도 많았다.

훗날 떠올려보니, 참가 자격을 왜 대학생으로 한정했는지 좀 의아했다. 젊은 가수 유망주가 대학생들 속에만 있는 게 아닐 텐데 말이다. 1977년 시작된 대학가요제의 경우 '명랑한 대학 풍토와 건전가요 발굴'을 개최 목적으로 내세웠다. 당시 방송사가 유신정권의 입김에서 자유롭기는 매우 어려웠다. 박정희 대통령은 대학생들의 반정부 시위와 저항 분위기를 무척 싫어했다고 한다. 어쨌거나 두 가요제는 청년들의 새로운 문화 욕구와 더해져 엄청난 인기를 끌었다.

1981년 제5회 대학가요제 대상곡은 '바윗돌'이다. 어릴 때라 당대의 생방송을 보진 못했지만 나는 그 노래를 알고 있고 멜로디도 흥얼거릴 수 있다. 역대 대상곡이니까. 대학가요제 대상곡은 바람결이든 꿈결이든 귀에 들려오게 마련이었다. 노래를 부른 이는 한양대 복학생 정오차였다.

찬비 맞으며 눈물만 흘리고
하얀 눈 맞으며 아픈 맘 달래는 바윗돌
세상만사 야속타고 주저앉아 있을소냐
어이타고 이내 청춘 세월 속에 묻힐소냐

굴러 굴러 굴러라 굴러라 바윗돌
한 맺힌 내 가슴 부서지고 부서져도
굴러 굴러 굴러라 굴러라 바윗돌
저 하늘 끝에서 이 세상 웃어보자 아아 바윗돌

안개 낀 아침에는 고독을 삼키고
바람 부는 날에는 설운 맘 달래는 바윗돌
세상만사 야속타고 주저앉아 있을소냐
어이타고 이내 청춘 세월 속에 묻힐소냐
굴러 굴러 굴러라 굴러라 바윗돌
한 맺힌 내 가슴 부서지고 부서져도
굴러 굴러 굴러라 굴러라 바윗돌
저 하늘 끝에서 이 세상 웃어보자

가사는 애잔한 분위기를 머금고 있지만 멜로디는 힘차고 흥겨웠
다. 특히 마지막에 '바윗~~~~~돌' 할 때의 성량은 대상 수상자라 다
르구나, 싶게 길고 유장했다. 정오차의 '바윗돌'은 대상을 수상한 지
한 달 만에 구르기를 딱 멈췄다. 그 무렵 TV 인터뷰 때문이었다. "제
목 바윗돌이 무슨 의미인가요?" "광주에서 죽은 제 친구의 영혼을 달
래기 위해 만든 노래입니다. 바윗돌은 친구의 묘비를 의미해요."

5·18이 진압된 지 1년이 지난 1981년 봄이었다. 전두환 정권의 권
세와 독기가 하늘을 찔렀다. 그런 판국에 망월동 묘역에 묻힌 희생
자를 기리는 노래가 전 국민의 눈과 귀가 집중된 무대에서 1등을 거
머쥔 것이다. '맹랑한' 대학생 정오차는 광주 출신 청년이었다. 그날
로 정오차의 '바윗돌'은 방송 금지가 됐다. 무려 대학가요제 대상곡
이 '불온사상 내포'라는 사유로 금지곡이 됐다.

4년 후, 광주에서 출발한 노래가 가요계를 강타했다. 김원중의 '바위섬'이었다. 1984년 광주전남 음악인들이 '예향의 젊은 선율'이라는 옴니버스 창작음반을 냈는데, 음반 마지막 곡 '바위섬'이 광주를 넘어 인기를 끌었다. 음반회사가 '김원중 바위섬'이라는 이름으로 앨범을 새로 출시할 정도였다. 1985년 '바위섬'은 TV 가요순위프로그램인 '가요톱텐'에 등장했다. 광주 청년 김원중은 새하얀 무대정장을 입고 노래를 불렀다. 어릴 적 나는 그가 잠깐 상경한 광주사람이라는 사실을 몰랐고, '바위섬'이 무얼 상징하는지도 몰랐다. TV에서 듣는 그 노래는 마냥 감미롭고 신비로웠다. 화면에 클로즈업되는 그의 눈빛은 쓸쓸한 기운도 풍겼다.

> 파도가 부서지는 바위섬 인적 없던 이곳에
> 세상 사람들 하나둘 모여들더니
> 어느 밤 폭풍우에 휘말려 모두 사라지고
> 남은 것은 바위섬과 흰 파도라네
>
> 바위섬 너는 내가 미워도 나는 너를 너무 사랑해
> 다시 태어나지 못해도 너를 사랑해
>
> 이제는 갈매기도 떠나고 아무도 없지만
> 나는 이곳 바위섬에 살고 싶어라

　　광주의 조선대학생 배창희는 전남 고흥 앞바다의 작은 섬 소록도에 갔다가 5·18 광주를 떠올렸다. 소록도는 한센병 환자들이 격리돼 살고 있는 사연 많은 섬이다. 그는 소록도처럼 고립됐던 광주를 노래로 만들었다. 김원중은 서울에 불려 다니느라 얼떨떨할 정도로 바빴다. 어느 날 MBC의 라디오 프로그램에 출연했다. 진행자 이종환

'바윗돌'의 정오차(1981) /
'바위섬'의 김원중(1985) /
광주 음악인들이 만든 옴니버스 앨범
『예향의 젊은 선율』(1984)

이 물었다. "바위섬 노랫말 분위기가 남다릅니다, 의미가 있을 것 같은데요?" "1980년 5월 광주를 바위섬에 비유한 겁니다."

담담한 그의 말은 공안당국의 매서운 귀에 걸리지 않았다. 당시 MBC의 간판 라디오 프로그램이었는데도 운 좋게 살아남은 '바위섬'은 가요톱텐 2위, 라디오 차트 1위까지 기록했다. 연말 가요시상식에서 신인가수 후보, 좋은 가사 후보에도 올랐다. 똑같은 이야기인데 1981년 바윗돌은 '불온사상'이 됐고, 1985년 바위섬은 '좋은 가사'가 됐다. 헛웃음이 나오는 시대였다.

김원중은 1980년 5월 18일 오전, 전남대학교 정문 앞에서 계엄군에 맞섰던 전남대학생 중 한 명이었다. 그는 '상업가요계 나들이'를 잠깐 맛본 후 지금까지 광주에서 포크가수로 활발히 노래하고 있다. 사회 이슈를 결합하는 공연을 벌이는 문화운동가이기도 하다. 2016년에는 광주시민 100여 명이 자발적으로 추진위원회를 꾸려 그의 데뷔 30주년 기념공연 무대를 마련했다.

– 저에게 음악은 5·18의 의미를 풀고 넓혀가는 과정입니다. 사실 제 역사의식은 투철할 것도 없고 그저 상식적입니다. 위대한 시민들이 저를 이끌었습니다. (김원중)

'바위섬'은 광주에서 어느 날 어쩌다 튀어나온 히트곡이 아니었다. 1970~80년대 광주 대중음악계는 훗날 '광주포크'라고 불릴 만큼 활발했다. 다양한 음악인들이 활발히 교류하고 어울렸다. 그런 분위기에서 광주만의 깊이 있는 노래들이 쏟아졌다. '바위섬'이 수록된 『예향의 젊은 선율』도 당시 서울이 아닌 지역에서 처음으로 제작된 음반이었다. 광주 포크음악계는 고유함의 발신지였다. 1978년부터는 광주 전일방송 주최로 전일가요제가 열렸다. 서울이 아닌 지역이 주최하는 최초의 전국가요제였다. 군사정권의 언론사 통폐합 조치로 몇 년 지속되지는 못했지만, 그 짧은 기간에 수준 높은 수상곡들이 쏟아졌다. 1회 대상곡 '모모'를 나는 지금도 흥얼거리곤 한다. '모모는 철부지 모모는 무지개, 모모는 생을 쫓아가는 시곗바늘이다~.'

5·18을 겪은 후 광주포크는 깊이를 더해갔다. 때로는 선명한 함성으로, 때로는 슬픈 은유의 읊조림으로 노래를 만들어냈다. '바위섬'이 그렇게 태어났고, 뒤이어 김원중의 '직녀에게'가 다시 한번 전국을 강타했다. 직녀와 견우의 만남을 소재로 통일을 염원한, 은유가 빛나는 명곡이었다. 조선대 교수 문병란 시인의 노랫말에, 광주포크의 대부 박문옥 음악가가 곡을 붙였다. 그 눈부신 광주포크 음악계에 '님을 위한 행진곡'을 작곡한 학생가수 김종률도 있었다.

민중가요의 한류 만든 '님을 위한 행진곡'

'님을 위한 행진곡'은 한국을 넘어 아시아 여러 나라에서 사랑받는 민중가요다. 깨어 있는 시민들이 부당한 권력에 저항할 때 '님을 위한 행진곡'을 자기 나라 말로 번안해 부른다. 중국의 어느 노동자 밴드는 아예 한국말로 부르기도 한다. 느릿느릿 읊조려도, 쿵짝쿵짝 힘차게 외쳐도 다 어울린다. 리듬이 어떻든 가슴을 울리고 의지를 다지게 만든다. '님을 위한 행진곡'은 1982년 봄 광주에서 만든 곡이다. 1970~80년대 광주전남은 통기타 가요뿐 아니라 민중예술도 찬란하게 꽃피웠다. 모든 것이 서울로 집중된 오늘날과 달랐다.

소설가 황석영도 그 무렵 광주전남으로 이주했다. 전라도 농민들, 예술인들과 어울리며 문화운동을 펼쳤다. 1982년 4월, 문화운동가들이 황석영의 집에 모였다. 광주 북구 운암동의 2층 주택이었다. 5·18 2주기를 앞두고, 이들은 작품을 만들어 추모하기로 했다. 황석영이 지난 2월 망월동 5·18묘역에서 열린 박기순·윤상원 열사의 영혼결혼식 이야기를 꺼냈다. 두 사람은 들불야학과 5·18의 상징과도 같았다. 공안당국의 통제 때문에 결혼식에는 가족들과 가까운 친지밖에 참석하지 못했다. 늦겨울 마른 묘지에 놓인 알록달록 신혼이불이 유난히 애달팠다. 문화운동가들은 두 영혼을 기리는 노래극을 만들기로 했다. 노래극 '넋풀이'가 탄생하는 순간이었다.

'넋풀이'는 여러 노래들이 전통 굿판의 순서처럼 흘렀다. 전체 주제는 문병란 시인의 장시 '부활의 노래'를 따랐다. 오월 영령들의 부활을 염원하는 장엄한 시였고, 영혼결혼식 때 주례사 대신 낭송됐다. 작곡은 전남대생 김종률이 맡았다. 그는 대학가요제와 전일가요제에서 수상한 학생가수이자 200여 곡을 작곡한 실력파 싱어송라이터였다. 1982년 봄 군입대를 앞두고 휴학 중이었다. 김종률과 황석영은 기존에 작곡해둔 곡 중에서 노래극에 어울리는 곡을 고르고 선율과 가사를 다듬었다. '젊은 넋의 노래' '무등산 자장가' '회상' '에루아 에루얼싸' '못 오시나' '격려가'까지 6곡이 탄생했다.

대단원의 마무리 곡이 남았다. 그해 봄 김종률의 머릿속에는 선율 하나가 계속 맴돌고 있었다. 자신도 모르게 '따-라라라 라라라-라'를 흥얼거리곤 했다. 김종률은 그 선율을 악보에 옮긴 후 곡을 계속 이어 붙였다. 4시간 만에 작곡을 마쳤다. 작사는 황석영이 맡았다. 백기완의 장시 '묏비나리'의 구절을 따와 가사로 다듬었다. 그간 김종

망월동 5·18 묘역에서 열린 박기순·윤상원의 영혼결혼식(1982.2) /
오월 영령들을 기리며 만든 노래 '님을 위한 행진곡'의 악보 초고(1982.4)

률이 품었던 선율이 '사-랑도 명예-도'라는 노랫말의 옷을 입었다. 제목은 '님을 위한 행진곡'으로 붙였다. 모두의 마음에 쏙 드는 노래가 탄생했다. 김종률은 비로소 후련했다.

— 5·18 때 저는 도청과 가까운 장동 자췻집에 있었습니다. 마지막 날 새벽 총소리를 들으며 소리도 못 내고 울었어요. 자책감을 노래로나마 덜 수 있을까 싶게, 작곡이 만족스러웠습니다. 오월 영령들이 불러준 멜로디를 받아 적은 곡이라고 생각합니다. (김종률)

노래극 녹음을 위해 황석영의 집에 다시 사람들이 모였다. 녹음 환경이 열악했지만 공안당국의 감시를 피하기 위해서는 어쩔 수 없었다. 주목을 피하다 보니 모임 시간도 밤으로 잡았다. 빛과 소리가 새 나가지 않게 창문마다 두꺼운 이불로 겹겹이 덮었다. 악기는 징과 꽹과리, 장구 등이었다. 조심스럽게 몇 번씩 함께 연주하며 합을 맞춘 후 '테이프'에 녹음했다.

장비가 조악해 멀리 밤기차 지나가는 소리, 옆집 개 짖는 소리도 끼어들었다. 5·18을 추모하며 집단창작품을 만든다는 것은 위험한 일이었지만 연주자들의 마음은 뿌듯했다. 선배한테 갑자기 불려온 사람도 있었고, 서로 통성명도 제대로 못한 이들도 있었지만 모두가 이 작업의 의미를 잘 알았다. 눈빛만으로도 연주와 노래의 합을 잘 맞춰 나갔다.

황석영과 화가 홍성담이 노래극 테이프를 서울로 가져갔다. 공안당국에 뺏기지 않고 무사히 배포하려면 최대한 안전한 제작자의 이름이 필요했다. '기독청년회' 명의로 2,000개를 복사해 서울과 광주에 절반씩 배포했다. 반향이 컸다. 특히 '님을 위한 행진곡'은 날개를 달았다.

이 노래가 광주에서 처음 공개적으로, 그것도 대규모 제창으로 불린 곳은 1982년 10월 전남대병원 장례식장이었다. 전남대 총학생회장이자 들불 강학이었던 박관현이 죽음으로 돌아온 자리였다. 그는 광주교도소에서 40여 일간의 단식농성 끝에 사망했다. 광주시민들이 장례식장에 끝없이 모여들었다. 1980년 봄 당당했던 학생 지도자의 죽음을 애통해했다.

대학생들은 관 사수 투쟁을 벌였다. 공안당국은 박관현의 죽음이 광주의 시위로 이어질까 봐 시신을 탈취하려고 기회를 노렸다. 망자까지 '압수'해 가려는, 참으로 치가 떨리는 시대였다. 대학생들은 '님을 위한 행진곡'을 부르며 열사의 관을 지켰다. 전남대 신입생 박종화는 목청껏 노래하며 관을 지키다가 경찰에 끌려가 감금됐다. 그는 몇 년 후 유명한 민중가요 싱어송라이터로 거듭났다.

박기순·윤상원과 오월 영령들을 기린 노래가 박관현의 추모로 이어졌다. 만든 사람, 부르는 사람 모두가 들불이었다. '님을 위한 행진곡'은 전국의 수많은 집회현장으로 퍼졌다. 5·18의 상징곡이자 저항하는 이들의 출정가가 되어 셀 수 없이 불려졌다. 이제는 아시아 여러 나라에서 부르고 있다. 들불처럼 번지고 횃불처럼 이글거리고 있다. '님을 위한 행진곡'은 뜻하지 않게 한국 민중가요의 한류를 개척했다.

정작 '본고장' 한국에서는 정치 상황에 따라 수난을 당하곤 한다. 5·18민주화운동 기념식은 국가 공식기념식이라 TV로 생중계되는데, 중간에 참석자들이 일어나 '님을 위한 행진곡'을 제창하는 순서가 있다. 무대 위 합창단을 따라 대통령, 정치인, 유가족, 일반참석자 모두가 함께 부른다. 어떤 이들은 오른 주먹을 불끈 쥐고 힘차게 부른다.

소위 '보수 정치세력'의 일부 참석인사들은 이 노래를 부르지 않는다. 입을 꾹 다문 모습을 중계 카메라에 내보이는 것 자체가 그들에겐 정치적 시위행위다. 보수정권 때의 국가보훈처는 이 노래를 공식적으로 못 부르게 하려고 애를 썼다. '민주시민들의 애국가'라는 별칭까지 붙은 '님을 위한 행진곡'은 여전히 투쟁하고 있다.

이심전심이 낳은 집체예술품 '죽창가'

2019년 여름 SBS드라마 『녹두꽃』 마지막 회. 처형을 앞둔 동학농민군 지도자 전봉준이 농민군에게 역사의 과제를 당부한다. 오늘 패배하지만 결국은 패배가 아니라고, 계속 나아가라고 주문한다. 1980년 5월 26일 최후항전을 앞두고 윤상원이 어린 시민군들에게 당부하던 모습이 자연스럽게 떠올랐다. 그때 가수 안치환이 부르는 노래가 흘러나왔다. '정통 민중가요'도 최신 드라마의 OST로 잘 어울렸다. 광주에서 만들어진 '죽창가'였다.

1984년 가을, 시인 김남주는 징역을 살고 있었다. 교도소는 펜과 종이를 쓸 수 없게 했다. 그는 칫솔 손잡이 끝을 날카롭게 갈아 우유갑이나 담뱃갑 은박속지를 긁어 시를 썼다. 김남주, 낯익은 이름이다. 1972년 겨울 '함성'지 사건으로 박정희 유신을 처음 저격한 그 담대한 대학생이다. 전남대에서 제적되고 8개월을 복역한 그는 시인이 됐다. 1974년 계간지 『창작과 비평』에 시를 발표하며 등단했다. 그는 1979년 남민전 사건으로 15년형을 선고받고 다시 투옥됐다. '국가보안법 위반'이 죄목이었다. 군사독재와 싸우는 김남주의 무기는 시였다. 그의 시 510편 중 360편이 창살 안에서 쓰였다.

그 무렵 광주의 젊은 시인들이 김남주의 시집을 만들기로 했다. 5·18 정신을 기리는 시와 평론을 쓰는 모임 '오월시' 동인들이었다. 김남주는 간첩이 아니라고, 국내 대표 문학계간지를 통해 데뷔한 짱짱한 시인이라고 세상에 외치기로 뜻을 모았다. 위험한 작업이었다. 공안당국은 소위 '반체제 사상범'이 옥중에서 쓴 시의 출판을 그냥 두지 않았다. 제작자들도 잡혀가거나, 무사히 인쇄되더라도 시집 물량을 빼앗기기 일쑤였다. 그런다고 결의를 꺾을 것이냐, 아니었다.

이영진 시인이 대표로 있는 청사출판사가 출판을 감행하기로 하고 고규태 시인이 원고를 받아왔다. 김남주의 시를 아내 박광숙이 받아 종이에 타이핑을 해둔 터였다. 시집 이름은 '진혼가'로 정했다. 표지에 시인의 사진을 쓸 수 없어 화가 김경주가 판화로 그리기로 했다. 원고를 읽어가던 김경주의 시선이 이 시에서 멈추었다.

이 두메는 날라와 더불어
꽃이 되자 하네 꽃이
피어 눈물로 고여 발등에서 갈라지는
녹두꽃이 되자 하네
이 산골은 날라와 더불어
새가 되자 하네 새가
아랫녘 윗녘에서 울어예는
파랑새가 되자 하네

이 들판은 날라와 더불어

불이 되자 하네 불이
타는 들녘 어둠을 사르는
들불이 되자 하네

되자 하네 되고자 하네
다시 한번 이 고을은
반란이 되자 하네
청송녹죽(青松綠竹) 가슴으로 꽂히는
죽창이 되자 하네 죽창이

　　녹두장군 전봉준의 회한과 의지가 글자마다 단단하게 박혀 있었
다. 평등한 세상을 만들려고 나섰다가 쓰러진 무수한 동학농민군의
음성이기도 했다. 농민의 아들인 김남주 시인은 구한말의 동학농민
혁명을 삶의 나침반으로 삼았다. 이 시의 제목이 '노래'였다.
　　– 시가 마음에 쏙 들었습니다. 구절이 반복되고 전체적으로 노랫
말 구조 같아서 곡을 붙여보면 어떨까 싶었어요. 형도 혹시 이 시를
곡으로 만들어주길 바라서 제목을 '노래'라 붙인 게 아닐까 생각했습
니다. (김경주)
　　화가 김경주는 작곡과 노래에도 재능이 있었다. 낡은 기타를 들고
낮게 읊조리며 곡을 붙이기 시작했다. 초저녁 무렵 완성됐다. 그는
시인 김남주와 이름이 비슷해 일찍부터 친형제로 오해를 받곤 했다.
1970년대 중반 김남주 시인이 경영하던 사회과학 서점 '카프카'를 드
나들던 고등학생 김경주는 "네가 남주 동생이냐?"라는 예술인들의
질문을 받곤 했다. "네." 실제 김경주의 친형 이름이 '김남주'였다. 두
사람의 독특한 인연과 이심전심이 낳은 결과물이 이 노래였다. 시인

들이 위험을 감수하며 만든 시집 『진혼가』도 무사히 세상에 나왔다. 1980~90년대 한국 민주시민들의 심장을 흔들고 힘을 북돋운 저항시인 김남주의 첫 시집이었다.

'노래'는 광주 운동권 사회에 전율을 안겼다. 어느 날부터 사람들이 가사 마지막 구절을 따서 노래 제목을 '죽창가'로 부르기 시작했다. 시집 『진혼가』를 광주 시인들이 힘 모아 만들었듯이 '죽창가'의 작명 또한 시민들의 솜씨였다. 곡은 처연하면서도 힘차고, 거친 듯하면서도 품위가 있었다. 노랫말과 선율이 서로를 드높였다. '님을 위한 행진곡'을 대낮 거리집회에서 모두 함께 힘차게 불렀다면, '죽창가'는 삼삼오오 모인 저녁 선술집에서 불렀다. 집회 후 뒤풀이 때 함께, 자리가 파할 무렵 두셋이, 또는 집에 와 홀로 나직하게 불렀다. 1980년대의 젊은이들은 노래를 부르며, 구한말 일본군의 총에 맞고도 죽창을 쥐고 일어서는 농민군이 되었다가, 5월 27일 새벽 도청을 지키는 시민군도 되었다.

– 셌지요. 그 노래는 운동권이라면 모르면 안 됐어요. 모르면 간첩이라고 할 정도였어요. (전남대 88학번)

조선대 미대생 이상호는 '죽창가'를 판화로 옮겼다. 1987년 6월항쟁의 한복판이었다. 그는 매일 광주 서현교회 앞에서 시작하는 중앙로 집회에 나갔고 깃발, 만장, 포스터 같은 것을 만들어 제공했다. 집회에 나간 조선대 학생들은 이상호와 전정호가 그린 조선대 깃발이 유독 멋스러워 어깨가 으쓱했다. 자부심은 전투의 연료가 됐다. 이상호는 시위대의 의욕을 북돋아줄 그림을 고민하다가 노래 '죽창가'를 떠올렸다. 그의 판화 '죽창가'는 대나무를 날카롭게 깎아 죽창을 만들고 있는 동학농민군의 모습을 담았다. 교도소에서 시를 쓰기 위

'다시 한번 이 고을은 반란이 되자 하네, 청송녹죽 가슴에 꽂히는 죽창이 되자 하네'
이상호, 죽창가, 1987, 72×54 목판화

해 칫솔대를 깎는 투사 김남주의 모습과 포개어진다.

 – 6월항쟁 전사들을 위해 만든 작품이라 농민의 눈빛에 최대한 의분과 결기를 담았습니다. 요즘 젊은이들이 보기에는 표정이 무서워 보일 수도 있겠지만, 그 시대는 전투 의지가 절박했으니까요. (이상호)

판화 속 농민군은 고유의 전투복장이 아니다. 그저 바지를 걷어 올린 평범한 차림새다. 동학뿐 아니라 현대인의 모습과 의지까지 담기 위한 보편의 전략이었다. 판화그림 '죽창가'는 깃발을 비롯해 시위 참여자들의 손수건, 티셔츠, 마스크 등 온갖 소품에 인쇄되어 배포됐고 널리 사랑을 받았다.

조선대 미대 4학년생 이상호와 전정호는 6월항쟁 직후인 1987년 9월 경찰에 연행돼 투옥됐다. 이들이 주도해 그린 걸개그림 '백두의 산자락 아래 밝아오는 통일의 새날이여'라는 작품이 국가보안법 중 '고무찬양죄'와 '이적물표현죄'에 해당된다는 사유였다. 미술작품에 국가보안법 위반 혐의를 걸고넘어진 국내 최초의 사건이었다. 시인 김남주는 시집이 나온 후에도 5년을 더 감옥에 갇혀 있었다. 수난받는 창작자들을 위로하듯이 '죽창가'는 전라도를 넘어 전국으로 퍼져나갔다.

나는 '죽창가'에서 1980년대 민중예술의 정점을 본다. 김민기의 '아침이슬'처럼 1970년대 민중가요는 대체로 에둘러 부르는 느낌이 강한 서정적 노래들이었다. 1990년대는 그 반대였다. 분야별로 사회변혁운동이 활발해진 이때는 민중가요들이 다양하고 풍성한 대신 대체로 직설적이었다. 음악이라기보다 선명한 정치적 구호에 선율을 붙인 느낌이랄까.

1980년대 민중예술은 예술과 운동의 균형이 돋보인다. 그 자체로 고유하고 정치적 긴장감도 느껴졌다. 특히 판화는 1980년대 시대상에 잘 어울리고 효과적이었다. 언론 통제와 작품 검열이 유난했던 그 시대, 굵고 간결한 선으로 강렬한 상징을 담아낸 판화는 수백 장, 수천 장을 찍어 널리 배포할 수 있었다. 판화 한 장은 작품인 동시에 투사였다. '오월광주' 연작을 완성한 홍성담의 판화가 대표적이다.

'죽창가'는 저마다 걸출한 시, 곡, 판화가 한 세트를 이룬 드문 경우였다. 시는 선율을 자극하고, 선율은 그림을 끌어냈다. 창작자들이 미리 의도하거나 논의를 한 게 아니었다. 서로를 아낀 이심전심이 자연스럽게 탄생시킨 집체예술품이었다. 1980년대라는 특수한 공기 속에서 태어난 작품은 그 시대 분위기가 사라지면 존재감을 잃기 쉽다. '죽창가'는 여전히 선연하게 빛나고 있다. 여러 민주인사들의 애창곡으로 꼽히더니 2019년엔 드라마에서 흘러나왔다.

눈을 감고 '죽창가'를 듣는다. 저 19세기 말 동학농민혁명의, 3·1운동의, 4·19혁명의, 5·18항쟁의, 그리고 6월항쟁의 외침이 들린다. 검열과 검거를 뚫고 시집을 만드는 시인들이, 판화를 찍고 깃발을 흔들고 노래를 부르며 어깨를 겯는 사람들이 보인다. 유장한 민중사가 대하드라마처럼 흘러간다. 불의한 세상을 바꾸려는 사람들이 바위를 굴리는 소리가 들린다. 그 바위에 짓눌릴지라도 결코 멈추지 않는 이들의 숨소리가 느껴진다. 1980년 5월의 항거도, 1987년 6월의 큰 물결도 모두 저 옛날 들판 농민들의 함성 속에 뿌리를 두고 있음을 알겠다. '죽창가'를 보고 들으며 숱한 열망들의 근원을 본다.

부용산의 쌍둥이, 대한민국 금지곡 1호 '여수야화'

군사정권 때는 대중가요들도 곧잘 금지곡 처분을 받았다. 민중가요는 대놓고 정권이나 시국을 비판하는 경우가 많으니 권력도 기를 쓰고 억압했다고 치자, 대관절 정치와 무관한 대중가요들은 왜 틀어막았을까. 특히 박정희 정권은 조금이라도 귀에 거슬리는 대중가요에 각종 이유를 들어 금지곡 딱지를 붙이고, 방송과 판매 금지 조치를 내렸다.

사유가 '찬란'했다. 한대수의 '물 좀 주소'는 공안당국의 물고문을 연상시킨다고 금지, 배호의 '0시의 이별'은 자정 이후 통행금지 조치 위반이라고 금지, 송창식의 '왜 불러'는 가사가 퇴폐적이라고 금지, 이금희의 '키다리 미스터 김'은 키 작은 박정희 대통령의 심기를 거스른다고 금지…. 금지 처분이 아니더라도 가사 일부를 바꿔야 하는 경우는 훨씬 많았다. 1970년대 말 대학가요제와 강변가요제가 시작된 이유 중 하나가 정부의 금지곡 남발 때문이라는 말도 있다. 유신정권의 비위를 건드린 죄로 중견 가수들의 노래들이 자꾸 금지처분되어 가요계 공백이 컸던 탓에 방송사가 새 노래들을 발굴하려 했다는 것이다.

대한민국의 금지곡 1호는 생각보다 훨씬 일찍 태어났다. 정부가 수립된 지 겨우 1년이 지난 1949년 9월, 이승만 정권 때였다. 김초향 작사, 이봉룡 작곡의 '여수야화'(麗水夜話)는 당대의 최고 인기가수 남인수가 불렀다. 아세아레코드가 음반을 내놓자마자 이승만 정부는 화들짝 놀라 금지 조치를 내렸다. 가사를 살펴보자.

무너진 여수항에 우는 물새야
우리 집 선돌 아범 어데로 갔나요
창 없는 빈집 속에 달빛이 새여 들면
철없는 새끼들은 웃고만 있네

가슴을 파고드는 저녁 바람아
북청 간 딸 소식을 전해 주려므나
에미는 이 모양이 되었다마는
우리 딸 살림살인 흐벅지더냐

왜놈이 물러갈 땐 조용하더니
오늘엔 식구끼리 싸움은 왜 하나요
의견이 안 맞으면 따지고 살지
우리 집 태운 사람 얼굴 좀 보자.

　제목 그대로 여수의 밤에 나눈 이야기다. 여수는 전남 남동쪽의
항구도시다. 이 노래는 1948년 여수에서 일어난 사건을 배경으로 했
다. 이승만 정부는 노래에 실려 그 사건이 회자되는 것을 극도로 꺼
렸다. 정부의 '노력' 덕분인지 이제 '여수야화'를 아는 사람은 거의 없
다. 워낙 옛 가요라는 이유도 있겠지만, 발매되자마자 불온 딱지가
붙고 반공사회의 광풍에 일찍 꺾여버린 까닭도 있을 것이다.

　'음반 사전검열'이라는 억압적인 관행은 1996년에야 폐지됐다. 이
역시 저절로 사라진 것이 아니다. 1987년 6월항쟁과 이후 계속된 분
야별 민주화운동 성과 중 하나였다. '부용산'이 담긴 안치환의 앨범
『노스탤지어』는 1997년에 발매됐다. 물론 그때까지 음반 사전검열제
가 남아 있었다 하더라도 '부용산'의 곡절을 알고 있는 심의위원은 거
의 없었으리라. 그럼에도 나는 '부용산'이 사전검열제 철폐 이듬해에

세상 빛을 봤다는 사실을 주목해본다.

'부용산'과 '여수야화'는 쌍둥이 같다. 두 노래가 겪은 시련이 하나의 뿌리에서 비롯됐다. '부용산'은 50년 후에야 빛을 보았고, '여수야화'는 태어나자마자 금지곡 1호가 되어 한국가요사의 뒤안길로 일찍 넘어가버렸다. 두 노래는 왜 그토록 오래 시련을 겪었을까. 노래 배경이 된 '여순사건'이 여전히 한국 현대사에서 단단한 봉인 속에 갇혀 있기 때문이 아닐까. 노래들의 투쟁사를 접고 이제, 1948년의 여수로 떠나본다.

동학농민부터 오늘의 나에 이르기까지, 내 안에 역사가 흐르고 있다.
김경주, 뒤척이는 땅, 1994, 190×190 한지에 수묵담채

◎ 벌교 부용산 기차여행 제안

광주송정역에서 경전선 무궁화호 기차를 타고 보성 벌교역까지 간다. 2시간 정도 걸린다. 전남 동부의 아름다운 산천을 누릴 수 있는 구간이다. 벌교역에서 부용산 용연사 방향 초입까지 걸어서 15분가량 걸린다. 광주송정역→벌교역 6:15, 10:34 / 벌교역→광주송정역 10:02, 17:58. 편도 약 6,200원. 부용산 가는 길에 '부용산 시비'와 정자가 세워져 있다. 보성군 벌교읍은 조정래 대하소설 『태백산맥』의 배경이다. 벌교공용버스터미널 옆에 '태백산맥 문학관'이 있고, 부용산 초입에 월곡영화골 게스트하우스 등이 있어 답사를 다채롭게 즐길 수 있다.

◎ 목포 항도여중(현 목포여고)

부용산 노래가 불린 1948년의 목포공립항도여자중학교는 지금의 목포여고다. 당시 5년제 중학교는 대한민국 정부 들어 3년제 중학교와 고등학교로 학제가 분화됐다. 목포여자고등학교도 1960년 지금의 대성동 자리로 이전했다. 교정에 '부용산 노래비'가 세워져 있다.

◎ 광주 사직공원 통기타거리

1980년대 초중반 사직공원 입구의 작은 호프집 '크라운광장'에 광주포크 예술인들이 모여 맥주 한 잔에 기타 치고 노래를 하며 교류했다. 크라운광장은 지금의 호프집 '사직골'로 바뀌었다. 주변에 포크 주점이 차례로 들어서 훗날 통기타거리가 됐다.

♫ 본문 노래 유튜브 검색

부용산, 정오차 바윗돌, 김원중 바위섬, 김원중 직녀에게, 님을 위한 행진곡 아시아버전, 죽창가, 여수야화, 김만준 모모

♫ 1982년 원곡부터 록 버전까지, 다양한 '님을 위한 행진곡' 듣기

5·18기념재단 홈페이지에 들어가면 '님을 위한 행진곡' 코너에서 1982년 황석영의 운암동 집에서 녹음한 원곡부터 최근의 메탈 버전까지 다양한 버전의 노래를 듣고 내려받을 수 있다. 연주자들을 위한 악보도 제공하고 있다.

☆ 범능스님(정세현)

스님가수로 유명한 고 범능스님은 출가 전 유명한 민중가요 음악가 정세현(본명 문성인)이었다. 전남 화순 사람인 그는 1982년부터 광주 문화운동에 참여해 노래운동의 복판에 섰다. 전남대 국악과에 입학해 노래패를 결성하고, 투쟁 의지를 북돋는 여러 곡들을 만들고 불렀다. 검색 추천곡은 '광주출전가'.

☆ 박종화

고등학생 때 5·18에 참여했던 박종화는 진실을 알리는 정의로운 기자가 되기 위해 전남대 신문방송학과에 입학했다. 재학 중 학생운동을 하다 검거돼 수감됐다. 교도소에서 작곡을 독학하기 시작해 민중가요 명곡들을 만들어냈다. 지금은 서예산문으로 시국을 풍자하는 전방위 민중예술가이다. 검색 추천곡은 '파랑새'와 '지리산'. 특히 '지리산'은 제주 4·3과 광주 5·18을 교차시켰다.

☆ 박철환 & '동지가'

나주 소년 박철환은 5·18 때 시민군으로 활약한 형 박선재를 통해 시국에 눈을 떴다. 1985년 전남대 공대에 입학한 박철환은 학생운동에 참여하며 여러 민중가요를 들었다. 문득 자신도 기타와 노래가 취미였다는 생각에 겨울방학 때 노래를 만들어 '동지가'라 이름 짓고 집회에서 불렀다. 삽시간에 번져 나갔다. 1986년 서울 학생들이 악보를 가져갔다. '동지가'는 전국 집회장으로 퍼져나가 단골로 불렸다. 그가 어느 지역 농민대회장에 갔다가 멋쩍게 "저 노래 제가 만들었어요" 했더니 아무도 믿지 않았다. 학생운동으로 제적된 박철환은 1987년 고향 나주에 정착하면서 형 박선재, 고향 형들, 누나들, 어르신들과 일을 벌였다. 나주 수세거부 투쟁이다.

제 이름을 기다리는 첫 단추

여순사건

●●●

여수 만성리는 아름다운 바닷가다. 검은 모래는 차분하고, 푸른 바다를 수놓은 배들은 평화롭다. 여수에 내려와 만성리 횟집에서 아르바이트를 하던 20세 광주 청년은 좋아하던 여자애에게 전화를 걸어 저 바다를 함께 거닐고 싶다고 고백했다. 청년은 두근대는 자기 심장 소리와 그 밤의 파도 소리를 기억했다. 얼마 후 그는 가수가 됐다. 만성리에서의 시절을 노래로 만들었다.

여수 밤바다 이 조명에 담긴 아름다운 얘기가 있어 / 네게 들려주고파 전활 걸어 뭐하고 있냐고 / 나는 지금 여수 밤바다 여수 밤바다

여수 밤바다 이 바람에 걸린 알 수 없는 향기가 있어 / 네게 전해주고파 전활 걸어 뭐하고 있냐고 / 나는 지금 여수 밤바다 여수 밤바다

너와 함께 걷고 싶다 / 이 바다를 너와 함께 걷고 싶어 / 이 거리를 너와 함께 걷고 싶다 / 이 바다를 너와 함께 걷고 싶어

버스커버스커의 가수 장범준이 만들고 부른 '여수 밤바다'는 엄청난 히트곡이 됐다. 노래 하나로 도시의 표정까지 바꾸어 버렸다. 전

남 남동쪽 끄트머리의 항구도시 여수는 과거 미항으로 유명했는데 노래의 히트 이후 제2의 전성기를 누리고 있다. 관광객이 급증해 지금은 연간 1,300만 명을 훌쩍 넘는다. 특히 노래 속 정취를 찾아 밤바다를 찾는 젊은 여행자들이 줄을 잇는다. 이제 여수 하면 낭만, 낭만 하면 여수다. 이쯤 되면 장범준은 여수시가 업고 다녀도 하나도 무겁지 않을 효자 중의 효자다.

2018년 10월 19일, 청명한 가을날의 여수를 찾았다. 원도심의 중심지인 이순신 광장은 바닷가에 닿아 있었다. 장군이 활약했던 전라좌수영을 기념해 거북선 모형도 만들어 놨다. 그 옆으로 2층짜리 '낭만버스'가 정차하더니 관광객들을 우수수 내려놓았다. 푸른 바다와 거북선 모형에 2층버스까지 더해져 여행지 느낌이 물씬 풍겼다. 근처 카페에서는 '여수 밤바다' 멜로디도 흘러나왔다.

그때 광장 한가운데서 열리고 있던 행사가 낭만에 돌을 던졌다. "…그것은 극렬 좌익분자의 반란이고, 학살입니다!" 마이크를 쥔 사람이 대본에 없는 말을 하며 격앙하기 시작했다. "뭐라고 새끼야?! 반란이라니!" "내려가! 꺼져!" 객석에서 몇 사람이 벌떡 일어나 외쳤다. 마이크가 꺼지고, 무대 위 사람이 끌려 내려가고, 이쪽저쪽에서 고성을 지르며 서로 삿대질을 하고…. 돌발상황을 가라앉힌 다음에야 행사가 다시 이어졌다. '여순사건 70주기 희생자 합동 추념식'이었다. '뭐지? 왜 저러는 거야?' 낭만버스에서 내린 여행자들은 광장을 힐끗 살피다가 식당 골목으로, 바닷가로 총총 흩어졌다.

양쪽의 유가족과 관련 인사들이 처음으로 함께 꾸린 추도행사였다. 미리 합의를 했다. 한쪽은 '반란'이라는 말을 쓰지 않기로, 또 한쪽은 '항쟁'이라는 말을 쓰지 않기로. 결국은 지켜지지 못했다. 70년이 흘렀어도 감정의 골은 아득했다. 1948년 가을 여수와 2018년 낭만여수 사이의 거리도 우주 공간만큼 아득해 보였다.

여행자들은 대부분 여순사건의 무대임을 모르고서 낭만포차 거리를 거닌다. 마래터널의 통곡을 알지 못한 채 터널을 달려 '여수 밤바다' 만성리에 도착한다. 모르고 다녀도 여행에 지장은 없다. 세상사 전부를 알고 살아갈 수도 없고, 가능하지도 않다. 과거 오동도 동백 숲과 향일암 절벽을 좋아했던 내게도 여수는 오로지 낭만과 추억의 대명사였다. 여수(麗水), 빛나는 물결. 여—수, 발음마저 얼마나 청량한지 도시 이름이 이렇게 예뻐도 되는 건지.

낭만여수가 둥근 달의 앞모습이라면 여순사건은 어두운 뒷모습이다. 그 사건은 어쩌면 우리가 살아온 '남한'의 사회구조를 만든 계기이면서도 우리에게 여태 보이지 않았다. 둥근 천체의 절반이면서도 지구인은 보지 못하는 달의 이면처럼 말이다. 달의 반쪽을 못 보는 것은 지구와 달의 회전 주기 차이 때문이다. 여순사건이 우리네 인식에서 유독 밀려난 것도 자연의 이치 때문일까? 우울한 이야기는 접하고 싶지 않으니까?

우리가 외면하든 모르고 있든 여순사건은 현재진행형이다. 오래전 한국 남쪽 끝에서 일어나고 그친 게 아니다. 단추를 잘못 끼워 이상해진 옷차림새처럼 지금 이 순간도 우리의 내면과 삶을 헝클어트리고 있다. 이 사건으로 인해 한국 사회의 궤도가 수정됐기 때문이다.

전남 동부의 9일천하

　1948년 10월 19일은 한반도 남쪽에 대한민국이 생기고 두 달이 지
난 때였다. 그날 밤 여수 서쪽 구봉산 자락 군부대 14연대에서 소란
이 일어났다. 김지회 중위를 비롯한 40여 명의 군인이 출동명령 거
부를 선언했다. 2,000여 명으로 불어난 봉기군은 바닷가를 따라 시
내로 행군했다. 이들은 날이 밝기 전 여수 시가지를 접수하고, 기차
를 타고 이웃 도시 순천으로 진출했다. 경찰이 막으려 나섰지만 역
부족이었다. 순천 주둔군도, 광주에서 급파된 진압군도 봉기군에 합
류해버렸다. 수를 불린 이들은 광양, 구례, 곡성, 보성, 벌교, 고흥 등
으로 뻗어나갔다.

　단 며칠 만에, 당시 교통과 통신 여건을 감안한다면 눈 깜짝할 사
이에 전남 동부를 접수했다. 군대는 명령과 복종으로 지탱되는 조직
이다. 여수 14연대에 떨어진 명령이 도대체 무엇이었길래 그런 일을
벌인 것일까. 봉기군은 '제주토벌출동거부 병사위원회'라는 이름으
로 성명서를 발표했다. "조선 인민의 아들인 우리 형제를 죽이는 것
을 거부하고 제주도 파병을 거부한다"라고 주장하고, '동족상잔 결사
반대, 미군 즉시 철퇴'라는 두 가지 강령을 선언했다.

　그 무렵 바다 건너 제주도는 생지옥이었다. 발단은 1년 반 전인
1947년 3월이었다. 3·1절 기념행사와 시위에 모인 주민들에게 경찰
이 총을 쏴 6명이 죽었다. 경악한 주민들이 총파업을 벌였는데 도민
의 95%가 참여했다. 그동안 미군정의 폭정에 시달려온 주민들의 분
노가 폭발했다. 미군정은 더한 폭력으로 대응했다. 주민들을 무차별
로 잡아 가두고, 육지에서 극우단체 청년들을 데려다 '테러의 자유'를

줬다. 도처에서 폭행, 강간, 고문이 난무했다. 결국 제주 남로당 당원들이 1948년 4월 3일 무장봉기를 일으켰다. 이 무렵은 분단정부가 들어설 조짐이 확실해질 때였다. 이들은 폭력 진압에 항의하며 '단독선거 단독정부 수립 반대'를 외쳤다. 봉기군은 분단의 긴장이 이런 사태를 초래한다고 봤다. 미군정은 아예 제주 초토화에 나섰다.

현지 진압책임자 김익렬 9연대장은 참담했다. 그는 훗날 "제주도 사건은 미군정의 감독 부족과 실정으로 인해 도민과 경찰이 충돌한 사건이며, 관의 극도의 압정에 견디다 못한 민이 최후에 들고 일어난 민중 폭동이라고 본다"라고 회고했다. 그 생각처럼, 김익렬은 1948년 4월 말 봉기군 대장 김달삼과 평화협상을 벌여 72시간 안에 양쪽 모두 무장을 해제하기로 합의했다.

그러나 미군정이 협상을 짓밟아버렸다. 김익렬은 좌천돼 제주를 떠나야 했다. 후임 박진경은 취임사에서 "사건 진압을 위해서는 제주도민 30만을 희생시키더라도 무방하다"라고 공언했다. 당시 제주 인구가 30만 명이었다. 가공할 그 발언의 뒤에는 미군정과 이승만이 있었다. 이들은 남한 단독정부 수립에 걸림돌이 되는 무엇이든 없애려 들었다.

제주는 피바다가 됐다. 1953년 한라산 출입금지령이 해제될 때까지 7년 동안 최대 3만 명이 죽었다. 제주 인구 10분의 1이었다. 조천면(지금의 제주시 조천읍) 북촌리는 한날 한시에 주민 400여 명이 총살을 당했다. 한라산 자락 산간마을의 95%인 300여 개 마을이 불에 타 흔적조차 없어져버렸다. 주민 100명을 죽이면 그 안에 최소 공비 1명은 있다는 백살일비(百殺一匪) 작전과, 적에게 양식을 조달할 만한 곳을 미리 없앤다는 견벽청야(堅壁淸野) 작전의 결과였다. 이 통한의 7년이 바로 제주 4·3사건이다.

　1948년 10월은 이승만 정부가 제주 대응책을 더욱 강경하게 바꾼 시점이었다. 진압에서 토벌이었다. 진압이 사람들을 해산시키는 의미라면, 토벌은 적이나 해충처럼 취급해 아예 없애버린다는 뜻이었다. 이승만은 군대를 최대한 동원했다. 여수 14연대에도 출동명령이 떨어졌다. 당시 바다 저편 제주섬의 비극은 육지에 거의 알려져 있지 않았지만, 14연대의 일부 군인들은 잘 알고 있었다. 8월까지 자신들을 통솔한 이가 바로 김익렬이었다. 제주에서 평화협상을 도모하다 해임된 그가 여수 14연대장으로 왔다. 이들은 동족상잔의 대열에 결코 합류할 수 없었다.

　명령에 복종하는 군인이기 전에 피 끓는 청년들이었다. 국방경비대가 정식 대한민국 군대로 창설된 것은 1948년 9월이다. 지금의 징병제와 달리 모병제였다. 빈 도화지와 같은 군대의 자원자 중에는 민족적 정서를 가진 청년들이 많았다. 친일 경찰들은 미군정을 거치면서 대부분 남한 경찰로 부활했다. 국민들이 경찰에 가진 반감이 클 수밖에 없었다.

　이렇다 보니 일제 때 독립운동을 했던 이나 친일 경찰을 증오한 많은 젊은이가 신생 군대에 들어갔다. 그런 이들에게 군대는 친일 무력에 대항하는 대안이자, 독립국가의 국민을 지키는 자부심의 근거였다. 군대에 가면 밥은 먹을 수 있다는 말에 자원한 가난한 청년들도 많았지만 그들 속에도 건강한 민족국가의 열망이 어김없이 타올랐다. 그런 젊은이들에게 무고한 국민을 진압도 아니고 '토벌'을 하라니.

정부 수립 직후의 비극, 여순사건과 사건 이후의 참상들

14연대의 출병거부 선언은 울림이 컸다. 봉기군을 막으러 왔다가 도리어 대열에 합류한 군인들이 속출한 이유다. 여수 시민들 일부도 호응했다. 주로 남쪽과 북쪽에 분단정부가 들어서자 상심한 주민들이었다. 이들은 봉기군과 함께 인민위원회를 꾸렸다. 인민위원회는 1945년 해방 직후 각 지역에서 만든 자치기구였다. 군청 같은 행정기관을 장악해 고위급 간부들을 쫓아내고 새로 업무를 보기 시작했다.

지금의 이순신 광장에서 군중집회를 열자 1,000명이 넘는 시민들이 몰렸다. 제주도 파병 반대, 친일민족반역자 처단, 무상몰수 무상분배의 토지개혁 등을 실시하자고 목소리를 높였다. 주민들이 환호하고 열기가 높아져갔다. 봉기군과 인민위원회는 경찰, 친일파, 악덕 지주들을 찾아내기 시작했다. 전날까지 도시의 지배집단이었던 이들이 끌려와 얻어맞고 죽임을 당했다.

순천은 더 격렬했다. 순천역에 도착한 봉기군은 근처에 매복한 경찰과 치열한 교전을 벌였다. 봉기군이 순천을 장악하자 좌익인사들이 합세해 경찰과 우익인사들을 색출하기 시작했다. 여수와 달리 처형의 규모가 컸다. 그간 좌우익 주민들 사이에 쌓이고 쌓인 분노가 터진 격이었다. 제주 주민을 보호하려 일으킨 봉기가 같은 도시의 주민을 해치는 상황으로 치닫고 있었다. 반면 광양, 벌교, 고흥, 구례 등의 지역은 잠잠했다. 봉기 소식이 전해지자 그 지역 경찰들과 우익인사들이 미리 도피해버렸다. 각 지역 좌익인사들은 유혈 충돌 없이 인민위원회를 꾸렸다.

이승만 정부는 '반란군' 진압을 위해 여수와 순천 일대에 거의 모든 병력을 쏟아부었다. 10월 23일 순천을, 10월 27일 여수를 마지막으로 진압할 때까지 총 15개 연대 2만 5,000여 병력을 동원했다. 휴전선과 제주도 병력을 제외한 거의 전부를 전남 동부에 집결시켰다. 육·해군 합동 진압군이 여수항 앞바다에서 상륙을 시도하며 박격포를 쏘아 시가지에 불이 났다. 네 차례 공격으로 여수는 이틀 동안 불에 타 결국 잿더미가 됐다. 특히 시내 중심부인 중앙동과 교동 일대는 완전히 폐허가 됐다. 미군 보고서는 '도시의 4분의 1을 파괴시켰다'라고 기록했다. 10월 27일 오후, 정부는 여수를 완전히 진압하고 14연대를 해산시켰다.

봉기군은 진압군과 교전을 벌이며 구례, 곡성 등을 거쳐 지리산으로 들어갔다. 아흔아홉 골짜기를 가졌다는 지리산은 남한에서 가장 넓고 깊은 산악지대였다. 몸을 피하기에도 게릴라전을 벌이기에도 그나마 나았다. 여수 인민위원회 사람들은 광양 백운산으로 들어가기도 했다. 산으로 간 사람들은 훗날 '빨치산'으로 불리게 된다.

사건의 끝이 사건의 시작이었다

사태는 9일 만에 끝이 났다. 그러나 진압이 끝나면서 여순사건은 다시 시작됐다. 이승만 정부는 때를 만났다는 듯 폭주하기 시작했다. '반대'나 '다름'을 인정하지 않는 정도가 아니라 아예 박멸에 나섰다. 박멸 대상은 다른 생각, 다른 생각을 가진 사람, 심지어 다른 생각을 가졌을지 모른다고 추측되는 사람까지 무차별이었다.

진압군과 경찰은 봉기군에 협력한 주민들을 색출하기 시작했다. 군인들이 지리산으로 퇴각하며 거쳐 간 산골에까지 들이닥쳤다. 색출 과정은 폭력과 죽임이었다. 구속영장을 보여주고 조사하고 수갑을 채우는 식의, 오늘날의 우리가 연상하는 문명의 절차가 아니었다. 주민들을 모아놓고 그 자리에서 총살하거나 잡아갔다. 그가 동조자인지 아닌지도 분명치 않았다.

산골마을로 들어가면서 광기는 더 활활 타올랐다. 전남 구례는 지리산 자락 동네다. 1949년 당시 시신을 묻은 생존자는 "한번에 20~30명씩 세워놓고 기관총으로 달달달 쏴서 죽였다. 2년 동안 서시천에서 계속 죽였다. 땅을 직선으로 파서 시신을 줄줄이 묻었다. 악취가 이루 말할 수 없었다"라고 증언했다. 간문천변에서는 주민 90명 이상을 모아놓고 쏴 죽였다. 지리산 서쪽 상관마을에는 남자들이 다 총 맞아 죽고 2명만 살아남아 '과부촌'이 됐고, 32가구가 살던 순천 낙안면 신전마을은 1949년 추석에 주민 22명이 총살돼 '추석이 없는 마을'이 됐다.

산골마을 주민들은 도대체 왜 죽었을까. 빨치산들 사이를 오가는 연락병 소년을 치료하거나 도와줬다는 혹은 도와줬을 것이라는 이유였다. 남자들은 빨치산과 내통할 가능성이 크다며 유독 죽임을 많이 당했다. 구례 산동면에서는 아들이 집에 없자 대신 그 여동생을 죽였다. 19세 백순례가 끌려간 사연은 노래 '산동애가'에 담겼다. 어느 전북 경찰이 구례 '토벌'에 나갔다가 사연을 듣고 퇴직한 후 노래로 만들었다.

여순사건 발발 1년 후 전남 당국은 희생자가 1만 1,131명이라고 발표했다. 그러나 희생자 규모는 그 시점에서 멈추지 않았다. 체포되어 징역을 살다가 1950년 한국전쟁 때 처형된 사람들, 여순사건 연루자로 국민보도연맹에 가입됐다가 처형된 사람들도 있다. 여순사건을 오래 연구해온 역사학자 주철희에 따르면 여순사건 관련 희생자는 이 세 유형을 합쳐 최소 1만 5,000~2만 명 정도다.

초대 대통령 이승만은 여순사건 직후인 1948년 11월 20일 국회에서 국가보안법을 통과시켰다. '국가 안전을 위태롭게 하는 활동을 규제해 국가와 국민의 생존을 보장한다'는 법, 실상은 권력자가 자기 마음에 들지 않는 국민을 가두거나 처벌하는 근거로 활용해온 한국 사회 최대 악법이 이렇게 탄생했다. 당초 '국가안전을 위태롭게 하는 활동'이라는 것이 코에 걸면 코걸이, 귀에 걸면 귀걸이처럼 애매모호하지 않은가.

여순사건 당시에는 계엄령도 내렸다. 국가비상사태 때 기존 법의 효력을 중지시키고 군사권을 발동해 치안을 유지하는 조치다. 성격상 함부로 내릴 수 없다. 그러나 권력자들 특히 군인 독재자들은 계엄령을 남발했다. 1970~80년대 박정희와 전두환은 계엄령을 '애용'했다. 이 조치 역시 국민의 생존권을 위한다기보다 저항하는 국민을 옭아매기 위해 발동한 경우가 대부분이었다.

그 계엄령을 처음 발동한 때가 바로 1948년 10월 22일 여수였다. 게다가 법적 근거도 없는 상태에서 현장 지휘관인 김백일 중령이 내렸다. 소위 국가 최고권력자의 특수권한을 일개 중령이 휘두른 근거는 무엇일까. 없다. 그는 일제강점기 때 일본이 썼던 계엄령을 적용한 것뿐이었다. 이승만 정부는 사후 승인한 후 아예 계엄법을 정식으로 도입했다.

국가보안법도 마찬가지다. 일제가 조선의 독립운동가들을 가두기 위해 만든 치안유지법이 모태였다. 이승만 정부는 이를 바탕으로 국가보안법을 만들었다. 제국주의 악습이 고스란히 우리네 독립국가의 주춧돌이 되어버렸다.

국가보안법과 계엄법의 양 칼을 쥔 이승만 대통령은 1949년 들어 정치적으로도 폭주하기 시작했다. 5월에는 국회 프락치 사건을 일으켜 반대파인 야당 의원들을 제압하고, 6월에는 반민족행위특별조사위원회를 습격했다. 친일파 조사와 체포 업무를 맡은 기구가 무너지면서 '친일파 청산'이라는 민족적 과제가 무산됐다. 6월 26일에는 김구 선생이 암살됐다.

국민을 다방면으로 통제하는 제도도 만들어냈다. '감히' 항명을 저지른 군대사회를 샅샅이 조사해 비판적인 성향의 군인들을 내쫓았다. 중학교 이상의 학교마다 학도호국단을 창설해 교육기관을 군대처럼 재편했다. 마침내 '국민보도연맹'이라는 단체를 만들어 좌익 성향의 주민들을 가입시켰다. 반공과 멸공의식을 주입해 '자유대한의 국민'으로 사상을 개조시키기'가 목표였다. 지역별로 가입 할당량이 정해진 터라, 많은 주민들은 영문도 모른 채 시키는 대로 도장을 찍고 국민보도연맹원이 됐다. 이 모든 일들이 1949년에 벌어졌다.

1950년 6월 25일 한국전쟁이 터졌다. 이승만 정부는 국민보도연맹원들이 북한 인민군에 동조할지 모른다며 '미리' 그들을 죽여버렸다. 1950년 6월부터 9월 사이, 전국에서 무수한 주민들이 북한군도 아닌 자국 군대와 경찰과 극우단체에 죽임을 당했다. 암매장되고 아무렇게나 버려진 시신들로 남한의 산과 계곡은 거대한 무덤이 됐다. 전국적으로 희생자가 10만 명에서 최대 20만 명으로 추산되고 있다. 보도연맹원 사건은 신생 남한 정부가 저지른 최대의 제노사이드(genocide), 대학살이었다.

여순사건 진압 직후인 1948년 11월, 정부는 『여수순천반란사건』
이라는 반공영화를 만들어 전국에 무료상영했다. 1년 후인 1949년
10월에는 국방부와 공보처가 지원해 장편 상업영화『성벽을 뚫고』가
제작됐다. 당대 유명 배우들이 출연한 이 영화는 여순사건을 배경으
로 처남과 매부 간의 이데올로기 갈등을 다뤘는데, 우리나라 본격 반
공영화의 시발점이라 불린다. 당시 신문은 '세계 수준을 육박하는 문
제작!'이라고 광고했다. 정부는 이 영화를 1952년 프랑스 칸영화제
에 출품하기로 했지만 마지막에 포기했다. 해외 영화들과 경쟁 자체
가 불가능했다. 어쨌든 이 영화는 우리나라 최초의 국제영화제 '출품
고려작'이 되었다.

법부터 정치, 제도, 문화까지 모든 것을 동원하면서 정부는 여순사
건을 좌익의 원죄이자 대표 범죄이자 이론의 여지가 없는 '반란사건'
으로 몰아갔다. 하지만 영화『성벽을 뚫고』가 상영되던 순간에도 전
남 동부 산골에서는 죄 없는 주민들이 이승만 정부의 군경에 죽어 나
가고 있었다.

여순사건 사망자 중에서 좌익의 손에 죽은 사람은 5%, 진압군과
우익의 손에 죽은 이가 95%인 것으로 추산되고 있다. 2000년대 정
부 산하 '진실·화해를 위한 과거사 정리위원회'도 피해자 조사를 했
다. 유가족 신청을 받아 피해자 1,963명의 사례를 조사했다. 전체 피
해자의 10% 정도 수치였다. 이중 군·경과 우익에 의해 죽은 경우가
84.9%, 소위 '반란군'과 좌익에 의해 죽은 이가 10.9% 등이었다.

도대체 왜 이승만 정부는 국민을 그토록 끔찍하게 살상했을까? 그
보다 먼저, 1948년 여수의 그들은 왜 의로운 봉기 끝에 폭력을 쓰고

말았을까? 만약에 그들이 경찰들을 처형하지 않았다면 이승만 정부는 보복의 피바람을 일으키지 않았을까? 그러면 우리 사회는 광기의 반공사회로 흘러가지 않을 수 있었을까? 그에 앞서, 1947년 3월부터 7년 동안 제주를 유린한 희대의 민간인 학살은 누구의 죄일까. 정부 수립 이전부터 살육이 시작됐으니 이승만 정부는 미군에 비해 책임이 덜한 것일까?

역사에 가정은 의미가 없다지만 질문이 꼬리에 꼬리를 문다. 어처구니없는 참상을 딛고 출발한 대한민국의 행보가 안타까워서다. 물음표를 가득 안은 채 여수 만성리에 갔다.

그들은 왜 반란군이 되었나_ 만성리 학살지 & 형제묘에서

만성리 검은모래해변 옆 길가에 여순사건 사적지 두 곳이 있다. 어디서나 흔히 볼 수 있는 그 야산과 골짜기에, 거대한 죽음이 묻혀 있다. 1948년 11월 진압군이 수백 명의 여수 주민들을 끌어다가 총살해 죽인 후 흙과 돌로 묻어버린 '학살지'다. 만성리 주민들은 그 서늘한 골짜기 옆을 지나가지 못했다. 여수 시내로 가는 지름길이었지만 빙 돌아서 다녔고, 어쩔 수 없이 지나야 한다면 추모의 뜻으로 돌을 하나씩 던져두었다. 학살지에 쌓인 돌들은 탑을 이뤘다.

근처에 있는 '형제묘' 역시 학살터다. 형제가 묻혀 있는 게 아니다. 1949년 1월 진압군이 125명의 주민을 끌고 와 총살하고 불태워버렸다. 시신을 5구씩 눕히고 그 위에 장작을 쌓듯이 또 5구씩 쌓아 올렸다. 5층을 이룬 시신 더미가 모두 5개, 그렇게 125명이 불태워졌다. 기름을 부어 불을 붙인 시신 더미는 사흘 동안 탔다. 유가족들이 와 보니 타버린 잔해들이 엉켜 있어 도무지 형체를 알아볼 수도, 분리해 낼 수도 없었다. 형제처럼 다 함께 있으라고 그대로 큰 묘를 만들고 하나의 비석을 세웠다.

형제묘를 등지고 서면 시리도록 푸른 바다가 보인다. 수평선을 채운 육지는 경남 남해군이다. 그 앞에 애기섬도 솟아 있다. 눈에 보일 듯 말 듯 자그마한 그 섬도 학살지다. 국민보도연맹에 가입된 여수 주민들은 한국전쟁이 터지자 경찰에 소집된 후 애기섬 앞바다로 끌려가고, 총살되고, 바다에 던져졌다. 율촌, 소라, 삼일, 쌍봉면 등 외곽지역 주민 120명이 수장됐다. 더 외진 섬의 주민들은 자기네 마을 앞바다에서 처형됐다. 극단적인 국가폭력의 증거물이 눈부신 해변 풍경 곳곳에 박혀 있으니, 여순사건 이야기는 허구처럼 여겨진다.

주변을 둘러보면 그것은 분명히 현실이었고, 아직도 뜨거운 실체임을 알게 된다. 사적지에는 설명판이 두 개씩 서 있다. 하나는 '학살지'라고 표기하고 다른 하나는 '희생지'라고 적고 있다. 국가 입장에서 세운 설명판은 감히 '학살'이라는 무시무시한 단어를 적고 싶지 않다.

추모비 뒷면에는 비문을 적을 자리에 점 여섯 개만 찍혀 있다. 2008년의 일이다. 60주기 추모사업을 진행하는데 여수시는 희생이라는 말을 쓰기를 원했고 시민단체나 지역민들은 학살이라는 단어를 주장했다. 완성된 비석은 비문을 기다리고 있건만 희생과 학살은 줄다리기를 거듭했다. 결국 추모사업추진위는 점 여섯 개의 말줄임표로 처리해버렸다. 60년의 세월이 흘렀어도 정리하지 못한 사연과 입장이 답답한 묵묵부답에 담겨 있다.

만성리는 노래 '여수 밤바다'가 탄생한 관광지다. 여순사건 당시에는 시내를 벗어나 터널을 지나야만 닿는 해안가 마을이었다. 진압군은 이 외진 곳에서 시내 사람들의 주목과 접근을 피해 학살을 저질렀다. 그런 장소들은 또 있다. 시내 북쪽 호명동에도 시신 암매장지가 있다. 1990년대 초 도로공사를 하던 중에 많은 유골이 쏟아져 나왔다. 봉계동 야산에서도 유골들이 발굴됐다.

여수 시내 한복판 종산초등학교는 만성리와 호명동과 봉계동에 묻힌 주민들이 죽음 직전 거쳐간 곳이다. 1948년 10월 말 진압을 마친 직후 수도경찰과 전남경찰, 여수경찰서 특수대, 국방경비대 군인들이 이 초등학교에 주둔했다. 이들은 잡아온 주민들을 교실과 운동장에 수용했다. 겨울이 다가오는데 팬티만 입힌 채 포승줄로 묶어두었다.

특히 부산 5연대에서 온 연대장 김종원은 그 자리에서 '즉결처분'을 했다. 권총으로 쏘아 죽이다가 일본도로 목을 베어 죽였다. 일본군 하사관 출신 김종원은 총알이 아깝다고 자기 솜씨를 잘 보라며 긴 칼을 휘둘렀다. 주민들은 겁에 질린 채 광기의 시연을 고스란히 보아야 했다.

색출작업은 복불복이었다. 주민들을 운동장에 모아놓고 우익주민을 불러 혐의자를 골라내라고 한다. 그가 손가락으로 누군가를 가리킨다. 지목된 이는 항변의 여지도 없이 끌려나가 죽는다. 누군가는 평소 사적인 원한이나 앙금 때문에 '손가락총'에 지목되기도 한다. 종산초교는 오늘날 중앙초등학교로 이름이 바뀌었다. 고소동 언덕 천사벽화골목이 학교를 내려다본다. 가을 햇살이 눈부셔 운동장의 모래도 빛이 난다. 학교 입구에 여순사건과 김종원의 행적이 적힌 설명판이 서 있다.

우리나라 학교는 늘 한구석 편하지 않은 느낌이 들었다. 나는 그 이유를 군대 병영과 비슷한 구조에서 찾곤 했다. 대한민국 수립기의 광풍을 떠올려보면 이유가 추가된다. 돌이켜보니, 겁먹은 사람들이 운동장에 모여 있는 옛 흑백사진들을 자주 봤다. 바로 여순사건 기록사진이었다. 미국 잡지 『라이프』 도쿄지국장이었던 사진기자 칼 마이던스는 한국으로 건너와 여순사건을 기록했다. 1980년 5·18 때 독일인 위르겐 힌츠페터 기자가 있었다면, 1948년 여순사건 때는 미국인 칼 마이던스가 있었다. 그는 운동장의 모습을 회고했다.

"한쪽에서는 그 (총살) 광경을 여자들과 아이들이 가만히 보고 있었다. 그중에서 나에게 가장 무서웠던 장면은 아녀자들의 숨 막힐 것 같은 침묵과, 자신들을 잡아온 사람들 앞에 너무도 조신하게 엎드려 있는 모습과, 얼굴이 옥죄어 비틀어진 것 같은 그들의 표정, 그리고 총살당하러 끌려가면서도 한마디 항변도 없이 침묵으로 차례를 기다리고 있는 이들이었다. 살려달라는 울부짖음도, 애처로운 애원의 소리도 없었다. 신의 구원을 바라는 중얼거림도, 다음 생을 바라는 한마디의 호소조차 없었다. 수 세기의 시간이 주어진다 해도 그들은 소리 내어 울 수조차 없었을 것이다."

위르겐 힌츠페터 기자는 5·18을 상무관의 통곡소리로 기억했는데, 칼 마이던스 기자는 여순사건을 운동장의 침묵으로 회고했다. 여순사건 30여 년 후에도 우리나라는 자국민 학살을 겪었다. 1980년에는 소리 내어 통곡이라도 할 수 있던 것이 그나마 나아진 점일까. 죽음의 예고 앞에서 한 조각 감정표현도 할 수 없을 만큼 공포가 압도한 시대는 과연 무엇일까. 제1공화국의 민간인 학살은 경험을 축적하더

여수 만성리 형제묘 /
비문을 텅 비운 추모비 /
순천 팔마체육관 주차장에 있는
여순사건 추모비.
순천지역 희생자 이름이 빼곡하다.

니 1950년 한국전쟁 때는 경남 거창 신원면, 충북 영동 노근리, 경남 산청 방곡리 등 전국 곳곳에서 벌어졌다.

해방 후 한국전쟁에 이르기까지 5년여 남짓. 짧은 그 시간은 한국 현대사에서 가장 뜨겁고 비극적인 시대였다. 시대자료들을 고증해 나는 1948년 여수의 젊은이를 가상으로 만나 보았다. 그의 목소리다.

1945년 8월 15일 해방됐을 때 참 좋았다. 우리들의 나라를 만들어서 잘 먹고 오순도순 살 수 있다는 기대감에 들떴다. 지역마다 인민위원회가 만들어져 똑똑한 사람들이 팔 걷어붙이고 나섰다. 잘난 사람들은 일제 때 끌려가 다 죽었다고들 했지만, 새 시대가 오니 모두 똑똑해진 모양이었다. 우리 지역에도 일본서 공부하고 온 형들이 인민위원회에 참여했다. 나 같은 농사꾼은 어서 토지개혁이 되길 손꼽았다. 평생 남의 땅만 부치며 살아온 아버지는 지주에게 소작료 내다가 등골이 휘었다. 코딱지만 한 밭뙈기라도 좋으니 자작농이 되고 싶었다.

9월에 미군이 들어왔다. 일본 대신 미군이 당분간 우리를 통치한다고 했다. 북쪽에는 소련군이 들어왔다. 우리가 아직 힘이 없으니까 그러려니 했는데, 사는 게 더 힘들어졌다. 미군은 인민위원회를 해체시켰다. 죽도록 보기 싫던 악질 친일 경찰들이 처벌을 받기는커녕 다시 경찰이 됐다. 해방이 되자 숨어 있던 그들이 다시 떵떵거리며 활개를 쳤다. 물정 모르는 미군이 일제 때 관료며 경찰을 그대로 데려다 쓴다고 했다. 답답하고 화가 났다.

북쪽에서는 소련군이 인민위원회를 인정해준다고 했다. 주민들이 직접 꾸리게끔 지원한다는 것이다. 토지개혁을 해서 모두가 땅을 무상으로 받았다고 한다. 친일파들은 처벌받고 쫓겨났다. 부러웠다.

북쪽과 남쪽은 왜 이렇게 달라지고 있는 걸까. 우리는 개혁은커녕 오히려 3.7제 소작제가 돼버렸다. 나락 열 가마를 수확하면 지주한 테 일곱 가마를 줘야 했다. 공출도 심해졌다. 해방 후 동포들도 돌아 오고 인구도 늘었으니 식량 공급을 조절한다며 미군은 농민들에게 쌀 공급량을 할당했다. 일제 때 강제공출을 겪고 살았으니 새삼스럽 지도 않지만, 미군정은 보리까지 내놓으라 했다. 쌀이 떨어지면 초 여름까지 보리라도 먹고 살아야 하는데, 그것마저 내놓으라니 우리 더러 죽으라는 건가.

일제 때보다 더 독해졌다며 모두 고개를 절레절레 저었다. 사람들 마음자리도 흉흉해졌다. 북쪽에서 월남한 사람들이 서울을 휘젓고 다녔다. 북쪽에 살던 지주나 기독교도들은 사회주의 개혁 때 많은 재산을 뺏겼다. 남쪽으로 쫓기듯 내려온 그들은 사회주의, 토지개혁 같은 말을 증오했다. 좌익이니 우익이니 서로 삿대질이 많아졌다. 일제 때 좌익은 독립운동하는 사람들이라고 좋은 소리 들었는데, 이 제 양쪽 골이 깊어졌다.

해방의 감격이 가물가물했다. 급기야 사람들이 들고일어났다. 1946년 9월 전국 곳곳에서 파업이 벌어지더니 10월에는 대구에서 난리가 났다. 1947년 3월 바다 건너 제주에서도 난리가 났다고 했다. 1948년 이 밝았다. 미국과 소련이 점점 사이가 나빠져 남북이 아예 분단된 다고들 했다. 남쪽에서는 북쪽을 빼놓고 단독선거를 치러서 단독정 부를 수립한다고 했다. 이승만 박사는 어서 남한 단독정부라도 세워 야 한다고 외치기 시작했다. 반쪽짜리 나라는 안 된다고, 모두가 걱 정했다. 그토록 반대했지만 5월 10일 초대 국회의원들을 뽑는 선거 가 치러졌다. 남쪽만의 선거였다.

그해 여름, 전남에 태풍이 세 번이나 닥쳤다. 장마도 무지 길었다. 당연히 농사를 망쳤다. 그러는 사이에 새 나라가 들어섰다. 옛날 대

한제국 국호를 따서 대한민국이라 했다. 왕[帝]은 물러가고 백성
[民]이 주인인 시대라는데, 실감이 나지 않았다. 한 달 후 북쪽에도
북조선민주주의인민공화국이 들어섰다. 결국 나라가 두 동강이 났
다. 사람살이도 쪼개졌다.

10월 19일, 구봉산 군부대에서 봉기가 일어났다. 군인들이 시내에
몰려나왔다. 해방 때 봤던 인민위원회가 다시 부활했다. 나도 궐기
대회에 나갔는데 그들의 주장이 속 시원했다. 대열에 선 군인에게
물어봤다.

― 아재는 왜 부대를 나왔어요?

― 제주 가서 사람들 죽이라는데, 그게 군인이 할 짓입니까. 같은 민
족끼리.

그 옆의 군인이 말했다.

― 나는 남로당원이에요. 군대 안에 여럿 있다는데 서로는 몰라요.
어제 주도한 중위님이 남로당원이라고 밝히길래, 나도 동참했어요.
남로당은 남조선노동당의 줄임말이었다. 북쪽에서는 노동당이 주
역인데 남쪽에서는 찬밥이었다. 아니다. 미국과 친한 나라가 세워진
후라서 이제 찬밥 정도가 아니라 아예 있어서는 안 되는 집단이 됐
다. 그 옆의 군인은 남로당원이 아니라고 했다. 군대는 보리죽이나
마 먹여준다고 해서 입대했다고 한다. 자기처럼 굶어 죽을까 봐 온
사람도 많지만, 경찰이 미워서 온 사람도 많다고 했다. 그 옆에 제일
어려 보이는 군인은 "저는 제복이 멋있어서…" 하고 웃었다. "그래
도 동족 죽이자고 나서지는 않을 겁니다"라며 정색했다.

그때 집회장 한가운데로 누군가 끌려나왔다. 가만 봤더니 아이고,
저놈은 일제 때부터 온갖 패악질 대장이던 그 경찰놈 아닌가! 그런
데 이제는 웅크린 채 두 손을 싹싹 빌고 있었다. 꼬셨다. 여기저기서
욕설이 쏟아졌다. 그래, 욕은 한 바가지로도 부족한 놈이었다. 저런

놈이 다시 경찰이랍시고 떵떵거리는 꼴을 견디느라 내 몸에도 사리가 생겼다. 늙은 우리 아버지가 저치한테 죽도록 맞아서 자리보전만 3년을 하셨다. 그때 누군가 돌로 그자를 내려쳤다. 저기서도 돌이 날아왔다. 그자의 머리에서 피가 터졌다. 아, 이것은….

군인들이 순천으로 떠나간 후 여수는 피바람이 불어 닥쳤다. 진압군이 들어오자 숨어 있던 경찰들이 뛰쳐나왔다. 바야흐로 보복의 시대였다. 지옥이 있다면 이런 모습일 것이다. 그렇게 나도 죽었다. 집회에서 박수를 쳤다고 좌익이 됐다. 나는 사회주의도 공산주의도 좌익도 남로당도 아무것도 몰랐다. 나는 농사꾼이었다.

체포됐던 14연대 군인들의 흑백사진을 들여다봤다. 남루한 행색에 겁을 잔뜩 먹고 카메라를 올려다보는 그들은 정말 앳되고 어려 보였다. 나이키와 아디다스와 뉴발란스 운동화를 겨루는 21세기 청소년들과 같은 얼굴이었다. 어디 군인들뿐이었을까. 당시 순천중 3학년이었던 조남두는 "사건 이후 우리 학년 졸업생 수가 급락했다. 학생들 거의가 소위 좌익 진영이었다고 생각한다. 사상보다 분위기로 참가하는 경향이 강했다. 빈곤이 이유라고 본다"라고 회고했다.

좌익이니 우익이니 하기 전에 '열망들'이 있었다. 농민의 나라에서 농민들의 피를 말리는 지주소작제를 철폐하고, 일제 때 동족을 괴롭히며 득세한 민족반역세력을 응징하고 통일국가를 만들자는 간절한 목소리였다.

그럼에도 남쪽 지배세력은 토지개혁을 미루고, 친미세력으로 변신해 다시 군림하고, 기어이 반토막 국가를 세웠다. 배가 고파 죽겠다는 농민들의 절규를, 역사적 과제를 제발 수행하라는 요구를 '빨갱

체포 직후 여수 14연대 봉기군들

이 '폭도'라 부르며 몰아세웠다. 신생 대한민국은 국가로서의 정통성을 아직 두루 인정받지 못한 상태였다. 새 나라의 청사진에 대한 의견과 이견은 충분히, 아니 당연히 존재할 수밖에 없었다. 이승만은 빨갱이라는 적을 만들어내고 이견을 짓밟으며 자기 개인의 정치 위기들을 돌파해갔다. 냉전시대 공산주의와 대결하는 미국의 지원을 받기 위해 반공을 목청껏 외쳤다.

이후 독재자들은 초대 정부의 성공사례를 학습해 더욱 공고한 반공체제를 구축했다. 마침내 증오와 혐오로 지탱되는 사회가 완성됐다. 여순사건 직후 군대 숙청 때, 박정희도 군인이었다. 남로당원이었던 그는 동료 당원의 명단을 줄줄이 불고 살아남았다. 그는 일제 때는 일본군 장교였고 해방 이후 남로당원이 됐다. 여순사건 정국에서 살아남은 후에는 반공투사로 변신했다. 1967년 박정희 정부는 『한국전쟁사』를 발간하며 여순사건을 '반란사건'으로 확실하게 낙인찍었다.

그리하여 우리들의 대한민국을 보자. 군사독재에 저항한 김대중은 한평생 빨갱이로 매도됐다. 수많은 운동권 대학생과 민주인사들이 '국가보안법을 위반했다'며 잡혀가고 고문받고 옥살이를 했다. 고구마 피해보상을 요구하는 농민들도 '정부 정책을 비판하면 빨갱이 소리 들으니 가만히 있으라' 하는 협박을 받았다. 5·18을 겪은 광주는 오래도록 '폭도의 도시'였다.

조선대의 박철웅도 학교 민주화를 요구하는 학생들을 폭도로 몰아붙였다. 서정시를 쓴 시인도, 독재를 비판한 시인도, 통일을 염원한 그림을 그린 미대생들도 빨갱이로 몰려 짓밟혔다. 여순사건의 한 유족은 형제묘에 적힌 비문을 지워버렸다. 비문 속 아버지 이름 때문에 계속 빨갱이 가족으로 몰린다는 이유였다. 한국 사회에서 빨갱이는 가장 끔찍한 낙인이었다.

권력자는 빨갱이를 적극 만들어내기도 했다. 박정희는 북한 지령을 받은 불순분자들이 남한을 전복할 '인혁당'을 만들었다고 조작해 멀쩡한 지식인 여덟 명을 사형시켰고, 전두환은 섬마을 어부들이 간첩질을 했다고 잡아다 고문하고 사형시켰다. 심지어 최고 독재자 박정희 본인마저도 과거 남로당 전력 때문에 빨갱이 소리를 들을까 봐 더욱 맹렬하게 반공의 패악질을 도모했다. 보통사람들도 수시로 빨갱이를 호출했다. 건강한 토론의 장에서 "당신 빨갱이지?" 하는 말이 나오면 공론이 왜곡됐다.

빨갱이는 바른 말을 하려는 이들의 입에 재갈을 물렸다. 돌연변이를 잘 일으키는 바이러스처럼 빨갱이는 좌빨, 종북, 친북, 용공 등으로 변주돼 우리 사회에 여전히 널리 퍼져 있다. 빨갱이 낙인찍기는 여순사건에서 본격 시작됐다. 여순사건은 분단국가 남한이 잘못 끼운 첫 단추다.

여순사건은 이름이 없다_ 마래터널을 지나며

여수 시내와 만성리를 잇는 마래터널을 걸어서 통과하는 일은 묘한 경험이다. 일제는 동남아 식민지의 주민들을 데려다 조선 식민지의 터널공사를 시켰다. 저항을 누르기 위해서 아예 낯선 지역으로 데려간 것이다. 조선 사람들은 대신 동남아로 끌려갔다. 여수의 동남아 사람들은 정으로 바위를 쪼아가며 마래산을 뚫었다. 손으로 찍어낸 바위 결이 그대로 살아있는 마래터널은 100여 년 전 제국주의의 가혹함을 증언한다.

1948년 여수 주민들을 실은 트럭들이 그 터널을 통과해 만성리로 갔다. 대부분 종산초등학교에서 출발한 행렬이었다. 이미 죽어서 실린 이들도 있었다. 시신들과 함께 탄 사람들도 자신의 운명을 예감했다. 일제가 만든 터널을 지나 자국의 군대에 죽임을 당하러 갔다.

마래터널은 좁다. 터널 양쪽 끝에서 신호에 따라 차량들이 교대로 통행한다. 터널 속 갓길을 걷는데 몸이 긴장된다. 터널은 공포를 증폭시킨다. 아무리 차량이 서행한다 해도, 걷는 사람에게 차량은 훨씬 커 보이고 차바퀴 소리도 몇 배는 더 크다. 640m 길이의 마래터널을 다 걸어 나온다. 비로소 긴장감이 풀린다. 이 터널 옆으로는 널찍한 새 터널이 뚫려 있다. 질주하는 차들을 여수엑스포로, 만성리 해변으로 거침없이 안내한다.

여순사건은 옛 마래터널 속을 떠돌고 있다. 100년 전 동남아인들의 신음이 바위 결에 굳어 있듯이, 여순사건은 제대로 된 진상규명도, 명예회복도 없이 상처 그대로 갇혀 있다. 1948년 가을 혼란의 실체는 도대체 무엇인지, 왜 일어났는지, 왜 정부가 가공할 학살을 벌였는지 규명도 하지 못한 채 70년이 넘도록 '여순사건' 또는 '여수·순천 10·19사건'으로만 불리고 있다.

큰 사건이 일어나면 후대 역사가들은 그 사건을 연구하고 성격을 규정한 후 이름을 붙인다. 이 과정을 정명(定名)이라고 한다. 1894년 농민들의 봉기 사건은 '동학농민운동' 또는 '동학농민혁명'으로, 1960년 부정선거를 계기로 폭발한 전 국민의 저항 사건은 '4·19혁명'으로, 1980년 광주시민들의 저항 사건은 '5·18민주화운동' 또는 '5·18민중항쟁'으로 불린다. 여순사건은 정명은커녕 '반란'이라는 질긴 꼬리표를 간신히 뗀 것만으로도 기뻐해야 하는 처지다.

여순사건과 한몸인 제주4·3은 오랫동안 같은 처지였다가 정명을 향해 나아가고 있다. '반란'이라는 낙인을 벗고 아직은 '제주4·3'이라고 불리지만 한쪽에서는 자연스럽게 '제주4·3항쟁'이라 칭하기도 한다. 성격 규정만 진척된 게 아니다. 1999년 말 4·3사건 진상규명을 위한 특별법이 제정됐다. 2003년에는 정부 차원의 공식 보고서가 발간되었고, 대통령이 국가원수로서 과거 정부의 잘못을 공식 사과했다. 2014년에는 '4·3희생자 추념일'이 법정기념일로 지정됐다.

여수·순천을 비롯한 전남 동부지역 사람들은 그 모든 것을 부럽게 지켜보고 있다. 지역사회와 지역 정치권이 갖은 노력 끝에 진상규명 특별법안을 마련해 새 국회가 열릴 때마다 발의를 추진했지만 세 번 모두 실패했다. 제20대 국회인 2018년 9월에서야 마침내 법안이 발의돼 심사대상에 올랐다. 그러나 2020년 봄 현재, 무수한 다른 법안들 틈에 여전히 묻혀 있다.

그 사이 유가족들은 늙어가고 있다. 여순사건 때 아버지를 잃고 유복자로 태어난 아들은 벌써 70이 훌쩍 넘었다. 그는 유족회 회장을 맡아 특별법 통과를 위해 동분서주하고 있다. 유가족들이 성장기와 청년기에 겪은 끔찍한 차별의 기억은 위로받기도 전에 잊히고 있다. 그들은 연좌제의 고통에 시달렸다. 소위 '호적에 표시된 빨간 줄' 때문에 공무원 임용시험에도, 사관학교 입학시험에도, 공기업 취직 시험에서도 불이익을 받았다. 일상에서도 무수히 감시를 받았다. '빨갱이 자식'이라는 삿대질도 견뎌야 했다. 그 멍에를 벗으려고 무수한 젊은 유가족들이 고향을 떠났다.

불안감도 대물림됐다. 여수와 순천 젊은이들은 "모난 돌이 정 맞는다. 절대 나서지 마라"라는 말을 수없이 듣고 자랐다. 여수 출신 역사학자 주철희는 어릴 적 어머니로부터 "제발 나서지 마라, 딱 중간만 가라, 앞도 가지 말고 뒤도 가지 말고"라는 말을 귀가 닳도록 듣고 자랐다. 극단적인 반공사회를 버티면서 여수와 순천, 광양 등지에서는 '나서면 다친다'라는 인식이 뿌리 깊게 박혔다. 젊은이들도 사회변혁운동에 애써 냉담한 태도를 취하곤 했다. 1987년 6월항쟁 때 이들 도시에서도 마침내 시위가 폭발한 것은 감동의 사건이었다. 자유롭게 목소리를 내기까지 무려 40년이 걸렸다.

유가족들 사이 감정의 골도 좁히지 못하고 있다. 70주년 합동추도식은 그 갈등이 불거진 자리였다. 경찰 측 유가족은 '항쟁'이라는 말을 싫어했고, 봉기군과 일반주민 측 유가족은 '반란'이라는 말을 싫어했다.

똑같이 사랑하는 가족을 잃었지만 사회적 대우는 극과 극이었다. 유공자 가족으로 우대를 받은 한쪽과 달리, 나머지 다수의 유가족은 반체제 국민이라는 낙인으로 고통받았다. 정말 그들은 비국민인가. 70년이 지나도 우리는 봉기군과 주민들의 목소리에 귀 기울일 수 없을 만큼 각박한 나라인가. 역사학자 도올 김용옥은 여순사건을 '여순민중항쟁'이라 호명하며 강연에서 다음과 같이 말했다.

"여순사건의 주체는 민중이었다. 정의로운 항쟁이었다. 여기에 세부적인 시시비비가 있을 수 있다. 중요한 것은 그 정국에서 국가의 공권력이 제대로 된 틀을 갖고 있지 않았다는 점이다. 이런 짓을 저지른 국가는 해방정국에서 우리가 만들려던 국가의 모습이 아니었다. 그런 의미에서 (여순사건은) 국가적 반성을 요구하는 사태이지 세부적인 시비를 따질 문제가 아니다. 민중의 목소리를 항상 들을 수 있는 국가가 되어야 한다는 의미에서, 새로운 민주국가의 건설 노정에서 여순사건을 반드시 정당한 민중항쟁으로 대접해야 한다."

봉기군이 먼저 무장을 했다는 점을 지적하는 이들도 있다. 나는 제주4·3의 김익렬 연대장을 떠올린다. 1980년 5·18 때의 안병하 전남경찰국장과 이준규 목포경찰서장도 떠올린다. 이들은 모두 공권력의 현장 책임자로서 평화적이고 합리적인 해결에 나섰다. 김익렬 연대장과 4·3봉기군의 협상을 깨뜨리고 도리어 살상과 방화를 저지른 이들은 미군정 경찰과 우익단체들, 즉 분단 주도세력이었다.

안병하 전남경찰국장은 광주시민들을 향한 발포 명령을 거부해 직위해제를 당했다. 이준규 목포경찰서장도 강경진압 명령을 거부했다가 파면됐다. 신군부는 심지어 두 사람을 고문했다. 안병하 국장과 이준규 서장은 모두 고문 후유증으로 1988년, 1985년 세상을 떠났다.

주민들을 국민과 비국민으로 나누고, 마음에 들지 않는 사람을 '비국민'으로 몰아 탄압했다. 심지어 '대규모' 살상을 자행한 세력은 예외 없이 국가권력이었다. 특히 1948년의 한반도 남쪽에는 민주적 절차를 거쳐 수립된 국가권력이 부재했다. 그처럼 불안한 유동성 위에서 새로운 국가에 대한 전망들이 충돌했다. 한쪽이 권력을 선점했다고 나머지 전망들이 부당한 것으로 매도될 수는 없다.

그 시절에는 쉽지 않았겠지만, 역사적 거리를 얻은 지금이라도 당대의 목소리들을 펼쳐놓고 어느 전망이 민주국가의 위상에 더 합당했는지를 살피는 게 합리적이다. 1980년 5월도 마찬가지였다. 독재자가 죽고 새로운 독재자가 출현한 당시, 정당한 국가권력은 실종돼 있었다. 공권력을 탈취해 국가를 사칭하려는 '사이비 정부'에 맞서 광주시민들은 정당한 국가의 상을 제시하고 주장했다.

여순사건을 어두운 터널에서 꺼내 제대로 빛을 비춰야 잘못 끼운 첫 단추를 풀 수 있다. 이념이니 체제니 지역이니 하는 색안경을 벗고 빛이 비춰주는 모습 그대로를 직시해야 한다. 그래야 우리 역사, 우리 모두가 함께 보듬고 나갈 수 있지 않겠는가.

구례에서 본 지리산. 멀리 보이는 천왕봉(1,915m)
©신병문

지리산은 자기 품에 안긴 사람들을
거두어들여 자기의 몸으로 만들었다
산에 숨은 사람들은
살아서 내려가야 할 길이
주검으로도 내려가지 못한다는 것을 보았다
하나씩 둘씩 그렇게 쓰러져서
젊음은 흙이 되고 산이 되었다

- 이성부 '젊은 그들' 중에서

답사정보

봉개동 암매장지 ⊙

전남대
여수캠퍼스 ●

KTX 전라선

만성리해변 ●

만성리 형제묘 ⊙
만성리 학살지 ⊙

마래터널 ⊙

여수종합
버스터미널 ●

여수시청
문수청사 ●

여수시청
여서청사 ●

여수엑스포역 ●

종고산 ▲

여수항 ●

중앙초등학교

구봉산 ▲

중앙동 로터리
(이순신 광장) ⊙

여수낭만
포차거리 ●

돌산대교

돌산도

14연대 주둔지 ⊙

대경도

소경도

◉ 여수시

여수시·여천시·여천군 등 세 지자체의 통합으로 이뤄졌다. 여수시 원도심에 여순사건 사적들이 몰려 있고, 과거 여천시 중심부에 여수시청이 있다. 두 개의 반도가 팔(八)자 모양으로 뻗어나간 형태에 돌산도·오동도·거문도 등 아름다운 섬들이 많다. 일찍부터 미항(美港)으로 손꼽혔다.

◉ 여순사건 여수 답사코스 추천

신월동 14연대 주둔지 - 중앙동 로터리 - 중앙초등학교 - 만성리 형제묘 + 학살지 위령비 + 차 세워두고 마래터널 왕복 걷기

- **14연대 주둔지_** 신월동 구봉산 자락에 있다. 시설물 은폐가 잘 되는 천연요새로 일찍이 일제가 마을을 몰아내고 군 시설로 개발했다. 해방 이후 이 터는 국방경비대, 국군 14연대로 이어진다. 1976년부터 한국화약이 입주해 있어 둘러보긴 어려우나 일제 때 지은 군부대 취사장 굴뚝, 격납 굴 등이 그대로 남아 있어 주차장에서도 볼 수 있다.

- **중앙동 로터리(인민대회 장소)_** 1948년 10월 20일 오후 봉기군과 시민들이 모여 인민대회를 열고 이후 시가행진을 벌였다. 지금의 이순신 광장 일대다. 여수 원도심 여행의 중심지이자 낭만포차 거리와 가까워 유동인구가 많다.

- **중앙초등학교(부역자 심사지)_** 사건 이후 진압군이 민간부역자를 색출한다며 주민들을 모아 가두고 조사를 벌였다. 사람들을 대거 수용할 수 있어서 학교가 이런 용도로 쓰였다. 중앙초등학교는 당시 이름이 종산국민학교였다. 근처에 경찰서가 있어 수용시설로 선호됐다. 김종원의 악행이 벌어진 곳이다.

- **만성리 형제묘 + 학살지 위령비_** 두 장소 모두 여수 동쪽 망양로 해안도로변에 이웃해 있다. 형제묘는 골짜기 계단을 조금 올라간 기슭에 있다. 학살지도 골짜기에 있었으나 도로가 개발되면서 많이 메워졌다. 주민들이 돌을 던져 쌓은 탑도 사라졌다. 해안도로에 서면 경남 남해 앞바다의 애기섬(여수주민 수장지)이 보인다.

- **마래터널_** 주민들을 처형하기 위해 트럭에 싣고 만성리로 갈 때 통과한 터널이다. 터널 길이는 약 640m. 터널 폭이 좁아 차들이 교차 서행한다. 걸을 때도 차량 흐름에 신경 쓰며 조심히 통과해야 한다.

📍 순천역

여수 14연대 봉기군이 인근 지역으로 진출할 때 처음 당도한 곳이다. 여수 봉기군의 확산 과정을 보여주는 상징적 장소이자, 봉기군이 순천읍을 공격하는 거점이었다.

📍 순천교(장대다리)

순천시 순천역 북쪽 천변의 이 다리에서 봉기군과 순천경찰 사이에 최초로 치열한 접전 이 벌어졌다. 봉기군의 공세에 몰려 경찰 여러 명이 사망했다. 시신들을 장대다리에 늘어 놓은 그 모습을 미국인 칼 마이던스 기자가 사진으로 찍어 보도함으로써 유명해졌다. 순 천은 여수와 달리 물리적 충돌이 많이 벌어져 경찰 측 희생이 상대적으로 컸다.

📍 순천 여순사건 위령탑(팔마체육관)

순천 팔마체육관 주차장 한쪽에 여순사건 순천유족회에서 세운 위령비가 있다. 위령비에 희생자들의 이름이 빼곡히 적혀 있다. 탑 이름과 그 아래 '동백꽃 붉은 도시 / 반란의 도시 / 푸른 하늘 서러워 / 꽃이 지더니 // 흐르지 못한 / 반 백 년 / 항쟁의 세월 / 이제야 흐르네 / 우리 가슴에'라는 추모시가 새겨져 있다. 신영복 선생의 글씨다. 위령탑은 우익단체들 의 철거요구에 시달려 왔다.

📍 여수지역사회연구소

1990년대 중반 설립된 시민사회단체로 여순사건 진상규명과 지역사회 연구에 매진하고 있다. 많은 연구자료와 답사 노하우를 축적하고 있다. 여수시 여서동 223번지. 홈페이지 yosuicc.com

* 추천 도서_ 주철희 『동포의 학살을 거부한다』, 주철희 『불량국민들』, 김용옥 『우린 너무 몰랐다』

한국 현대 민중항쟁 흐름 : 광주전남 중심으로

	1945.8.15. 해방	**1945** 나주 궁삼면농민회 조직. 토지 회수 투쟁(1888~1950)
1945.9.8. 미국, 남조선에 미군정 실시 포고		
1946.1.15. 남조선 국방경비대 창설 (국군 전신)	미군정	**1946.2~11월** 화순탄광 노동자 봉기
1948.5.10. 남한만의 첫 국회의원 총선거. 초대 대통령 이승만 선출(7.20)	1948.7.17. 제헌헌법(건국헌법)_ 대통령 국회 선출. 국회 단원제	**1946.8.2.** 신안 하의도 7·7 농민항쟁.
		1946.10.1. 대구 10월 항쟁
		1948.4.3. 제주 4·3 항쟁(1947.3.1. 3·1절 시위 발포)
1948.12.1. 국가보안법 공포	1948.8.15.	**1948.10.19** 여수 14연대, 제주 토벌 반대 봉기 (여순사건)
1949.3.8. 학도호국단 결성		**1948.11.2.** 대구 6연대 봉기
1949. 4월 국민보도연맹 결성	이승만 정권 제1·2·3대 대통령	
1949.5.20. 국회 프락치 사건		**1950.6~9월** 국민보도연맹원 학살. 10~20만 명 사망
1949.6.6. 반민족행위특별조사위원회 습격	1949.4. 남한 인구_ 20,166,758명	**1951.1~4월** 국민방위군 사건. 징집자 최소 수 만 명 사망
1949.6.26. 백범 김구 피살	1952.7. 개헌 1차_대통령 직선제. 국회 양원제	
1950.6.25. (~1953.7.27.) 한국전쟁	1954.11. 개헌 2차_사사오입 개헌. 이승만 3선 허용	**1958.1.13.** 진보당 조봉암 외 간부 7명. 국가보안법 혐의로 구속. 진보당 등록취소. 조봉암 사형(최초 사법살인)
1955.1.7. 중학교와 고등학교 분리		
1957.2.14. 농업은행법, 협동조합법 공포		**1960.3.15** 정·부통령 부정선거 맞서 서울·마산·광주 등 항의시위
1959.1. 반공청년단 결성		**1960.4.19.** 전국적 4·19혁명(4.26. 이승만 하야)
1960 경제개발 5개년 계획 수립	1960.8.23. 장면 정권 (윤보선 대통령) 제4대 대통령	
	1960.6. 개헌 3차_의원내각제. 대통령 국회 선출	
1961. 5.16. 박정희 군부, 군사쿠데타	1960.11. 개헌 4차_3·15 부정선거 책임자 처벌	

1961.5월 정기간행물 1,200여 종 폐간. 언론대탄압	1961.5.16	1961.12.21. 민족일보 사건. 사회당 사건. 조용수·최백근 등 사형
1961.6~7월 국가재건최고회의법, 중앙정보부법, 농어촌고리채정리법, 재건국민운동에 관한 법률, 반공법 공포	**박정희 정권** 제5·6·7·8·9대 대통령	1963.11.26. 김대중, 목포에서 국회의원 당선
1961.7~제5차 완료 경제기획원 신설. 경제개발 5개년 계획(제1차 시작 1986)		1964.6.3. 대학생들, 한일회담 반대 시위
		1964.8.14. 1차 인혁당(인민혁명당) 사건
1962.1.1. *공용 연호를 '서기'로 변경	1962.12. 개헌 5차_ 대통령 직선제. 국회 단원제	1967.6.8. 김대중, 국회의원 재선. '목포의 전쟁'
1962.3.22. 윤보선 대통령 하야		1967.7.8. 동백림(동베를린) 간첩단 사건
1962.12.31. 집회 및 시위에 관한 법률(집시법) 공포		1968.7~8월 통혁당(통일혁명당) 사건. 전남도위원회 28명 구속.
1963.12. 의료보험법 제정		1969.5.5. 신민당과 재야, 3선개헌 반대 범국민투쟁 위원회 조직. (7.19. 김대중 효창운동장 연설. 100만 명 운집)
1964.9.25. 베트남전쟁 파병(~1973.3)	1969.9 개헌 6차_ 박정희 3선허용	
1967.4.1. 서울 구로수출공단 준공		1970.11.13. 노동자 전태일, 평화시장에서 노동조건 개선 요구하며 분신
1968.4.1. 향토예비군 창설		1971.4.27. 대통령선거 박정희-김대중. 박정희 당선
1968.4.1. 포항제철회사 발족		1971.8.10. 경기도 광주대단지 사건
1968.11.21. 전 국민 주민등록증 발급		1971.11.13. 서울대생 내란음모 사건
1968.12.5. 국민교육헌장 선포	1972.12. 개헌 7차_ 유신헌법. 대통령 간선제. 종신집권 가능. 대통령에 초강력 지위 부여	1972.12월 전남대생 김남주·이강, '함성'지 배포 사건
		1973.3월 김남주·이강, '고발'지 제작. 체포
1969.9.14. 3선개헌안 날치기 통과		1973.8.8. 김대중 납치 사건
1970.7. 경부고속도로 개통		1974. 민청학련(전국민주청년학생연맹) 사건
1971 새마을운동 시작		1975.4.9. 2차 인혁당 사건 피고인 8명 사형
1972.7.4. 7·4남북공동성명 발표	**유신 체제**	1976.3.1. 3·1민주구국선언. 주도자 김대중 수감
1972.12.5. 통일주체국민회의 설치(~1980.10)		1976. 11. 함평 고구마 피해보상 투쟁(~78.4)
1973.1월 중화학공업화 선언		1977.4.20. 무등산 빈민촌 강제철거, 박흥숙 사건

	유신 체제	
1974.1.8. 긴급조치 1호 선포 (~긴급조치 9호 1975.5.13.)		1978. 6.27. '우리의 교육지표' 선언
1975.6. 청년문화 단속 금지곡 발표		1978. 7월 들불야학 창립(~1981.7)
1977.7 500인 이상 사업장 의료보험 실시		1978.12.26. 박기순 사망
1977.12.21. 수출고 100억 달러 돌파		1979.8.11. YH무역 노동자 김경숙, 농성 중 사망
1978.4 첫 원자력발전(고리원전 1호) 가동		1979. 10.4. 남민전 사건. 김남주, 이강 구속
1979.10.26. 박정희 대통령 피살		1979. 10.18. 부산·마산 항쟁

	최규하 정권 제10대 대통령 (1979.10.27.)	
1979.12.12. 전두환 신군부, 군사쿠데타. 군권 장악		1980.4.9. 박관현, 전남대 총학생회장 당선
1980.4.15. 전두환 보안사령관, 중앙정보부장 서리 취임 및 겸직. 권력 장악		1980.4.21. 강원도 사북광업소 농성(사북사태)
1980.5.31. 국가보위비상대책위원회 설치		1980. 5.14. 광주 민족민주화성회(~16)
		1980. 5.15. 서울 민주화시위, '서울역 회군'
		1980.5.17. 비상계엄 전국확대. 김대중 등 연행 (9.17. '내란음모 사건'으로 사형선고)
		1980. 5.18. 5·18민중항쟁(~27)

	전두환 정권 제11·12대 대통령 (1980.9.1.) 1980.11. 개헌 8차_7년 단임의 대통령 간선제. 완화된 유신헌법	
1980.7.30. 과외 금지. 172개 정기간행물 취소		1980.12.9. 전남가톨릭농민회 회원과 대학생들, 5·18 때 미국 역할 규명 요구하며 광주 미문화원에 방화
1980.8.4. 군대 내 '삼청교육대' 설치 발표		1982.3.18. 부산 미문화원 방화사건
1980.8.16. 최규하 대통령 사임		1982.2.20. 윤상원·박기순 영혼결혼식
1980.12.1. 컬러방송 시작		1982. 4월 노래 '님을 위한 행진곡' 탄생
1980.12.26. 언론기본법 공포(보도지침 하달)		1982.10.12. 박관현, 단식농성 중 사망
1981.1.24. 456일 만에 비상계엄 전면해제		1982.12.23. 김대중, 석방. 미국 출국
1981~1983 녹화사업(대학생 강제징집 정훈교육. 6명 의문사)		1983.9.30. 민주화운동청년연맹(민청련) 창립
1981.8.1. 해외여행 자유화 조치		1984~ 대학 내 민주적 학생회 건설 투쟁
1981.8.21. 제5차 경제개발 5개년계획 발표		

1982.1.6. 야간통행금지 해제	1984.5.18. 민주화추진협의회(민추협) 발족. 공동의장 김영삼, 고문 김대중 등
1982.3.27. 프로야구 출범	1984.9.15. 함평·무안 농민대회
1983.12.21. 학원자율화 조치 발표	1985.2월 김대중 귀국, 민추협 공동의장 취임
1984.6.27. 올림픽고속도로(광주-대구) 개통	1985.12.12. 민주화실천가족운동협의회(민가협) 결성
1985.9.20. 남북 이산가족 고향방문	1986.2.12. 신민당·민추협, 1천만 개헌서명운동 시작 (3.30. 전남도지부 현판식. 5.3. 인천사태)
1986.9.20. 제10회 서울 아시안게임 개막	1987.1.15. 서울대생 박종철 고문치사 사건
1987.4.13 전두환, 호헌조치 발표	1987.4.21. 천주교광주대교구, 호헌 반대 단식농성 시작
	1987.5.18. 광주전남 '4·13호헌조치 반대 및 민주헌법 쟁취 범도민 운동본부' 발족
	1987.5.27. 서울 민주헌법쟁취 국민운동본부(국본) 발족
	1987.6.9. 연세대생 이한열, 최루탄 피격(7.5. 사망. 7.9. 광주 금남로 노제. 망월동 안장)
1987.6.29. 노태우, 직선제 개헌 등 특별선언	1987. 6.10. 6월항쟁 시작(~29)
	1987.7~9월 전국 노동자 대투쟁
	1987.8.19. 전대협(전국대학생대표자협의회) 결성
	1987.9.18. 조선대생들, 총장실 점거농성 시작
1987.12.16. 제13대 대통령 국민 직접선거	1987.12.29. 나주 수세거부 농민대회
	1988.1.8. 조선대 1·8 항쟁

전두환 정권
제11·12대 대통령

1987.10.
개헌 9차_5년 단임의
대통령 직선제.
기본권 보장 강화.
여야 합의 개헌.
현행 헌법

1988.4.26. 제13대 총선. 여소야대 구도 성립	1989.2.13. 여의도 수세거부 & 고추전량 수매 농민대회
1988.9.14. 제24회 서울올림픽 개막	1989.5.10. 조선대생 이철규, 변사체로 발견
1988.11월(~12.31.) 제5공화국 비리 청문회	1989.5.28 전국교직원노동조합(전교조) 결성 (위원장 윤영규 전남고 교사)
1989.7. 전 국민 의료보험 실현	1991.4.26. 명지대생 강경대, 시위 중 경찰 폭행 사망

1988.2.25.

노태우 정권
제13대 대통령

1990.1.22. 민주정의당(노태우)·통일민주당 (김영삼)·신민주공화당(김종필)의 3당 합당. 거대 여당 출현		1991.4.29. 전남대생 박승희, 분신(5·19. 사망)
1991.9.17. 남북한 UN 동시가입		1991.5.19. 강경대 열사 노제 위한 운암전투
1993.3. 군부 비밀 사조직 '하나회' 해체	1993.2.25.	1993.5.28. 한국대학총학생회연합(한총련) 출범
1993.8. 금융실명제 전격 실시		
1995년 6월 지방자치선거 전면 실시		1995.12 전두환·노태우 구속·재판(~1997.4)
1995.12.21. 5·18민주화운동 특별법 제정	**김영삼 정권** 제14대 대통령 *첫 문민정부	1996.8.15. 연세대 제7차 범민족대회 사태
1997.12.3 IMF(국제통화기금)에 긴급구제금융 요청. 국가 부도		1997.3.20. 조선대생 류재을, 집회 중 사망
1997.12.22. 전두환·노태우 등 12·12쿠데타 가해자들 특별사면		1997.5. 광주 망월동 5·18 신묘역 완공
		1997.9.16. 광주대생 김준배, 경찰 추적 중 사망
2000.10.17. 의문사진상규명위원회 발족(~2004)	1998.2.25.	
2000.6. 평양서 남북정상회담 개최		
2000. 6. 26. 국회, 첫 인사청문회		
2000.7. 국민건강보험 출범	**김대중 정권** 제15대 대통령 *첫 정권 교체	
2001.5. 국가인권위원회법 제정		
2001. 8. 23. 3년 앞당겨 IMF 마감		
2002.11.6. 초고속 인터넷 가입자 1,000만 명		2002.7.27. 5·18 신묘역, 국립묘지 승격
2003.6.30. 남북경제협력 일환 개성공단 착공		
2002.5~6 한일 공동 월드컵 개최	2003.2.25.	
2005.12 관련 위원회 통합해 '진실·화해를 위한 과거사 정리위원회' 발족 (~2010)	**노무현 정권** 제16대 대통령	2003.10.15. 제주4·3 진상보고서 발간 및 정부 공식 사과

**2020년 남한 인구 약 51,780,000명